100 FICHES POUR RÉUSSIR SA LICENCE DE PSYCHOLOGIE

2021-2022

Catherine PELÉ-BONNARD

GROUPE **Studyrama**

Le groupe Studyrama, partenaire de votre avenir.

En tant qu'acteur référent du monde de l'orientation et de l'aide à la réussite aux examens et aux concours, **notre vocation est de vous accompagner et de vous conseiller** tout au long de votre parcours étudiant et professionnel.

Convaincus que **la formation est la clé de votre employabilité**, nous avons créé un écosystème pertinent pour vous aider dans les décisions déterminantes pour votre avenir :

- Chaque année, **nos 140 salons** permettent à plus de 500 000 jeunes de trouver la formation et l'établissement qui les mèneront vers la réussite.
- 4,5 millions de lycéens, étudiants et professionnels trouvent chaque mois, **sur nos sites web et applis**, les réponses à leurs questions grâce à des contenus d'experts sur l'orientation, la formation, les révisions, l'évolution de carrière, l'efficacité professionnelle...
- Nos ouvrages, rédigés par les meilleurs spécialistes, facilitent le choix d'orientation de nos lecteurs et apportent un soutien efficace dans la préparation des concours et des examens.
- Le service d'accompagnement sur-mesure de **notre réseau de conseillers d'orientation tonavenir.net** guide des milliers de jeunes afin qu'ils trouvent la voie du succès.

Notre démarche est fondée sur trois objectifs majeurs : fournir une information de qualité et actualisée, créer les rencontres décisives pour votre évolution et vous offrir les meilleurs conseils d'experts et services personnalisés.

Et comme **c'est ensemble que nous avançons**, nous sommes à votre écoute permanente pour optimiser nos produits et nos offres, afin d'être le partenaire de votre avenir à chaque étape de votre vie !

Pour découvrir l'univers de Studyrama :

Le site référent de l'orientation : studyrama.com
L'agenda de nos 140 salons : studyrama.com/salons
Nos conseillers d'orientation dans toute la France : tonavenir.net
Nos maisons d'édition : librairie.studyrama.com

Pour nous contacter : info@studyrama.com

SOMMAIRE

INTRODUCTION

Sachant que chaque année, entre 15 000 et 20 000 bacheliers s'inscrivent en licence 1, il nous semble primordial de les avertir sur les difficultés rencontrées dans cette voie. L'hécatombe commence lors du passage en 2e année (licence 2) quand, selon l'Onisep, 45 % seulement réussissent du premier coup. Au final, les diplômés psychologues (cinq ans d'études minimum auxquels il faut ajouter les redoublements) ne représentent guère que le quart des inscrits en licence 1. Ayant des motivations diverses ou floues qui vont du règlement de problèmes personnels au choix d'une matière apparemment facile lorsqu'on a décroché un bac littéraire, ils sont mal préparés pour aborder certaines particularités de cette discipline.

Les **neurosciences**, par exemple, s'apparentent plus à la médecine qu'à l'idée que l'on se fait de la psychologie, la difficulté étant accentuée par l'utilisation de termes différents pour désigner la même chose. De même, la psychologie cognitive requiert un esprit plus scientifique que littéraire et une bonne maîtrise des statistiques pour analyser les résultats quantitatifs des tests réalisés. En psychologie du développement, il est conseillé d'être excellent en anglais car les enseignants, qui sont également des chercheurs, publient leurs travaux dans cette langue pour être connus au plan mondial, sans prendre la peine de les traduire pour leurs étudiants. Quant à la psychologie sociale, qui traite du rapport entre soi et autrui, on en attendrait qu'elle apporte des conclusions directement opérationnelles dans la vie quotidienne. Or, à force d'expérimentations multiples, les unes contredisant les autres depuis des décennies, on perd facilement de vue les applications pratiques. Là encore, il s'agit de bien intégrer la variété d'une terminologie souvent issue d'américanismes. Enfin, concernant le fonctionnement psychique, il n'est question que de ses aspects cliniques et pathologiques, la psychologie des individus vivant un mal-être mais considérés comme normaux n'étant pas l'objet de la licence de psychologie mais relevant du « développement personnel ».

Il faut également savoir qu'en 3e année de licence, les meilleurs ont l'impression de revoir ce qu'on leur a déjà enseigné depuis deux ans, d'où l'intérêt pour certaines personnes d'entrer directement en 3e année par validation de diplômes et d'acquis professionnels (remplir un dossier de demande à l'université). Par ailleurs, d'une université à l'autre, les programmes peuvent varier dans une même discipline, notamment en travaux dirigés, les enseignants ayant chacun leurs propres centres d'intérêt et leur vision de ce qui est plus ou moins important.

C'est la raison pour laquelle cet ouvrage ne peut être exhaustif, d'autant que tous les sujets proposés en option ne peuvent être traités. De même, il ne peut reproduire la totalité des expériences développées en travaux dirigés car elles dépendent des enseignants, sont particulièrement longues et, l'enseignement ayant lieu en petits groupes, la compréhension est plus aisée. Nous nous sommes donc limitée à l'exposé d'une synthèse et des conclusions qui, avec le cours, doivent assurer la moyenne.

Globalement, il résume l'essentiel des connaissances de base, et surtout organise la masse encyclopédique des informations sur un même thème éparpillées entre cours et TD, et déversées, souvent sans grande pédagogie et au moyen de polycopiés surchargés et confus, sur des étudiants pas forcément dotés d'un esprit de synthèse développé. Or, la capacité à organiser et à structurer est essentielle à la compréhension et à la mémorisation. L'index en fin d'ouvrage donnera un aperçu de la multiplicité des mots spécifiques à cette discipline.

PARTIE I

BASES HISTORIQUES DES PSYCHOLOGIES ACTUELLES

FICHE 1 | Introduction : philosophie et religion contre expérimentation et médecine

L'histoire de la psychologie peut être comparée à un gigantesque puzzle construit au fil du temps par des chercheurs ayant abordé le sujet sous des angles très variés. Le puzzle n'est pas terminé, les querelles de courants non plus, qui ont donné lieu à ce que certains ont appelé la « guerre des psys » où chacun donne sa vision de ce que doit être la psychologie, de ce qu'elle doit étudier et comment. Il y a donc lieu de parler « des psychologies » et non « de la psychologie ».

Il n'est pas question ici de présenter de manière exhaustive l'histoire et les travaux de tous ceux qui ont contribué à faire de la psychologie ce qu'elle est aujourd'hui, ni de passer en revue de manière encyclopédique le catalogue de tous les intervenants. L'essentiel est de comprendre l'étendue du périmètre de cette matière, les courants qui l'ont traversée, les liens entre eux, leur contribution aux différentes formes actuelles de psychologie.

Seules les avancées clés ayant permis des rebondissements ultérieurs, les divergences à l'origine des différents courants actuels, sont prises en compte, éliminant les travaux limités à des synthèses et résumés des découvertes des autres. Toutes les personnalités citées sont largement présentées, avec leurs principaux ouvrages, sur Internet, et chacun pourra s'y reporter.

Pour simplifier, nous pouvons distinguer à l'origine le courant intéressé par la relation de l'homme avec le cosmos et la nature dans une perspective métaphysique avec utilisation de l'**introspection**, et celui qui se préoccupait de classer, de catégoriser les humains, d'observer les faits, de faire des expériences. D'un côté, ceux qui cherchent les causes et de l'autre, ceux qui observent les faits. De l'idéalisme d'un Platon (du ciel vers la terre) à l'expérimentalisme d'un Aristote (de la terre vers la compréhension de phénomènes humains plus complexes).

Puis trois grands courants se sont développés :
• le domaine autrefois propre à la philosophie de l'« âme », la spiritualité, l'invisible, dans lequel on peut inclure également le fonctionnement de l'affectif ;
• la médecine, le corps humain, ce qui est observable avec les moyens techniques de chaque époque ;

• le savoir, les connaissances, l'apprentissage et ce que l'on a appelé pendant longtemps la conscience, puis l'intelligence, maintenant la psychologie cognitive.

Pour clarifier, les chercheurs sont identifiés comme suit :
• **(A) comme « affectif »** pour ceux qui se situent dans le premier groupe, souvent appelés les spiritualistes : croyant à l'**inné** et au déterminisme, convaincus aussi de la liaison entre le corps et ce qu'ils appelaient l'« âme » ou l'« esprit », accordant une importance à l'invisible, on peut dire qu'ils tracèrent une part du chemin qui mena à la psychanalyse ;
• **(M) comme « médecine »** pour les spécialistes du physiologique et du biologique, rangés actuellement dans la neurologie et la neuropsychologie sous le vocable de **neurosciences**, et la psychiatrie ;
• **(C) comme « connaissance »** pour une grande diversité de tendances : des savants, des médecins mais aussi des « philosophes » de la science croyant à l'évolution de l'humain, à l'apprentissage, des apparentés sociologues que l'on retrouve aujourd'hui à la fois dans la psychologie cognitive, dans la psychologie du développement, dans la psychologie sociale et la psychologie comportementale. Ces grands courants d'origine ont essaimé en une multitude de spécialités qui rendent compte de la complexité actuelle de ce que l'on résume sous le terme « psychologie ».

FICHE 2 | De l'Antiquité au XVIe siècle (1)

L'Antiquité

La variation des humeurs et les états de mal-être chez les humains sont identifiés depuis la nuit des temps et déjà soulagés par la consommation de drogues. En Égypte, en Chine, au Proche-Orient, chez les Grecs, chez les Incas, on a répertorié au fil des siècles une soixantaine de plantes qui proliféraient lors de chocs de civilisations ou de problèmes économiques. Leur consommation était sous un double contrôle :
• médical (anesthésie et apaisement des douleurs physiques) ;
• religieux, pour entrer en contact avec les puissances supérieures (ex. : les grands prêtres égyptiens).

Les liens avec le sacré en interdisaient un usage hors des cadres prescrits par les religions. Elles avaient également une fonction de bien-être, de plaisir et de stimulant, les excès étant considérés comme un péché. L'histoire de la **folie** a également des origines anciennes. Chez les Grecs, l'âme étant divine, elle ne pouvait donc être malade. Les déviations venaient de démons extérieurs qui prenaient possession des humains (êtres possédés). Le religieux a pesé dès l'origine sur la recherche de la vérité et l'on découvrit seulement au XIXe siècle, hors de toute croyance, pourquoi les démons sont intérieurs.

Hippocrate (M) (env. 460-370 av. J.-C.)

Premier chercheur de corrélations entre la biologie et le caractère des humains, Hippocrate observe le fonctionnement de tous les fluides de l'organisme identifiables avec les moyens de l'époque (sang, bile, lymphe) pour aboutir à la première classification des traits de **caractère** (sanguin, bilieux, etc.).

Malgré des résultats simplificateurs, l'idée de rapprocher le physique et le psychologique était judicieuse. Il aborde les problèmes humains hors du sacré et a été le précurseur des **neurosciences**. Son traité *La Maladie sacrée* est en effet une étude de la maladie de l'encéphale sous trois formes, l'épilepsie et deux **folies** la « tranquille » et l'« agitée », qui furent longtemps des sujets de recherche.
L'essentiel de sa théorie repose sur l'étude de l'altération des humeurs, mais la portée de ses travaux va au-delà : il est écrit dans le corpus hippocratique que « *le médecin qui se double d'un sage est l'égal des dieux* », d'où l'enjeu majeur caché derrière la connaissance de l'humain, et le pouvoir du corps médical au fil des siècles.

Malgré ses erreurs (le rapport qu'il établit entre les crises d'hystérie et l'utérus lui fait émettre l'hypothèse que ce dernier puisse se déplacer dans la tête !), il avait observé ce que la psychanalyse affinera puisque l'hystérie sera associée à la période œdipienne du développement psycho-sexuel. Il lui manquait quelques pièces intermédiaires du puzzle mais ses observations cliniques étaient bonnes.

Socrate (A) (470-399 av. J.-C.)

Sa méthode, dialectique – conversation, interrogation maïeutique – est à la base de beaucoup de systèmes thérapeutiques actuels en psychologie. À la différence des philosophes naturalistes antérieurs, Socrate donne comme objet à la philosophie d'étudier l'homme lui-même, d'interpréter de manière réfléchie la conduite humaine et les règles qui y président : le « *Connais-toi toi-même* » n'est pas très éloigné du « travail sur soi » de certaines **psychothérapies** actuelles.

L'Église romaine

Son poids, considérable jusqu'à la Renaissance va bâillonner pendant des siècles la recherche sur la connaissance et la compréhension des êtres humains en dehors de ce qu'elle décrète et enseigne. Toute mise en doute de sa doctrine est qualifiée de péché contre Dieu et toute velléité de recherche scientifique utilisant le doute comme principe de fonctionnement est sanctionnée. Face aux interrogations des individus, à leurs détresses, leurs angoisses, elle répond par l'obéissance à la doctrine, le dogmatisme d'où découle son pouvoir. L'essentiel n'est pas la recherche de la vérité mais la soumission à l'acceptation de la « vérité de l'Institution ».

L'Église romaine a conduit les êtres humains à douter d'eux-mêmes en tant qu'individus responsables et autonomes, a engendré le manque de confiance en soi, le manque d'estime de soi, la culpabilisation. Or il se trouve que ces failles sont à l'origine de nombreux problèmes psychologiques. L'Église d'autrefois exerçait sa domination, exigeait la soumission, infligeait la punition comme certains parents ont pu procéder avec leurs enfants d'une manière excessive au détriment d'une relation utile au bon équilibre psychologique futur.

FICHE 3 | De l'Antiquité au XVIe siècle (2)

Du XIVe au XVIe siècle

La querelle des Universaux : Guillaume d'Ockham (C) (1285-1347)

L'Anglais Guillaume d'Ockham, entré dans l'ordre des Franciscains, commence des études de théologie mais n'atteindra jamais le niveau de la maîtrise car ses recherches et réflexions le font considérer comme hérétique à l'époque de l'Inquisition et des bûchers. Il aurait sauvé sa vie grâce à la protection de l'empereur Louis de Bavière. Il est célèbre pour ses prises de position dans la « **querelle des Universaux** » qui oppose les réalistes aux nominalistes.

Les **Universaux** sont des concepts, ou idées générales, la querelle les concernant porte sur la nature de leur existence. Pour les réalistes, héritiers de Platon, leur existence est réelle et hors de l'esprit qui les conçoit. Le mot « justice », par exemple, aurait un sens essentiel, substantiel en soi. Pour les nominalistes et Ockham, rien n'est universel et tout est fonction des individus, êtres distincts de l'univers divin. Certaines de ces affirmations ne seront validées qu'au milieu du XXe siècle par les sciences cognitives.

Contrairement à saint Augustin qui pensait que les connaissances n'empruntaient qu'un chemin allant de l'extérieur (des sens) vers l'intérieur (le cerveau), voie appelée aujourd'hui traitement ascendant ou **bottom-up**, Ockham affirme que la connaissance peut aussi s'exercer dans l'autre sens, du cerveau vers l'objet, le cerveau ayant lui-même une perception influencée par un enregistrement préalable de connaissances, voie appelée aujourd'hui traitement descendant ou **top-down**. Il soutenait qu'une idée pouvait rester vraie même sans visibilité concrète. Par exemple, si l'on a vu quelqu'un et constaté qu'il était un homme, on gardera cette idée même en son absence. Il avait découvert le principe de la mémoire. Évident aujourd'hui, pas dans le contexte de l'époque. Au Moyen Âge, on ne considérait comme réel que ce que l'on voyait, le reste étant de nature divine.

René Descartes (A) (1596-1650)

Révolutionnaire de la pensée, René Descartes est rapidement mis à l'index par le Vatican et les Jésuites, mais finalement considéré par eux comme moins dérangeant que Newton ou Francis Bacon (fiche 4) car il intègre Dieu dans sa logique.

Faute d'éléments scientifiques, on attribuait autrefois les éléments et les événements à la nature, ou à Dieu. Nous ne pouvons cependant accuser Descartes d'obscurantisme. Dans son *Traité des passions de l'âme*, sa démarche est annonciatrice de certaines formes de cure psychothérapeutique : « *Pour atteindre à la vérité, il faut une fois dans sa vie se défaire de toutes les opinions que l'on a reçues et reconstruire de nouveau et dès le fondement, tous les systèmes de ses connaissances.* » Il fut le précurseur du **Moi** freudien [NB : seul le **Moi** freudien sera écrit avec un M], ou union de la raison et de la volonté, et d'une autre notion freudienne, la **pulsion** (fiche 14) : ce phénomène, qu'il nomme « passion », influence les actes et, surtout, la perception des choses, donc entrave l'intellect. Pour lui l'homme possède de manière **innée** ce que Dieu a mis en lui et étant d'essence divine, ceci est infaillible. Les erreurs humaines viendraient donc d'impressions fausses (dues par exemple à ce que nous nommons aujourd'hui « imagination ») et de passions du corps.

« *Les grandes âmes ont des raisonnements si forts que, malgré les passions, leur raison reste maîtresse* » : il confond alors la perception, les idées que l'on appellerait aujourd'hui cognition, et l'« âme » située du côté des **affects** selon la terminologie actuelle relative aux émotions et sentiments. Ces disciplines de la psychologie sont encore étudiées distinctement et malheureusement souvent sans rapprochement. Il confond également intellect et volonté, rationalisme scientifique et philosophie.

Ses admirateurs, tel Voltaire, apprécieront son observation juste et sa philosophie de l'humain mais reconnaîtront sa piètre démarche scientifique. La société de l'époque, absolutiste et hermétique à la science, fera le contraire : elle persécutera le philosophe qui empiète sur le territoire de l'Église et ignorera ses erreurs scientifiques. Son incitation à exercer sa pensée sans relâche, à forcer les préjugés, à lutter contre les habitudes et la paresse suppose son intuition sur les possibilités d'apprentissage et d'entraînement du cerveau que l'on démontrera scientifiquement plus tard.

Enfin, ses convictions, bien que non démontrées, sur la relation entre le corps et ce qu'il appelait l'âme (que l'on peut précisément appeler aujourd'hui psychisme), ont depuis été vérifiées par tous les travaux sur les maladies psychosomatiques, les médicaments placebo, etc.

FICHE 4 | Les Anglais aux XVIIe et XVIIIe siècles

Empirisme de philosophes contre cartésianisme

La France aux XVIe et XVIIe siècles est sous une double influence : l'Église et la monarchie absolue. L'Angleterre en revanche a connu deux révolutions et un roi a déjà été décapité (Charles Ier en 1649). Newton et Francis Bacon évoluent donc dans une société plus ouverte (cf. *Lettres philosophiques* 12, 13, 14 de Voltaire).

À partir de cette époque, on assiste à un partage des penseurs en deux courants :
- les expérimentalistes négligent l'âme pour se consacrer à l'étude des phénomènes de l'esprit et de la pensée, c'est-à-dire ce qui concerne la perception, domaine de la cognition aujourd'hui. Ils formèrent à l'époque le courant empiriste et associationniste. Ni tous savants, ni tous scientifiques, ce sont plutôt des « philosophes » de la science ;
- les spiritualistes (fiche 5) étudient l'âme et prônent de faire le vide en soi pour se connaître (voir René Descartes) : philosophie idéaliste qui croit à l'existence des « idées **innées** » venant de Dieu.

Ajoutons le développement de l'astrologie, de l'ésotérisme et autres croyances qui revendiquent également des bases scientifiques.

Francis Bacon (C) (1561-1626)

Créateur de la méthode expérimentale, Francis Bacon rend la recherche scientifique indépendante de l'autorité et de la scolastique, enseignement propre au Moyen Âge dominé par les religieux. Il établit une classification méthodique des sciences et une théorie de l'induction dont le rôle est fondamental dans les sciences expérimentales : aboutir à des conclusions générales depuis des faits particuliers constatés à plusieurs reprises. Il dénonce la confusion des sciences de l'époque qui ne reposent pas assez sur la multiplication des expériences, l'observation des faits.

En Angleterre, on conteste également les anciennes influences religieuses et morales. On recherche une nouvelle philosophie pratique, tournée vers l'action, plus tolérante dans le gouvernement des hommes. On refuse l'absolutisme, l'obscurantisme, les superstitions, l'irrationnel, et ce qui entrave l'avancée des découvertes sur la nature humaine. Les questions sont alors les suivantes : Qui est l'homme ? Comment classer les êtres vivants ? Comment séparer l'homme des animaux ? Quel lien y a-t-il entre l'homme et la nature, le cosmos ?

John Locke (C) (1632-1704)

Ce penseur cherche à comprendre le fonctionnement de l'« entendement », c'est-à-dire l'acquisition des connaissances, ainsi que l'origine des idées fausses et de la **folie**. Ses expériences ont pour but de lutter contre les croyances.

Pour lui, il existe des liaisons entre les sensations et les idées simples et naturelles (« fumée » = « feu »), et même des liaisons entre la réflexion et les idées simples, c'est-à-dire une capacité **innée** de « l'esprit », ou intellect, à faire des comparaisons, à calculer. Contrairement à la **Gestalt** (fiche 13) qui dira plus tard qu'elles s'associent selon des lois, il pense que ces idées s'enchaînent par association, mais la plupart du temps ces liaisons viennent du hasard, ou d'habitudes, d'inclinaisons particulières, de l'éducation.

Ainsi, les croyances et les peurs handicapent le véritable apprentissage et la construction d'un esprit rationnel chez les enfants (par exemple la peur de l'obscurité associée à des fantômes). Ce sont pour lui de mauvaises liaisons comme les croyances non basées sur des expériences. Les dysfonctionnements viennent de l'influence des perceptions affectives et du ressenti sur la compréhension et la logique, ceci entraînant des perturbations et des connexions non naturelles ; mais il ne creuse pas le sujet. Il décrit ce qui sera étudié plus tard sous le terme de **phobie** comme des connexions non fondées.

David Hume (C) (1711-1776)

David Hume apporte un plus par rapport à Locke en distinguant l'impression née d'une réaction immédiate et l'idée qui persiste en son absence, l'évocation, qui sera analysée scientifiquement plus tard avec la notion de **permanence de l'objet** (fiche 37). S'il admet que les idées puissent aussi venir de l'imaginaire, il les considère cependant comme fausses.

Il est connu pour ses **lois d'association** qui s'établissent entre les impressions et les idées :

- association par contiguïté, loi simple où l'association est immédiate (« table » et « chaise ») et où les erreurs sont impossibles ;
- association par ressemblance de deux idées proches, par exemple un portrait par rapport à l'original, mais les erreurs sont plus probables ;

• association de causalité où l'on attribue des effets à des causes (« nuage noir » = « pluie »), souvent par habitude, et où les risques d'erreur sont fréquents.

Pour lui, l'idée, chère à Descartes, d'un « **moi** » **inné** et constant est fausse. Il serait constitué de quantité d'impressions et d'idées qui évolueraient. On enchaînerait les perceptions sans s'en rendre compte comme la plante grandit chaque jour sans qu'on la voie. Ces impressions laisseraient des traces et ainsi l'adulte garderait en lui celles de l'enfant. Il se limite en cela aux apprentissages et aux connaissances, alors que **Freud** découvrira les traces laissées par les impressions affectives. Focalisé sur l'enregistrement des données à l'origine de la psychologie cognitive, il fait l'erreur de croire que l'humain n'existe que par ses perceptions et que, dans le sommeil, il n'y a plus d'existence.

La famille Mill (C) (1773-1836 et 1806-1873)

Dans la lignée des empiristes, on trouve les associationnistes dont font partie James Mill et son fils Stuart Mill. À partir des mêmes théories, ils innovent avec la notion de production d'idées nouvelles : pour eux, les idées complexes sont des productions nouvelles à partir d'idées simples et non de simples juxtapositions d'idées simples : la toupie produit du blanc en tournant et n'est pas composée de blanc. Ce sont des créations mentales dont on n'a pas conscience, le cerveau ne se nourrit pas que d'apports extérieurs mais auto-produit.

Ils appliquent à bon escient cette observation au cas des hystériques qui souffrent de réminiscence, d'affects attachés à un événement passé et restés fixés dessus. Pour débloquer la situation, il faudra faire revenir l'affect avec la même intensité de sensation. Cette découverte sera enrichie et explicitée par **Freud**.

FICHE 5 | Les spiritualistes

Théorie générale

En psychologie, le spiritualisme étudié concerne le fonctionnement du cerveau, la formation des idées et la connaissance. La création de l'univers et la destinée des hommes sont du ressort de la théologie et de la foi. Les spiritualistes refusent de tout réduire aux théories matérialistes qui ne prennent en compte que les fonctions du cerveau considérées par eux comme inférieures, telle la perception issue des sens. Pour eux, les fonctions supérieures (création, réflexion, volonté, etc.) ne sont pas des productions du cerveau mais de la pensée, de l'esprit, des témoignages de la conscience, de ce qu'à cette époque on appelle l'âme. Ils s'opposent à la psychologie empiriste et associationniste. D'après les empiristes, toute connaissance s'explique par la sensation, par l'association des idées et par l'habitude. Les spiritualistes affirment au contraire que l'esprit ajoute aux données de l'expérience un élément qui vient de lui. L'esprit introduit l'unité dans les données de l'expérience ; la perception consiste à ramener une pluralité de phénomènes, connus par divers sens, mais l'esprit manifeste son existence en réagissant d'une façon spéciale sur les matériaux qui lui sont fournis et cette réaction est une réduction à l'unité. L'esprit, dans la connaissance, a une fonction unifiante.

Pour eux, la réalité physiologique de la matière, du corps et du cerveau ne suffit pas à expliquer la pensée ; il ne suffit pas de supprimer certaines des fonctions cérébrales pour supprimer la pensée, ce qui a été vérifié depuis. Ils butent néanmoins sur la production des fonctions supérieures. Ils supposent le lien entre le cerveau physique et la pensée mais peinent à expliquer la nature de ce lien. Ils croient que le cerveau peut être un instrument nécessaire pour penser sans créer lui-même la pensée. Selon eux, il peut y avoir des mouvements de cellules dans le cerveau, mais pas d'idées. Le cerveau, tel qu'il est connu à l'époque, ne peut que recevoir, transmettre et distribuer des mouvements physiques. Ce qui fait l'unité, l'identité, l'activité de l'esprit et les facultés supérieures ne vient pas du cerveau mais d'une force divine. L'humain a conscience d'être un mais cette unité est pour eux inexplicable intrinsèquement à lui. De même l'action, l'effort sur les organes ou les idées ne peuvent s'expliquer par la matière qui, selon eux, est passive. La raison ne peut être en rapport avec la sensation, la moralité avec l'intérêt, la pensée humaine avec l'intégration des perceptions venant des sens, donc proches de l'animal. La pensée humaine n'étant pas explicable par la matière, il faut une force spéciale pour l'expliquer, une force immatérielle : l'âme.

Exemple : Leibniz (A) (1646-1716)

Le philosophe et mathématicien allemand Leibniz, croyant aux idées **innées** et de nature divine, croit en la persistance des perceptions pendant le sommeil, perceptions insensibles. Pour lui, toute substance est perception mais il ne faut pas confondre perception et conscience. Il distingue les perceptions claires, ou **aperceptions**, des perceptions insensibles, c'est-à-dire non conscientes d'elles-mêmes. La différence entre le corps et l'esprit vient de ce que, dans l'esprit, l'effort et les impressions extérieures se conservent durablement dans la mémoire alors que, dans le corps, ces deux éléments n'existent que momentanément lors de la production du mouvement. La perception insensible, c'est le fait, par exemple, de moins entendre un bruit à force de l'entendre, d'avoir une perception atténuée avec l'habitude (phénomène étudié par la psychologie cognitive actuelle).

FICHE 6 | Les expérimentalistes (1)

Les évolutionnistes

Il s'agit de la première approche se voulant scientifique dans l'étude du fonctionnement humain. Elle se limite cependant à ce qui est visible. Les chercheurs sont multiples, non coordonnés : de véritables scientifiques, mais également des philosophes français, anglais, allemands. Voulant faire de la psychologie une science rigoureuse et indiscutable comme les sciences physiques, ils multiplient les expériences. Les évolutionnistes sont appelés ainsi parce que défenseurs de la **théorie de l'évolution** comme compétence humaine, opposée à la création divine immuable et **innée**. Ils ajoutent également la capacité d'adaptation et de modification de l'humain suite à l'accumulation des expériences, ce que n'avaient pas pris en compte les empiristes. Ils théorisent sur les notions d'**hérédité** et de race donnant lieu à des déductions parfois excessives, encore tenaces aujourd'hui.

Ils se répartiront ultérieurement en deux courants :
- les structuralistes qui cherchent à comprendre l'esprit humain en général, en associant ses différents constituants ;
- les fonctionnalistes qui ne s'intéressent qu'aux opérations mentales, au fonctionnement de l'apprentissage, aux différences de capacités entre les individus afin de pouvoir les étalonner, les classer.

Jean-Baptiste Lamarck (C) (1744-1829)

C'est le premier français notoire dans la discipline depuis René Descartes. Botaniste du roi, Jean-Baptiste Lamarck crée le Muséum d'histoire naturelle en 1793. Nourri de l'observation des animaux, il applique sa théorie aux espèces vivantes en général qui, selon lui, se transforment du plus simple au plus complexe par une meilleure adaptation aux conditions extérieures.

Cette adaptation crée des facultés nouvelles ou de nouveaux organes, le tout étant transmis aux générations suivantes. L'inconvénient de toute théorie est souvent de vouloir l'appliquer *in extenso*. Par exemple, il faudrait en conclure que celui qui se muscle à 20 ans aura plus tard des enfants musclés.

Cette idée de transmission sera néanmoins explorée et validée ultérieurement sous différents angles : génétique, comportementale, pathologique, culturel et éducatif.

Selon la loi dite de **récapitulation** (voir Ernst Haeckel, pages suivantes), l'« *ontogenèse récapitule la phylogenèse* », c'est-à-dire que le développement de l'individu depuis la fécondation jusqu'à la maturité suit le même processus d'évolution, par stades successifs et apprentissage, que celui vécu par l'humanité, depuis sa création jusqu'à nos jours, chacun gardant en soi une part, même infime de nos très lointains ancêtres animaux.

Les réactions de peur intense font se hérisser les poils des animaux et, chez les humains, on parle de « cheveux qui se dressent sur la tête » ou de « réaction épidermique ». Concernant les réflexes, une douleur sur un membre gauche suite à un coup provoque un repli de ce membre mais aussi une extension incontrôlée du membre droit opposé. Ce mécanisme est propre aux quadrupèdes, dont ceux ayant un lien ancestral avec les humains, qui quand ils se blessent une patte font porter le tonus nerveux sur l'autre pour ne pas tomber.

Ainsi, dans notre système nerveux nous avons gardé l'histoire de notre évolution ; des parties nouvelles se sont ajoutées aux parties anciennes et nous avons progressé par accumulation d'expériences qui se sont combinées et complexifiées par des opérations de la pensée.

Charles Darwin (M) (1809-1882)

Naturaliste et expérimentaliste, Darwin s'est intéressé aux techniques d'élevage animalières tout en étant imprégné des idées transformistes de Lamarck. Il fit des recherches sur les **caractères** « psychologiques », au sens de l'époque, des espèces inférieures à l'homme. On lui doit l'étude intitulée *L'Expression des émotions chez l'homme et les animaux* (hérissement des poils), et surtout la notion d'évolution par la sélection naturelle, cette sulfureuse **théorie de l'évolution** qui lui est attribuée, mais qu'il faut replacer dans son contexte historique et débarrasser des attaques dont elle fait l'objet : créationnistes américains qui y voient la remise en question de la création divine en sept jours ; défenseurs des faibles bien intentionnés, mais souvent mal informés qui confondent Darwin et Spencer (voir ci-après). Pour Darwin, dans l'ordre de la nature, selon le milieu où elles se trouvent, certaines espèces survivent, d'autres pas. Mais c'est justement le rôle de l'homme évolué et distinct des primates que de savoir modifier l'ordre de la nature avec des procédés comme les greffes par exemple, ou de protéger les individus fragiles par les liens sociaux.

Darwin n'a jamais dit que l'homme descendait du singe et justifié le racisme, le sexisme et les inégalités sociales.

Herbert Spencer (C) (1820-1903)

Il reprend les travaux de Lamarck et Darwin en les appliquant à la société. Il croyait en l'**hérédité** des caractères acquis et considérait la société comme un organisme vivant, une supra-organisation. La société, étape par étape, passerait d'un stade primitif où tout est homogène et simple à un stade élaboré, caractérisé par la spécificité, la différenciation, l'hétérogénéité.

C'est de lui que viennent les idées éliminatoires des moins aptes. S'intéressant également aux enfants, il est un précurseur de certaines théories sur l'apprentissage approfondies par **J. Piaget** ultérieurement. Il étudie le lien entre les actes nervo-musculaires et ce qu'il appelle les actes de conscience, c'est-à-dire comment l'information arrive, est traitée, puis stockée, quelles sont les parties du corps et les processus concernés. Il observe que l'apprentissage du langage de l'enfant à l'adulte va du plus simple pour aller au plus compliqué et il en conclut qu'il en est de même pour l'apprentissage de la vie, qu'un enfant serait caractérisé par des comportements impulsifs, fonction simple et non contrôlée, et l'adulte par des comportements plus élaborés et réfléchis. Théorie qui omet les problèmes d'**impulsivité** chez l'adulte.

Francis Galton (C) (1822-1911)

Pour le cousin de Darwin, Francis Galton, l'**évolution** des espèces procède par une sélection naturelle conjuguée à des différences plus ou moins héréditaires entre les individus. Par exemple, les tares se transmettraient mais en s'accentuant jusqu'à l'extinction d'une lignée. Selon sa théorie le phénomène fonctionne aussi dans l'autre sens : par exemple les familles de génies comme celle des Bach.

Il s'inscrit en désaccord avec ceux qui pensaient que seul l'**inné** se transmettait, pas l'acquis. Il procède à des mesures sur des milliers d'individus et conçoit une **loi de régression à la moyenne :** par sélection naturelle, les excès se compensent et s'atténuent dans les générations suivantes pour tendre vers une moyenne qui constitue la norme. Mais, comme les humains interviennent en protégeant les plus faibles, il en conclut qu'il y a un risque de dégénérescence des races. Il a inspiré ainsi l'eugénisme pratiqué notamment aux États-Unis envers des immigrés du Sud et la stérilisation de 36 000 malades mentaux et criminels en 1941.

Pour évaluer les parts respectives de l'**hérédité** et du milieu, il compara des couples de vrais jumeaux et de faux jumeaux selon leurs ressemblances et leurs différences physiques et mentales. Il fut ainsi l'initiateur de tests et définit la **psychométrie** expérimentale comme « *l'art d'imposer aux opérations de l'esprit, la mesure et le nombre* ». C'est en inventant la méthode gémellaire qu'il découvre, du même coup, la notion statistique de corrélation souvent utilisée en psychologie (fiche 93).

Ernst Haeckel (C) (1834-1919)

Sa loi de **récapitulation** dit que tout évolue en passant de l'homogène à l'hétérogène, du simple au compliqué, de l'inférieur au supérieur et ceci dans le sens du progrès. Les centres nerveux les plus archaïques ou les sensations fonctionnent déjà chez le fœtus.

Selon cette théorie, en cas d'arrêt du développement du cerveau d'un individu idiot microcéphale, son cerveau sera proche de celui du singe. Les connaissances actuelles démontrent que la réalité est heureusement plus complexe et dépend des parties du cerveau considérées. La question clé posée à l'époque était de connaître la part du déterminisme biologique, l'influence du physiologique sur le psychologique. Cette question fait toujours l'objet d'études dans les pathologies psychiques.

Les réflexologues

Ivan Petrovitch Pavlov (C) (1849-1936)

Ses recherches ont inspiré le **béhaviorisme** de Watson (fiche 9). Partant de travaux de physiologie sur le contrôle des glandes digestives, il aboutit à la découverte du réflexe chez l'animal. Le réflexe inconditionnel est provoqué par un stimulus inconditionnel comme, par exemple, la présentation de nourriture faisant saliver le chien. Cependant, si cette présentation est précédée d'une lumière, il découvre qu'au bout de quelques entraînements répétitifs, l'apparition de la lumière seule provoquera la salivation : c'est le réflexe conditionnel. Il en conclut qu'un phénomène apparemment psychique a des origines physiologiques et que la psychologie peut être remplacée par la physiologie ! Il extrapolera ses conclusions à l'homme en matière de conditionnement et déduira que ses conduites supérieures ne sont que le prolongement de réflexes simples.

FICHE 7 | Les expérimentalistes (2)

Les structuralistes

Influencés par les associationnistes, ils sont plus aptes que les empiristes à s'intéresser aux éléments psychiques non visuels auxquels ils appliquent les lois valables pour les stimuli externes.

Wilhelm Wundt (C) (1832-1920)

Après des études de physiologie et de médecine, il dirige à Leipzig le premier laboratoire scientifique d'études de la psychologie. Pour lui, la psychologie doit étudier la structure de l'esprit, décomposer l'esprit en atomes qui le constituent, identifier les processus sans négliger une **introspection** contrôlée et dirigée.

Il innove en mettant en relation les variations des états psychiques des sujets observés et celles de leurs résultats en matière de perceptions de sons, de couleurs, de mots. Ainsi, il étudie les temps de réaction pour des tâches de complexité variable et selon des états psychiques (attention, émotion, volonté) différents. Il mesure la durée entre la réception d'un ordre et son exécution. Il ne s'agit plus de simple associationnisme mais d'intervention, chez l'humain, de capacités de synthèse, de créativité et de volonté. Il est le précurseur des cognitivistes actuels (fiche 28).

Avec lui, la psychologie ne se limite plus à la simple mesure de processus inférieurs (sensation, perception), elle s'ouvre aux processus supérieurs que sont le langage, le sens de l'esthétique, les croyances, etc.

Enfin, en soupçonnant que les lois valables pour les stimulations venant de l'extérieur vers le cerveau pouvaient également exister à l'intérieur du cerveau lui-même, indépendamment d'une intervention extérieure, il annonce les futures découvertes sur l'**imagerie cérébrale**.

Les fonctionnalistes

Leur préoccupation n'est pas tant la compréhension du fonctionnement, comme chez les structuralistes, ni le sens de l'évolution sous un angle philosophique, politique ou sociologique, mais la qualité des mesures des capacités humaines, la démarche scientifique dans l'observation du fonctionnement des activités humaines.

James McKeen Cattell (C) (1860-1944)

L'initiateur, suivi plus tard par Binet (fiche 11), est James McKeen Cattell. À ne pas confondre avec R. B. Cattell, connu pour son étude des comportements et sa classification des **caractères** (test de personnalité en 16 échelles utilisé aujourd'hui (en ressources humaines par exemple pour mesurer l'extraversion, la sensibilité, l'indépendance, etc.). McKeen Cattell, élève de Wundt à Leipzig, puis de Galton, s'inscrit dans le courant évolutionniste néodarwiniste de Galton, d'où son intérêt pour les mesures anthropométriques, mais surtout celles des capacités mentales et pas seulement corporelles comme Galton. À l'instar de certains de ses prédécesseurs, il est obnubilé par la volonté de faire de la psychologie une science comme les autres d'où la nécessité absolue des expériences et des mesures.

Premier professeur de psychologie aux États-Unis, il crée un laboratoire dans lequel il effectue une multitude de tests sur les étudiants des universités : pression dynamométrique, vitesse du mouvement, zones sensitives, pression douloureuse, seuil différentiel de poids, temps de réaction auditif, temps de dénomination de couleurs, nombre de lettres mémorisées après écoute.

Dans le test de pression dynamométrique où il s'agit de mesurer la force de la pression d'une main, il découvre, sans savoir le résoudre, le problème de l'influence de l'énergie mentale sur l'énergie physique, de la différence entre l'énergie volontaire contrôlée et l'excitation émotionnelle incontrôlée.

Dans le **test des zones sensitives**, toujours au programme des études des physiologistes et des psychologues actuels, il mesure la distance minimum de deux points séparés sur la peau permettant qu'un stimulus sur chacun soit perçu séparément et non confondu, et ceci à des endroits du corps et chez des individus différents.

Sa croyance, validée par les cognitivistes actuels, était que les opérations mentales sont des médiateurs entre l'environnement et le comportement.

Son but était d'établir des corrélations validées et fortes. Or, il n'en trouve pas entre les résultats de ses tests et les performances universitaires des étudiants testés. Il abandonne donc ce que Binet (fiche 11) reprendra avec succès en intégrant l'action des fonctions mentales supérieures, la mémoire par exemple, dans le processus de l'apprentissage, au-delà des perceptions sensorielles premières.

FICHE 8 | Les expérimentalistes (3)

Les positivistes

Franz Joseph Gall (M) (1758-1828)

Nullement intéressés par la philosophie, l'apprentissage ou l'évolution des humains, les positivistes se préoccupent principalement de la constitution physiologique du cerveau.

Parmi ces courants, la **phrénologie** de Franz Joseph Gall influence encore certaines croyances archaïques populaires. Il pensait que la masse du cerveau était un indicateur de la différence entre les individus au plan moral et intellectuel suite à l'observation des cerveaux d'animaux de laboratoire (chats, chiens, singes) : leur cerveau étant plus petit que celui des humains, il croyait à l'influence de la taille d'un cerveau humain sur son intelligence.

Son apport positif concerne l'idée d'aptitudes spécifiques en relation avec les différentes parties du cerveau, réalité prouvée aujourd'hui grâce à l'imagerie cérébrale. Toutefois, sa théorie le déborde lui aussi puisqu'il imagine que le cerveau interne est imprimé sur l'externe : il passera des années à mesurer des crânes pour découvrir, par exemple, la supposée « bosse des maths ».

À l'époque, il est contesté par les spiritualistes toujours à la recherche de l'endroit où serait l'« âme » dans le cerveau. La réponse sera en partie donnée plus tard par la psychanalyse qui explicitera la notion et par les neurologues qui localiseront le centre des émotions (**amygdale**, fiche 18).

Johannes Müller (M) (1801-1858)

Le courant vitaliste de Johannes Müller s'intéresse non pas à la manière dont les stimuli extérieurs (lumières, sons, chaleur) sont perçus mais comment, par quelle énergie l'information est véhiculée vers le cerveau, comment l'on passe de l'organe récepteur aux éléments conducteurs. De nature physiologique mais invisible, il s'agit pour lui de la force vitale, d'origine inconnue mais qui influe sur les nerfs. Aujourd'hui, on parle de **neurotransmetteurs**.

Il est néanmoins victime de son époque puisqu'il pense que les nerfs et la force vitale sont l'« âme » et qu'elle ne peut donc être victime de dysfonctionnement. Même en se réclamant de la science pure, il restait difficile de faire abstraction de la métaphysique.

Ernst Von Brücke (M) (1819-1892)

Johannes Müller a influencé Ernst Von Brücke, qui lui-même a influencé **Freud**.

Célèbre pour ses travaux sur les forces physico-chimiques qui agissent dans l'organisme, il dirigeait, à l'Institut de physiologie, le laboratoire où Freud effectuera ses recherches, de 1876 à 1882, sur l'histologie du système nerveux des poissons.

Johannes Müller et Ernst Von Brücke sont tous deux à l'origine de la découverte fondamentale de la dualité fonctionnelle des deux hémisphères, du cerveau.

Paul Broca (M) (1824-1880)

C'est Paul Broca qui avancera la première théorie sérieuse sur les localisations cérébrales à partir d'observations cliniques et d'anatomo-pathologies lors d'autopsies.

Il met en relation les symptômes et les lésions et identifie de grandes fonctions comme le langage et ses dysfonctionnements. Néanmoins, la réalité est beaucoup plus complexe qu'il ne la cerne à l'époque. On sait aujourd'hui que certains aphasiques, par exemple, retrouvent, la parole sous le coup d'émotions fortes et donc que la localisation, n'est pas la seule en cause dans le bon état d'une fonction.

John Hughlings Jackson (M) (1835-1911)

Le grand neurologue anglais John Hughlings Jackson conteste la thèse de la localisation stricte de Broca. Reprenant la loi de Haeckel, à savoir que les centres les plus archaïques sont les plus solidement ancrés et les centres supérieurs sont les plus récents, les plus souples et les plus complexes (siège de l'activité volontaire à l'opposé de l'activité réflexe, fiche 27), il ajoute toutefois que tout est lié.

En cas de maladie du système nerveux, il y a dissolution du haut vers le bas : les centres supérieurs sont les plus vite atteints alors que les centres primaires fonctionnent encore sous forme d'automatismes incontrôlés. Quand tout fonctionne bien au contraire, le haut inhibe le bas, contrôle le non-contrôlé.

Selon les observations cliniques de l'époque, quand les centres du haut sont malades, le sujet ne s'adapte plus à la réalité, il hallucine, a des conduites extravagantes, rêve.

Si ces recherches ont fait évoluer la connaissance de certaines maladies organiques, celles du fonctionnement du système nerveux, elles ont toutefois achoppé sur les maladies mentales dont la cause n'est pas organique : impossible d'étudier l'invisible, espace réservé à l'« âme », sujet tabou. Cette négligence est à l'origine des nombreux **électrochocs** administrés pendant plus d'un siècle sans résultat psychothérapeutique. (Rien à voir avec **l'électroconvulsivothérapie** actuelle – cf. travaux de **Pierre Magistretti.**)

Néanmoins, il fut le premier à décrire des formes d'épilepsies, à analyser les troubles du langage, à introduire la notion de localisation dans les lésions du cerveau en correspondance avec les dysfonctionnements de certaines parties du corps, à décrire une hiérarchie fonctionnelle dans le système nerveux. **Freud** s'est appuyé sur toutes ces découvertes. Enfin, son observation des dysfonctionnements par dissolution progressive de certaines parties du cerveau annonçait les découvertes sur les dégénérescences (fiche 20).

Auguste Comte (C) (1798-1857)

Auguste Comte bien que célèbre n'a pourtant guère contribué à l'évolution des connaissances.

Il n'était pas un chercheur. Il résumait et critiquait les théories des uns et des autres, sous un angle principalement philosophique ; il s'en prend par exemple aux spiritualistes qui utilisent l'**introspection** dans la connaissance de l'humain. Pour lui, seuls comptent les faits et non les causes. Il rejette l'invisible en psychologie et se limite à une vision réductrice du cerveau.

FICHE 9 | Synthèse des influences (1)

Influence empiriste : Darwin, Lamarck et Pavlov

Le béhaviorisme : John B. Watson (C) (1878-1958)

Observateur de la psychologie animale, il a une vision réductrice de l'humain. Influencé par Darwin, il pense que le fonctionnement des émotions, survivance d'anciennes réactions de survie, est le suivant :

Stimulus → réaction physiologique incontrôlée → cerveau

Et il ignore totalement l'autre circuit :

Stimulus → cerveau → réaction physiologique

Il limite les phénomènes psychologiques aux processus senso-ri-moteurs. Pour lui, la psychologie sérieuse est celle qui étudie les comportements, les conditionnements, la neurologie, la physiologie, et non pas les relations entre le corps et l'esprit, encore moins le fonctionnement intra-psychique, les approches « mentalistes » qui cherchent à comprendre les états mentaux internes et le contenu de l'esprit humain, appelé aussi conscience à cette époque. Il s'inscrit en ligne droite des anciens empiristes : la personnalité de l'humain n'est qu'une succession de réactions à des stimuli, un ensemble de comportements qui s'appuient sur ces réactions. Il nie l'intérêt de l'étude de l'invisible, réduit le cerveau à un organisme passif, enregistreur de stimuli par apprentissages répétitifs, sans intervention créative propre à chaque sujet, sans construction mentale autonome.

La notion de conscience n'existe pas pour lui et les maladies mentales ne sont que le résultat de conditions extérieures anormales si l'on ne trouve pas de lésions physiologiques. En appliquant à l'humain les recherches de Pavlov, on aboutit à la possibilité de conditionner les humains, de prédire leurs réactions et donc de les contrôler si l'on connaît l'histoire de leurs comportements.

Dans son courant, de nombreux psychologues ont passé leur temps à apprendre à des rats un chemin dans un labyrinthe.

L'influence de Lamarck est aussi sensible dans sa théorie de l'apprentissage par adaptation au milieu ambiant. La modification de ce milieu entraînant une modification dans l'apprentissage, c'est ainsi qu'il est possible selon lui de moduler, de contrôler par l'éducation, de donner des habitudes, donc de conditionner les enfants pour les éduquer. Perçu comme progressiste, il est en réalité dans le déni de toute liberté chez le sujet et dans le pouvoir extrême de contrôleur social donné au psychologue (vers une société béhavioriste).

Pour lui, rien n'est **inné**, tout est acquis. Tous les individus naissent avec les mêmes potentiels, le poids des individualités est négligeable en regard des ressemblances et c'est le milieu qui dicte les comportements. Les maladies mentales se résument pour lui à des conditionnements extérieurs anormaux et s'il n'y a pas de lésion physiologique visible, il ne peut y avoir de trouble dans l'esprit, un état mental préexistant ne pouvant influencer un comportement corporel.

Le béhaviorisme a occupé à une époque une position dominante dans la recherche américaine avec des théories de nature totalitaire et collectiviste dans la conduite des sociétés. Il continue à imprégner des idéologies égalitaristes.

Influences diverses

Au-delà des recherches rationnelles et de l'observation du visible, il existe des réflexions plus riches et moins systémiques, notamment chez les Allemands, caractérisées par une complémentarité des approches :
• études expérimentales en laboratoire et **introspection** ;
• métaphysique, mathématique et philosophie de la nature ;
• philosophie, mystique et physique.

Johann Friedrich Herbart (C) (1776-1841)

Philosophe et fondateur de la pédagogie scientifique moderne, il est un des pionniers du développement d'une théorie systématique de l'apprentissage et de l'enseignement basée sur la psychologie. Pour lui, la psychologie est une « *science nouvelle, fondée sur l'expérience, la métaphysique et la mathématique* ».

En outre, il pensait que le but suprême de l'éducation était plus le développement d'un caractère éthique que la constitution d'un savoir.

Il intègre des théories antérieures en y apportant un plus métaphysique :
• grâce aux associationnistes, il arrive à l'idée que l'« âme » est un support de représentations multiples qui peuvent s'opposer (phénomène des ambivalences mis en évidence ultérieurement), il approche en

précurseur la notion freudienne du **refoulement** d'une idée et sa survivance dans l'« âme » (traces du passé dans l'**inconscient**) ;
• de Newton, il applique la notion de force aux idées : elles ont une force (énergie psychique chez **Freud**), que l'on doit, selon lui, pouvoir mesurer ;
• enfin, il initie ce qui sera largement utilisé dans la psychologie moderne : la notion de seuil, aussi bien valable dans les tests d'intelligence (voir test de **Wechsler**) que dans la psychologie cognitive avec l'étude des perceptions.

Gustav Theodor Fechner (M) (1801-1887)

Philosophe et physicien, il découvre une loi fondamentale pour la suite, loi de Fechner, qui établit enfin une liaison entre le corps et l'esprit, un lien entre l'état des nerfs et les états psychologiques, et qui relie les sensations et les excitations. Pour lui, les faits physiologiques et psychologiques sont parallèles et se correspondent. Il avoue cependant ne pas savoir distinguer la cause ou l'effet. Il découvre la notion d'**inconscient collectif**, reprise par **C. G. Jung** (fiche 15) plus tard, dans les mythes et les contes.

Hermann Ebbinghaus (C) (1850-1909)

Il se démarque des autres en ne s'intéressant qu'aux processus supérieurs. Il ouvre le chemin de découvertes majeures. En 1873, il écrit une thèse sur la philosophie de l'**inconscient** alors que **Freud** en est à l'âge de l'obtention de son baccalauréat. Il poursuit par des études sur la mémoire qui n'ont rien à voir évidemment avec nos connaissances actuelles, mais qui permettent déjà de mesurer les processus d'apprentissage et d'envisager sans les appeler encore ainsi, plusieurs types de mémoire (fiche 33).

FICHE 10 | Synthèse des influences (2)

Influences sur les Français du XIXe siècle (1)

Claude Bernard (M) (1813-1878)

Les Français développent un courant spécifique par rapport aux autres chercheurs, influencés en cela par Claude Bernard, médecin. Il sera l'instigateur de l'étude des pathologies et de l'expérimentation clinique sur des cas réels. Cette approche aura des conséquences sur les recherches ultérieures : aujourd'hui encore, on étudie les malades pour comprendre les biens portants.

Jean-Baptiste Charcot (M) (1867-1936)

Neurologue, Jean-Baptiste Charcot étudie le cerveau des hystériques post-mortem en étant surpris de ne pas y trouver de lésions (héritage des connaissances antérieures où l'on ne considérait que l'aspect physiologique). Interpellé par ce constat, il recherche des causes plus cachées, ce qui s'avère fondamental pour l'évolution des connaissances. Il reprend des études anciennes sur le magnétisme animal où certaines guérisons étaient obtenues à l'aide d'aimants qui facilitaient la circulation des fluides dans les corps.

Des séances de magnétisme autour de baquets en chêne (remplis de limaille de fer et dont le couvercle est percé par des tiges de métal reliées au corps des patients) sont organisées pour obtenir chez les patients des convulsions censées améliorer leur état. Charlatanisme ou effets réels, les débats sont vifs. Aujourd'hui cependant, les propriétés magnétiques des molécules du corps humain sont bien connues et utilisées dans les IRM (fiche 22).

Il découvre par ce biais les qualités de l'**hypnose** pour soigner les hystériques (fiche 82). L'hypnose, qui garde encore aujourd'hui ses zones de mystère, devient pour la psychologie de l'époque la première méthode psychothérapeutique pour les états nerveux. L'hypnose a mis en évidence l'importance de la **suggestion** dans la réussite d'un traitement quelles que soient les méthodes psychothérapeutiques utilisées.

Il découvre également, grâce à l'hypnose expérimentale, la notion de double personnalité, fondamentale en psychopathologie. C'est le cas de la patiente Félida qui alterne deux états de manière excessive : sinistre et renfermée ou bien aimable et joyeuse, le plus curieux étant que dans le premier état, elle est capable de se remémorer le deuxième, mais pas l'inverse.

Charcot multiplie les expériences à la Salpêtrière : électrothérapie, hydrothérapie, métallothérapie. Il étudie également les extases mystiques et conclut à l'hystérie mystique de Thérèse d'Avila ou de Jeanne d'Arc : l'hystérie provoque des douleurs ou des symptômes physiques sans aucune origine organique.

Théodule Ribot (C) (1839-1916)

Philosophe, non-scientifique, il s'inspire des travaux des autres pour enseigner à la Sorbonne et au Collège de France sa version de la psychologie.

Pour lui, elle doit se détacher de la philosophie, réduite à la seule métaphysique, se constituer à part et renoncer à toute recherche sur les questions d'origine, de nature et de fin. Elle doit être une science de faits, fondée sur l'observation et la mesure des phénomènes nerveux. C'est la psychologie comparée des races, des enfants, des animaux, etc.

Ses théories sur l'**hérédité** sont portées par le contexte social ambiant : il étend les lois biologiques sur l'hérédité et la transmission des caractères physiologiques au domaine du psychisme, d'où des excès sur l'hérédité des tares, sur la dégénérescence héréditaire liée à l'alcool, à la **syphilis** (voir les romans de Zola) et même sur l'**homosexualité**. Ce théoricien, philosophe largement influencé par les évolutionnistes, pense que le progrès et l'évolution sont la norme, et que la maladie en est l'inverse. Tout est analysable par la science, y compris le domaine de l'affectif et des sentiments, de l'instinct, des émotions primitives aux émotions élaborées.

Son intérêt principal porte sur les aspects suivants :
• établissement d'un lien entre le normal et le pathologique ;
• mise en avant de la psychologie expérimentaliste, à l'origine de la psychologie actuelle de laboratoire avec appareils de mesure, et de la psychologie sociale ;
• études sur les différents types d'amnésie, sur la notion de destruction progressive de la mémoire, étude limitée aux causes exclusivement organiques.

Ses ouvrages sur la mémoire, la volonté, la personnalité ont été des bibles à l'époque, notamment très lus par Proust.

Son grand défaut est de n'avoir rien compris au phénomène de l'**inconscient** puisqu'il restait enfermé dans l'étude de la conscience, des systèmes nerveux et sensori-moteurs.

Gabriel Tarde (C) (1843-1904) et Gustave Lebon (C) (1841-1931), précurseurs de la « psychologie sociale »

Juriste et juge d'instruction, mais aussi philosophe, sociologue et criminologue, Tarde étudie les phénomènes d'influence entre individus et entre groupes. Il n'adhère pas aux **théories de l'évolution** de la société, mais s'intéresse au processus de l'imitation dans le domaine social et notamment à l'hystérie des foules qu'il considère contagieuse pour le mental comme le serait un microbe pour le corps. Ayant vécu les révoltes de la commune de 1870, il traite les foules révolutionnaires de hordes barbares composées d'alcooliques et de femmes hystériques. Pour lui, dans une société, tout sujet obéit inconsciemment à quelqu'un d'autre, même en démocratie, à l'image de la relation parents-enfants.

Lebon, médecin et sociologue, s'est intéressé aux comportements collectifs et au phénomène du délire dans une foule qui fait perdre l'individualité du jugement et retourner à l'automatisme bestial ancestral des humains.

Il décrit également la foule comme une femme, changeante, imprévisible, émotive, irritable, facilement manœuvrable par des meneurs. Il convient donc, selon lui, de préserver la tranquillité sociale contre l'anarchisme, le syndicalisme et la démocratie de masse. Ses théories qui concluent à l'utilité de guides pour contenir et canaliser les foules ont été largement étudiées par Mussolini, Hitler et Staline.

FICHE 11 | Synthèse des influences (3)

Influence sur les Français du XIXe siècle (2)

Alfred Binet (C) (1857-1911)

Il mérite le titre de psychologue pour l'époque étant donné l'importance de ses travaux. Il est également physiologiste, docteur ès sciences, pédagogue et possède une expérience des états psychiatriques. Il devient directeur du laboratoire de psychophysiologie de la Sorbonne. Avec Charcot, il découvre l'**hypnose** et la **suggestion**. Il s'est également appuyé sur l'évolutionnisme de Darwin. Il invente la **psychométrie** et les fameux tests d'intelligence. Dans un premier temps, il cherche à différencier les enfants normaux de ceux que l'on présente comme arriérés.

Grand expérimentateur, il menait à la fois des études sur les écoliers paresseux, sur la meilleure façon d'instruire les sourds-muets et sur l'éducation morale dans une classe d'enfants anormaux ; concernant ces derniers, il se demande si leur différence est de degré ou de nature, comment définir la notion de différence et comment l'évaluer quelle qu'elle soit. Il cherche à concevoir des méthodes pour diagnostiquer le niveau intellectuel, évaluer le niveau d'instruction et connaître le niveau de développement et l'intelligence des enfants. Il présente au Congrès international de psychologie (Rome, 1905) son épreuve de diagnostic, première version de l'échelle métrique de l'intelligence. De 1909 à 1910, pour répondre à une demande du ministère de la Guerre, il examine plusieurs dizaines de conscrits et en profite pour ajouter à son test le niveau « adultes ».

Ses expérimentations sont d'une autre nature que celle des Américains de l'époque, elles s'opposent radicalement à des psycho-physiciens et des psychologues de laboratoire. Aux États-Unis, la testologie battait son plein mais, quand paraît la première version de l'échelle métrique de Binet, aucun psychologue n'était encore parvenu à mettre au point une épreuve capable de mesurer nettement les différences individuelles. Car bien qu'ils contestaient les objectifs du laboratoire, les Américains en conservaient les instruments ; or, pour distinguer nettement les individus entre eux, les seules réponses aux stimuli sensoriels pratiqués en laboratoire (par exemple la réaction à un signal visuel ou auditif) sont insuffisantes. Binet sera le premier à appliquer la mesure aux fonctions supérieures de l'esprit, aux opérations psychiques complexes, qui étaient jusqu'ici reléguées dans la notion d'intuition. Ensuite, il améliore l'échelle métrique en mesurant les résultats des enfants selon leur âge, de 3 à 13 ans. Partant de l'arriération mentale, il est arrivé au test d'intelligence et à la notion de niveau mental.

Dans la psychologie individuelle, il va plus loin : il utilise ses deux filles comme terrain d'étude des différences individuelles malgré une proximité génétique et éducative. Pendant trois ans, régulièrement, il les soumet à ses expériences : épreuves de mémoire, d'imagination, d'attention, description d'objets, etc. Son but est d'étudier ce qu'il y a de personnel en chacun, et les portraits contrastés de ses filles lui en donnent l'occasion. Chez l'une, il trouve de la précision de pensée, de la constance dans l'attention, de l'esprit pratique, mais de la médiocrité dans l'imagination ; chez l'autre, une pensée peu précise, une attention facile à décourager mais une imagination riche et un esprit d'observation peu développé. Plus intéressant, il note, avec l'évolution de l'âge, des changements dans leur caractère.

Il a été le premier à montrer que l'intelligence pouvait prendre des formes variées, avec des possibilités d'évolution dans le temps grâce à l'apprentissage. Il la définit comme un mélange de « *compréhension, d'invention, de direction et de censure* ». Par « censure », il entend que, dans tout travail intellectuel, les idées doivent être jugées et abandonnées si elles ne conviennent pas à la fin poursuivie. Pour lui, « *les différences individuelles sont plus fortes pour les processus supérieurs que pour les processus élémentaires* ». Il nuance le statut d'« arriéré » de l'époque en distinguant ceux qui sont assimilables à un enfant normal et envisage une adaptation en conséquence de l'éducation et de la pédagogie dont ils auront besoin. Il considère que rien n'est joué définitivement.

En instituant les classes de perfectionnement, il s'emploiera à éprouver l'éducabilité des enfants arriérés dont il aura mesuré préalablement le niveau mental, et il constate que beaucoup d'entre eux ont une habilité et une adresse motrice à peu près égales à celles des autres enfants.

Il a eu l'intelligence de distinguer les études qualitatives descriptives de phénomènes et les études quantitatives qui n'expliquent rien et se contentent de compter les individus. Il critique la manie des grands nombres, chère aux Américains, toujours en vogue aujourd'hui dans toutes les études de sciences humaines. Il dit que l'interprétation en tenant compte du contexte, avec expertise, nuance et intelligence est fondamentale dans les résultats des tests (voir aussi fiche 63).

Pierre Janet (A et M) (1859-1947)

Considéré jusque dans les années 1920 comme le plus grand psychologue français et comme un excellent psychothérapeute Pierre Janet, philosophe et médecin, a eu l'intelligence de ne pas rejeter la spiritualité dans l'approche physiologique et inversement, pour explorer le psychisme humain, d'avoir recours aux méthodes cliniques utilisées par les médecins psychiatres. Il se positionnera ainsi comme le vrai concurrent de **Freud** à qui il essayera de ravir la première place.

Il enseigne la psychologie au Collège de France, mais étudie et traite également des malades psychiatriques dans le laboratoire de psychologie de la Salpêtrière. Contrairement à Charcot qui n'avait étudié que les aspects physiques (anesthésies partielles du corps, paralysies), lui se penche sur l'aspect psychologique des maladies mentales. Il distingue, chez l'humain, ce qui est de l'ordre :
• du fonctionnement « inférieur » : les automatismes, habitudes, répétitions, les fameux centres archaïques cités précédemment et que l'on retrouvera plus tard, très précisément identifiés dans l'étude du fonctionnement du cerveau ;
• de la volonté, comme la capacité d'organisation, de synthèse, de créations nouvelles.

Étude des hystériques, télépathie et **suggestion** mentale font aussi partie de ses expériences. La plus grande partie de son œuvre sur les pathologies porte sur les parties « inférieures » de l'activité humaine, celles qui concernent les automatismes des hystériques : automatisme total (états **cataleptiques**, somnambulisme) ou automatismes partiels, particulièrement l'univers du spiritisme, des médiums, des patients qui déclarent vivre des vies antérieures, le phénomène de l'écriture automatique sous **hypnose**, la psychologie mentale de tous les langages imaginaires pour noter l'existence de cas de double personnalité. Il est reconnu pour son profond respect des malades, la grande attention qu'il leur accordait dans leurs délires de persécution dont il essaye de chercher les causes profondes. Il avait un langage de style socratique. Il estimait que le premier devoir du psychiatre était « *de bien connaître son malade dans sa vie, sa formation scolaire, son caractère, ses idées, et d'être convaincu qu'on ne le connaît jamais assez* ».

Les titres de ses travaux, conférences et sujets de recherches prouvent l'ampleur de ses connaissances : *L'Automatisme psychologique*, *Les Débuts de l'intelligence*, *L'Évolution de la mémoire et la notion du temps*, *L'Évolution psychologique de la personnalité*, *De l'extase à l'angoisse*, *Névroses et idées fixes*, *Études expérimentales sur les troubles de la volonté, de l'attention, de la mémoire sur les émotions, les idées obsédantes et leur traitement*, etc.

FICHE 12 | Les origines de la psychologie sociale

La dimension sociale et culturelle en psychologie existe déjà chez Wundt et Herbart qui conçoivent que l'« esprit d'un peuple » soit différent de la psychologie des individus qui le composent. En France, malgré les études de Lebon sur la psychologie des foules, cet aspect se heurte au développement de la sociologie. Elle ne sera finalement considérée de manière spécifique et digne d'expérimentations qu'aux États-Unis.

Georges Herbert Mead (C) (1863-1931)

Il met en évidence le jeu comme élément de la formation du soi chez l'enfant, en se mettant à la place de l'autre ou en jouant des rôles. Plus spécifiquement, la psychologie sociale américaine va s'orienter peu à peu vers l'étude des petits groupes, plus que sur celle des rapports entre l'individu et la société en général. Cette tendance s'appuierait sur une particularité déjà remarquée par Tocqueville, à savoir le nombre important de clubs et d'associations dans ce pays. Elle aura des conséquences sur tous les domaines relatifs à la psychologie du travail (taylorisme, management).

William Mac Dougall (C) (1871-1938)

Influencé par Darwin, il établit une liste de dix instincts et de quatre tendances générales à l'origine des actions chez les animaux et les hommes avec comme finalité la conservation de l'espèce : reproduction, regroupement en famille, en société, combat pour l'évolution, etc.

Jacob Levy Moreno (C) (1889-1974)

Le rôle déterminant revient à Moreno, élève de **Freud** mais en rupture avec la psychanalyse. À Vienne, il fait l'expérience de discussions libres entre participants de petits groupes où chacun se trouve en position de soulager les autres. Il découvrira certaines vertus thérapeutiques dans l'expression théâtrale.

La notion de rôle est donc primordiale dans son approche de la relation de l'individu à la société. On joue des rôles que la société nous impose et, pour s'en libérer, le jeu sur scène a pour but de détendre et d'apporter la paix intérieure.

Moreno est surtout connu pour sa « **sociométrie** », système de mesure d'attirance ou de répulsion spontanées dans un groupe, qui permet de faire apparaître les notions de personnages « *leaders* » ou au contraire de personnalités négligées, isolées. Une représentation graphique des relations au sein d'un groupe est ainsi possible, le « sociogramme ». Mais sa conception n'est pas celle d'un groupe figé, au contraire, il note un potentiel d'évolution dans les relations.

Kurt Lewin (C) (1890-1947)

Influencé par la **Gestalt** (fiche 13), il pense que les caractéristiques des éléments constituant un groupe sont différentes de celle du groupe. Il cherche des lois de dynamique des groupes comme il y en a en physique : les molécules ayant des propriétés particulières différentes des atomes et des ions qui les composent, il en serait de même pour les groupes.

Exemple de loi : une décision prise par le groupe après discussion permet d'introduire plus de modifications qu'une action isolée venue de l'extérieur, le groupe résistant plus aux pressions venant de l'extérieur. Il expérimente également l'influence du type de commandement exercé dans un groupe (autoritaire, démocratique) sur ses résultats.

Floyd Henry Allport (C) (1890-1978)

De tendance béhavioriste, il se consacre à l'étude de l'influence du milieu social avec le concept de « facilitation sociale » comme élément favorable à la dynamique du groupe. La compétition comme stimulant de l'évolution.

FICHE 13 | La Gestalt ou psychologie de la forme

Ses origines remontent au début du XIXe siècle grâce à des découvertes techniques comme le mouvement apparent et le stroboscope. Le plus connu de ses théoriciens est Köhler.

Wolfgang Köhler (C) (1887-1967)

L'accent est mis sur la perception d'une totalité. Il s'oppose aux associationnistes et aux béhavioristes en posant que la perception première est globale et non faite de détails, que leur psychologie est trop empirique, élémentariste, inspirée de la physique et de la chimie. S'appuyant sur le fameux exemple des segments de même longueur mais en apparence de longueur différente (fiche 31), il affirme qu'une partie dans un tout est différente de cette même partie isolée ou dans un autre tout, et que seule la relation à l'ensemble est explicative. De même, un tout est différent de la somme de ses parties : dans un visage humain, c'est d'abord un tout que l'on perçoit. L'eau n'est pas que de l'oxygène plus de l'hydrogène ; une mélodie peut être transposée avec des notes différentes sans être altérée.

Il s'agit là d'un ordre supérieur, celui de la mémoire, de l'espace ou du temps, supérieur aux données élémentaires de l'ordre des sensations, qui la composent. Notre champ perceptif est également structuré d'emblée. Une perception isolée n'a pas d'existence sans ce qui l'entoure : le visuel ci-dessous peut à la fois représenter un vase ou deux visages qui se regardent.

La théorie propose également une étude des différents modes de regroupements que nous pouvons effectuer à partir de points pour se représenter une forme. Elle en a établi des lois : loi de la bonne forme, de la *bonne continuité*, de la *proximité*, de la *similitude*, de destin commun et de clôture.

Les illusions d'optique sont également un des sujets de prédilection de cette tendance : la valeur de chaque partie est déterminée par le tout, ainsi les deux ronds suivants sont en réalité de la même couleur, la luminosité apparente d'une forme n'étant que fonction de la surface avoisinante, de même que la perception du silence se fait quand un bruit s'arrête, etc.

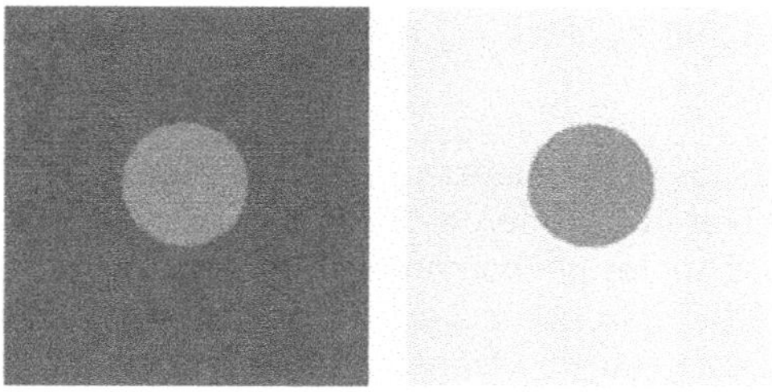

L'application qui en fut faite est que pour comprendre une situation ou un comportement, il faut les replacer dans leur contexte et que pour comprendre le comportement d'un être il faut prendre en considération sa propre perception du monde qui l'entoure.

Longtemps oubliée, la Gestalt est redevenue à la mode dans les **psychothérapies** comportementales.

FICHE 14 | Les origines de la psychanalyse (1)

Sigmund Freud (A et M) (1856-1939)

Il ne s'agit pas ici de présenter toutes les théories freudiennes (développées dans les parties VI et VII) mais de situer Freud dans l'histoire de la psychologie.

Pour la plupart des personnalités citées précédemment, l'objet de la psychologie restait l'étude des états de conscience, ce que nous appelons aujourd'hui les phénomènes d'apprentissage et la cognition. Pour Freud, médecin, la préoccupation première est thérapeutique. Par ailleurs, dans la culture viennoise de l'époque, le thème de **l'inconscient** est très à la mode. Or il le valide avec des individus qui agissent sous **hypnose** et des souvenirs qui reviennent à d'autres sans qu'ils sachent pourquoi. Il remarque toutefois une continuité psychique entre conscience et inconscient, et distingue deux sortes d'inconscient. Il appelle **préconscient** la partie de l'inconscient qui peut revenir à la conscience. L'autre est la partie cachée dont on ne voit que les manifestations. L'inconscient, même invisible, n'est pas pour autant inactif puisqu'il se manifeste par des phénomènes jusqu'ici non traités par les psychologues comme : les **actes manqués**, les **lapsus**, les éléments anodins des rêves, les fameux petits détails qu'il considère au contraire comme révélateurs. Avoir accès à l'inconscient sous **hypnose** pour traiter des troubles psychiques est son sujet de départ. L'objet de la psychologie n'est plus la conscience mais l'inconscient. Sa méthode fondée sur l'interprétation et l'intuition s'oppose évidemment aux méthodes expérimentales habituelles de l'époque.

Pour lui, il y a des hasards extérieurs mais pas de hasards intérieurs. Les croyants et les gens superstitieux donnent du sens au hasard extérieur alors que, selon lui, les mythes du paradis et de Dieu ne sont que des projections de facteurs humains inconscients vers le monde extérieur. Son intérêt pour une psychologie qui s'appuie sur l'**introspection**, lui sera reproché par des détracteurs le jugeant trop peu scientifique. Il faut noter pourtant qu'il affinera et remettra en cause ses théories tout au long de sa vie, que sa fille Anna (1895-1982) reprendra le flambeau en l'enrichissant et qu'aujourd'hui encore la psychanalyse s'adapte et se nourrit de nouvelles découvertes.

Autre grand pilier de ses théories, la **libido**, présente dès les débuts de la vie et influente sur la vie psychique. La libido est un terme général qui englobe l'énergie, les **pulsions**, l'amour, et dont une interprétation exclusivement d'ordre sexuel serait erronée. « *Nous désignions ainsi l'énergie [...] l'amour entre les sexes, avec pour but l'union sexuelle. Mais nous n'en dissocions pas ce qui, outre cela, relève du mot amour, ni d'une part l'amour de soi, ni d'autre part l'amour filial et parental, l'amitié et l'amour des hommes en général, ni même l'attachement à des objets concrets et à des idées abstraites* », S. Freud, *Essais de psychanalyse*, Paris, Payot, 1981. Il signale que cette conception large de l'amour est la même que dans l'Éros de Platon. Ces **objets d'amour**, principalement les parents au stade de l'enfance, sont susceptibles de devenir d'autres individus par la suite dans des évolutions favorables, ou soi-même dans le **narcissisme**.

Enfin, le complexe d'**Œdipe**. Cette référence est symbolique. La légende de ce héros de la mythologie grecque traite de sujets propres à l'histoire de l'humanité : l'inceste et le parricide. Freud a-t-il eu tort d'évoquer cette légende ? Peut-être cherchait-il une référence pour accréditer ses hypothèses ?
L'incompréhension dont Freud a été victime provient d'une interprétation au premier degré, réductrice et simplificatrice. On a retenu l'anecdote historique sans l'associer à ses travaux sur des patientes hystériques. Ces malades se plaignaient d'attentats sexuels de la part d'individus auxquels elles attribuaient un rôle paternel, bien que ces attentats ne fussent que fantasmés. Dans leurs rêves, d'autres individus se débarrassaient du mari d'une femme aimée, ledit mari ayant la figure de leur père.

Il note en parallèle l'attraction de certains hommes pour des femmes légères, infidèles, rangées dans la catégorie des « putains », évoquant ainsi la relation de plusieurs hommes pour une femme. Il découvre chez eux un lien érotique caché avec une image maternelle inaccessible et interdite. En effet, comme dans tout phénomène psychique, le **contenu manifeste**, ce qui est montré (la putain), est un travestissement qui rend méconnaissable le **contenu latent**, ce qui est caché (la figure parentale). C'est grâce à ces attractions amoureuses, incestueuses et fantasmées, pour le parent du sexe opposé, que lui est venue la révélation de l'existence de **pulsions** inconscientes chez l'humain : la pulsion amoureuse (pulsion de vie) a comme pendant une pulsion parricide (pulsion de mort) de rivalité avec le parent du même sexe. Il fonde à Vienne en 1902 une petite société psychanalytique qui commence par se réunir chez lui puis, en 1908, la société psychanalytique de Vienne et, en 1910, l'association psychanalytique internationale, IPA, présidée par **C. G. Jung** (fiche 15).

FICHE 15 | Les origines de la psychanalyse (2)

Alfred Adler (M) (1870-1937)

Freud aura beaucoup de disciples dont certains l'abandonneront ensuite pour créer leurs propres théories.
C'est le cas de Adler, juif viennois comme lui, médecin généraliste puis psychiatre, il participe à la société psychanalytique mais quitte Freud en 1911 à cause d'un désaccord et fonde sa propre société. À retenir, sa théorie des infériorités organiques : les sentiments d'infériorité, pouvant être de natures très différentes, provoquent des processus psychologiques inconscients appelés **mécanismes de compensation** (cf. les personnalités de petite taille comme Napoléon). Les instincts du **Moi** sont des instincts d'exaltation de la personnalité à l'origine de la volonté de puissance (influence de Nietzsche) : un individu rabaissé va donc chercher à dominer ses semblables. Pour lui, à côté de la **libido** freudienne existent des instincts d'agressivité tant chez les personnes normales que chez les malades. La névrose, plus que d'origine sexuelle serait due à un sentiment d'infériorité organique et à des sentiments sociaux comme la place dans une fratrie par exemple.

Carl Gustav Jung (A) (1875-1961)

Suisse allemand, élève de **Bleuler** (M), médecin inventeur du terme de schizophrénie, Jung est également un fervent protestant et, bien que partageant les théories de **Freud**, il s'en éloigne sur les questions ayant trait à la sexualité. Il veut rendre la psychanalyse plus présentable en évacuant toute notion sexuelle dans la vie psychologique. Il désexualise la **libido** et en fait une énergie psychique générale. Le psychisme serait un système clos dans lequel cette énergie serait conservée et prendrait différentes formes : différents types de passions ou de troubles somatiques, d'angoisses, etc. Chez les extravertis cette énergie serait déchargée sur l'extérieur, et chez les introvertis, retournée vers soi. Il rejette également la notion d'**Œdipe** en traduisant l'attachement d'une fille à son père comme une compensation au sentiment d'infériorité et au besoin de protection.
Mais *quid* des garçons et de leur mère ?
Freud lui reproche d'avoir réduit la libido.

Il s'intéresse également à la psychologie des phénomènes occultes et étudie un *medium spirit*, recherches très en vogue à l'époque (cf. chez **P. Janet**).

Premier président de l'IPA, Freud comptait sur lui pour diffuser la psychanalyse, mais ils se brouillent en 1913. En 1933, il devient président de la société allemande de psychothérapie pendant l'ascension d'Hitler au pouvoir. Ce qui lui vaudra plus tard d'être mis à l'écart en France par toute une partie des enseignants et des praticiens en psychologie, ce qui n'est pas le cas dans d'autres pays du monde où il est plus étudié que Freud.

Jung étudie également le phénomène des complexes. Pour lui, il s'agit d'un ensemble de représentations chargées d'affectif et refoulées. Une représentation refoulée entraîne avec elle tout ce qui s'y rattache mais la raison du **refoulement** est enfouie au plus profond, masquée par ce rattachement resté en surface. À partir des rêves, il pratique, de manière beaucoup plus systématique que Freud, les associations verbales pour, de proche en proche, atteindre le nœud profond du complexe.

Enfin, il est très connu pour les notions d'**inconscient collectif** et d'**archétype**. Se différenciant là aussi de Freud, dans le cas des névroses, il accorde moins d'importance à l'inconscient individuel qui ne serait que des souvenirs personnels superficiels (**subconscient**). Il privilégie le rôle de l'inconscient collectif, lieu où sommeillent les archétypes. Les archétypes sont des « *images primordiales* » (l'âme, le dragon, etc.). Les instincts, pulsions physiologiques perçus par les sens, se manifestent par des fantasmes, des images symboliques : ce sont les archétypes. Ils peuplent nos rêves sans que nous puissions en déterminer les origines. Ils varient dans le temps et selon les cultures. La conscience analyse logiquement les faits et les situations, alors que l'inconscient est aussi capable d'observations et de conclusions guidées par des tendances instinctives et qui se manifestent sous forme d'archétypes. Ils peuvent se substituer à la pensée consciente et sont chargés d'une énergie qui peut se manifester dans des circonstances critiques. Le névrosé refoule ces archétypes qu'il faut donc faire remonter à la surface. L'analyse psychologique a donc comme rôle de faire ressortir ces inconscients collectifs, ces archétypes qui sommeillent en nous.

L'origine de ses théories est à rechercher dans ses nombreux voyages et ses études sur les mythes des peuples. Freud lui reproche de transposer les faits analytiques sur un mode abstrait et impersonnel et de donner trop d'importance aux symboles dans l'interprétation des rêves.

FICHE 16 | Le développement de la psychologie cognitive

Ulric Neisser (C) (1928-2012)

En 1968, Ulric Neisser, dans *Cognitive Psychology*, définit les contours de la psychologie cognitive en se référant à Frederic Charles Bartlett, premier théoricien cognitiviste au XIXe siècle.

Après la période Watson (1913) et Skinner (1963), selon lui **béhavioristes** radicaux, pour lesquels les actions humaines ne devaient être expliquées que par des variables observables sans modifications internes, il souhaite que l'on s'intéresse également aux images, aux hallucinations, à la **rétention** et au rappel des informations, à la résolution de problèmes, aux idées, etc.

Il propose aussi de mettre en relation la cognition telle qu'il la définit avec les « *événements neuronaux sous-jacents* » qui la font fonctionner. En d'autres termes, il souhaite relier la psychologie cognitive et la neuropsychologie. Pour expliquer sa démarche novatrice, il utilise une analogie avec un outil, lui aussi récent, l'ordinateur. Chercher à comprendre la cognition humaine, c'est comme essayer de découvrir la procédure de stockage des informations dans l'ordinateur, pas le hardware mais le software. Ce n'est pas la physiologie, l'« *incarnation* » de la mémoire qui l'intéresse mais son mode de fonctionnement. Poursuivant l'analogie, il compare les systèmes sensoriels et moteurs humains aux périphériques des ordinateurs, donc pas totalement indépendants de la programmation centrale : « *Le* substratum *physique peut imposer quelques limitations sur l'organisation des événements mentaux.* » Comme un programme, le rôle de la cognition n'est pas seulement de mesurer de l'information, mais aussi de la sélectionner, de la stocker, de la récupérer, de la combiner et de la reproduire.

PARTIE II

NEUROSCIENCES ET NEUROPSYCHOLOGIE

FICHE 17 | Constituants et alimentation du cerveau

Les neurones

Les études portent sur le **système nerveux central**, le cerveau, et sur les systèmes sensoriels du corps en relation avec le cerveau. Les neurones récepteurs, ou cellules, qui font partie des systèmes sensoriels, agissent du corps vers le cerveau. Les neurones du cerveau agissent vers le corps, le **système moteur**, mais sont également connectés entre eux pour animer les différentes activités du cerveau. Selon les sources, le nombre de neurones dans le cerveau humain est de plusieurs centaines de milliards. Quant à l'ensemble des neurones humains, on parle de cent mille milliards.

Comme toutes les cellules, les neurones possèdent au centre un noyau qui contient les gènes, et autour, des organites inclus dans un cytoplasme permettent la production d'énergie et la fabrication de protéines, le tout étant entouré d'une membrane. Cet ensemble est appelé **corps cellulaire** ou **substance grise**.

La spécificité des neurones du cerveau étant de se transmettre de l'information, ils possèdent, à la différence des autres cellules, deux types de prolongements : d'un côté, les **dendrites**, apparentées aux branches d'un arbre, recueillent l'information et l'acheminent vers le corps de la cellule, de l'autre, l'**axone** (comme le tronc d'un arbre), généralement long et unique, renvoie l'information vers d'autres neurones avec qui il établit des connexions appelées **synapses**. Les axones peuvent aussi stimuler directement d'autres types de cellules, comme celles des muscles ou des glandes.

Le corps d'un neurone est très petit, quelques centièmes à quelques dixièmes de millimètres. Certains neurones du cerveau ont un axone à peine plus long que l'épaisseur d'un cheveu. D'autres, comme les neurones moteurs de la moelle épinière qui innervent le pied, ont un axone pouvant atteindre plus d'un mètre.

Les formes des neurones sont variables selon leurs fonctions. Ils sont spécialisés par forme d'énergie (exemple : les **photons** pour la vision), sauf pour la somesthésie, sensation corporelle ou conscience du corps, où toutes les formes sont mélangées. Il y a des neurones spécifiques à l'olfaction, et à chaque type d'odeur, à l'audition, etc. La taille d'un neurone a une incidence sur son potentiel d'action (fiche 23).

Les neurones sont aussi caractérisés selon les **neurotransmetteurs** qui les stimulent. Il en existe une centaine et leurs effets diffèrent selon la zone d'activation. Les plus importants sont :

- **la dopamine** stimule les fonctions de la circulation sanguine et assure l'essentiel de la motricité : une carence dans la maladie de **Parkinson** peut rendre impossible certains mouvements. Bien qu'étant peu nombreux, les neurones à dopamine sont éparpillés dans le corps (artères, reins, circuit digestif, cellules musculaires) et le cerveau : **tronc cérébral** pour la motricité, **amygdale** pour les émotions, **hippocampe** pour une forme de mémoire. Ils diffusent leurs effets vers les récepteurs de dopamine d'autres neurones. Au niveau psychique, elle influe sur les comportements où elle intervient dans le processus motivationnel de la récompense et de la dépendance. Les **addictions** (cocaïne, nicotine, opiacés, alcool) sont le fait d'un circuit concernant plusieurs endroits du cerveau où circule la dopamine. La cocaïne accentue son action, la nicotine provoque son augmentation. Un taux trop élevé de dopamine provoque des excitations et des conduites à risque. Un excès peut déclencher des hallucinations et des comportements schizophrènes. Chez certains patients parkinsoniens traités par administration de dopamine, on a pu constater des effets indésirables comme une dépendance aux jeux conduisant certains à la ruine, ou une activité sexuelle compulsionnelle pour d'autres. Elle traverse également des zones cérébrales propres à la concentration et à une forme de mémoire ;
- **la sérotonine** intervient dans la régulation des signaux nerveux entre les neurones. Elle a ainsi un pouvoir d'**inhibition** positif sur certains neurones en diminuant l'anxiété et en rendant optimiste et serein. Elle aurait également des effets positifs sur le sommeil, la douleur, l'appétit et la pression artérielle. Les antidépresseurs renforcent son action. L'ecstasy et le LSD peuvent d'abord accroître son taux, mais aussi détruire les terminaisons nerveuses réceptrices, donc provoquer l'effet inverse. Ainsi, quand le manque de sérotonine désinhibe certaines régions du cerveau, on peut être confronté à des troubles du comportement variables, une libération de **pulsions** agressives, violentes, une **désinhibition** sexuelle, à des cas suicidaires ;
- **l'acétylcholine** est active dans les aires du cerveau associées à la mémoire, à l'attention et à l'apprentissage. On note une carence chez les patients atteints de la maladie d'**Alzheimer** ;
- **la noradrénaline** est surtout un neurotransmetteur qui favorise la curiosité, l'apprentissage, l'ouverture. Un déficit entraîne au contraire une baisse de la socialisation, un repli sur soi, une démotivation. Mais elle se trouve aussi dans le sang où elle agit sur la libération d'**hormones** favorisant la **libido**, l'appétit ;
- **l'adrénaline** agit comme un stimulant physique et mental. Elle fait partie de l'héritage programmé, c'est-à-dire la **phylogenèse** qui a prévu une possibilité de fuite ou d'affrontement lors de situations de stress :

augmentation de la contraction musculaire, dilatation des pupilles, dressage du système pileux, diminution de la réflexion au profit de la réaction. Ses « décharges » accélèrent la vitesse de la respiration et accroissent le rythme cardiaque. Elle agit comme neurotransmetteur dans le cerveau et comme hormone dans le sang. Ainsi, elle active deux circuits différents : l'un contrôle la vigilance et l'éveil ; les décharges de l'autre accélèrent le pouls, la respiration, le flux sanguin, le rythme cardiaque. En excès, elle rend nerveux, anxieux, provoque le trac, l'insomnie, les **phobies**, peut faciliter la paranoïa ;
• **le glutamate** est le plus courant (un tiers des transmissions synaptiques). Une carence entraîne des difficultés d'apprentissage et de mémorisation. Son excès peut jouer un rôle dans le mécanisme de la dépression ;
• **l'endomorphine** atténue la douleur, diminue la nervosité et procure une sensation de bien-être mais ralentit aussi certaines fonctions vitales comme la respiration et entraîne des dépendances. C'est la substance stimulée par les drogues comme l'opium ou l'héroïne ;
• **le gaba** diminue l'activité électrique des neurones et sert à contrôler la peur et l'anxiété.

Les cellules gliales

Le cerveau contient environ neuf fois plus de cellules gliales que de neurones. Cette découverte du début du XXe siècle a été mal interprétée par des publications de vulgarisation qui en ont conclu que nous n'utiliserions que 10 % de notre cerveau, c'est-à-dire uniquement les neurones. En réalité, les cellules gliales ont un rôle essentiel dans le bon fonctionnement et la rapidité de l'activité synaptique, notamment en matière d'apprentissage. Pour un approfondissement récent sur ces cellules, voir les ouvrages de **Pierre Magistretti**.

Dans le **système nerveux central** (le cerveau), il existe deux catégories de cellules gliales dont la morphologie et les fonctions sont différentes : les **microgliales**, dont le rôle principal est celui d'une barrière de défense du cerveau contre les infections extérieures pouvant survenir lors de lésion, et les macrogliales. Parmi ces dernières, on peut distinguer :
• les **astrocytes** qui sont les plus gros et dont les fonctions sont les plus complexes. Elles assurent le maintien du bon fonctionnement mécanique et énergétique des neurones en établissant un lien entre les vaisseaux sanguins et les neurones pour leur apporter les nutriments dont ils ont besoin (glucose et oxygène). Elles sont également nécessaires à la formation d'une barrière hémato-cérébrale, digèrent et éliminent par des capillaires les substances résiduelles inhérentes

au fonctionnement des neurones (ex. le potassium). Elles favorisent la constitution de l'architecture cérébrale au cours du développement : les astrocytes embryonnaires servent de « rails » lors de la migration des neurones immatures vers les couches externes du cortex cérébral. Leur rôle est majeur dans la formation et la plasticité des **synapses** entre neurones. Lieu de stockage du glucose et source énergétique des neurones, les astrocytes sont essentielles à la conservation des fonctions neuronales et à la survie cellulaire ;
• les **oligodendrocytes**, plus petites, sont à l'origine des gaines de **myéline** qui entourent les **axones** des neurones et qui permettent la conduction nerveuse (voir **sclérose en plaques**, fiche 20).

Dans le **système nerveux périphérique**, c'est-à-dire le reste du corps, on parle de **cellules satellites** pour le support mécanique des neurones et de **cellules de Schwann** pour la fabrication de la myéline.

Matière grise et substance blanche

La « matière grise » correspond à la **substance grise** majoritaire en périphérie du cerveau. Elle est constituée du corps cellulaire des neurones, c'est-à-dire le lieu où sont reçues, traitées et intégrées les informations électriques avant d'émettre une réponse. On trouve également de la substance grise dans les **noyaux gris centraux**, petites formations situées au plus profond du cerveau et qui gèrent certaines fonctions vitales et certaines mémoires.

Le cerveau est également constitué d'une matière blanchâtre à laquelle on donne le nom de « substance blanche », agglomérat des **axones** et des **dendrites** des neurones : elle relie les différentes aires corticales les unes aux autres.

Irrigation du cerveau

Le **système antérieur** ou carotidien est composé des deux artères **carotides**, droite et gauche, qui, depuis le cou, rentrent dans la boîte crânienne à hauteur de l'oreille en passant devant (carotide interne) et derrière l'oreille (carotide externe). Elles irriguent les parties frontale, pariétale et les **noyaux centraux**.

L'artère carotide interne se divise en quatre branches :
- l'artère ophtalmique qui irrigue l'œil et fait anastomose (prise en charge par un réseau de la vascularisation d'une zone) avec la carotide externe ;
- l'artère cérébrale antérieure ;
- l'artère cérébrale moyenne ;
- le pont de liaison avec le **système postérieur** sous forme d'artères communicantes qui forment le **polygone de Willis.**

Le **système postérieur**, ou système vertébro-basilaire, est celui des artères vertébrales droite et gauche. Elles rentrent par l'arrière du crâne, au niveau du **trou occipital**, se réunissent devant le **bulbe olfactif**, se décomposent ensuite en artère basilaire et artère cérébrale postérieure et irriguent le **tronc cérébral** et le **cervelet**.

Système d'irrigation cérébrale

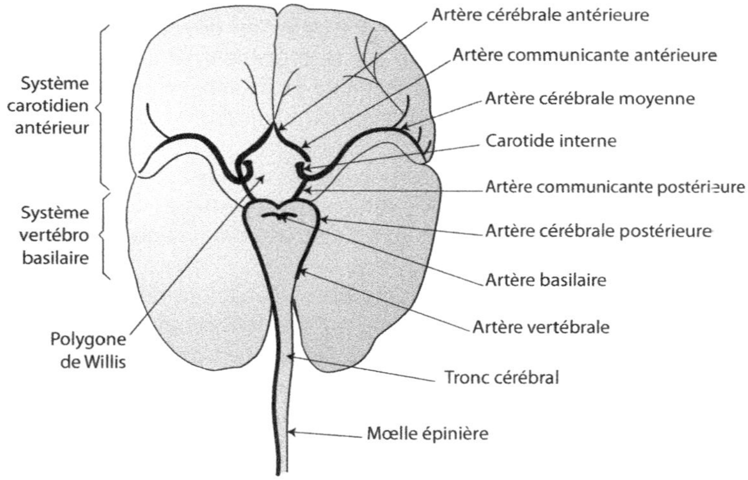

FICHE 18 | Structure et organisation du cerveau (1)

Du cerveau primitif au cerveau évolué

Une première analyse du cerveau humain peut se concevoir selon les stades évolutifs vécus par rapport aux animaux, la **phylogenèse**. À chaque stade, des couches de neurones de plus en plus sophistiquées se sont superposées horizontalement et de l'arrière vers l'avant, ce qui confère aux humains un cerveau plus développé frontalement et moins aplati que celui des animaux. Et, malgré cette évolution, les couches anciennes n'ayant pas disparu, il a conservé ses parties primitives.

• **L'archencéphale** est le niveau de développement de l'encéphale des poissons, des amphibiens et des embryons humains chez qui il est néanmoins déjà plus sophistiqué.
• **Le paléencéphale** correspond au niveau de développement des reptiles, des oiseaux. Superposé sur le précédent, il a déjà plus de compétences. L'ensemble archencéphale et paléencéphale est appelé **rhinencéphale**. C'est une structure ancestrale présente même chez les animaux sans odorat.
• **Le néencéphale** est la superposition, sur les deux précédentes parties, de couches de neurones plus ou moins importantes et aux fonctions plus ou moins complexes selon qu'il s'agit de primates ou d'humains.

Une deuxième analyse peut être présentée selon les grandes structures.
• **Le rhombencéphale** est composé du myélencéphale (appelé plus souvent **bulbe rachidien**) et du métencéphale, ensemble comprenant le **pont cérébral**, partie enflée située après le bulbe rachidien et le **cervelet**. Le métencéphale est le plus archaïque ; il gère les fonctions essentielles telles que le rythme cardiaque, la respiration, la température interne.
• **Le mésencéphale** relie le cerveau postérieur au cerveau antérieur. Sa composition est faite d'agrégats de neurones aux fonctions variées qui vont de l'attention, du sommeil et du réveil, de l'élimination, des mouvements du cou.
• **Le tronc cérébral** qui comprend le **bulbe rachidien**, le **pont cérébral** et le **mésencéphale**, possède des capacités motrices primitives issues de la moelle épinière de l'ordre des réflexes, avec cependant des prémices d'automatismes plus élaborés (voir motricité pré-programmée, fiche 27).
• Jouxtant le bulbe rachidien, **le cervelet** gère des fonctions basiques présentes chez tous les animaux : rythme cardiaque, respiration,

température interne. Il est impliqué dans le calcul des mouvements, l'équilibre, la mesure du temps et diverses autres fonctions motrices et cognitives. Il sait différencier les sensations résultant d'actions du sujet de celles qui proviennent de l'extérieur. Lorsqu'une personne est en état d'ivresse, c'est lui qui est perturbé. Enfin, ce cerveau primitif est capable de recevoir des informations sensitives olfactives et visuelles, lesquelles vont déjà être intégrées par une partie de l'**hippocampe** (voir cerveau interne).

• **Le bulbe olfactif**, appelé plus fréquemment **lobe olfactif** (voir fiche 19), est la composante sensorielle du **rhinencéphale**.

• **Le prosencéphale** comprend :

– **le diencéphale** désigné plus couramment sous le terme de cerveau interne ou sous-cortical ou **système limbique** avec ses composants spécifiques, des centres de sécrétion comme la glande **hypophyse**, et déjà une partie des centres moteurs du cortex et le **gyrus cingulaire** qui recouvre le **corps calleux** ;

– **le télencéphale** correspond principalement au cerveau externe, appelé cortical ou **cortex**, auquel s'ajoutent les **ganglions de la base**.

L'observation du cerveau externe diffère de sa coupe transversale. Plus les animaux – l'humain étant la phase aboutie – sont évolués, plus l'organisation du cerveau est composée de quantité de couches de cellules et de réseaux de connexions entre elles.

Le cerveau interne

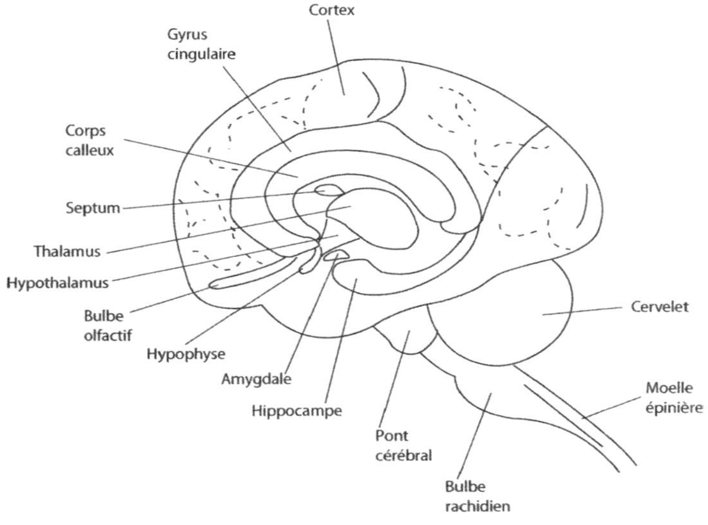

Il est composé principalement de :

L'amygdale est très impliquée dans le fonctionnement des émotions. Elle est responsable des réactions incontrôlées du **système limbique**, actes impulsifs d'énervement, paroles excessives, éclats de rire, etc. C'est le circuit de la peur représentatif de l'émotion type et ancestrale de la survie : les stimuli sensoriels convergent vers l'amygdale pour l'informer des dangers potentiels de son environnement. Les informations lui parviennent soit des différentes aires sensorielles auditives, visuelles, olfactives, gustatives, et aussi des viscères (signal d'une douleur interne), soit (voir plus loin) du **thalamus**. Le système d'alarme de l'amygdale commande l'**hypothalamus** qui produit alors des sécrétions hormonales se dirigeant soit :
• vers le **système moteur** (fiche 27) entraînant, par exemple, les muscles pour la fuite ;
• vers les systèmes sensoriels (fiche 23) du cortex pour les mettre en alerte, sur le qui-vive ;
• vers le **tronc cérébral**, déclenchant les expressions du visage, l'élévation de la tension, l'accélération du rythme cardiaque, le blocage du souffle, les contractions intestinales, l'excitation orale, la hausse de ton de façon aiguë, l'aboiement chez le chien. Son temps de réaction se calcule en millièmes de secondes.
L'amygdale reçoit aussi de nombreuses connexions de **l'hippocampe**. Celui-ci est impliqué dans le stockage et la remémoration de souvenirs qui jouent un rôle dans le passage de la mémoire de travail (fiche 33) à la mémoire à long terme. Ses connexions à l'amygdale peuvent être à l'origine d'une émotion déclenchée par un souvenir. Il est impliqué dans le stockage et la remémorisation de souvenirs, notamment les repères spatiaux, qui font défaut lorsqu'il est atteint par la maladie d'**Alzheimer**.

Le thalamus est le relais des grandes voies sensorielles des cinq sens ainsi que des informations somesthésiques (voir fiche 26). Complexe, il est divisé en agrégats cellulaires appelés **noyaux**, aux fonctions différentes réparties en deux grandes catégories : les fonctions très spécifiques concernant les voies sensorielles et les fonctions non spécifiques aux implications fonctionnelles plus vastes. Dans les fonctions spécifiques du système visuel par exemple, interviennent : **le pulvinar** (noyau antérieur, latéral, médian, inférieur) et **le corps géniculé latéral** (fiche 25), appelé aussi **genouillé**. Dans le thalamus, on distingue également : le noyau antérieur, le noyau ventral antérieur, les ventro-latéraux, les ventro-postérieurs, le latéral-dorsal, le latéral-postérieur, les noyaux médians, les noyaux postérieurs. Les cellules du thalamus ont la capacité soit de transmettre l'information, soit de l'inhiber, de la filtrer pour empêcher son entrée dans les noyaux du thalamus (cf. fiche 23). Dans l'état de veille, comme celui du sommeil, le thalamus agit comme un filtre : s'il envoie l'information c'est par une route longue, lente mais précise, celle qui passe par le cortex. L'information est analysée, la pensée arrive avant le sentiment et le temps de réaction est multiplié par deux par rapport au circuit court de l'**amygdale**. Lors de cette connexion, deux possibilités : soit l'alerte est calmée, la peur conditionnée éteinte, l'anxiété contrôlée, la réponse émotionnelle adaptée à la situation, les réponses inappropriées apaisées ; soit, inversement, il y a création d'anxiété par imagination d'échec ou de présence d'un danger inexistant (pathologie des **phobies**). Autour du thalamus se trouvent d'autres noyaux, **les noyaux gris centraux** appelés aussi **ganglions de la base** dont fait partie le **corps strié**. Ce sont des réseaux de neurones reliés entre eux et avec le cortex. Ils jouent un rôle dans les mouvements volontaires, dans les motivations ou rejets alimentaires, la gestion de la douleur. Leur atteinte est notable dans la maladie de **Parkinson**.

L'hypothalamus, situé dans la base du cerveau, est en connexion avec l'amygdale et les aires préfrontales (expression caractérielle). Noyau de **substance grise** appartenant au système nerveux végétatif, c'est le centre des principales pulsions, comme la faim, la soif. Les neurones de l'hypothalamus, contrairement aux autres, ne libèrent pas de **neurotransmetteurs**, mais des **hormones**, substances chimiques circulant dans le sang. Il organise la liaison entre système nerveux et système hormonal en sécrétant ces hormones destinées à agir sur d'autres glandes (notamment l'**hypophyse**) qui, à leur tour, secréteront d'autres hormones qui agiront sur certains organes (ovaires, thyroïde). Les fonctions de l'hypothalamus sont multiples et concernent : la circulation aqueuse intra et extra-cellulaire, le métabolisme des glucides, des protides et des lipides, la régulation thermique, la régulation de l'émotivité, la sexualité, le sommeil, l'**horloge interne**. Il contient, en outre, deux petits noyaux de cellules, **les corps mamillaires** très importants dans une forme de mémoire.

Le septum est une petite zone située en avant du **thalamus**. Il est dédié à des fonctions comme l'**impulsivité** et les motivations dans les domaines de l'appétit, de l'attirance sexuelle. Il a des liens neuronaux avec l'amygdale, l'hippocampe, l'hypothalamus. Lorsqu'il est bien stimulé, il influe sur les sensations de plaisir. Inversement, il peut engendrer colère et agressivité. Il réagit au système récompense-punition en stoppant la colère par peur de la punition par exemple.

Le corps calleux

Les deux hémisphères du cerveau sont reliés par le corps calleux, pont de fibres nerveuses, de **substance blanche**, axones de neurones qui se dirigent vers leur destination dans le cerveau ou le reste du corps. Constitué de plus de deux cents millions de fibres, il joue le rôle d'interface entre les deux hémisphères cérébraux.

Les gyrus cingulaires

Ils s'enroulent autour du corps calleux et sont également des zones de relais entre les deux hémisphères. Une séparation anatomique distingue le gyrus cingulaire postérieur du gyrus cingulaire antérieur, courroie de transmission entre les structures **limbiques** (hippocampe, amygdale) et le cortex préfrontal (fiche 19) avec un rôle de médiation ; il est lui-même divisé en une zone dorsale dédiée à des fonctions cognitives et une zone ventrale à des fonctions affectives.

FICHE 19 | Structure et organisation du cerveau (2)

Le cerveau externe

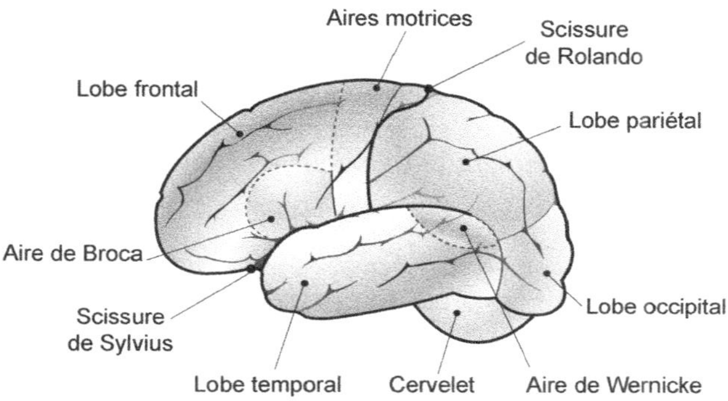

Le cerveau externe est la partie la plus importante du cerveau, il représente environ 1 500 à 2 000 cm² en surface dépliée. Il est divisé en plusieurs **lobes** eux-mêmes subdivisés en aires. L'humain en possède beaucoup plus que les animaux (une centaine d'aires corticales appelées **aires de Brodmann** et numérotées). Et ces aires corticales externes sont en étroite relation avec les aires sous-corticales (cerveau interne).

Le lobe frontal est le plus complexe chez l'humain et le moins développé chez les animaux. Sa complexité vient de sa subdivision en de nombreuses aires aux fonctions variées et non homogènes. Il est dédié à la programmation, la régulation des comportements, l'adaptation, la correction des erreurs et le contrôle de l'attention.

Du bas vers le haut, on distingue :
- **le cortex préfrontal ventro-médian**, appelé aussi orbitofrontal. Il est visible à l'extérieur et à l'intérieur en coupe. Il est actif dans le contrôle des processus émotionnels et motivationnels ;
- **le cortex préfrontal latéral**, séparé encore en dorso-latéral et ventro-latéral. En remontant vers le haut après le ventro-médian et à l'extérieur uniquement. Il est le lieu des processus cognitifs complexes, de la stratégie d'organisation, de la planification, du raisonnement déductif, de la mémoire de travail, de l'attention. On y trouve également **l'aire de Broca**, une des aires du langage. Elle est dédiée

à la perception des mots, à la compréhension des phrases, à l'analyse des rimes et à la production orale. La forme phonologique d'une phrase étant stockée avant d'être comprise (fiche 32), cette région doit faire appel à la mémoire de travail (fiche 33).

Dans la région pré-frontale ont lieu des opérations d'évocation, c'est-à-dire de mise en relation de mots et d'idées (ex. : marteau = taper). De même, elles sont capables de se représenter quelque chose sans stimulus extérieur (des formes, des couleurs, des lieux, etc.). Elles sont aussi concernées dans les cas de confrontation à un danger quand, après la réaction émotive automatique initiale, il s'agit de choisir la réaction appropriée. Elles reçoivent des informations des régions sous-corticales notamment le **thalamus**, et commandent les régions corticales postérieures.

Le cortex moteur comprenant les aires motrices est situé en arrière du **lobe frontal.** Dans ce cortex, toutes les parties du corps sont représentées. Territoire de l'aire de **Brodmann** n° 6 on y distingue une **aire motrice supplémentaire (AMS)** au niveau dorsal, c'est-à-dire sur le dessus, et une **aire prémotrice (APM)** ventrale au-dessous de la première.
Toujours en continuant vers l'arrière, on trouve **l'aire motrice primaire** (n° 4) reliée à la moelle épinière et aux neurones moteurs agissant sur les muscles (cf. schéma et fonctionnement de la motricité, fiche 27).
La scissure de Rolando ou sillon central : on parle de cortex moteur et de territoires pré-frontaux avant la scissure de Rolando, et de cortex sensitif après.

Le lobe pariétal est composé de deux aires majeures :
- **l'aire 7 de Brodmann.** C'est une aire associative, c'est-à-dire qu'elle compile des informations de nature variée. Elle est à dominante visuelle. En fonction de ce qu'elle reçoit du cortex visuel primaire, elle procède à deux traitements : l'un qui envoie des informations par une voie dorsale *via* le lobe pariétal et le cortex moteur, et donne la localisation spatiale des choses appelée « **voie du Où** » ; l'autre par une voie ventrale *via* le lobe pariétal puis temporal où se situe le centre du langage écrit, la capacité de la reconnaissance, l'identification, prélude à la dénomination et appelée « **voie du Quoi** » (fiches 25 et 27) ;
- **l'aire 5 de Brodmann.** C'est également une aire associative mais à dominante somatique, c'est-à-dire que ce sont des informations somesthésiques, du toucher, du saisir, etc. (fiche 26) qui lui parviennent. Elle contient l'aire somato-sensorielle **S1**, et est elle-même subdivisée en **aire 1**, **aire 2**, **aire 3** (fiche 27).

Le lobe pariétal arrière est séparé du lobe occipital par le **sillon pariéto-occipital** ou **scissure perpendiculaire interne**. Le lobe pariétal inférieur est séparé du lobe temporal par **le sillon latéral ou scissure de Sylvius**.

Le lobe occipital contient le cortex visuel composé d'une trentaine d'aires. Elles sont peu visibles au niveau externe car elles sont situées à l'intérieur d'une fissure, la **scissure calcarine** (voir le détail du fonctionnement du cortex visuel, fiche 25).

Pour ajouter à la complexité, notons qu'un système comme celui du langage ou de la vision inclut de nombreuses aires en réseau. On différencie ainsi les aires visuelles primaires et les aires visuelles secondaires (fiche 25).

En continuant vers l'arrière et au-dessous, plus près des oreilles, **le lobe temporal** est dédié principalement à l'audition, mais également à une autre composante du langage (l'aire de **Wernicke** est localisée plus précisément dans la partie temporale-postérieure et pariétale-inférieure), et à la faculté de se représenter et de nommer.

Selon **W. Penfield**, des expériences de stimulation des régions corticales en relation avec le langage identifient des dizaines d'implantations qui correspondent à des mots différents.

L'**hippocampe** est situé dans le repli interne du lobe temporal.

Le lobe olfactif se trouve à la jonction du lobe frontal et de la partie antérieure du lobe temporal. Cette structure a régressé chez les primates, et principalement chez l'homme, où la fonction olfactive de la perception est devenue secondaire par rapport aux fonctions plus élaborées en relation avec les processus de mémoire et d'émotion.
L'influx nerveux olfactif, provenant des particules chimiques véhiculées par l'air, chemine grâce à des millions d'**axones** composant le nerf olfactif. En quelques milliers de points, les terminaisons des neurones récepteurs rencontrent des neurones-relais qui communiquent leur excitation vers le bulbe olfactif doté de nombreuses structures distribuant ces influx vers les différentes régions qui les analysent, les décodent et permettent la perception des différentes odeurs. Le cerveau humain peut identifier des milliers d'odeurs différentes. Cette sensibilité est des dizaines de fois supérieure chez le rat et des milliers de fois supérieure chez le chien qui a un milliard de cellules réceptrices contre dix millions pour l'humain.

Bien que différents, l'odorat et le goût, dont le centre est situé dans le **lobe pariétal**, sont étroitement liés. La perte de l'odorat entraîne toujours une perte du goût. Sensations les plus primaires, elles sont transmises directement à l'aire préfrontale où elles subissent peu de traitements analytiques et sont en interaction avec des zones de l'émotion et de mémoire (cf. la madeleine de Proust).

Parties du cerveau et mémoires

Il n'y a pas un seul et même lieu pour la mémoire mais un circuit passant par tels ou tels groupes de lieux pour faire fonctionner tel ou tel type de mémoire (voir détails dans les fiches 33 et 34) :

• dans la **mémoire émotionnelle**, le circuit passe par l'**amygdale**. On sait qu'un souvenir est d'autant mieux mémorisé qu'il est associé à une émotion forte. Le circuit cortex sensoriel-amygdale constitue une voie directe rapide du souvenir. Le circuit cortex sensoriel-hippocampe-thalamus-amygdale est une voie lente ;

• la région de l'**hippocampe** et des **corps mamillaires** est active dans la mémoire explicite, celle qui consiste à se remémorer ce que l'on a appris par cœur. En vieillissant, l'hippocampe est moins actif, plus de répétitions sont nécessaires pour enregistrer ;

• la mémoire implicite motrice dite aussi procédurale (faire du vélo) implique le cortex pariétal (motricité), le **cervelet** (équilibre) et les **noyaux gris centraux** ;

• il existe aussi une mémoire implicite active dans les systèmes de représentation, dans la reconnaissance présémantique (des lieux, des personnes), dans les souvenirs plus profonds, c'est le **lobe frontal** qui est principalement concerné ;

• dans la mémoire de travail, les informations sont amenées dans le lobe frontal pour n'être stockées qu'un bref moment avant d'être utilisées dans des tâches.

Fonctions des hémisphères

Bien qu'ils soient identiques et communiquent en permanence, ils ont des fonctions plus spécifiques : l'hémisphère gauche est, plus que le droit, dédié à ce qui relève de l'audio, du verbal, de la sémantique, des consonnes, de la perception rapide et concrète ; l'hémisphère droit, plus que le gauche, est dédié à la spatialisation, au visuel, aux voyelles, aux images et métaphores, et à la perception lente.

Les deux hémisphères peuvent décoder les lettres, par exemple en lecture visuelle, mais le droit accède davantage aux mots imagés, à l'abstraction. Cette connaissance est importante dans l'étude des déficits en rapport avec la localisation des lésions.

Enfin, les parties du corps commandées correspondent à la partie opposée dans le cerveau : l'hémisphère gauche commande les parties droites et inversement.

FICHE 20 | Les maladies et lésions cérébrales

Le cerveau est l'organe le mieux protégé du corps grâce aux os du crâne et aux trois membranes des méninges qui l'enveloppent pour l'empêcher de s'abîmer contre l'intérieur du crâne. Ce sont elles qui s'infectent lors de la **méningite**. Le cerveau baigne également dans le **liquide cérébro-spinal** qui contribue à absorber les coups et circule du haut vers le bas en évacuant les déchets toxiques et en transportant des **hormones** vers des régions éloignées du cerveau. Il n'est pas pour autant préservé de toute atteinte.

Les accidents vasculaires cérébraux ou thromboses

Les systèmes d'irrigation carotidiens sont prolongés par tout un système de vascularisation. Les accidents vasculaires sont des formations de caillots sanguins dans les vaisseaux comme pour un infarctus du myocarde au cœur. Les conséquences sont un défaut d'irrigation d'une région cérébrale et la mort de neurones consécutive à l'arrêt d'apport nutritionnel sanguin. Localisées dans un endroit minuscule, détectées à temps lors d'un petit trouble moteur, quand la lésion est infime et n'empire pas, les fonctions peuvent être récupérées par une prise en charge thérapeutique. Sinon, les véritables accidents vasculaires cérébraux **(AVC)** sont brutaux et entraînent une perte de conscience immédiate.

Il y a différents types d'AVC :
• l'**athérosclérose** : trouble dégénératif de la paroi des vaisseaux qui provoque une occlusion des artères. Les causes sont variables : génétique, taux élevé de cholestérol, tabac, **hormones**, pilule, hypertension ;
• les **angiomes** : amas tortueux de vaisseaux provoquant des maux de tête ;
• l'**anévrisme** : défaut d'élasticité des vaisseaux, d'autant plus grave quand il s'agit d'une artère et non d'une veine. La paroi explose lorsqu'elle est gonflée suite à un énervement, parfois lors de rapports sexuels. C'est une cause de mortalité brutale pouvant se produire avant 40 ans ;
• l'**embolie** cérébrale : migration d'un amas de cellules (caillot, cellules cancéreuses) dans les vaisseaux, qui bloque la circulation sanguine ;
• l'**hémorragie cérébrale** : quand la tension dépasse les 22-25, les vaisseaux éclatent. Même phénomène dans le foie, avec la cirrhose.

Les tumeurs

Moins fréquentes dans le cerveau que dans les autres parties du corps. Elles provoquent différents effets : compression et mort des neurones comprimés avec comme symptômes céphalées, nausées, vomissements, irritation des neurones entraînant des crises d'**épilepsie**, ou des troubles insidieux parfois dans les fonctions de la région atteinte. On distingue les tumeurs **malignes** non encapsulées (les cellules ne se multiplient plus, les métastases essaiment), et les tumeurs **bénignes** encapsulées qui ne se développent que lentement et sont plus faciles à enlever car bien délimitées.

Il faut rappeler que le cerveau est un tissu mou avec des variations de résistance selon les endroits : dans les parties molles les chirurgiens ne sont pas forcément sûrs d'avoir tout retiré ; et quand il s'agit de traiter des endroits si rapprochés, si interconnectés et si spécialisés, comment traiter une partie dédiée à une fonction endommagée sans risquer de toucher sur des millièmes de millimètres une fonction saine et vitale à côté ?

On peut distinguer différents types de tumeur :
• les tumeurs **gliales** ou **glioblastomes** (durée de vie du sujet réduite à quelques mois) ;
• les **méningiomes** : développés à partir des méninges, souvent bénignes mais peuvent devenir malignes si elles grossissent ;
• les tumeurs **hypophysaires**, plutôt bénignes, entraînent un dérèglement des sécrétions hormonales de l'**hypophyse**.

Les infections

Elles entraînent des troubles vasculaires et atteignent les neurones en modifiant les propriétés électriques des cellules, provoquant des **embolies** et donc des dysfonctionnements cérébraux :
• les **virus neurotropiques** infectent le cerveau en entier (encéphalite). L'**herpès**, virus des ganglions nerveux de la face, peut migrer vers le cerveau, infecter les régions frontales et temporales, provoquer l'amnésie, puis la mort. La rage, mortelle à 100 %, et le **sida** sont aussi des virus de ce type ;
• les bactéries provoquent des **abcès cérébraux** (rares mais fulgurants), et des **méningites** c'est-à-dire une inflammation des méninges. Les infections virales des enfants (rougeole, oreillons, varicelle) peuvent provoquer chez eux des réactions méningées ;

• les autres infections : **mycoses** (rares mais sans traitement), les infections parasitaires (le paludisme et cette **syphilis** associée à la démence dans la littérature du XIXe siècle).

Les traumatismes

Fractures, contusions, œdèmes provoquent des lésions diverses : fractures ouvertes laissant entrer l'air et les infections ; coups et contrecoups du cerveau contre le crâne provoquant le cisaillement du **corps calleux** et donc des problèmes de connexion entre les deux hémisphères ; compression par l'œdème et mort de neurones ; lésions microscopiques et diffuses pas toujours détectables sauf par des ralentissements moteurs ; **hémorragies** entre les méninges et le crâne ou le cerveau.

Les effets sont multiples : état végétatif, ralentissement, changement de la personnalité, concentration devenue difficile, troubles de l'attention, troubles cognitifs divers, passagers ou durables (comme chez certains boxeurs), crises d'**épilepsie**.

Les dégénérescences

La maladie d'**Alzheimer** est la plus fréquente : le taux de personnes atteintes est de 1 pour 10 000 à 65 ans, et de 20 % après 80 ans. Il s'agit de la mort progressive des neurones et d'une diminution des **dendrites** qui permet leur communication.
La progression est insidieuse, atteignant d'abord l'**hippocampe** d'où les pertes de mémoire (appels téléphoniques oubliés, perte d'argent, perte de repères dans les transports), puis le cortex pariétal (**apraxies** fiche 21) et frontal. La durée de vie du malade n'excède pas dix ans, avec une détérioration progressive de toutes les fonctions de l'intelligence, de ce qu'il y a de plus élaboré chez l'humain. Les causes sont encore mal connues : on suppose une conjonction d'éléments génétiques, d'infection, de maladie auto-immune (voir ci-après), d'intoxication, ou encore de baisse du flux sanguin cérébral.

Parmi les autres dégénérescences, on trouve les **démences** fronto-temporales, ou « **maladie de Pic** », entraînant des troubles de la personnalité et de l'affectif ; la maladie de **Parkinson** où dégénérescence des neurones dopaminergiques entraînant des troubles moteurs (rigidité, tremblements incontrôlables) et parfois neuropsychologiques ; la **chorée de Huntington** transmise génétiquement et donc d'autant plus vicieuse qu'elle ne se déclare pas avant 35 ans. Elle provoque une dégénérescence des **noyaux** de la base entraînant des mouvements anormaux, un état de **démence** et une mort vers 45 ans.

Ainsi parmi les différents états de démence on peut aujourd'hui distinguer les causes purement physiologiques de celles plus psychologiques, ce qui n'était pas le cas autrefois où l'on classait tous les « fous » à la même enseigne.
Et, tout étant en interaction dans le cerveau, on découvre aussi que certaines pathologies psychotiques ont des causes en partie physiologiques.
Les pathologies du vieillissement peuvent être étudiées en détail dans le cadre d'une option.

Les maladies auto-immunes

La **sclérose en plaques** : l'organisme développe de façon anormale des anticorps contre ses tissus qui, dans le cerveau, attaquent les gaines de **myéline**, perturbant ainsi la conduction des neurones, en des « plaques » multiples, d'où l'apparition de troubles variés. Les gaines de myéline ont une fonction d'isolant électrique qui canalise l'énergie, donc l'accélère.

Elle se produit principalement chez les femmes de plus de 35 ans, évolue par paliers avec rémissions au début, puis les rémissions s'estompent et la paralysie finit par gagner. Les troubles neuropsychologiques progressent petit à petit, comme la perte de la mémoire par exemple. La durée de vie du malade est de plus de dix ans.

Les troubles toxiques et métaboliques

Ils peuvent être engendrés par des substances toxiques telles que le plomb, le mercure, les insecticides, ou l'alcool dans le syndrome de **Korsakoff** où un déficit en vitamine B1 détruit les **corps mamillaires** et les **noyaux** du **thalamus**, provoquant des lésions et des dégénérescences multiples au niveau des régions temporales et du thalamus, entraînant différentes **amnésies** (fiche 21).

Les maladies psychiatriques chroniques

Il y aurait des causes biologiques, héréditaires ou des agents d'infection dans certains cas de schizophrénie. Les facteurs purement psychologiques pourraient donc être associés à des atteintes frontales (des neurones dopaminergiques) ou hippocampiques, d'où la rémission de certains patients traités aux **neuroleptiques**. Les troubles détectés concernent les fonctions exécutives, la mémoire à long terme et l'attention : l'individu normal porte son attention du global au singulier, alors que le schizophrène a tendance à se focaliser sur le détail, n'a plus de sens spatial. Enfin, il est intéressant de noter que des désordres affectifs (deuils) peuvent entraîner des modifications dans le cerveau qui est un univers malléable et mouvant (= plasticité cérébrale).

FICHE 21 | Les déficits et troubles

L'examen neurologique

Il a pour but de qualifier, quantifier les troubles et les déficits cognitifs et d'établir des relations entre eux. Il s'appuie sur quantité de tests, du général au plus spécifique.

Objectifs

• Diagnostic fonctionnel : les parties préservées par rapport aux parties atteintes.
• Aide à la prise en charge, possibilités de rééducation.
• Suivi de l'évolution d'un trouble.
• Orientation sociale (professionnelle, scolaire).
• Mise en place d'un traitement.
• Expertise médico-légale en vue de prestations d'invalidité.

Localisation dans la structure cérébrale

Quel est l'hémisphère touché ? La zone ou le réseau (langage, mémoires) ? Où se trouve la lésion fonctionnelle entraînant des troubles ?

Un même symptôme peut avoir plusieurs causes. Où est le déficit spécifique ? Au niveau de la mémoire, il peut s'agir par exemple d'un déficit de l'attention, ou de l'**encodage** de l'information, ou du stockage ou de la récupération.

Conduite de l'examen : entretien et anamnèse

• Origine : patient lui-même ou entourage seul (cas **Alzheimer**).
• Nature de la plainte, latéralité du patient (droitier ou gaucher).
• Histoire médicale, antécédents familiaux.
• Évolution des déficits.
• Niveau scolaire, professionnel, cadre social (tous les patients ne partent pas du même niveau cognitif à l'état normal).
• Capacité à communiquer, influences psychopathologiques sur les déficits.

Évaluation neuropsychologique de base

• Examen des principales fonctions : langage oral, écrit, perception, traitement spatial, gestes, attention, fonctions exécutives, différentes

mémoires = premier bilan qui permet de savoir où explorer à fond et d'établir des probabilités de déficit.
• Identifier, décrire, quantifier, hiérarchiser les troubles, choisir les tests adaptés.

Problèmes éventuels

• Liés au contexte de la passation : patient plus ou moins motivé, stressé, distrait, instable, fatigable (alterner tâches faciles et difficiles, spatiales et verbales, et terminer par des tâches valorisantes où il réussit).
• Liés aux outils : validité par rapport aux théories de base, variation des performances d'un même patient à des moments différents, influence des conditions de passation, comparaisons inter-individuelles (mêmes troubles mais pas mêmes causes), inapplicables aux déficits très subtils.

Le syndrome frontal ou atteinte des lobes frontaux

On parle de syndrome frontal quand les deux lobes sont atteints. Les causes sont multiples : problèmes vasculaires, **tumeurs**, traumatismes, infections, alcoolisme, excès de liquide céphalorachidien entraînant la compression.

Les symptômes sont également nombreux et variables mais il s'agit toujours de troubles en relation avec les fonctions des lobes frontaux, donc de troubles du contrôle des comportements. Au premier plan des symptômes cliniques, on trouve la **désinhibition** sociale, c'est-à-dire le manque total de retenue physique (se déshabiller en public, agression sexuelle) ou langagière (mots orduriers). Le manque de concentration, l'**impulsivité** excessive, la « **persévération** » des gestes, des idées, des mots ou des actions, c'est-à-dire l'incapacité à enchaîner successivement des choses variées, la répétition à l'infini des mêmes comportements d'imitation de tous les gestes des autres, ou l'utilisation systématique et incontrôlée de tous les objets qui se présentent (ex. empiler des paires de lunettes sur le nez les unes après les autres), sont aussi des symptômes de ce syndrome. De multiples tests cognitifs sont pratiqués chez les personnes atteintes de manière à mesurer leur degré de déficience et d'évaluer les possibilités de traitement : leur plus grande difficulté se trouve dans les tâches où il faut sélectionner et trier des informations, maintenir des informations en mémoire en même temps que l'on en reçoit de nouvelles, s'adapter à des situations d'exécution qui varient, sélectionner une information pertinente et inhiber la non-pertinente. Ils sont incapables, par exemple, de citer des noms d'animaux en procédant par catégories, de juger l'absurdité de certaines phrases, de recopier des figures géométriques qui s'enchaînent, de changer le classement de cartes à jouer en procédant à un classement par couleur après avoir effectué un classement par famille (cœur, pique, etc.). En résumé, il y a des difficultés cognitives pour tout ce qui n'est pas routinier, qui nécessite l'attention et l'intervention de **l'administrateur central** de la mémoire de travail (fiche 33).

Les troubles d'ordre visuel

Il ne s'agit pas de pathologies de la perception (**hémianopsies**) qui concernent les zones allant des yeux au cortex à travers la succession des fibres optiques (fiche 25), mais de pathologies de la représentation au niveau du cerveau.

Les troubles visuels purs qui viennent de lésions au niveau des aires visuelles primaires (**lobe occipital**) ou sous-corticales (**noyaux gris centraux**), comprennent :
• les troubles visuels spécifiques comme l'**achromatopsie** (perte de la vision des couleurs), l'**akinétopsie** (perte de la vision du mouvement des choses), l'**astéréopsie** (perte de la vision de la profondeur) ;
• les **agnosies visuelles**. Suivant l'endroit précis de la lésion, il s'agira soit de déficit de perception des formes, c'est-à-dire une incapacité à se construire une représentation interne d'un objet, à associer, à comparer, à reproduire des formes (zones de la représentation spatiale des choses temporau-occipitale droite, **agnosie aperceptive**) ; soit d'une impossibilité d'associer à une forme d'objet une propriété sémantique ou une dénomination (zones de la verbalisation, donc, plutôt dans l'hémisphère gauche, **agnosie associative**). Il existe d'autres types d'agnosies : tactiles, auditives, de reconnaissance des visages (**prosopagnosie**), de conscience de ses déficits (agnosoagnosie).

Les troubles visuo-spatiaux provoquent des difficultés à se mouvoir dans l'espace et à trouver les choses. Il ne s'agit pas d'une atteinte des aires visuelles mais de celles relatives à la programmation de la motricité. En général, les troubles se manifestent du côté opposé à la lésion : lésions pariétales droites fréquentes entraînant difficultés à gauche. Ces lésions font souvent suite aux accidents vasculaires cités précédemment :
• le **syndrome d'extinction** concerne une lésion pariétale unilatérale ;
• le **syndrome de Balint** est une lésion pariétale bilatérale avec une perte totale de l'orientation spatiale et de la coordination visuelle et motrice (incapacité de mettre une cuillère dans un bol) ;
• le syndrome d'**héminégligence** est plus complexe car il associe à la lésion pariétale une lésion du **lobe temporal**, essentiel dans tous les

phénomènes liés à la représentation, et même une atteinte des **noyaux gris centraux**. Le patient est incapable de s'orienter vers tout ce qui se trouve dans le champ opposé à sa lésion, et néglige tout ce qui est à gauche, dans son corps (d'où des difficultés pour s'habiller et se laver), dans ce qui se trouve sur son passage (d'où des possibilités d'accidents dans les rues).
Les troubles régressent parfois mais peuvent laisser des traces que l'on détecte grâce à des tests : lire les heures sur le cadran d'une horloge (ils ne voient que les heures allant de 12 à 6), copier des dessins (dont ils ne reproduisent que la moitié), lire une page (ils ne voient que la partie B du texte) ;

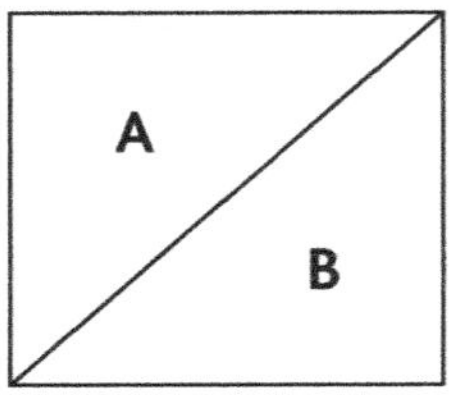

• l'**autotopoagnosie** ou perte de la connaissance des parties de son corps est assez rare.
Tous ces troubles sont éprouvants psychologiquement pour les patients qui ont conscience de leur handicap. Les thérapies consistent à les aider à trouver des stratégies d'adaptation, à s'entraîner à faire avec, comme tourner beaucoup plus la tête vers la gauche pour voir ce qui s'y trouve dans le cas de l'**héminégligence**.

Pour **les troubles des gestes élaborés**, il s'agit de lésions pariétales de l'hémisphère gauche (**apraxie** idéomotrice). Les patients n'élaborent plus les gestes complexes, qu'il s'agisse d'imiter ou de produire soi-même (par exemple incapacité à utiliser une brosse à cheveux et se brosser avec la main à la place). D'autres incapacités concernent parfois des parties du corps spécifiques : **apraxie** buccofaciale (siffler ou tirer la langue), agraphie apraxique (écrire).

Les troubles du langage

Rôles respectifs des hémisphères

Aux mots correspondent des stocks d'informations différentes : sémantiques, syntaxiques, formes graphiques, formes phonologiques. Ces informations mettent en action des réseaux divers, interconnectés et plus ou moins autonomes. La sémantique fait intervenir les deux hémisphères et beaucoup de régions dont des spécificités liées à la nature de l'information sémantique : personnes, animaux, outils, etc.

Les deux hémisphères peuvent décoder visuellement les lettres. Seul le gauche peut traiter les consonnes dont la spécificité est d'être plus brèves que les voyelles. C'est le droit qui traite les voyelles, plus lentes. Il est donc utile dans les cas de déficits car il permet l'accès à la compréhension dès lors que l'on pratique une élocution lente. Le droit a accès à l'information lexicale des mots, imageable, à la compréhension des métaphores, le gauche est plus concret.

Langage écrit

Un trouble au niveau de la lecture provient globalement d'une zone dédiée aux mots, la zone occipitale primaire, plutôt de l'hémisphère gauche.

Les lettres elles, correspondant à la zone occipitale des deux hémisphères, l'**alexie** où la lecture des mots n'est possible que lettre par lettre correspond à un déficit centré sur une partie de cette zone.

Langage oral

Plusieurs régions sont concernées par les lésions, principalement dans l'hémisphère gauche.

• **La surdité verbale**

Dans l'aire auditive primaire, le **gyrus temporal** supérieur gauche. L'information y est codée phonologiquement c'est-à-dire sous forme d'une chaîne sonore qui produit les mots. Il y a normalement **encodage**, compréhension et dénomination (production). Une lésion entraîne la surdité verbale : la lecture est comprise, le langage est produit, mais le langage oral n'est pas compris.

• **Les troubles de la conduction**

Une lésion au niveau du faisceau des fibres sous-corticales (**gyrus supra marginal** au-dessus du temporal) qui relie le module de la compréhension et celui de la production. Il s'agit d'un trouble de la conduction entre les images, de l'interface entre les systèmes phonologiques et conceptuels. Le patient produit et comprend mais est incapable de répéter correctement un mot. Exemples : « navet » devient « natavet », « esprit » devient « sesprit » et « textile » devient « sekektil ».

• **Les aphasies**

L'aphasie est un **syndrome** c'est-à-dire une association de symptômes. Il en est de différentes sortes :

• l'**aphasie de Broca** : une lésion dans l'aire de Broca permet de comprendre des phrases, de reconnaître des objets, mais rend impossible la production de leur nom, la répétition. Le langage est haché et laborieux, le patient est très conscient de ses difficultés et en souffre ;

• l'**aphasie de Wernicke :** une lésion dans l'aire de Wernicke rend la production archifluide au contraire mais sans aucun sens, sans accès à des repères sémantiques, le patient répète les mots demandés en les déformant et sans les comprendre. Ces patients-là ne sont pas conscients de leur trouble car la prise de conscience est liée à la capacité de comprendre ;

• l'aphasie transcorticale sensorielle. Il s'agit d'une lésion au niveau du **gyrus temporal postérieur inférieur**. Les mots demandés sont répétés fidèlement mais la compréhension est absente ;

• il y a aussi des aphasies globales où tout est bloqué.

Zones concernées/ déficits \ Capacités	Production	Répétition	Dénomination	Compréhension
Gyrus temporal supérieur gauche Surdité verbale	+	-	-	-
Gyrus supra-marginal Troubles de la conduction	+	-	-	+
Aire de Broca Aphasie de Broca	-	-	-	+
Aire de Wernicke Aphasie de Wernicke	+	-	-	-
Gyrus postérieur inférieur temporal Aphasie transcorticale sensorielle	+	+	-	-
Plusieurs zones Aphasie globale	-	-	-	-

• **Les paraphasies**

Ce sont d'autres symptômes de déformation du langage :

• paraphasie phonémique : tabouret prononcé « paturet » ;

• paraphasie sémantique : table devient « banc » ;

• paraphasie lexicale : pied devient « main ».

Ces déficits n'ont rien à voir avec des déficiences intellectuelles. Les psychologues ont quantité de tests pour les détecter et suivre leur évolution.

Des rééducations sont souvent pratiquées, d'autres zones du cerveau peuvent se substituer à ce qui est altéré. C'est l'avantage de la plasticité du cerveau et de ses possibilités de reconstruction, surtout si le patient est jeune, comme dans le cas d'accidentés de la route. La pharmacologie permet aussi, par un apport en **dopamine**, d'agir sur les troubles de l'articulation des mots liés à l'aire de Broca. Un symptôme n'est pas forcément lié à une seule cause. Certaines déprimes provoquent des symptômes qui pourraient faire croire à des troubles organiques. Des troubles attentionnels peuvent venir d'une dépression et entraîner des troubles de la mémoire.

Les troubles de la mémoire et amnésies

Les troubles sont complexes, les origines peuvent être des dégénérescences, une encéphalite herpétique, un accident vasculaire cérébral, ou encore un **syndrome amnésique** de **Korsakoff** (alcoolisme). Il peut s'agir de troubles généralisés ou spécifiques correspondant à certains types de connaissances, d'amnésies variables selon le degré d'atteinte de l'**hippocampe**, dans un seul hémisphère ou dans les deux, d'amnésies organiques ou psychogènes (réaction à une dépression), rétrogrades (perte des souvenirs datant de deux à trois ans avant l'accident cérébral) ou antérogrades (atteinte des souvenirs récents mais préservation du passé).

Parmi les troubles de la mémoire à long terme, les troubles de la mémoire sémantique, c'est-à-dire la perte des connaissances générales sur les objets, les personnes, les événements, proviennent de lésions des **lobes temporaux**. En revanche, dans le **syndrome amnésique**, la mémoire sémantique fonctionne mais c'est la mémoire épisodique des événements passés (jour, lieu) qui est atteinte (différents types de mémoire, fiches 33 et 34).

FICHE 22 | Méthodes d'investigations

La recherche en neurophysiologie

Elle a plusieurs objectifs : analyser les déficits des patients, valider les modèles et les outils de la psychologie cognitive et leur fonctionnement, approfondir les recherches sur la localisation des fonctions. Les méthodes utilisées sont les suivantes :
• **corrélation anatomo-clinique.** Par exemple : comparer les degrés d'**héminégligence** avec les localisations, la taille des lésions ; préciser le rôle des différentes structures cérébrales dans la fonction visuo-spatiale ;
• **l'association de symptômes.** On parle de **syndrome** quand la co-occurrence de deux ou plusieurs symptômes est fréquente. La cause d'une association peut être :
– anatomique : une même lésion touche deux modules fonctionnels juxtaposés (ex. : cécité corticale + amnésie = atteinte double des artères cérébrales postérieures qui alimentent les nerfs temporaux),
– fonctionnelle : un même déficit sous-jacent peut s'exprimer par deux symptômes différents ;
• **la dissociation de symptômes.** Elle permet de séparer les structures en modules fonctionnels différents et de conclure à leur indépendance de fonctionnement. Exemples : mémoire à long terme et mémoire de travail ; mémoire sémantique et mémoire épisodique ; dénomination bonne pour les objets animés et mauvaise pour les objets inanimés.
Les informations sont obtenues par des techniques d'investigation très diversifiées classées en trois catégories sous-divisées elles-mêmes en techniques différentes : la neurophysiologie, la neurologie et l'imagerie cérébrale fonctionnelle.

La neurophysiologie

La stimulation électrique directe

Son principe repose sur l'implantation de micro-électrodes dans le cerveau. L'électrode étant reliée au corps cellulaire de plusieurs neurones, un seul neurone étant trop petit par rapport à la taille de l'électrode.

On utilise un amplificateur pour enregistrer les infimes variations électriques issues de l'action qui se produit dans la membrane des neurones. Il est plutôt utilisé sur les animaux que sur les humains compte tenu des difficultés engendrées. Toutefois, chez les patients épileptiques et parkinsoniens, des électrodes peuvent être préimplantées pour détecter les régions qui déclenchent les crises.

La stimulation électrique directe est utilisée chez les patients cités ci-dessus, pour stimuler les régions productrices de **dopamine** dont ils sont en déficit.

L'enregistrement unitaire des neurones

Il sert surtout à observer les parties en fonctionnement selon les tâches demandées. On a appris, par répétition d'expériences, à un singe que, face à deux coupelles, l'une avec nourriture, l'autre sans, il était récompensé s'il touchait celle sans nourriture. Plus tard, on lui montre deux coupelles à l'extérieur de sa cage, l'une avec de la nourriture, l'autre sans, et on enregistre ses neurones pendant cette période appelée **encodage**.

Ensuite, on cache les coupelles avec un rideau, son cerveau est donc en état de mémorisation appelé **rétention** où l'on mesure également l'activité de ses neurones. Puis on enlève le rideau et on enregistre à nouveau ses neurones quand il touche la coupelle vide montrant qu'il a compris, tâche appelée **récupération de l'information**.

De même (travaux de **V. Bruce**), on présente successivement à des singes des visages de singes, d'humains, puis des visages dégradés sans yeux, puis aux traits chamboulés, puis des caricatures : l'activité des neurones enregistrée au niveau du cortex info-temporal (*voie du Quoi*, fiche 25) est plus intense face aux visages normaux. Il en a été conclu qu'il existait bien, dans le cerveau, des neurones dédiés à la reconnaissance des visages (dits « **cellules visages** »), d'où l'agnosie visuelle spécifique déjà citée (prosopagnosie). Cette technique présente l'inconvénient de n'être pas exhaustive dans toutes les parties du cerveau (on ne peut placer plus de 10 à 15 électrodes), et on ne peut voir que ce que l'on cherche.

La neurologie

On utilise, en neurologie, des systèmes d'imagerie morphologique.

Le scanner

Le scanner n'est pas un appareil de recherche spécifique au cerveau. Son principe repose sur l'utilisation des rayons X, leur absorption variant selon la densité des tissus. On enregistre des images qui indiquent si la densité des tissus est normale et sont projetées en trois dimensions. On peut visualiser le cerveau selon différents angles de coupe et détecter des **tumeurs**, des lésions, des atrophies et des malformations. Mais la précision spatiale (pas inférieure à 1 mm) est mauvaise pour passer à l'acte micro-chirurgical compte tenu de la proximité des différentes fonctions (on risque d'endommager une fonction saine en coupant dans une partie malade proche), et on ne peut différencier le corps cellulaire des neurones (**substance grise**) de l'**axone** (**substance blanche**).

L'IRM-A (anatomique)

Il repose sur le phénomène de la résonance magnétique nucléaire et sur les propriétés magnétiques des cellules. Elles contiennent de l'eau composée d'atomes d'oxygène et d'hydrogène (les protons). Les protons tournent sur eux-mêmes autour d'un axe (le spin) qui se comporte comme un aimant. À l'état normal, les spins s'orientent dans tous les sens de manière aléatoire. Le caisson IRM où est placé le patient lance un champ magnétique qui provoque l'orientation de tous les spins dans la même direction. Puis, on envoie une onde radio fréquence qui va agir sur les protons pour les exciter et leur faire accumuler une énergie qu'ils vont ensuite pouvoir restituer pour revenir à leur position normale quand on arrête l'onde brusquement. On mesure avec des capteurs le temps qu'ils ont mis pour revenir à cette position. Or, selon la nature des tissus, le temps de réaction varie. Les résultats sont traités informatiquement avec un logiciel en trois dimensions et produisent des images nettes de lésions même très petites, de la **substance blanche** et de la grise, des tissus clairs ou foncés selon la quantité d'atomes qu'ils contiennent. La précision spatiale est bonne à moins de 1 mm.

L'imagerie cérébrale fonctionnelle

Elle consiste à faire réaliser des tâches et à observer le fonctionnement des parties activées, notamment à comparer des individus normaux et d'autres déficients.

L'imagerie électromagnétique ou magnétoencéphalographie (MEG) et l'électroencéphalographie (EEG)

Avec la MEG, on enregistre, en temps réel au niveau du cuir chevelu, les champs magnétiques produits par des réseaux de neurones. On associe cette technique avec l'EEG qui mesure l'activité électrique du cerveau. Elles indiquent avec précision les activités électriques et magnétiques des réseaux de neurones impliqués dans une tâche en termes de temps, mais la précision est mauvaise concernant l'endroit du cerveau où elle se déroule.

Les neurones pyramidaux du cortex (cellules pyramidales, fiche 27) ont des **dendrites** dont l'activité synaptique génère du courant électrique. On capte ce courant électrique à l'aide de bonnets remplis d'électrodes (de 48 à 128) reliées à des parties du cerveau localisées. Chaque électrode est reliée à un câble connecté à un amplificateur qui produit un tracé EE :

On enregistre ainsi l'activité synchrone de plusieurs milliers de neurones suite à une stimulation (son, visuel), mais l'on n'obtient pas d'emblée l'information spécifique sur l'activité du cerveau relative à la tâche car l'activité électrique qui lui est liée est trop faible et noyée dans l'activité globale du cerveau.

On procède alors à l'extraction du signal propre à la tâche par une moyenne, c'est le **moyennage** : on présente le stimulus un grand nombre de fois au sujet, des marqueurs indiquent sur l'ordinateur le moment exact des stimuli situé dans une fenêtre temporelle comme indiqué sur le schéma :

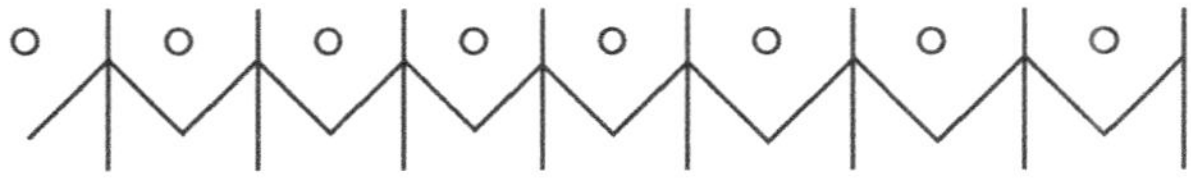

Un moyennage est réalisé pour chaque électrode. Ici, le symbole « ° » représente l'instant spécifique du stimulus. On en fait la synthèse pour obtenir le **potentiel évoqué (PE)**.

Chaque potentiel évoqué est lié à un processus cognitif. Il est composé d'ondes enregistrées dans les régions frontales centrales en provenance des régions sensorielles. On peut par exemple mesurer la différence de durée entre le traitement cognitif d'un visage connu et celui d'un visage inconnu. Les mesures réalisées sont multiples (cf. ci-après).

• **L'électrophysiologie de l'attention**

L'**attention sélective auditive** (travaux de **Hillyard**, en 1973)

Le but est de mesurer comment l'attention influence le traitement d'un stimulus dans le cerveau. Il existe plusieurs niveaux d'attention : l'éveil qui est différent de l'alerte, la vigilance, et l'attention soutenue, l'attention sélective qui implique la sélection d'une information et son traitement, donc de la concentration. L'attention est coûteuse en effort mental : donner des priorités, hiérarchiser, sélectionner des stratégies de traitement, effectuer plusieurs tâches en même temps. (La réflexion, elle, consiste à rehausser encore le traitement d'une information, à ne pas y répondre immédiatement). L'attention sélective implique de focaliser sur un seul stimulus et d'inhiber les stimuli distracteurs.

On procède à une étude sur cinq sujets soumis à une tâche d'écoute **dichotique**, c'est-à-dire qu'on leur demande de faire attention à ce qui leur arrive, soit dans l'oreille droite, soit dans la gauche. Et l'on envoie ensuite les stimuli soit à droite, soit à gauche. On a donc quatre types de situations dans lesquelles on va mesurer le PE.

Attention / Stimulation	Droite	Gauche
Droite	100 essais	100 essais
Gauche	**100 essais** -----------	**100 essais** ————

On réalise 100 essais par condition pour avoir un PE fiable.

Exemple de résultats avec les stimulations envoyées à gauche :

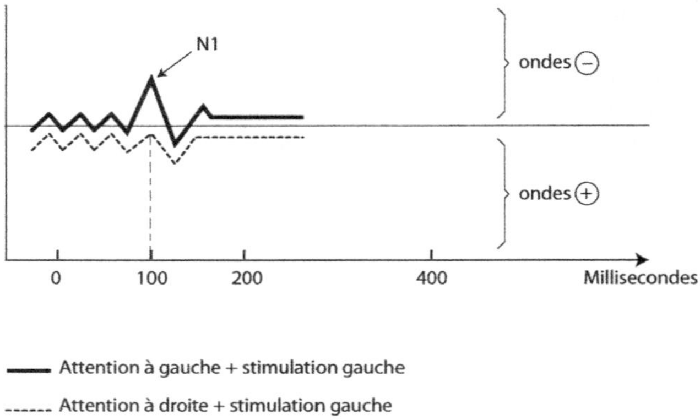

L'onde s'appelle **N1** (où N100 correspondant à 100 millisecondes). C'est une onde négative dont l'amplitude électrique maximum est observée vers 100 millisecondes après présentation du stimulus. On constate que les neurones réagissent en déchargeant plus d'électricité quand le son arrive du côté où porte l'attention, l'onde du PE y est supérieure. On conclut à l'effet de l'attention sélective sur l'onde N1. L'attention peut moduler le traitement sensoriel précoce d'un stimulus.

PE précoces : entre 0 et 200 millisecondes selon la nature des stimuli.
PE tardifs : après 200 millisecondes, signe de traitements cognitifs plus élaborés.

L'attention sélective visuelle

Même principe, le son est remplacé par l'arrivée d'un carré blanc dans le champ visuel gauche ou droit et l'attention est demandée soit à gauche soit à droite. L'onde appelée ici P1 (ou P100) est une onde positive qui culmine à 100 millisecondes après le stimulus.

On confirme ainsi le lien entre l'activité électrique du cerveau et la performance cognitive. L'attention entraîne une décharge plus grande des neurones (ce qui n'a rien à voir avec la rapidité d'un traitement, celle-ci dépendant de la nature du traitement).

On vérifie également que le PE est différent quand il y a attention ou non chez un sujet normal, alors que chez les sujets ayant des lésions au niveau du cortex latéral préfrontal, il y a peu de différences.

L'indiçage spatial

Devant un écran, l'expérience consiste à orienter au préalable le sujet avec un indice visuel (flèche) vers la direction où doit arriver un stimulus (étoile) appelé cible. L'indice arrive soit du côté où sera la cible, soit du côté opposé, soit dans les deux sens (flèche à double sens, appelée indice neutre). Le sujet doit appuyer sur un bouton lors de l'arrivée de la cible. On mesure son temps de réaction entre l'arrivée de l'indice et celle de la cible en millisecondes.

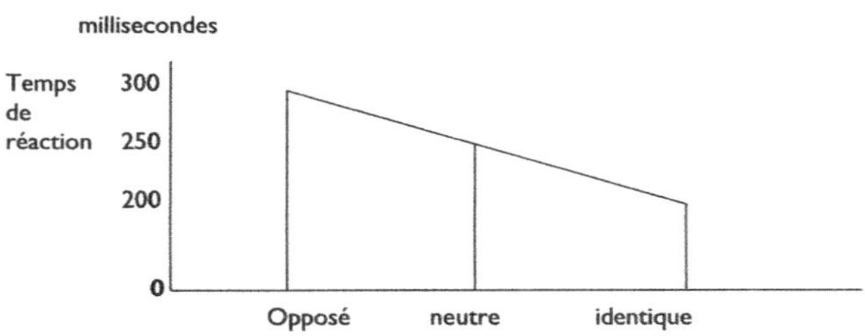

Pendant l'attente la région active est la région frontale dorsale (attention), pendant la détection c'est la région temporopariétale. Effet distracteur : on envoie l'indice de la même façon mais cette fois la cible est présentée au milieu de sept autres cibles. On détecte les régions cérébrales activées :

- pendant la présentation de l'indice : région frontale de l'attention (*idem* expérience précédente) ;
- pendant la recherche parmi toutes les cibles : région pariétale (recherche spatiale) ;
- lors de la détection : région temporo-pariétale (*idem* expérience précédente).

Expérience sur des sujets atteints d'**héminégligence** : soit le stimulus est du côté de la lésion, soit il est du côté opposé. Sachant qu'il y a croisement des effets d'un hémisphère vers l'autre (fiche 19), on mesure que quand la cible arrive du côté opposé à la lésion et l'indiçage non valide, c'est là que le temps du sujet est le plus long.

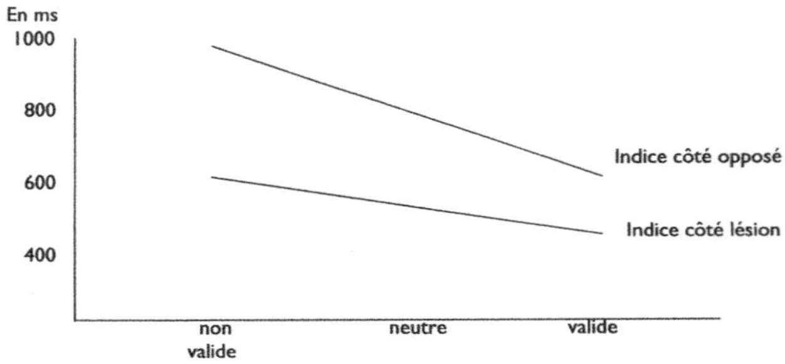

- **Le traitement physiologique du langage**

Dans le cas de la perception et de la compréhension, le langage écrit, c'est-à-dire la lecture, active la région occipitale gauche ; concernant le langage oral, c'est l'aire de Broca et le **gyrus supra-marginal** pour l'aspect phonologique et l'articulation des mots, et le **gyrus temporal** supérieur pour le traitement auditif. On distingue le traitement sémantique et le traitement syntaxique par la mesure de potentiels évoqués.

Le traitement sémantique (expérience Kutas et Hillyard, 1980)

L'onde mesurée est une onde négative, **N400**, 400 parce qu'il s'agit d'un processus élaboré donc plus lent. On lance cent phrases congrues et cent autres incongrues et l'on enregistre le cerveau de l'auditeur.

Exemple :
1 : « la pizza est trop chaude pour être mangée »
2 : « la pizza est trop chaude pour être bue »
3 : « la pizza est trop chaude pour être pleurée »

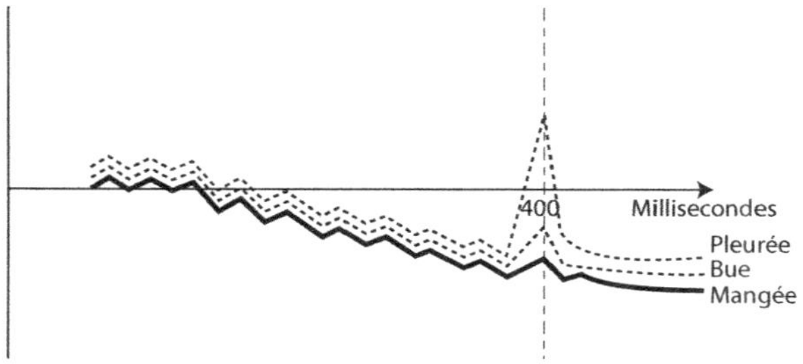

En N400, l'amplitude est maximum quand le dernier mot est le plus incongru.

Le traitement syntaxique (expérience Osterhout, 1992)

Une structure grammaticale incorrecte, d'ordre syntaxique cette fois, suscite l'occurrence d'une onde plus tardive encore que pour la sémantique, l'onde **P600**. Exemple :

Sémantique et syntaxe correctes	Sémantique incongrue	Syntaxe incongrue	Les deux incongrues
« le chat ne veut pas manger ce que Marie lui donne »	« le chat ne veut pas cuisiner ce que Marie lui donne » Amplitude : N400	« le chat ne veut pas mangeant ce que Marie lui donne » Amplitude : P600	« le chat ne veut pas cuisinant ce que Marie lui donne » Amplitude N400 puis P600

Le traitement sémantique a lieu avant le syntaxique. Chaque onde du **potentiel évoqué** est liée à une capacité cognitive différente.

L'imagerie métabolique

L'IRM fonctionnelle donne une bonne résolution spatiale (inférieure à 1 mm), mais une mauvaise résolution temporelle. Il s'agit du même principe que l'IRM anatomique mais le sujet réalise des tâches. On enregistre, dans les différentes parties du cerveau, les variations du flux sanguin au moment du repos et au moment de la tâche.

La TEP ou tomographie par émission de positrons offre une bonne résolution spatiale, mais une mauvaise résolution temporelle. C'est une technique d'imagerie qui s'appuie sur le principe de la radioactivité. On injecte au patient par piqûre intraveineuse de l'eau contenant de l'oxygène radioactif (quantité infime, non toxique) instable (pas autant de protons que de neutrons). Une fois injecté, il émet un positron (électron à charge positive qui se combine à celui négatif du milieu environnant) qui déclenche une réaction par libération de deux **photons** qui partent dans des directions opposées. Des capteurs autour du sujet repèrent les directions prises par les photons par émission d'onde. Les régions qui les ont émis sont celles qui ont consommé l'oxygène radioactif.
Pour identifier la région active dans une tâche, on utilise la méthode d'extraction du signal : le sujet est soumis à une tâche de mémoire, on enregistre les images des régions actives qui correspondent ; puis, il est mis au repos et l'on fait la différence en identifiant les régions qui ne sont plus actives.
Contrairement à l'EEG qui mesure les différences de potentiel électrique en surface, la TEP permet d'ausculter les zones profondes du cerveau interne.

En pratique toutes ces techniques si perfectionnées et coûteuses ne sont pas utilisées systématiquement chez tous les patients atteints de déficits ou de troubles.

FICHE 23 | Les systèmes sensoriels

La sensibilité est la capacité d'un organisme d'être informé des éléments physico-chimiques de son milieu (extérieur et intérieur) ; pour être conscient de son état émotionnel, l'organisme est équipé de structures sensibles. Les émotions provoquent des modifications du milieu intérieur, d'où l'importance des systèmes permettant de mesurer cette modification : autrefois on se limitait à la prise de la pression artérielle ; aujourd'hui on détecte les variations physico-chimiques.

Le rôle et principe d'un système sensoriel est d'éviter que **le système moteur** fasse des mouvements sans aucun sens, inadaptés aux situations. Un système sensoriel fonctionne des capteurs vers le cerveau, le système moteur du cerveau vers les muscles.

Fonctionnement par étapes

Étape 1 : conversion du stimulus en activité physiologique, ou transduction.
Étape 2 : codage de la stimulation par les récepteurs dans le **système nerveux périphérique**.
Étape 3 : entrée en action des neurones relais ;
Étape 4 : décodage dans le **système nerveux central** et envoi de l'information vers le système sensoriel primaire (percevoir quelque chose : son, visuel) qui transmet au **thalamus**, lequel thalamus traite le stumulus (prise de conscience de la sensation), puis l'envoie vers le cortex associatif qui peut alors identifier la sensationÒ.
Toutefois il existe des informations sensorielles non codées, ne passant pas par le cortex, qui ne nous sont pas conscientes. Par exemple celles qui arrivent des glandes, des viscères et dont le rôle est de maintenir l'équilibre interne, ou celles qui déclenchent des réflexes (retirer la main lors d'une brûlure).

Classement des systèmes sensoriels

L'**extéroception** concerne tout ce qui est en contact avec l'extérieur (peau, yeux, oreilles, etc., fiche 26).

La proprioception concerne le squelette, les muscles lisses, les articulations et les tendons.

L'**introception** concerne les viscères et les organes internes.

Terminaison sensorielle	Sensibilité	Rôle fonctionnel	Stimulus
Extérieure somatique	Générale, dans tout le corps	Superficiel ou profond	Mécanique sur derme et épiderme
	Spéciale dans des organes particuliers	Olfactif Visuel Auditif Électrique	Chimio Photo Mécano Électro
Intérieure viscérale	Générale ou spéciale	Profond Gustatif	Mécano/Chimio Chimio

Transduction

Principe général de la transduction : dans les systèmes sensoriels (vision, audition, etc.), les stimuli sont captés à la périphérie par des neurones récepteurs qui envoient l'information à d'autres neurones qui la transforment de manière plus codée jusqu'au cerveau. Au début des voies sensorielles, il y a deux catégories de terminaisons : directement un neurone ou une cellule sensorielle plus une **synapse** puis un neurone.

Les neurones fonctionnent comme des tuyaux élastiques. Soit ils sont au repos, soit ils sont stimulés par les influx passant à l'intérieur. Le stimulus de départ déclenche, dans la membrane du neurone au niveau du site de transduction, un influx nerveux électrique qui varie selon l'intensité de la stimulation. La modification du potentiel membranaire au niveau du site de transduction s'appelle le **potentiel récepteur**. Il déclenche lui-même un **potentiel générateur** reçu dans le site générateur où naît le **potentiel d'action**, c'est-à-dire l'influx nerveux qui sera transmis au niveau de l'**axone** de la cellule.

Depuis les **dendrites** et jusqu'à l'extrémité parfois très éloignée de l'axone, c'est sous forme électrique que se propage cet influx. Dans tous les systèmes sensoriels, cette stimulation s'appelle la **dépolarisation**, sauf pour la vision. Chaque neurone a un potentiel au repos, une activité de veille, calculée à - 60 millivolts :

• de - 60 à 0 millivolt, on dit qu'il dépolarise, c'est-à-dire qu'il est excité et que la répartition des charges est chamboulée suite à l'entrée d'ions négatifs ou la sortie d'ions positifs ;
• de - 60 à - 80 millivolts, c'est le contraire, il **hyperpolarise**.
Le cas le plus fréquent est la dépolarisation sauf dans la vision où c'est l'inverse (fiche 24).

Cette transmission est de nature chimique. Selon les systèmes sensoriels, il s'agit de canaux ioniques, sodiques ou potassiques. L'axone et les dendrites ont des structures spécialisées, notamment les boutons terminaux des axones, sorte de renflements d'où sont excrétés les **neurotransmetteurs**.

Il existe différents types de transduction selon les systèmes sensoriels :

Transduction directe	**Transduction indirecte**
Stimulation mécanique, comme en appuyant sur un tube en plastique muni de trous (canaux ioniques), les trous s'agrandissent, et c'est la modification du **potentiel de membrane**	Stimulation qui agit sur une protéine réceptrice, entraînant une chaîne de réactions, modifie sa configuration et la concentration d'un 2e « messager » lequel agit sur les canaux en modifiant la perméabilité de la membrane
Mouvements d'ions ↓ Canal ionique entraînant l'ouverture des canaux	Stimulus (photon, odeur) ↓ Protéine réceptive ↓ Chaîne de réaction ↓ Deuxième messager ↓ Canal ionique
Action rapide comme la vibration d'un son	Action lente ou floue (odeur dissoute dans l'atmosphère)

Codage

Le **potentiel récepteur** se propage avec atténuation de son amplitude : donc pour que l'information puisse atteindre le **potentiel générateur** d'un neurone, elle doit influer de manière assez puissante. Si le potentiel récepteur est fort, le potentiel générateur le sera aussi. Le **potentiel d'action** entraînera alors un codage de la stimulation qui pourra arriver jusqu'au **système nerveux central** (aires cervicales).

Les **potentiels récepteur** et **générateur** sont codés en amplitude, le **potentiel d'action** en fréquence. Le site de transduction et le site générateur ne sont pas forcément situés sur le même neurone. La variation de la stimulation provoque une variation de la fréquence de décharge des cellules.

La variation peut se faire en intensité (loi de **Stevens**) ou en nature du son (longueur d'onde).

Les récepteurs ne répondent pas de la même façon à tous les stimuli de qualité différente. La spécificité cellulaire est de ne pas donner des réponses homogènes pour tous les stimuli.

La cellule préfère les stimuli de qualité.

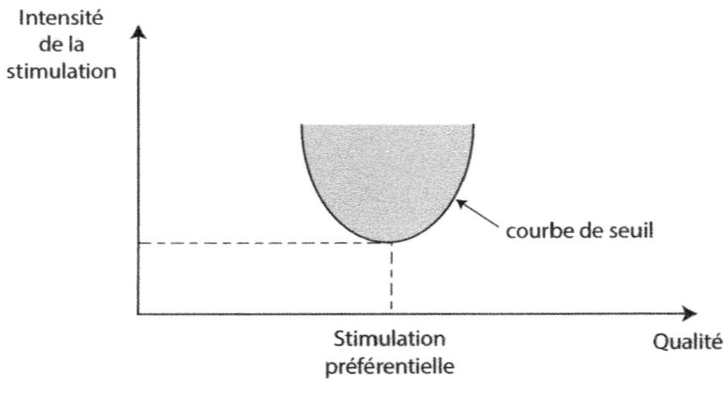

La cellule répond aux stimuli du dessus de la courbe. La stimulation préférentielle correspond à un seuil d'intensité minimum qui peut activer la cellule.

De surcroît, le seuil de réaction varie d'un neurone à l'autre, certains neurones étant plus réactifs que d'autres. Pour une même stimulation on trouvera :

• des neurones à adaptation rapide qui déchargent juste à l'instant de la variation de la stimulation et rendent compte des mouvements, de l'aspect dynamique (ex. : vibration d'un son), de l'intensité phasique ;
• des neurones à adaptation lente, statique qui renseignent sur la durée d'une stimulation (ex. : persistance de la perception d'une odeur qui se dissout peu à peu dans l'atmosphère).

Champ récepteur d'une cellule

Un ensemble de récepteurs sensoriels est relié de manière directe ou indirecte à une cellule.

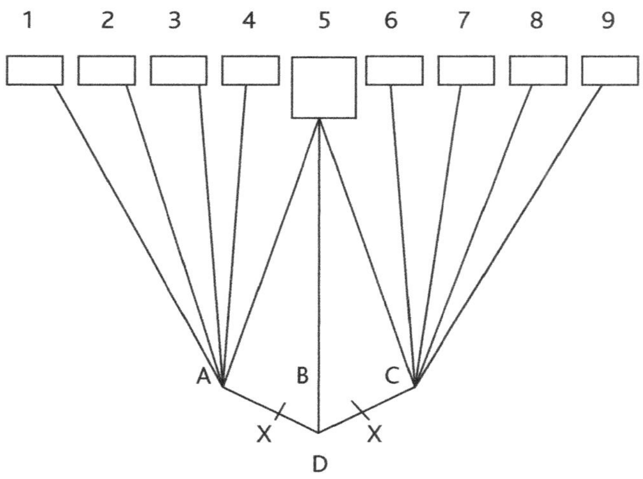

En 1, 2, 3, etc. sont les récepteurs ; en A, B, C, les neurones de premier ordre, en D le neurone de « deuxième ordre » ou « d'ordre supérieur » dont le champ récepteur est donc plus large que les autres. Le champ récepteur de A, ce sont les récepteurs 1, 2, 3, 4, 5.
Notion de « propriété centre-périphérie » du champ récepteur : selon que la stimulation arrive au centre B, ou à la périphérie A ou C, il y a un effet contraire sur D : si l'on stimule 5, on active B qui active D ; mais si on stimule 8, on active C qui active dans un premier temps la portion CX mais inhibe ensuite de X à D. X a un effet inhibiteur.

On parle de champ récepteur à centre ON (actif) et à périphérie OFF (inhibé). Mais il existe aussi des centres OFF et des périphéries ON (voir vision).

Chaque neurone sensoriel possède son champ récepteur, étendue sur laquelle le neurone réagit à une stimulation. La taille du champ varie d'un neurone à l'autre.

Le champ récepteur d'un neurone d'ordre supérieur comme D possède donc deux zones, une excitative, une inhibitrice. Le mécanisme excitation-**inhibition**, présent dans tous les systèmes sensoriels, sert à augmenter la précision de la localisation du stimulus et le contraste entre la stimulation de zones voisines. Seuls les neurones sans inhibition sont de simples récepteurs, tous les autres reçoivent en même temps excitation et inhibition, la balance régulant leur activité ; de plus les neurones sont capables de s'auto-inhiber.

La fréquence de décharge (réaction) est différente entre les neurones centraux et les périphériques en cas d'inhibition latérale.

Enfin, plus la **synapse** est excitée, plus le neurone décharge positivement, plus elle est inhibée plus il décharge négativement.

2 stimulations avec inhibition : 

2 stimulations sans inhibition : 

Codage de population de cellules

Plus on stimule de manière active, plus on active des cellules éloignées du lieu de stimulation et de moins en moins spécifiques, c'est le **phénomène de la recrudescence**.

Soit trois populations de cellules c'est-à-dire trois familles de récepteurs (il existe jusqu'à quatre familles de **photorécepteurs** dans la rétine), appelés A, B, C.

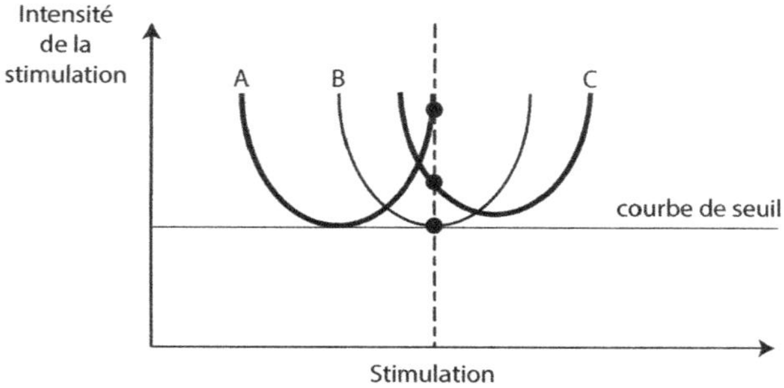

Sous la courbe de seuil la population B ne répond pas à la stimulation. Ensuite, plus on intensifie plus elle répond. Mais répondent aussi des populations plus éloignées, A et C.

L'intensité est codée par la fréquence (force) de décharge et par la taille de la population. Pour rendre compte de la qualité d'une stimulation, il faut comparer l'activité de plusieurs populations de cellules, le rapport entre elles et le différentiel activation-inhibition (ON et OFF).

Expérience chez le singe : on enregistre 150 neurones temporaux. On lui présente une main sous différentes orientations, puis elle se déforme en un visage, puis en une forme rectangulaire. Ses neurones ciblés répondent bien à la main quelle que soit l'orientation, mais plus on s'éloigne de la forme initiale moins ils répondent. D'où l'idée que la reconnaissance est assurée par des populations de neurones interconnectés activés ensemble quand il leur arrive de **V1** (voir fiche 25) des informations diverses sur des stimuli complexes (orientations variées d'une main) devant conduire à la perception d'un tout. Il y a alors co-action entre perception et mémoire.

La réponse est possible jusqu'à ce que la main ne soit plus perceptible, certains neurones percevant encore la main mais ils sont trop peu nombreux.

Intégration corticale

Au niveau du **thalamus** les neurones fonctionnent comme suit :
• s'ils ont un **potentiel de membrane** de - 60, ils dépolarisent, déchargent un potentiel d'action, et transfèrent de l'information ;
• s'ils sont à - 75 (le potentiel de membrane a baissé), ils **hyperpolarisent**, l'effet est inhibiteur, un filtre empêche les éléments périphériques de rentrer dans le thalamus. Si les cellules du thalamus

sont hyperpolarisées, elles fonctionnent en mode **Burst** (filtrage). Si elles ne le sont pas, elles fonctionnent en mode relais, transmetteur d'informations.

Entre veille et sommeil, il y a un filtre. Le thalamus agit comme filtre attentionnel dépendant des structures centrales.

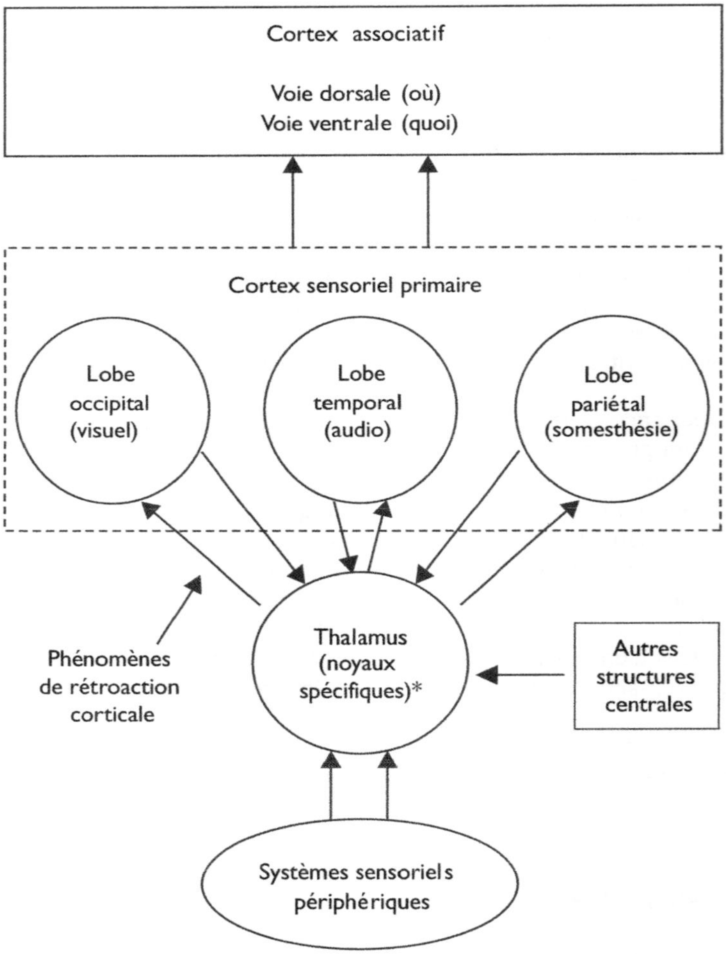

* Exemples : corps géniculé latéral (vision), corps genouillé médian (audition), ventro-postéro-latéral (somesthésie).

Tout le corps est représenté dans le cortex sensoriel primaire, comme une topographie, mais toutes les parties n'occupent pas la même place, cela dépend de leur potentiel sensoriel : la bouche et les mains (la plus grande représentation de la texture se trouve au niveau de l'index) sont plus représentées que les jambes. De plus, elles ne sont pas figées mais modulables selon l'apprentissage et les expériences.

Représentation corticale de la main d'un singe

Pendant un mois, on lui apprend à discriminer des textures avec les seuls doigts deux et quatre.

La topographie devient :

Réseau cérébral de l'attention

Il existe trois modèles : **Posner** et **Rothbart** (1992) ; **La Berge, Auclair, Siéroff** (2000), **Corbetta** et **Shulman** (2002). Selon l'enseignant, un modèle sera privilégié pour être expliqué.

Modèle de Posner et Rothbart

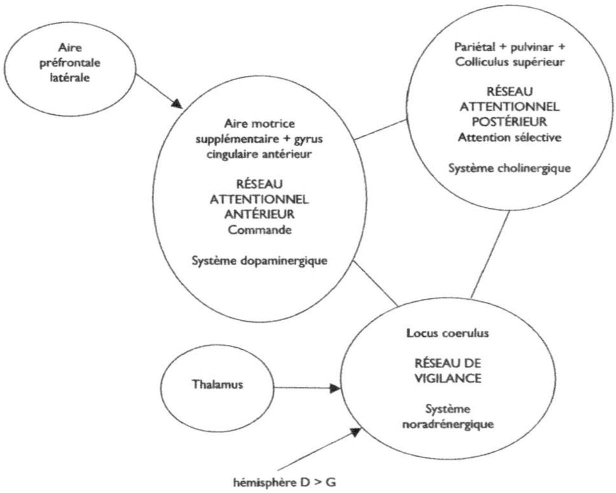

Le modèle La Berge, Auclair, Siéroff présente l'avantage de placer le rôle de **V1** et celui central du **Thalamus**.

FICHE 24 | La vision (1)

C'est la lumière qui produit le stimulus ; elle cogne sur les objets, y est réfléchie et renvoyée vers les yeux. La lumière est de l'énergie électromagnétique émise sous forme d'ondes visibles par nos yeux. Or, il existe beaucoup d'autres radiations électromagnétiques que nous ne voyons pas, seulement détectables par des instruments.

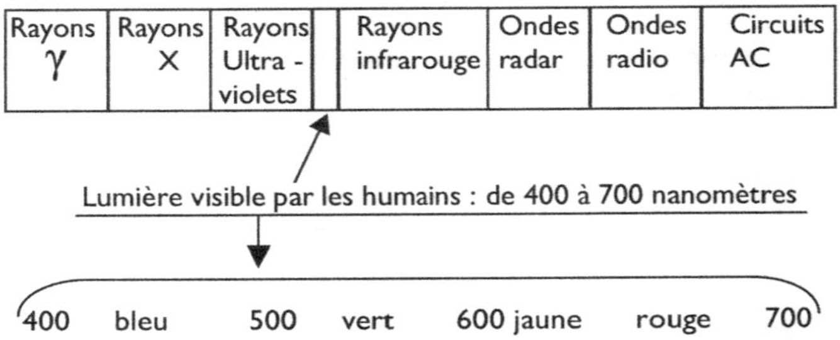

Anatomie de la rétine

Elle est plus sensible (les neurones déchargent plus fortement quand on passe du sombre à la lumière) aux variations de l'intensité de la lumière qu'à l'intensité constante. Elle est constituée de deux régions :

- la périphérie, sensible au faible éclairage, à une faible intensité de lumière et aux faibles contrastes, est pourvue de **photorécepteurs** appelés **bâtonnets**. Ces grosses cellules dites **magnocellulaires** ont une vision non précise et non colorée, et conduisent plus vite l'information au cerveau ;
- le centre sensible surtout à la lumière et aux couleurs, pourvu de **photorécepteurs** appelés **cônes**. Ces petites cellules dites **parvocellulaires** ont chacune leur couleur de reconnaissance (rouge, vert, bleu) et une capacité à voir les détails.

En dehors de ces photorécepteurs (cônes et bâtonnets), la rétine comporte quatre autres types de cellules organisées en couches et se répartissant comme suit : le rôle des cellules horizontales et **amacrines** est d'influencer l'activité des neurones **bipolaires** ou **ganglionnaires** par des connexions latérales. Elles font fonction de contrôle des décharges.

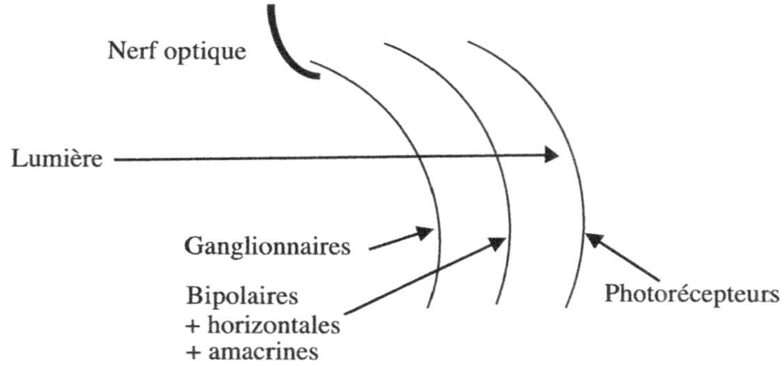

La lumière traverse toutes les couches avant d'arriver aux **photorécepteurs**, d'être convertie en signal électrique pour remonter en bifurquant vers le **nerf optique**, formé par les fibres des cellules ganglionnaires et seule sortie vers le cerveau. Cent millions de **photorécepteurs** activent les couches de cellules ganglionnaires (un million). Tout au centre de la rétine se trouve la **fovéa**, point le moins épais de la rétine, seul endroit où la lumière arrive directement sur les **photorécepteurs** ce qui permet une vision plus précise. La fovéa assure les deux tiers d'une représentation grâce à une forte concentration de cônes mais aucun bâtonnet.

Les cônes forment un réseau divergent et plus on va vers la périphérie, plus l'acuité visuelle décroît, moins il y a de cônes, plus il y a de bâtonnets (réseau convergent), un tiers de la représentation.

Dans la fovéa, un seul cône est relié à une seule cellule ganglionnaire, la vision est donc très nette ; ensuite, dans la rétine centrale, peu de **photorécepteurs** communiquent avec une cellule ganglionnaire, on peut donc encore voir les détails ; enfin plus on va vers la périphérie, plus il y a des milliers de **photorécepteurs** pour une seule cellule ce qui ne permet plus de voir les détails mais, en revanche, favorise la sensibilité à une faible intensité de lumière, alors que dans la rétine centrale seule la lumière forte est perçue.

La phototransduction

En arrivant, la lumière est absorbée par des photopigments (protéines appelées **opsines** dans les **cônes** et **rhodopsines** dans les **bâtonnets**). Les cônes sont spécialisés par type d'opsines aux variations de longueurs d'ondes.

Types de cônes	Vision du bleu	Vision du vert	Vision du rouge
Sensibilité à la longueur d'onde de la lumière	De 400 à 430/500 millivolts	De 450 à 530/600 millivolts	De 500 à 560/650 millivolts

Quand les neurones du vert et du rouge s'activent en même temps ils permettent de voir le jaune, et quand les trois sont actifs, on peut voir le blanc.

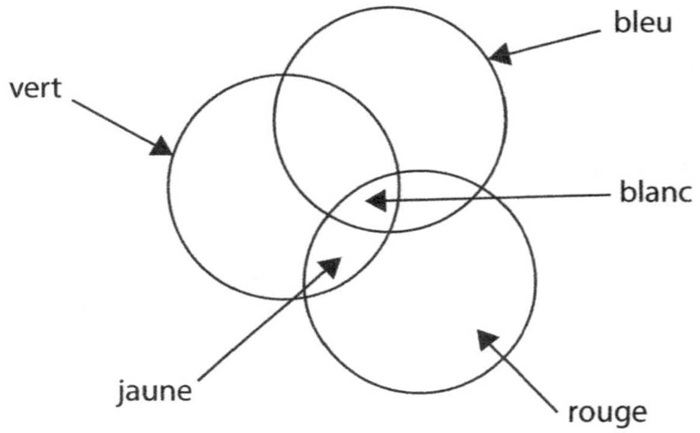

Par une succession de réactions chimiques, la lumière provoque une fermeture du canal ionique, une variation du **potentiel de membrane** qui est alors **hyperpolarisé**, alors que l'obscurité provoque la **dépolarisation** et l'ouverture des canaux sodiques, le sodium rentre dans les **photorécepteurs**.

Contrairement aux autres systèmes sensoriels, en vision le stimulus lumière provoque l'**hyperpolarisation** alors que les autres stimuli sensoriels provoquent la **dépolarisation**. Mais les phénomènes d'hyperpolarisation et de dépolarisation s'inversent au fur et à mesure de la chaîne :

• les **cellules ganglionnaires** : elles codent la lumière en potentiel d'action, sont sensibles aux variations d'intensité et codent les contrastes, d'où une perception visuelle relative (cf. exemple des contrastes de gris, fiche 13). Les magnocellulaires (M) représentent 5 % du total, les parvocellulaires (P) représentent 90 % du total, et les autres, ni M ni P, représentent 5 % et traitent de diverses informations relatives aux couleurs. La taille d'un neurone ayant une incidence sur son potentiel d'action, les cellules M détectent le mouvement et conduisent l'information plus vite au cerveau. Elles ont un champ récepteur plus large et sont plus sensibles aux faibles contrastes. Les cellules P détectent les formes et les détails, sont sensibles aux différentes longueurs d'onde (couleurs) appliquées soit au centre soit à la périphérie ;

• les **cellules bipolaires** : elles peuvent recevoir des informations du centre ou de la périphérie, et sont de deux types au centre, selon leur réponse au **glutamate** : les centres OFF qui dépolarisent dans l'obscurité par libération du glutamate et les centres ON qui **hyperpolarisent** dans la lumière par stockage. Mais l'effet de la stimulation à la périphérie est différent du centre, on a donc des cellules bipolaires qui fonctionnent ainsi : des centres OFF (obscurité) et périphérie ON (lumière), et des centres ON et périphérie OFF ;

• les **photorécepteurs** : dans l'obscurité, ils libèrent le **glutamate** (neurotransmetteur) qu'ils ont auparavant stocké, qui excite alors les cellules bipolaires, ils **dépolarisent** ; dans la lumière, ils stockent le neurotransmetteur, **hyperpolarisent**.

FICHE 25 | La vision (2)

Le champ visuel et la rétine

Tout ce qui est dans un champ visuel n'atteint pas la rétine au même endroit. Il y a deux champs visuels pour chaque œil, un gauche et un droit.

Le champ visuel droit en (2) atteint le niveau nasal (N) de la rétine de l'œil droit.
Le champ visuel gauche en (1) atteint également le niveau nasal de la rétine de l'œil gauche.
Le champ visuel en (4) atteint à la fois le niveau nasal de celle de l'œil droit et le niveau temporal (T) de celle de l'œil gauche. Pour le champ visuel (3), non représenté sur le schéma, c'est l'inverse.

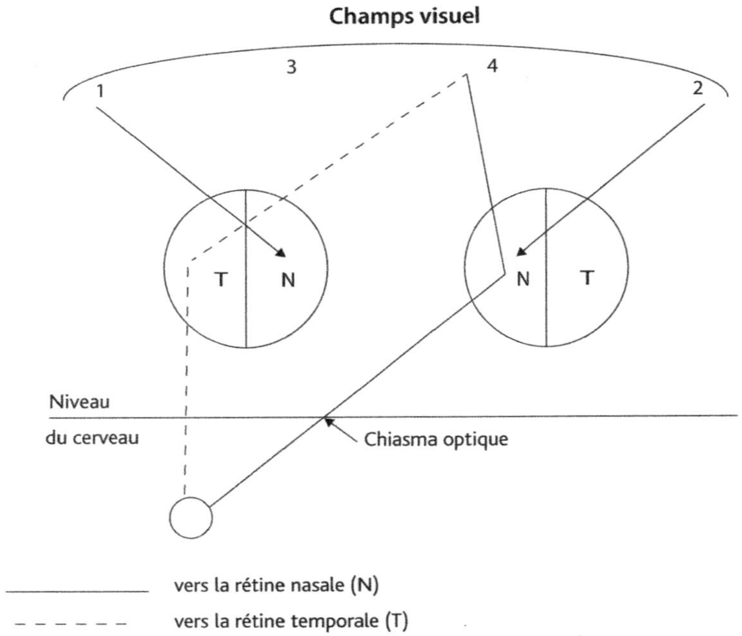

Ainsi ce qui est à la périphérie du champ visuel n'est capté que par l'un ou l'autre œil, ce qui est au centre est capté par les deux. D'où certains endroits de la rétine dédiés à la vision de loin, d'autres à celle de près. Certains propices à une bonne acuité visuelle, d'autres moins.

Le système nerveux des voies visuelles

Les fibres changent de nom au fur et à mesure de leur progression vers le cerveau à partir de la rétine.
D'abord, ce sont les fibres du **nerf optique** (partie 1 ci-dessous), puis les **bandelettes** optiques appelées aussi **tractus optique** (partie 2 ci-dessous), et enfin les **radiations optiques** (partie 3 ci-dessous) en liaison avec le cortex visuel occipital. Les radiations optiques sont au nombre de quatre, deux supérieures et deux inférieures.

Les fibres de la rétine nasale se croisent au niveau du **chiasma** optique : la gauche va vers la droite et inversement. En revanche, les fibres de la rétine temporale ne se croisent pas à la hauteur du chiasma optique. Toutes se croisent au niveau du **noyau géniculé latéral**, ce qui part du champ visuel droit arrive ainsi au cortex visuel gauche et inversement.

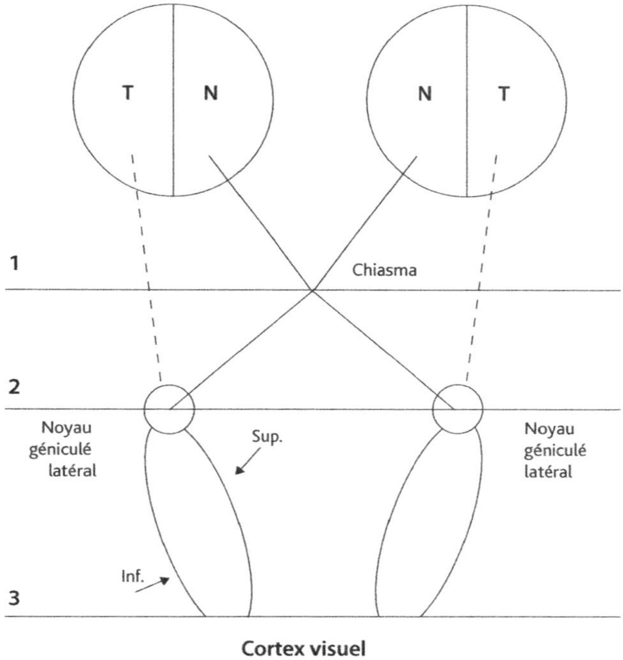

Les lésions visuelles

Au niveau du **nerf optique**, selon que la lésion se produira sur l'une des quatre branches, c'est une partie du champ visuel qui sera occultée.

Une lésion des fibres de la rétine nasale et de la rétine temporale de l'œil droit fera perdre la vision à cet œil tant au niveau de son champ visuel droit que gauche ; elle est appelée **cécité monoculaire**.

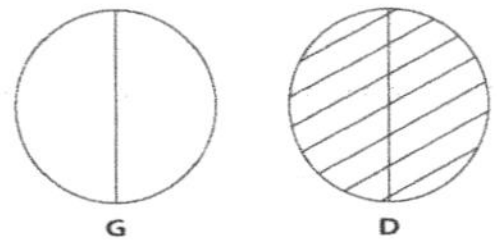

Au niveau du **chiasma** optique où se croisent les fibres des rétines nasales, une lésion entraînera une perte du champ visuel droit de l'œil droit (4) et (2) ou du champ visuel gauche de l'œil gauche (3) et (1) ; elle est appelée **hémianopsie** bitemporale.

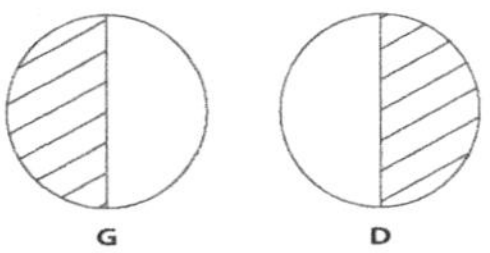

Au niveau des bandelettes optiques, une lésion s'appelle hémianopsie latérale (droite ou gauche) homonyme selon que les deux champs visuels droits ou gauches sont occultés. Dans les deux cas de lésions précédents, le patient peut compenser sa perte de vision en tournant la tête ou en faisant bouger ses yeux.

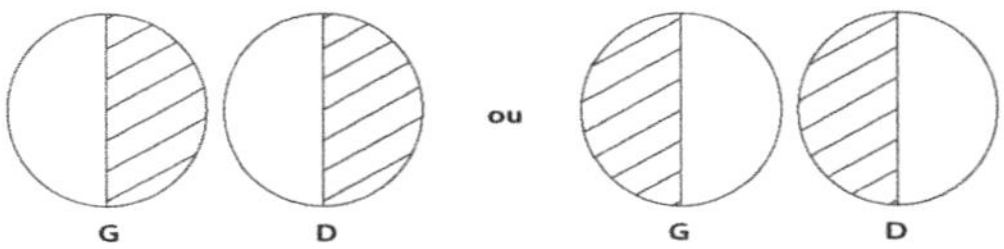

Au niveau des **radiations optiques** inférieures ou supérieures, il y a quatre cas possibles pour les champs visuels. Une lésion au niveau des radiations optiques inférieures entraîne une amputation des cadrans supérieurs et inversement. Il peut y avoir amputation des deux cadrans supérieurs droits : il s'agit d'une **quadranopsie**.

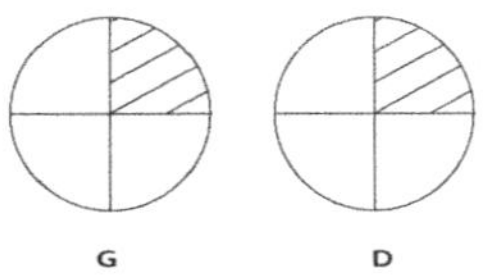

Le fonctionnement du système visuel au niveau du cerveau

Les relais

On distingue trois types de relais dédiés à des fonctions différentes.

• **Le corps géniculé latéral (CGL)**

Il est situé près de l'**hypothalamus** et du **thalamus** sous le **corps calleux**. C'est le lieu où transitent 80 % des fibres du **tractus optique**. Il est constitué de six couches de cellules :
• les couches 1 à 4 faites des fibres **parvocellulaires** du nerf optique et dédiées à la vision centrale ;
• les couches 5 et 6 faites des fibres **magnocellulaires** concernant la vision périphérique, les informations relatives aux mouvements dans l'espace.

Il a un rôle purement visuel et envoie les informations vers le **lobe occipital**, plus spécifiquement au niveau de la partie **V1** de l'aire 17 (voir schéma fiche 27). Toutefois, lorsque ledit lobe est saturé, il renvoie des informations au CGL, le traitement est alors rétroactif. Il y a donc filtrage des informations, traitement spécifique provenant du contrôle des centres supérieurs, activation ou inhibition selon l'état de saturation du système visuel.

• **Les relais secondaires**

• Les **colliculus** (supérieur, inférieur, droit et gauche) situés proches du CGL reçoivent 10 % des fibres du **nerf optique**. Ils sont impliqués dans l'orientation du regard avec effet rétroactif, c'est-à-dire pouvoir enregistrer une scène qui se déroule mais aussi donner l'ordre moteur de vouloir regarder quelque chose.
• Le **pulvinar** : c'est une des parties du **thalamus**. Il reçoit 6 % des fibres avec une fonction de contrôle de l'attention. Colliculus et pulvinar reçoivent des informations d'autres structures, peuvent les capter ou les stopper avant l'arrivée aux cortex. Leur particularité est d'orienter l'attention.
• Le reste des fibres se dirige un peu partout, par exemple vers le **noyau supra chiasmatique** (noyau de l'**hypothalamus**) qui permet au cerveau d'être informé en permanence sur la quantité de lumière et de régler ainsi l'**horloge** biologique interne.

• **Le thalamus**

(Voir fiche 18)

Le cortex visuel

Le **cortex visuel primaire** ou **cortex strié** ou **aire V1** est situé sur la face interne du **lobe occipital**, à l'intérieur de la **scissure calcarine**, ce qui fait qu'il est difficilement visible de l'extérieur. Il correspond selon la numérotation de **Brodmann** à l'aire 17.

Entre le CGL et **V1**, les voies s'appellent **radiations optiques**. Le principe de fonctionnement est celui de la **rétinotopie** : deux points voisins stimulés à la périphérie du champ visuel sont envoyés à deux régions voisines de la rétine qui renvoie à deux fibres voisines qui atteignent deux points voisins dans le CGL pour aboutir à deux points voisins dans V1.

Après **V1**, les informations sont envoyées vers d'autres aires visuelles, **V2, V3, V4**. Ce sont des aires extra-striées. À partir de V2, le principe n'est plus la rétinotopie mais au contraire la convergence : on passe de trois informations en V1 à deux en V2 puis à une en V3.

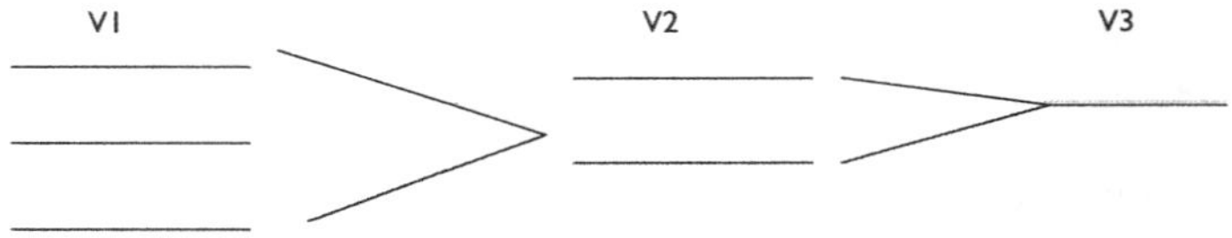

L'ensemble du cortex est constitué de plusieurs couches de cellules, certaines spécialisées en réception, d'autres en envoi.

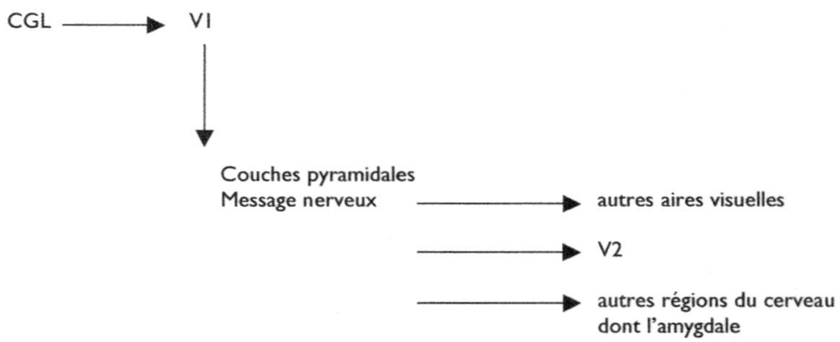

Par exemple, un message visuel peut être associé à un autre message sensoriel, retrouver une information stockée dans l'**hippocampe** et aboutir aux aires associatives multimodales où se créent des représentations (vision+ goût/odorat, dans le cas de la madeleine de Proust). Ainsi, plus on s'éloigne de **V1** plus l'information est acheminée vers diverses structures, pas forcément visuelles, plus complexes, pour donner un sens aux stimuli d'origine. Au-delà du cortex visuel proprement dit, le système visuel est impliqué dans de nombreuses aires (une trentaine d'aires visuelles) et dans différentes parties du cerveau autres que visuelles, créant un énorme réseau d'interactions et de connexions.

• **Voie du « Où » et voie du « Quoi »**

À partir de **V1**, l'information se divise en deux grands faisceaux de fibres.

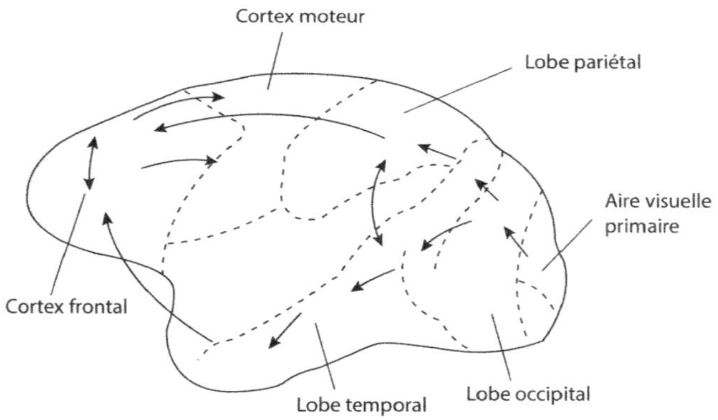

• La voie dorsale est dite occipito-pariétale ou « **voie du Où** », *via* le **lobe pariétal** (cortex pariétal postérieur) puis le cortex moteur. Il s'agit de neurones sensibles à des stimuli provenant de la périphérie du champ visuel et réservés à la localisation spatiale des objets.
• La voie ventrale est dite occipito-temporale ou « **voie du Quoi** », *via* le **lobe pariétal** puis le **lobe temporal** (cortex info-temporal) où se situe le centre du langage écrit. Les neurones sont sensibles aux stimuli venant du centre du champ visuel et dédiés à la reconnaissance des objets et des visages, prélude à la dénomination.

Ce fonctionnement fait l'objet de multiples expériences exposées en travaux dirigés. Ici deux, résumées :
• on dit à un patient de « glisser la carte dans le même sens que la fente » (type distributeur de billets). Il échoue. La voie du Où est atteinte.

Si la consigne devient simplement : « insérez la carte », il réussit. La voie du Quoi fonctionne. Enfin, si on lui donne une deuxième consigne ensuite sous forme de rappel : « orientez la carte comme tout à l'heure », il réussit car c'est la mémoire qui a bien fonctionné. Cette dernière expérience pose la question de la réalisation d'une tâche de manière consciente ou non consciente. Il y a un déficit de reconnaissance consciente cependant la personne a accès à la perception. On en conclut que perception consciente et non consciente coexistent et que les voies du où et du quoi ne sont pas séparées mais interagissent et communiquent.
Chez les droitiers, l'hémisphère droit dans son principe global fait fonctionner majoritairement la voie dorsale, la fonction spatiale, et le gauche traite plus des détails, de la reconnaissance des objets *via* la voie ventrale. Mais on constate là aussi que les deux voies existent dans les deux hémisphères et qu'elles communiquent ;
• étude de **Courtney** (1996). On montre à 16 sujets humains sains une série de 24 visages plusieurs fois. Ensuite deux tâches différentes sont demandées à partir d'un visage présenté : soit le reconnaître dans le défilement successif des 23 autres visages (condition reconnaissance), soit le retrouver parmi une planche contenant les 24 visages (condition localisation et tâche de mémoire de travail, MdT, fiche 33).
Par une étude en TEP, on constate en mémoire de travail :
– (**voie du Quoi**) une activation occipito-temporale-ventrale et du cortex frontal ;
– (**voie du Où**) une activation spatiale au niveau du cortex occipito-dorso-latéral (plus dans l'hémisphère droit que gauche) et des pariétaux bilatéraux.

Conclusion : en plus des activations spécifiques ventrales ou dorsales, dans les deux tâches, il y a activation du cortex préfrontal pour mise en mémoire des informations.

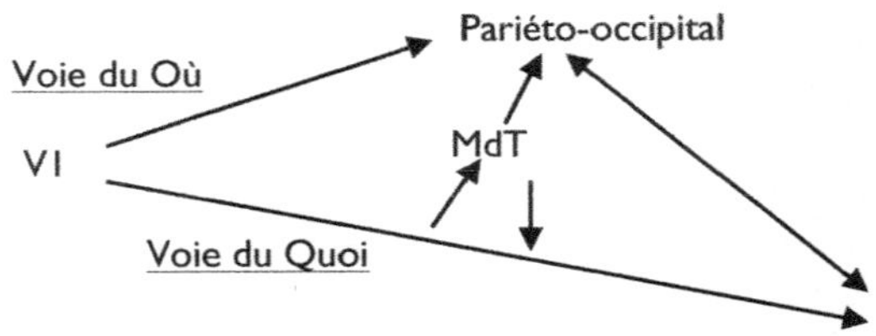

• **Fonctionnement de la reconnaissance**

Plus on s'éloigne des aires primaires, plus on va vers des aires associatives (aire 7 du **lobe pariétal**), intégratives, plurimodales, plus il y a intervention d'autres structures, **hippocampe**, amygdale, **lobe frontal**. Quand l'information arrive au lobe frontal, c'est pour être maintenue en mémoire de travail, pour être traitée dans une tâche.

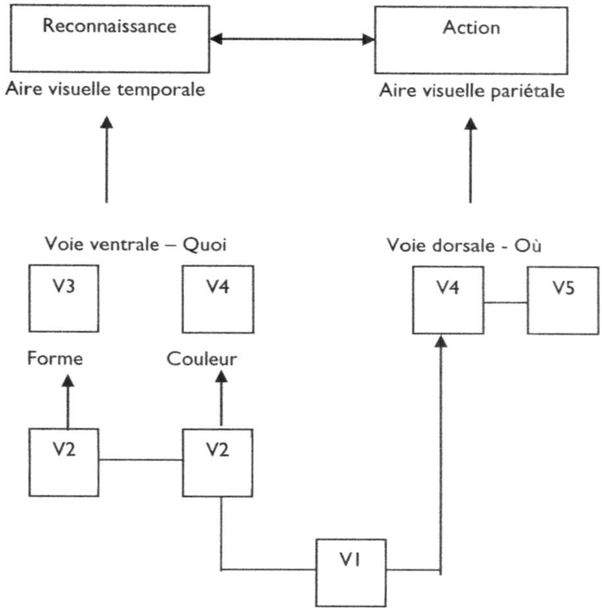

La reconnaissance est assurée par une population de réseaux de neurones interconnectés activés ensemble quand leur arrivent de **V1** des informations sur les divers éléments d'une stimulation complexe. Ceci permet la perception d'un tout, et d'une réponse même quand le stimulus est de moins en moins identifiable. Cela explique les confusions entre deux personnes : certains neurones ont reconnu quelques stimuli, mais pas la totalité. L'erreur est constatée après coup. On se situe ici entre la perception et la mémoire. De même, la mémoire joue un rôle dans l'habitude des activations répétées suite à des expériences.

Des patients victimes de **prosopagnosie** sont analysés par EEG. Leur **potentiel évoqué** montre que certains ont une onde **(P300)** différente entre des visages connus et inconnus, c'est donc qu'ils ont une forme de reconnaissance. Quand ils ne reconnaissent plus les gens qu'à leur voix, leur trouble n'a rien à voir avec un problème de mémoire mais se situe au niveau de **l'appariement** avec la mémoire.

Quels sont les rôles respectifs du sujet et du stimulus ? La perception est guidée à la fois par les caractéristiques de la stimulation et par l'attitude du sujet vis-à-vis des informations qu'il souhaite capter.

Il y a une perception passive de **bas niveau** qui dépend de l'objet, de sa forme, ses couleurs, etc. ce qui arrive en **V1**, et un **processus de haut niveau**, actif, qui dépend de l'attitude et de la mémoire du sujet pour donner un sens, intégrer les différents éléments dans un tout. Les processus de haut niveau modulent et filtrent les arrivées passives. Les processus de perception précoces (milliseconde) dépendent de la nature de l'objet, la perception plus lente vient de la construction du cerveau.

FICHE 26 | La somesthésie

Elle regroupe quatre modalités elles-mêmes sous-divisées. Tous les neurorécepteurs ont la même morphologie quelle que soit leur fonction et sont appelés **neurones ganglionnaires de la racine dorsale** car leur corps cellulaire se trouve dans les ganglions de la racine dorsale de la moelle épinière.

Ils sont de forme **bipolaire** comme ceux de la rétine, n'ont pas de dendrite (ils ne se connectent pas avec d'autres) mais seulement des fibres nerveuses et sont les seuls à assumer les trois fonctions de transduction, de codage et de transmission.

Le circuit est le suivant :

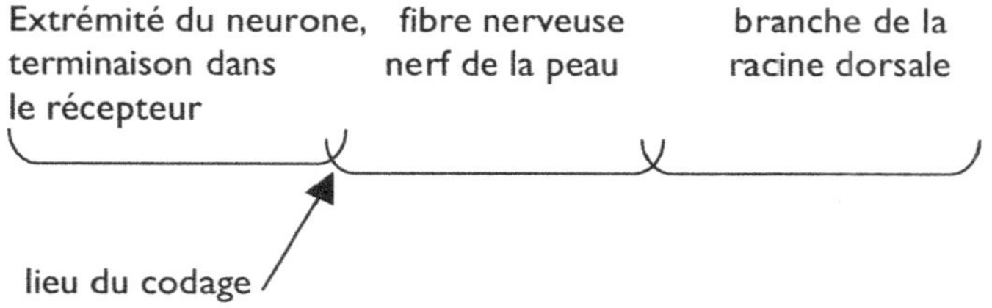

Ils sont de deux catégories : à terminaison périphérique libre (nociception et sensations thermiques) ou à terminaison **encapsulée** (toucher et proprioception).

La nociception

Les neurones nocicepteurs ne s'activent que pour signaler la douleur. Il s'agit de toutes les douleurs, réelles ou évoquées, mémorisées (visites chez le dentiste), physiologiques ou psychogènes (dans l'hystérie, fiche 83). Dans les douleurs évoquées, mémorisées ou psychogènes, il y a intervention des structures du cerveau correspondantes. Ces récepteurs de la douleur sont de trois types : mécaniques (pincement, piqûre), thermiques (températures extrêmes) ou polymodes. Deux modes d'activation de ces neurones sont possibles : mode d'activation directe (douleur immédiate, le stimulus agit directement sur le récepteur), mode d'activation indirecte (les cellules touchées directement activent des cellules voisines qui entretiennent la douleur).

Les sensations thermiques sans douleur

Les **thermorécepteurs** interviennent dans les sensations de chaud (entre 32 °C et 45 °C), et de froid (entre 14 °C et 32 °C). Au-delà de cette fourchette (14 °-45 °), on n'est plus dans la sensation thermique sans douleur. Toutefois, la sensibilité est variable selon chacun, l'apprentissage joue un rôle important. L'être humain peut ressentir des sensations de froid paradoxal à 45 °C dans le désert par un mécanisme d'autorefroidissement du corps, ou comme pendant la fièvre.

On possède plus de récepteurs d'alerte pour le froid que pour le chaud car il est plus dommageable à la survie, et c'est sur le visage qu'il y en a le plus car il n'est pas couvert.

Le toucher et les récepteurs de la peau

Il existe deux types de peaux, trois types principaux de **mécanorécepteurs** correspondant à trois qualités de toucher (léger, pression, vibration), et d'autres récepteurs dédiés à des fonctions variées. La quantité par type varie selon les endroits de la peau, tout le corps n'ayant pas la même sensibilité (la plus forte dans la langue et l'extrémité des doigts) ; elle varie selon la densité des récepteurs au cm_2, la taille du champ et l'innervation sensorielle.

La topographie du cortex sensoriel primaire (fiche 23) dépend de la répartition des récepteurs, pas de la surface de la peau.

Différents types	Localisation, description, fonctions
Corpuscules de Pacini – composés de lamelles concentriques de tissu conjonctif avec au centre des **cellules de Schwann**, le tout englobant une cellule nerveuse en bulbe.	• Situés dans la peau pourvue de poils et la peau glabre mais existent aussi hors de la peau (articulation, muscle de la face) ; • parmi les plus gros, avec un large champ récepteur donc localisation de la stimulation peu précise ; • adaptation rapide, codent les vibrations à haute fréquence, l'accélération, la variation.

Différents types	Localisation, description, fonctions
Corpuscules de Meissner – cellules épithéliales en lamelles où arrive la branche nerveuse en spirales entrelacées de fibres de collagène utiles à la transduction	• Situés dans la peau glabre ; • petit champ récepteur, régions précises ; • codent la vitesse de la stimulation, sensibles au toucher léger, aux vibrations faibles (vêtements), ont une adaptation rapide.
Disques – cellules de Merkel –	• Situés dans la peau glabre ; • grosse cellule, petit champ récepteur, régions précises ; • sensibles à l'enfoncement et au relâchement de la peau, codent l'intensité et la durée de la pression.
Follicules pileux	• Récepteur de la peau pourvue de poils ; • codent la vitesse de la stimulation, celle du déplacement des poils (cf. animaux) ; • sensibles au toucher léger, aux vibrations faibles (vêtements), ont une adaptation rapide.
Corpuscules de Ruffini	• Situés dans les deux types de peau ; • gros récepteur à large champ ; • sensibles à l'enfoncement et au relâchement de la peau, codent l'intensité et la durée de la pression.
Thermorécepteurs et nocicepteurs	• Récepteurs à terminaisons libres.

La proprioception

Ses **mécanorécepteurs** regroupent trois sensations : la position dans l'espace, le mouvement, l'effort, le poids. Ils sont situés dans les muscles du squelette, les articulations, les tendons et la peau. Ils perçoivent (rôle sensoriel) et contrôlent (rôle moteur) : les positions, les mouvements, les efforts, l'équilibre ou encore l'orientation dans l'espace. Il y a deux types de récepteurs dans le muscle :

Les fuseaux neuromusculaires

Ces petites fibres dont la fonction n'est pas la force mais la sensibilité détectent l'allongement, ressentent l'étirement transformé en signal électrique, donnent des informations sur la position des segments osseux les uns par rapport aux autres. Chaque fuseau est relié à deux fibres sensorielles qui sont les terminaisons nerveuses périphériques du neurone récepteur.

Ils sont pourvus de **motoneurones** de type **Gamma**, petits motoneurones influents sur la sensibilité, modulant la réponse aux stimuli, détectant plus les petites variations de longueur que la constance, sont sensibles à une stimulation faible.

Le fuseau est le seul à recevoir une innervation motrice par des gammas, mais il existe des fuseaux sans gamma.

Les organes tendinaux de Golgi

Ces mécano-récepteurs musculaires spécialisés dans la détection de la contraction du muscle impliquée dans la variation des forces sont les principaux récepteurs de l'évaluation du poids ou de l'effort.

Grosses fibres, ils sont contrôlés par de gros motoneurones de type **Alpha**.

L'innervation sensorielle des récepteurs somatiques

Il s'agit des terminaisons nerveuses périphériques, libres ou **encapsulées**, lieu de la transduction. Il y a quatre fibres sensorielles différentes par leur diamètre dans un nerf somatique, classées de 1 à 4 selon leur épaisseur.
- Les fines ont des terminaisons périphériques libres sous forme de nocicepteurs ou de **thermorécepteurs**. Elles alimentent une voie commune à l'origine des sensations de douleurs ou de chaud et froid.
- Les grosses ont des terminaisons périphériques sous forme de récepteurs **encapsulés (mécanorécepteurs)**. Elles alimentent une voie commune à l'origine des informations tactiles et proprioceptives.

On doit aussi distinguer les nerfs cutanés et les nerfs musculaires. Seul le nerf musculaire contient toutes les fibres de 1 à 4. Les 1 ne se trouvent que dans les fuseaux neuromusculaires ou les récepteurs de

Golgi. Les 1 sont les plus fines, sans gaine de **myéline**, donc lentes à la conduction, les 4 les plus grosses et avec gaine donc rapides.

Dans les cutanés, les fibres classées 1 n'existent pas. Enfin, dans les nerfs musculaires, il n'y a pas que des fibres nerveuses sensorielles, il y en a aussi des motrices (fibres des motoneurones qui envoient, par exemple, les ordres de contraction pour bouger ou fixer une position). En résumé, le nerf articulaire cutané est purement sensoriel, le musculaire est mixte, sensoriel et moteur.

Voies de transfert des informations somato-sensorielles au cortex

Voie des colonnes dorsales (proprioception et toucher)

Les colonnes dorsales sont constituées d'ensembles de cordons dorsaux. C'est aussi la partie de la moelle épinière constituée de **substance blanche**.

Le premier neurone récepteur reçoit l'information qui remonte par la fibre centrale des colonnes dorsales (dendrite), puis il fait relais (**synapse**) au niveau de noyaux situés dans le **bulbe rachidien**. Les neurones du bulbe captent l'information et, avec leurs fibres, croisent la ligne médiane (**lemnisque** médian) pour se diriger vers un noyau du **thalamus** (le **VPL, ventral postéro-latéral**). Les neurones du VPL amènent l'information vers **S1** (fiche 27) pour différents traitements possibles (proprioception ou toucher).

Voie antérolatérale (thermique et nociception)

Par la fibre centrale des neurorécepteurs aux terminaisons périphériques libres, les informations sont transmises à un premier relais, la **corne dorsale** de la moelle épinière composée de neurones spinaux. Les fibres de ces neurones croisent la ligne médiane pour aller vers le **faisceau antérolatéral**.

À partir de là, l'information part vers le **thalamus** soit directement, soit indirectement par l'intermédiaire de **noyaux** du **tronc cérébral** comme la **formation réticulée** par exemple.
Au niveau du **thalamus**, plusieurs **noyaux** différents peuvent assurer le traitement. En se projetant en **S1**, ils permettent la sensation.
Mais tous les neurones spinaux ne croisent pas la ligne médiane : les informations venant de la partie gauche ou droite du corps peuvent

alimenter soit le cortex sensoriel gauche ou droit (pas de croisement), soit le cortex contre-latéral quand il y a croisement (G → D ou D → G). Enfin, toutes les fibres sensorielles qui remontent de la moelle épinière ne sont pas forcément destinées à une perception sensorielle et à **S1**, il existe aussi la voie réflexe (fiche 27).

FICHE 27 | La motricité

L'origine génétique de cette fonction est en rapport avec le besoin de survie.

Au fil de la **phylogenèse**, elle a évolué : des simples réflexes incontrôlés (le ver de terre attiré par l'hydrométrie), le règne animal est passé à plus d'autonomie (chercher sa nourriture et fuir les prédateurs). D'abord le primate, grâce à l'utilisation de la main et des yeux, permettant des déplacements plus précis, puis l'humain avec le langage (l'expression, l'articulation) qui est la forme la plus sophistiquée de la motricité.

Pour **Piaget**, la motricité est « *l'architecture de la pensée* », elle ne se réduit pas au mouvement ou à la gesticulation mécanique, elle sert à construire les connaissances, explorer le monde (cf. les enfants : manipuler des objets, apprendre les notions de poids, de forme, de texture).

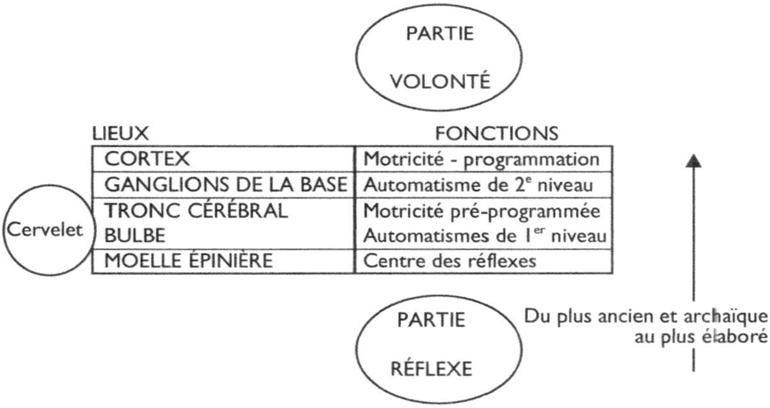

LIEUX	FONCTIONS
CORTEX	Motricité - programmation
GANGLIONS DE LA BASE	Automatisme de 2e niveau
TRONC CÉRÉBRAL	Motricité pré-programmée
BULBE	Automatismes de 1er niveau
MOELLE ÉPINIÈRE	Centre des réflexes

Les acteurs de la motricité

Le premier d'entre eux est **le centre des réflexes** qui permet, par exemple, de retirer la main quand il y a brûlure.

Vient ensuite **la motricité préprogrammée** telle que l'alternance droite-gauche des battements de pieds des bébés qui est en partie de nature réflexe, puis un automatisme de la marche géré par une structure plus élaborée du **tronc cérébral**, le **bulbe rachidien**.

La déglutition appartient aussi à ce niveau réflexe, c'est un apprentissage ancien.
Le cervelet régule tous les niveaux de la hiérarchie motrice, il assure l'équilibre (l'alcool produit un effet négatif sur lui).

Pour **les automatismes de deuxième niveau**, les ganglions de la base sont responsables de ce qui est de l'ordre du savoir-faire. Ces structures ont mémorisé des actions réalisées par le cortex et ayant fonctionné, elles sont donc autonomes pour les reproduire seules, sans passer par lui à nouveau : taper sur un clavier sans regarder, changer les vitesses, utiliser les pédales, etc.

Le cortex est l'élément de gestion volontaire de la motricité. Il règle les questions d'adaptation à l'environnement et aux circonstances, il permet d'apprendre des gestes modulables et variables (apprentissage du piano).

Les mouvements sont possibles car le squelette est articulé, les os sont reliés ensemble par des ligaments, les muscles sont attachés aux os par des tendons, et la contraction des muscles est réalisée grâce au système nerveux.

Les neurones qui pilotent la contraction des muscles squelettiques sont les **motoneurones.** Soit ils transforment les stimulations venant de la périphérie sensorielle en action et c'est l'activité réflexe, soit ils transfèrent aux muscles les ordres venant du cerveau et c'est la partie motrice.

Entre deux vertèbres, on distingue l'entrée d'une **racine dorsale** et la sortie d'une **racine ventrale** de la moelle épinière. Les informations arrivent par la racine dorsale, **la corne dorsale** étant le relais des informations somatiques ; d'autres informations partent de la racine ventrale, la **corne ventrale** étant la partie des ordres moteurs. S'il y a une section lors d'un accident au niveau de la racine dorsale, il y aura un déficit de sensibilité et, au niveau de la ventrale, un déficit de motricité.

Du neurone au muscle, le mécanisme de la contraction

Entre le motoneurone et la fibre musculaire existe une **synapse** différente de celles qui existent entre les neurones. Toutefois, le fonctionnement est le même que celui décrit précédemment : la stimulation provoque l'envoi d'un neurotransmetteur (l'**acétylcholine**), présent dans le **système nerveux central** et dans les jonctions entre les nerfs moteurs et les muscles, la fibre dépolarise, provoquant excitation et contraction.

Un **motoneurone** pilote plusieurs fibres musculaires. L'ensemble formé par le motoneurone et les fibres qu'il pilote s'appelle une **unité motrice**. Il en existe des petites qui ne contiennent que quelques dizaines de fibres et des grosses avec quelques milliers ; tout dépend de la force de contraction qu'elles ont à assumer.
Dans un muscle, il peut y avoir plusieurs unités motrices de taille différentes car un muscle peut être soumis à des efforts différents. La matière des fibres est elle aussi différente : des rouges, des roses, des très pâles presque blanches. Les rouges contiennent un pigment équivalent à celui du sang mais enrichi en capacité énergétique (car quand une fibre se contracte elle consomme de l'énergie) grâce à la myoglobine qui a comme propriété d'apporter beaucoup d'oxygène et permet au muscle de résister à des efforts durables (cf. les muscles extenseurs dans la cuisse du poulet). Les fibres rouges sont majoritaires dans les petites unités motrices qui doivent développer des petites forces durablement.
À l'inverse, les fibres pâles sont dans des unités motrices moyennes ou grosses où elles développent des grosses forces mais pas longtemps.

Nous pouvons coder la force de contraction de nos muscles, graduer l'effort grâce au système nerveux piloté par le cortex : pour attraper une feuille, on n'a pas besoin de la même force que pour porter une valise. La décharge en potentiel d'action est exprimée en hertz. 5 hertz équivalent à 5 potentiels d'action par seconde. À 5 hertz, ce sont les petites unités motrices qui réagissent ; pour stimuler les grosses, il faut au moins une puissance de 20 hertz, c'est pourquoi on dit que les petites unités motrices sont plus excitables que les grosses.

L'activité réflexe

Ce n'est pas un acte volontaire, mais câblé génétiquement : le bébé qui tète lors de tout contact avec ses lèvres, la paupière qui bat suite à une poussière dans l'œil.

Le réflexe nociceptif, soustraire un membre à une douleur, en fait partie. Pour éviter le temps qu'une information « douleur » arrive aux centres supérieurs du cerveau en cheminant sur des axones de petite taille dont la vitesse est lente et le parcours jalonné de **synapses**, une réponse plus rapide est prévue par le codage génétique : le réflexe qui retire le membre touché immédiatement.

Le mouvement volontaire

Il est évolutif et perfectible à la différence du réflexe. Apparemment simple au regard du résultat, il est néanmoins l'aboutissement d'un enchaînement complexe. Pour s'emparer d'un objet par exemple, il faut enchaîner et coordonner : la locomotion, la sélection du membre adéquat, le contrôle de la vitesse de saisie, le contrôle de la force selon le poids prévisible de l'objet et la durée de saisie, la coordination des os et muscles de l'épaule, du coude, du poignet, des doigts.
En cas de maladies ou d'accidents cérébraux, les gestes réalisables et les gestes perturbés dépendent de l'endroit neuronal atteint.

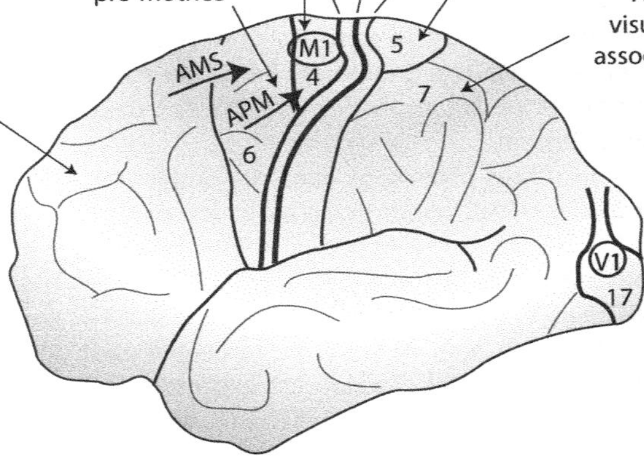

Rôle de l'aire 7 associative dans la motricité

En fonction de ce qu'elle reçoit du cortex visuel, des **voies du Où et du Quoi**, elle procède à différents traitements :
• Où : c'est la voie la plus directe. Elle apporte des informations sur la localisation des objets à saisir. Elle permet aussi d'identifier les déplacements des objets. Elle bénéficie de l'organisation rétinotopique du champ visuel ;
• Quoi : est liée à l'identification des stimuli. Elle est en contact direct avec la partie **limbique** du cerveau, cerveau interne, donc avec les mémoires. Il y a identification des objets par rapport à ceux contenus en mémoire.

Rôle de l'aire 5

Elle reçoit ses informations de **S1** (aire somato-sensorielle) qui est elle-même la réunion des **aire 1, aire 2, aire 3**.

L'aire 1 est celle de la perception du toucher.

Les aires 1 et 2 reçoivent des informations de la proprioception (récepteurs des articulations et des muscles) pour donner une image interne du positionnement des membres. La représentation complète des membres en A1 permet ainsi de localiser les stimuli en provenance de la peau (ex. : piqûre).

Les aires 2 et 3 informent sur le positionnement des articulations en temps réel, c'est-à-dire qu'il existe une étape de contrôle de la situation avant l'action qui sera effectuée au niveau du cortex moteur et lui permettra de saisir un objet au bon endroit en calibrant l'amplitude du mouvement et sa direction.

Rôle de l'aire 6, partie dorsale

Les informations précédentes sont ensuite envoyées vers le préfrontal à l'avant de la **scissure de Rolando** pour la mise en place d'une stratégie (que faire ?). Le préfrontal décide d'une procédure et dirige le plan d'activation vers l'aire 6 de **Brodmann**, partie dorsale, voie dite **AMS** pour une élaboration des séquences motrices.

Rôle de l'aire 6 partie ventrale et de l'aire 4 partie M1

L'acte moteur se fait dans la partie basse de l'aire 6 vers M1 (**homonculus moteur**) situé dans l'aire 4, c'est la voie **APM**. Entre les deux, il y a une couche très épaisse de **cellules pyramidales** (ou **cellules de Betz**). Elles ont la particularité d'émettre un axone qui va du cortex directement vers les motoneurones pour mise en contraction d'un muscle donné. Les cellules pyramidales indiquent en plus la force de contraction, donc influent sur l'intensité du mouvement.

L'aire 6 possède une représentation homoculaire c'est-à-dire celle du corps moteur dédié principalement au contrôle des articulations axiales (mouvements du tronc) et proximales (mouvements du coude et du genou).

Rôle de l'aire 4

Tous les axones qui quittent l'aire 4 se regroupent et se dirigent vers les motoneurones où ils forment un faisceau d'axones appelé faisceau pyramidal. Les **cellules pyramidales** font partie des commandes centrales majeures. Ce faisceau décusse, c'est-à-dire qu'il change de côté : l'aire 4 gauche commande les muscles de la partie droite du corps et inversement. La **décussation** (le croisement) se fait au niveau du **bulbe rachidien.** Le faisceau pyramidal qui anime la face s'arrête au niveau des nerfs de la moelle, c'est un faisceau court dit **cortico-bulbaire**. En revanche, plus on descend le long de la moelle pour le contrôle du reste du corps plus les axones sont longs et le faisceau est dit **cortico-spinal**. Comme l'aire 6, l'aire 4 est organisée de façon topographique, c'est-à-dire qu'il existe un clavier de toutes les cellules pyramidales qui déclenchent des contractions soit de la face, des bras, des mains, des doigts, etc. En **M1**, on a aussi une représentation du corps moteur (homoculus moteur).

L'aire 4 contrôle les articulations proximo (coude et genou) – distales (poignets et doigts, chevilles et pieds). Elle contrôle aussi les fonctions laryngées (production de la parole). Donc, pour attraper quelque chose, on mobilise l'aire 6 (projection) puis l'aire 4 (préhension).

Ce sont les territoires où il y a le plus de muscles (main, bouche) qui sont capables des mouvements les plus fins, précis. Les cellules qui contrôlent la motricité du pouce sont organisées en colonnes qui forment des rayons. L'exécution d'un mouvement est ajustée précisément par l'articulation.

Expérience de Brodmann en TEP

On demande à un singe d'exécuter une flexion-extension des doigts d'une main tous en même temps.
Les zones activées sont alors : **M1**, **S1**.

Si on lui demande de faire des mouvements séquentiels de flexion-extension sous forme de pianotage d'un doigt après l'autre, les zones activées sont **M1**, **S1** et AMS qui a intégré la séquence temporelle de mouvements successifs.

Enfin, s'il s'agit de réaliser seulement un pianotage mental, seule l'AMS fonctionne.

Donc l'AMS prépare et organise les séquences motrices, assure la coordination des membres.

PARTIE III

PSYCHOLOGIE COGNITIVE

FICHE 28 | Introduction à la psychologie cognitive

Cette discipline est née des compétences mêlées de philosophes, linguistes, informaticiens et spécialistes du traitement des signes. Le premier symposium « Théorie de l'information » eut lieu en 1956. Depuis, les cognitivistes ont multiplié et sophistiqué les expériences, font se succéder les contre-affirmations aux affirmations en continuant à démontrer quantité de théories datant d'il y a 50 ans et dont les conclusions se révèlent erronées ou dépassées aujourd'hui. L'enseignement n'y gagne pas en clarté.

Nous avons donc pris le parti de résumer les connaissances essentielles, récentes, et de présenter certaines expériences décrites en TD en illustration de ces connaissances. Par ailleurs, cet ouvrage ne traite que des sujets au programme de licence (perception, mémoires, langage). Pour l'ensemble de cette discipline, vous pouvez consulter, par exemple, l'ouvrage *Psychologie cognitive* de Patrick Lemaire (éditions De Boeck).

En psychologie cognitive, les expériences ont lieu soit en laboratoire, soit *in live*. **Les travaux en laboratoire** ont pour but d'isoler des processus qui, dans la vie réelle, sont en général imbriqués. La conduite d'une voiture mobilise une multitude de processus : perception visuelle, attention, mémoire, etc. Les limites du laboratoire : les sujets sont motivés pour exécuter une tâche d'une manière différente de ce que serait leur motivation dans la réalité, avec ses impondérables et son contexte émotionnel. **L'observation naturelle** apporte une richesse de cas supérieure au laboratoire, chaque humain étant différent. Les inconvénients : il est difficile d'enregistrer tous les événements, de tout voir et mesurer, d'établir des relations de cause à effet, certains éléments ayant pu échapper à l'observateur.

L'observation corrélationnelle permet de donner une première idée sur les causes des comportements : telle manifestation se produit en général avec tel stimulus et il y a corrélation. On mesure le caractère systématique et répété des variations entre deux ou plusieurs événements.

Principe de **la méthode expérimentale** : le phénomène doit être à la fois bien décrit et reproductible par un autre chercheur. Cette méthode s'appuie sur deux opérations :

• la manipulation, ou test de relation entre deux **variables**. On fait varier l'une, c'est l'**indépendante**. L'autre est mesurée en fonction des variations de la première, c'est la **dépendante** ;

• le contrôle des variables **confondues**, où deux variables sont dites confondues quand elles peuvent être toutes deux la cause du comportement analysé. On doit savoir si la réussite à un test vient de la variable étudiée (par exemple, produire des images mentales) ou de la motivation des participants (ceux à qui on a demandé de produire des images mentales le seraient-ils plus que ceux à qui on n'a pas demandé ?).

La solution consiste à faire passer les tests de manière aléatoire en faisant varier les conditions au hasard pour la même personne. Par la méthode expérimentale, on peut conclure que les variables sont la cause d'un comportement si l'on a aussi contrôlé les autres causes potentielles.

En psychologie cognitive, on considère que l'esprit est un calculateur aux capacités limitées en structure et en ressources et qu'il doit donc trier selon les buts qu'il poursuit. Le tableau suivant traite des différentes étapes dans le processus de dénomination d'un objet qui seront détaillées dans les fiches suivantes :

Stimuli	Traitement d'objet	Capacités	Anomalies
Théorie du stimulus Théorie de l'attention	Traitement visuel Traitement auditif	Sensibilité, discrimination des formes, couleurs	Achromatopsie
Théorie de la reconnaissance d'objets	Unités de reconnaissance	Accès à la mémoire de la structure des objets	Agnosie
Théorie de la mémoire sémantique et du lexique	Lexique Sémantique	Donner un sens à une structure de mot connue	Agnosie associative
Théories phonologiques	Lexique phonologique	Récupération du mot-forme	Anomie
Réponse ↓	Énoncé	Articulation	Troubles de l'articulation

FICHE 29 | Le filtrage sensoriel (1)

Un système sensoriel est composé de plusieurs modules, ensemble de neurones qui s'activent pour des attributs différents. Ce sont des filtres, des canaux de détection et de traitement qui envoient des informations au cortex. Chacun ne s'occupe que d'une partie du stimulus, garde ce qui le concerne et laisse passer les autres informations. Bien que la perception finale paraisse unifiée, le traitement des informations est décomposé.

Traitement visuel

Le système visuel peut traiter la taille, les contrastes, les couleurs. Les mesures pertinentes choisies sont **le contraste de luminance et la fréquence spatiale**. Grâce à des instruments de traitement de l'image, on démontre que toute image est constituée, selon chaque direction (verticale, horizontale, oblique) d'une superposition de distribution de luminance de différentes fréquences spatiales. Le **contraste de luminance** est représenté par une alternance de bandes parallèles plus ou moins intensément différenciées entre clair et foncé. Le niveau d'intensité du contraste est donné par le niveau d'écart de luminance entre deux bandes. Par ailleurs, ces bandes sont plus ou moins rapprochées les unes des autres ce qui donne la **fréquence spatiale**. Deux bandes contiguës forment un cycle de luminance. Notre système visuel détecte mal la luminance pure et mieux les contrastes : contrastes temporels (blanc et noir) ou contraste spatial (écartement des cycles-lignes).

On exprime la **fréquence spatiale** en nombre de **cycles de luminance par degré d'angle**. La mesure est variable selon la distance à laquelle l'observateur se trouve de l'objet visuel. À un degré d'angle donné à une certaine distance correspond un nombre variable de cycles de luminance. La **fréquence spatiale** est mesurée par le nombre de bandes claires et foncées vues à une certaine distance appelée degré d'angle visuel. Si dans un degré d'angle visuel donné, on a trois bandes foncées et trois claires en alternance, largement écartées entre elles, la vision est floue. On l'appelle vision en basses fréquences **(FSB = nombre de cycles faible)**. Si, au contraire, on a dix bandes foncées et dix bandes claires dans le même angle visuel, donc très rapprochées entre elles, on voit nettement les détails. C'est la haute fréquence **(FSH = nombre de cycles élevé)**.

Certains neurones et canaux traitent les basses fréquences, d'autres les hautes. Le champ récepteur des neurones de la vision ne permet l'accès qu'à une gamme étroite de fréquence chez l'humain. La variation de la **fréquence spatiale** a un impact sur la perception d'un objet. Par exemple, le chat est meilleur en basses fréquences que nous, d'où sa vue nocturne. Mais en revanche, il voit moins bien les détails. Pour le faucon, c'est l'inverse, il est meilleur que nous en hautes fréquences. Le nouveau-né voit en basses fréquences et, plus on vieillit, plus on est mauvais en hautes fréquences.

On mesure la sensibilité au **contraste de luminance** selon différentes fréquences spatiales.

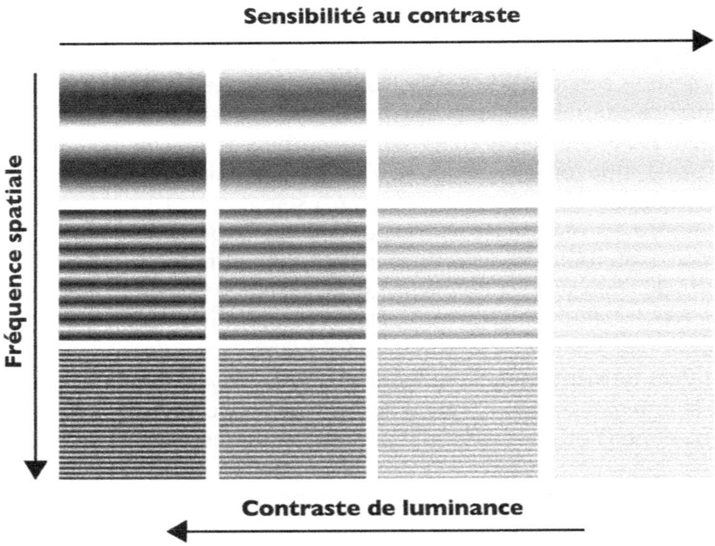

Les stimuli à FSH sont plus résistants aux baisses de contraste. Pour chaque individu observé à un moment donné, ou dans des circonstances variées ou sur une longue période ou à cause d'un événement particulier (accident, traumatisme, maladie), on peut enregistrer les variations de ces seuils de sensibilité.

Dans la théorie des seuils, plus le seuil est bas plus il est sensible, et si un seuil augmente, en vision par exemple, c'est qu'il y a moins d'acuité visuelle.

Formule de calcul du contraste :

$$\frac{\text{Luminance maxi – luminance mini}}{\text{Luminance maxi + mini}}$$

Exemples :

$$\frac{100 - 99}{100 + 99} = 1/199 = 0{,}01 \text{ ou } 1\ \% = \text{contraste faible}$$

$$\frac{100 - 1}{100 + 1} = 99/101 = 0{,}98 \text{ ou } 98\ \% = \text{contraste fort}$$

x - 0/x + 0 = 1 ou 100 % = contraste maxi (tout noir ou tout blanc)

La fonction de sensibilité au contraste a cette forme :

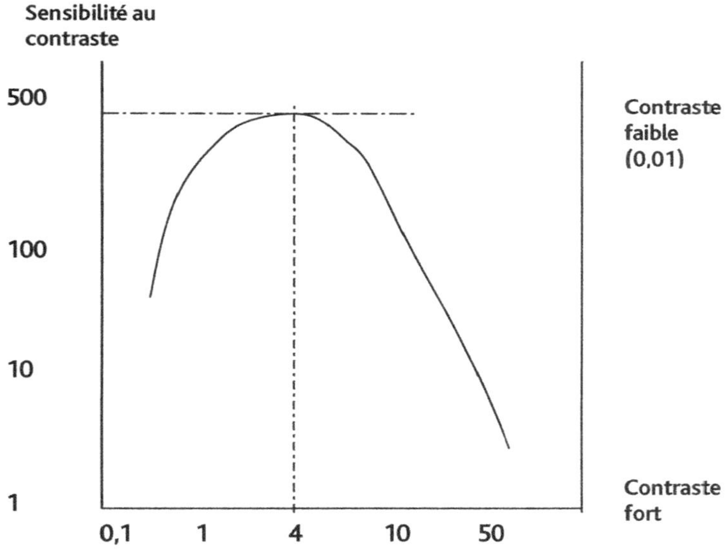

Le graphique montre, par exemple, une sensibilité 500 en FS 4.

Certains canaux sensoriels traitent les FSB, d'autres les FSH. Pour chaque individu la courbe de sensibilité aux contrastes est considérée comme la « courbe enveloppe » des courbes de chaque canal de traitement.

On mesure pour chaque sujet ses seuils de contraste à chaque niveau de FS pour obtenir sa courbe.

Traitement auditif

C'est le même principe qu'au niveau visuel. Certains ensembles de neurones, dits canaux de traitement, traitent l'intensité, équivalente du contraste, que l'on exprime en décibel. D'autres traitent la fréquence que l'on exprime en hertz (Hz) : sons graves (basses fréquences vers 250 hertz) ou aigus (hautes fréquences vers 4 000 hertz). Certains groupes de neurones sont accordés sur 100 Hz, d'autres sur 10 000 Hz. Chaque canal de traitement est accordé avec une bande très étroite de fréquences.

Pour tester les fonctions auditives d'une personne on mesure ses « seuils auditifs absolus », c'est-à-dire que selon un niveau sonore variable en décibels on note son audition à différents niveaux de fréquence de grave à aigu et on mesure ses résultats en écarts par rapport à une population standard. **L'audiogramme** d'une personne représente la courbe des seuils absolus, la courbe « enveloppe » des courbes de chaque canal. La perte des basses fréquences est indépendante de celle des hautes fréquences. Un déficit en fréquence élevée donne des sons plus sourds, un manque de détails, n'est pas une pathologie mais un signe de vieillissement.

Méthode du masquage. Cette méthode indique quand la perception d'un stimulus, appelé cible, est gênée par la présence d'un autre. Par exemple, une conversation dans la rue gênée par le passage d'un véhicule (masque simultané), ou masque précédant la cible et laissant des traces dans l'écoute (masque proactif) ou masque après la cible (rétroactif) gênant selon l'intensité et le temps qui le sépare de la cible. Dans ces cas, on met en évidence une sélectivité fréquentielle et l'audiogramme devient alors la superposition de canaux de traitement séparés.

FICHE 30 | Le filtrage sensoriel (2)

L'objectif de la psychologie sensorielle est d'étudier les relations entre les stimulations physiques et les réponses (sensations) qu'elles produisent. Elles sont, par exemple, utiles dans l'analyse des déficits cognitifs des patients.

Les classiques mesures de seuil

Les mesures de seuil ne sont pas un indicateur fidèle des sensations perçues par un sujet. Les systèmes sensoriels ont leurs limites, ce que l'on voit ou entend n'est pas la totalité de ce qui existe.

Seuil absolu / seuil différentiel

Le seuil absolu (SA) est une valeur du stimulus qui, par convention, a une chance sur deux d'être perçue et qui tient compte du fait que l'humain n'est pas un détecteur parfait. Le seuil différentiel (SD) est l'écart entre deux valeurs du stimulus qui, par convention, a une chance sur deux d'être perçu.

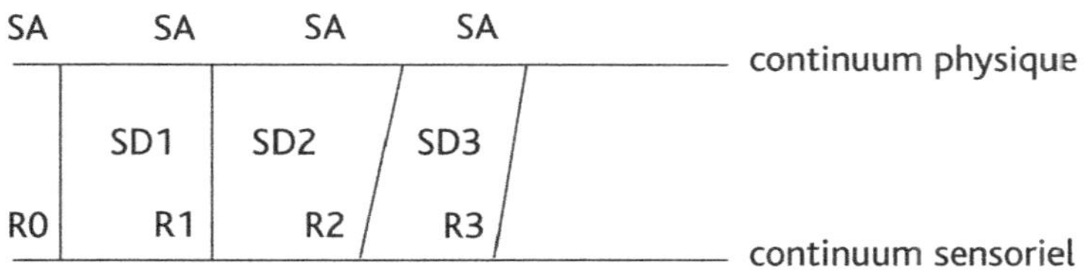

Passer de 20 hertz à 20,003 hertz ne sera pas perceptible, mais cela le sera si on passe de 20 à 22 hertz.

Les écarts réels physiques peuvent être réguliers (SD1, SD2, SD3), mais pas les écarts sensoriels (R0, R1, R2, R3).

Stimulation (SA, SD) = unités physiques, mesures	Sensations = sans unités, valeurs estimées seulement
- Acoustiques (décibels) - Fréquence - Luminance - Longueur d'onde	- Faible, fort - Grave, aigu, médium - Faible, forte - Teintes (bleu, rouge, etc.)

Validité des mesures de seuil

A priori, ce qui est déclaré par un sujet comme perçu, devrait correspondre exactement à ce qu'il perçoit (loi psychophysique de Weber et Fechner). Or, les systèmes sensoriels comportent plusieurs niveaux :

• des étapes précoces de traitement appelées **processus de bas niveau** se comportant comme de simples analyseurs de fréquences avec leurs seuils ;

• les **processus cognitifs de haut niveau** qui modulent le fonctionnement des canaux de **bas niveau** en facilitant les uns, inhibant les autres, ou en concevant des interactions entre eux, pour des raisons diverses : l'attention, les circonstances de la perception, les enjeux, les motivations, les connaissances préalables, la stratégie employée pour identifier et juger des informations pertinentes à un moment donné.

L'étude de ces processus peut être réalisée selon différentes procédures :

Procédure de type de choix forcé : à chaque essai, sont présentes deux éventualités, mais le stimulus n'est présent que dans l'une. Le sujet choisit laquelle, sa réponse est correcte ou incorrecte. Dans ce contexte, il ne peut développer de stratégie induisant un biais de réponse. On parle de stratégie neutre et constante.

Dans les procédures de type OUI/NON classiques, le stimulus à détecter est présent à tous les essais avec une intensité variable. À chaque essai, le sujet doit répondre OUI ou NON. Mais il n'y a pas de contrôle des raisons de son choix qui peuvent varier selon l'enjeu. Par exemple, il peut répondre systématiquement OUI ou systématiquement NON aux essais incertains. Pour limiter ces biais, on réserve ces procédures à des tâches sans enjeu, en enchaînant très rapidement les essais. On peut aussi avoir recours à des essais-pièges (essais sans stimulus) pour contrôler une stratégie.

La théorie de détection du signal (TDS) de Green et Swets (1966) a l'avantage de pouvoir déduire des réponses des sujets ce qui est strictement perceptif de ce qui relève d'une stratégie. Exemple d'expérience fictive étudiée en TD et destinée à comprendre les différences méthodologiques et théoriques entre une classique mesure de seuil et la TDS.

On cherche à comparer les capacités visuelles de trois personnes : A, B et C. Chacune est placée devant un écran d'ordinateur dans lequel apparaît un cadre circulaire à l'intérieur duquel se trouve une multitude de points lumineux. Chaque personne est exposée à cinq cents apparitions : dans deux cents cas, tous les points sont identiques et dans trois cents cas, il y a un point plus lumineux que les autres, les envois étant faits de manière aléatoire.

Les sujets doivent répondre « non » si le point n'apparaît pas et « cui » s'il apparaît, il y a donc quatre théories de réponses possibles :

Situations / Réponses du sujet	Point présent	Point non présent
Oui	Détection correcte	Fausse alarme
Non	Omission	Rejet correct

Les réponses des sujets se répartissent comme suit (les pourcentages ont été arrondis) :

Sujet A	Point présent	Point non présent
Oui	**77 %**	60 %
Non	23 %	**40 %**
Sujet B	Point présent	Point non présent
Oui	**92 %**	44 %
Non	8 %	**56 %**
Sujet C	Point présent	Point non présent
Oui	**60 %**	10 %
Non	40 %	**90 %**

Les bonnes réponses sont en gras.

On constate que B (92 % et 56 % de bons résultats) et C (60 % et 90 % de bons résultats) ont des capacités perceptives meilleures que celles de A (77 % et 40 %), mais qu'ils ont des stratégies différentes. A répond oui à tout, prend des risques dans le doute, sa stratégie est dite « libérale ».

C, plus prudent dit plus souvent « non » dans le doute, a aussi beaucoup plus d'omissions (40 %) que B (8 %), sa stratégie est dite « conservatrice ».

La stratégie de B est dite « neutre » : moins de fausses alarmes que A, mais il prend plus de risques que C.

On étudie en TD des courbes réalisées sur A, B, C, courbes que l'on superpose :

- la courbe de la capacité perceptive ou courbe **ROC** (*receiver operating characteristics*) sur laquelle on porte le nombre de détections correctes et de fausses alarmes de chaque sujet. On appelle (d') la mesure de détectabilité du signal. Avec un (d') élevé, on a une bonne capacité, un (d') faible c'est l'inverse ;
- la courbe de la stratégie du sujet, composée de lignes isocritères, β mesure la stratégie : $\beta > 1$ = stratégie conservatrice ; $\beta = 1$ = stratégie neutre ; $\beta < 1$ = stratégie libérale.

Si on leur avait dit qu'on récompensait les bonnes réponses et pénalisait les mauvaises, leurs stratégies auraient été autres et les résultats aussi, preuve de l'influence de facteurs motivationnels sur les capacités perceptives.

Les mémoires sensorielles

Comment la capacité perceptive évolue-t-elle dans le temps entre le stimulus et le souvenir que l'on en a ? Les tests portent sur des durées d'écart allant de quelques centaines de millisecondes à plusieurs secondes.

Pour tester l'oubli, par exemple, on mesure la capacité de détection de la différence entre deux stimuli. On envoie successivement, avec des délais variables, deux stimuli visuels. La capacité à les différencier repose sur la mémoire sensorielle que l'on a du premier. Quand la différence n'est plus perçue, c'est que le délai est si infime qu'il est oublié. On mesure l'oubli selon les différents écarts de temps, on en établit la fonction et on en déduit qu'il y a deux registres sensoriels distincts. On peut aussi envoyer deux stimuli lumineux avec des fréquences spatiales différentes et l'on demande dans lequel elle est la plus élevée (paradigme de choix forcé à alternative temporelle).

Quand on envoie un stimulus lumineux et demande d'appuyer sur un bouton-réponse dès son apparition, c'est une tâche **de temps de réaction simple**. Mais on peut aussi envoyer deux stimuli de fréquences spatiales différentes, l'un à droite, l'autre à gauche, et demander d'appuyer sur un bouton-réponse dès leur apparition et de dire de quel côté la fréquence est la plus élevée, c'est une tâche **de temps de réaction de choix**.

On mesure ainsi le temps de réaction quand il y a un travail de comparaison à faire par rapport au temps de réaction simple ; jusqu'à un certain délai d'écart court, le temps de réponse est constant (et la réponse assez aléatoire), puis quand le délai dépasse trois secondes, le temps de réponse augmente car une période de **recodage**, de mémorisation du premier travail a pu s'établir.

Il y a donc un système de mémoire réceptive précoce constituée de mécanismes perceptifs inconscients, spécialisés par attributs, agissant en parallèle, disposant de possibilités de traitement limitées mais indépendantes, couplées à un registre mnésique.

Ces mémoires à très court terme existent dans la vision (mémoire **iconique**), l'audition (mémoire **échoïque**), le toucher (mémoire **tactile**), l'odorat (mémoire **olfactive**).
Elles ont aussi comme particularité de conserver quelques instants le stimulus après qu'il ait disparu : image sur la rétine, persistance d'un son. On peut effectuer des mesures de seuil sur toutes les perceptions où l'on peut tester les contrastes. En revanche, les différences de contraste n'apparaissent plus dans l'oubli, c'est donc qu'entre la perception et l'oubli, il y a eu recodage : l'analyse perceptive est différente de ce qui est stocké, la mémoire sensorielle différente de ce qui est perçu.
Dans d'autres tests avec interférence d'un élément perturbateur entre deux stimuli appelé **masquage**, on démontre que **ce masquage** donne des résultats différents au niveau sensoriel et mémoriel.
Ces découvertes permettent en neuropsychologie de distinguer les traitements dédiés aux difficultés de perception de ceux concernant la mémoire.

L'attention sélective

L'attention comprend ici la sélection des informations, la concentration mentale et l'accès conscient au contenu de la mémoire.

La cécité inattentionnelle

On l'analyse à travers des expériences. Par exemple, une vidéo d'à peine une minute montre 4 à 5 jeunes faisant des passes de basket. La consigne donnée aux spectateurs est de compter le nombre de passes réalisées. On leur demande ensuite, s'ils ont vu autre chose. Effectivement, l'espace de quelques millièmes de seconde, un gorille est apparu parmi les jeunes. Résultats : une grande majorité n'a rien vu, quelques-uns ont vu quelque chose sans le définir, très peu ont vu le gorille. On ne voit pas ce à quoi, on ne prête pas attention et certaines formes sont mieux perçues que d'autres.

Le clignement attentionnel

Dans une série de visuels alternant des lettres et des chiffres envoyés très rapidement, on demande quels ont été les chiffres présentés. On mesure jusqu'à quel temps de plus en plus court entre le premier et le deuxième chiffre ce dernier n'est plus identifié. Des applications sont possibles pour la conduite automobile lors de l'occurrence de deux événements.

La cécité au changement

On montre une image plusieurs fois. Dans un des passages, on a changé un petit détail de l'image. On calcule combien de fois la série doit être repassée pour que le changement soit perçu. Ces mesures ont des applications aussi en conduite automobile, notamment en matière de temps d'adaptation aux variations de luminosité.

Finalement, on retient deux types d'attention : **l'attention focalisée** (on ne traite qu'un seul stimulus parmi plusieurs présentés) et **l'attention partagée** (on est capable de traiter plusieurs stimuli). On a multiplié les expériences et les théories pour arriver aux conclusions suivantes : le traitement ne se fait pas à un niveau sensitif mais à un niveau supérieur ; plus il y a de tâches cognitives voisines, plus elles sont difficiles à percevoir ; plus on est expert, plus on peut multiplier les tâches simultanées (conduire et parler) ; plus la tâche est difficile, plus l'attention est sollicitée pour réussir.

Pour déclencher les mécanismes de l'attention, on active là où elle doit porter et on inhibe les stimuli parasites.

Expérience de **l'indiçage spatial** de **Posner** en 1980 : le sujet doit détecter le plus rapidement possible l'apparition d'une cible comme ceci (*) dans l'un ou l'autre de deux carrés situés côte à côte, mais on lui envoie au préalable un indice spatial ou amorce (couleur ou forme) sur le lieu d'arrivée de la cible. Quand l'amorce et la cible sont du même côté, il va plus vite que quand elles sont de côté différent. Jusque dans les années 1970, l'attention n'était envisagée que sous son aspect volontaire. Or, Posner identifie deux types d'attention : **automatique ou contrôlée**.

Ces découvertes ont une portée en neuropsychologie où la perte de l'attention due à une lésion cérébrale (**héminégligence**) peut être rééduquée en faisant travailler le sujet.

FICHE 31 | La reconnaissance d'objets

Sur ce sujet, les théories n'ont pas manqué.

La Gestalt fut la première avec l'idée que la reconnaissance n'est pas un assemblage juxtaposé d'éléments disparates, mais qu'elle est globale, un tout différent de la somme de ses parties. Elle aurait comme origine des regroupements de différentes natures que nous ferions : par proximité physique d'éléments, par similarité, par continuité.

Il est plus facile de reconnaître ceci :
que ceci :

La deuxième théorie fut celle **du traitement ascendant** *Bottom-Up*. Pour ses partisans, héritiers des béhavioristes, toute l'information est dans le stimulus extérieur (distance, texture, relief), et la fonctionnalité d'un objet est déduite de sa forme. Contestée aujourd'hui car ce qui valait pour une chaise, ne l'est plus pour un objet électronique. On ne retient que la notion de flux optique (expérience de pointage et d'estimation du point de contact : le tennis).

Le traitement descendant *Top-Down* est le pendant de la précédente. S'appuyant sur la notion de concepts intégrés dans le cerveau, ses partisans s'opposent aux précédents : pour eux, il y a intervention du sujet, rôle actif de sa part, interaction entre le stimulus et les hypothèses formulées par lui ; ses motivations jouent un rôle et il peut être victime d'illusions d'optique comme suit :

Quand on mesure, on constate que les deux traits ont la même longueur.

Une quatrième proposition théorique est celle de **la reconnaissance par appariement de gabarit.** Des travaux ultérieurs font entrer en lice la mémoire : on stocke en mémoire à long terme des gabarits normalisés que l'on a plus qu'à reconnaître ensuite (on stocke la forme d'un A, d'un B, etc.).

Les traits sont considérés comme plus importants que la forme, ce qui a permis des travaux en neurophysiologie sur les détecteurs d'orientation visuelle dans le cortex. Il y a un détecteur des lignes, des angles, des courbes, et chaque lettre en comporte plus ou moins, le R en ayant plus que le I.

Pour d'autres, plus que les traits, c'est leur relation qui permet la détection. Par exemple, on reconnaît un « A » ainsi, mais pas ainsi :

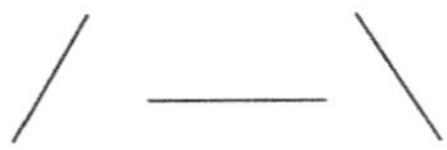

Une théorie plus actuelle est celle de l'**intégration des traits (Treisman et Gelade**, en 1980) avec quatre stades : le préattentif (détection des primitives : orientation, contours, couleur, mouvement) qui capte de manière automatique et rapide ce qui saute aux yeux ; celui de l'attention focalisée (localisation et combinaison des primitives, contrôlé sériel et lent) ; celui de la comparaison avec les informations en mémoire ; et celui de l'identification de l'objet s'il y a ajustement.

La sixième est **la théorie computationnelle** de **Marr**, en 1982, illustrée par le schéma ci-dessous :

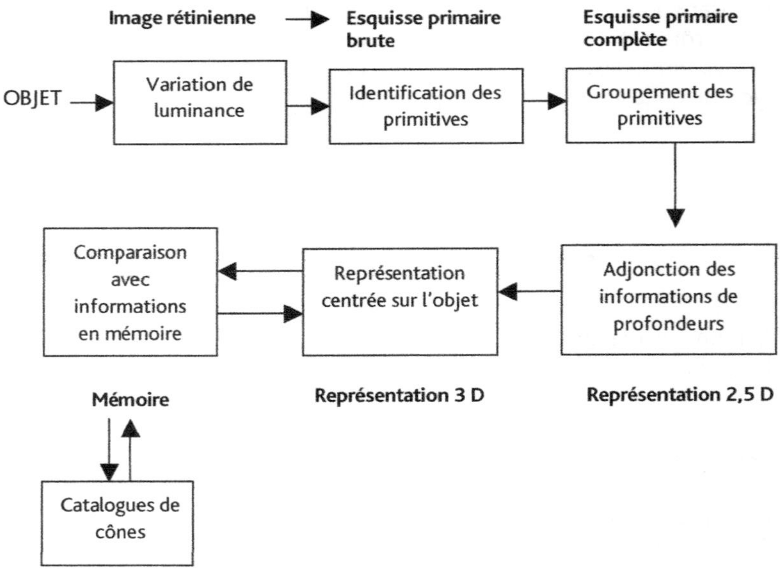

On décompose l'objet en petits cylindres et le passage de 2,5D à 3D se fait par la recherche de cônes généralisés, de cylindres ; quelques cylindres suffisent pour figurer des formes.

On démontre par exemple qu'on passe du gorille à l'humain en variant la longueur des membres. Pour arriver à l'étape 3D, il faut une représentation centrée sur l'objet. Dans les **agnosies**, certains sujets ne perçoivent que les primitives, pas la représentation globale centrée sur l'objet, ce qui confirme cette théorie.

Enfin, la théorie de **la reconnaissance par composantes** (**Biederma**, en 1987) : même logique que pour les primitives mais il s'agit de composantes volumétriques (**géons**). On procède par assemblage de géons.

FICHE 32 | Perception de la parole Reconnaissance des mots

Quelques définitions :
• **la phonétique** est l'étude acoustique de la parole indépendamment de la langue et de la fonction des sons de cette langue, certains étant communs à plusieurs langues.
• **la phonologie** est l'étude des sons pour leur fonction et leur place dans une langue ;
• un phonème : son du langage. Par exemple : p/a/r différent de b/a/r ; On traite acoustiquement environ deux à trois phonèmes par seconde. Leur apprentissage existe dans chaque langue. Pour bien parler sans accent une langue étrangère, il est nécessaire de les avoir entendus et mémorisés très tôt. On a observé que l'identification du /r/ était bonne à 100 % chez les Français et les Américains mais seulement à 80 % chez les Japonais ; de même, les Japonais ont plus de difficultés à différencier les /R/ et les /L/ ;
• **le VOT** *(voice onset time)* ou temps d'attaque vocale est le délai entre l'explosion de l'air de la bouche et la vibration des cordes vocales (précision des mesures grâce à des appareils d'enregistrement aux millièmes de seconde).

En français, les cordes vocales entrent en vibration avant l'expulsion de l'air alors qu'en anglais, c'est le contraire. En anglais, les VOT sont inférieurs à 25 millisecondes pour les lettres B et D et supérieurs à 35 millisecondes pour les lettres P et T. Si l'on fait varier artificiellement, sur une machine produisant du son, les VOT de BA et de PA, on a les résultats suivants : de 0 à 25 et de 35 à 65 millisecondes, les différences entre les deux sons sont bien perçues ; en revanche de 25 à 35 millisecondes, les sons BA et PA sont confondus.

Grâce à des appareils de manipulation des sons, on démontre que l'on peut entendre les mêmes sons et, dans un cas, on les identifiera à des cris d'oiseaux, mais si l'information est donnée *a priori* qu'il s'agit de sons humains, on les identifie comme des mots.

La question est donc posée de la reconnaissance des mots ? **Méthode acoustico-phonétique** ou **lexicale ?** De nombreuses expériences datant de 1977 à 1995 sont analysées en travaux dirigés pour démontrer finalement leur invalidité. C'est pourquoi nous ne les développons pas ici.

Nous résumerons la problématique posée par l'expérience qui consiste à comprendre comment différencier « two lips » et « tulips » indépendamment du contexte de la phrase.

La segmentation des mots se fait-elle en fonction d'indices acoustiques ou par l'analyse du mot, c'est-à-dire son sens lexical ? Car en réalité il n'y a pas d'indice acoustique clair qui marque les frontières entre les mots, il n'y a pas de blanc.

Dans le langage, les mots ne sont pas coupés, ils s'enchaînent (« c'est à moi » devient « cétamoi ») ; certains sons se recouvrent (les pôles / l'épaule ; Jean vit / j'envie) ; il y a des ambiguïtés phonologiques (mère / mer / maire).

De plus les indices acoustiques clairs dans un mot isolé, le sont beaucoup moins quand les mots sont inclus dans le flux continu de la parole. Donc comment avoir accès au sens ?

Selon les derniers chercheurs dont les conclusions ont été retenues comme valides, **Gow et Gordon** (1995), il y a un accès simultané aux significations des mots qui correspondent à plusieurs types de segmentation (« tulips », « lips »). Quels que soient les indices acoustiques qui marquent une frontière de mot, la recherche lexicale s'effectue tout de même. En réalité, les gens segmentent de plusieurs façons. Au début d'un mot, l'indice acoustique joue un rôle d'identification. Mais l'auditeur forme des hypothèses, la recherche lexicale est parallèle ; toutefois, son succès va dépendre des marques acoustiques qui rendent la parole plus intelligible. L'intelligibilité de départ du début des mots joue un rôle crucial dans l'accès au lexique où s'élaborent des hypothèses de sous-ensemble de mots possibles mémorisés.

En finale de mot, la reconnaissance est principalement sémantique car l'acoustique est souvent mauvaise.

Début de mot ⟶	Hypothèses de mot	
Phonétique	Sous-ensemble, ⟶ recherche lexicale	Fin de mot
Traitement *Bottom-Up*	Traitement *Top-Down*	
él OU ⟶ élé	élégant OU ⟶ éléphant	éléphant

FICHE 33 | Les mémoires

On aborde ici les traces laissées par la perception en l'absence de l'objet, la capacité de réactivation, le temps nécessaire, la quantité réactivée, et ceci sous trois formes : mémoire de travail, représentation imagée et représentation conceptuelle. Les cours théoriques sont complétés par de nombreux TD et répartis sur trois thèmes : mémoire de travail, imagerie mentale, formation de concepts et catégorisation. Ces expériences en TD auxquelles participent les étudiants s'inscrivent dans le registre de la psychologie différentielle.

Principe de la psychologie différentielle

Si, en psychologie générale, on répertorie tous les processus interchangeables susceptibles d'être utilisés pour remplir une même tâche, en psychologie différentielle on recherche les différences individuelles. La psychologie différentielle permet de hiérarchiser les processus, de les mesurer quantitativement (mesures de temps, pourcentages de réussite) mais également qualitativement, car les performances mesurées peuvent être atteintes selon les individus par des processus différents. Dans certaines situations, un individu dispose de plusieurs processus pour donner une réponse. On parle alors de **relation de vicariance** entre les processus de traitement.

Modèle de Reuchlin (1978)

Selon ce modèle, il existe une hiérarchie « d'évocabilité » de ces processus. Ces processus donnant des informations convergentes (analyse et résultats équivalents), il est possible de n'utiliser que celle qui a la probabilité la plus forte, au sommet d'une hiérarchie de choix. Or cette hiérarchie peut varier d'un individu à l'autre, d'une situation à une autre, et dans une situation donnée tous les processus n'ont pas la même efficacité.

Ce modèle est relayé par les expériences appelées **Rod and Frame test** ou test de dépendance-indépendance à l'égard du champ visuel **(DIC)**. Il s'agit de retrouver la verticale dans un environnement où le champ (proprioceptif ou visuel) est perturbé.

Trois processus sont alors possibles : avoir une vision périphérique de l'environnement, se référer à la position de son propre corps selon ses sensations proprioceptives, ou écouter son « oreille interne », son sens de la gravité.

On fait tourner le carré B et l'on demande aux sujets de placer la baguette à chaque fois de manière verticale (comme en A). Ils mettent plus ou moins de temps et ont plus ou moins de difficultés car ils sont plus ou moins influencés par l'inclinaison du carré B.

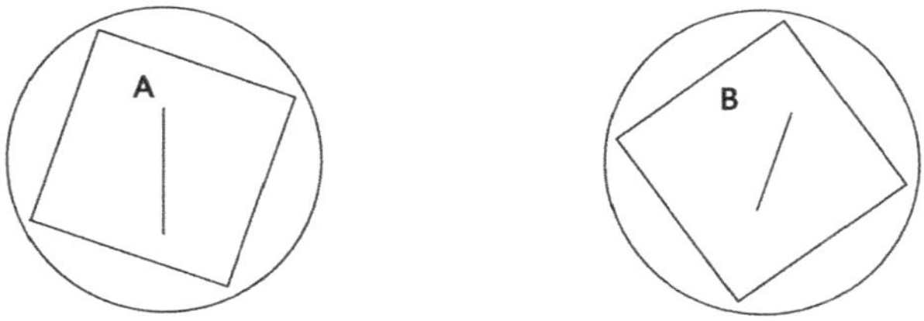

Les plus rapides sont indépendants à l'égard du champ, utilisent leur oreille interne, leur sens de la gravité ; les autres sont dépendants, ont une vision trop périphérique dans cette tâche pour bien la réussir. On démontre que la hiérarchie peut varier d'une situation à l'autre : on demande au sujet dépendant de placer ses pieds l'un devant l'autre et non parallèlement pour réaliser le test. Cette situation dans laquelle il doit utiliser prioritairement son oreille interne pour garder son équilibre le rend plus performant au test. On a donc modifié sa hiérarchie de traitement.

De même, on a mesuré que la vision périphérique était inefficace dans l'obscurité, d'où l'obligation de changer également de hiérarchie. On peut différencier ceux qui changent de processus et ceux qui sont perturbés car accrochés à leur processus habituel.

Il existe une hiérarchie des processus, certains étant plus automatiquement utilisés.

Enfin, on met en relation ces observations avec des expériences sur les différents modes de classification d'objets par différents sujets (fiche 36).

Mémoire à court terme et mémoire de travail

Le modèle d'Atkinson et Shiffrin (1968)

Le modèle d'Atkinson et Shiffrin, élaboré en 1968 distinguait trois entités aux capacités et durées de stockage différentes :

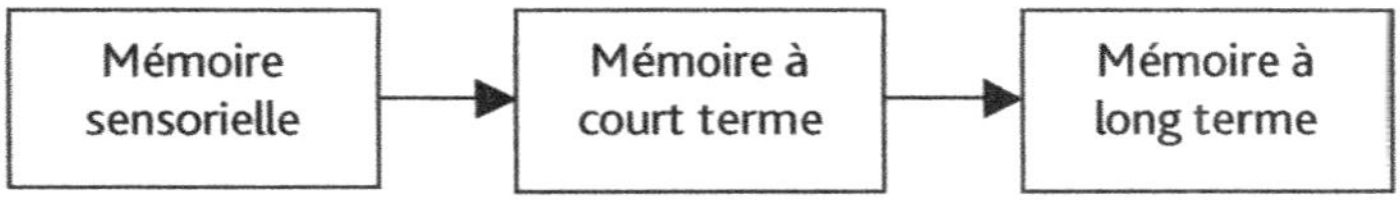

Cette théorie s'appuyait sur une expérience : quand on fait apprendre une liste de dix mots, les mots les mieux mémorisés sont les deux premiers et les trois derniers, d'où l'idée de deux mémoires, l'une pour les informations récentes, l'autre pour les anciennes.

De 1970 à 1992, Alan Baddeley

Alan Baddeley reprend les travaux d'Atkinson et Shiffrin, découvrant un système plus complexe.

À la mémoire à court terme destinée à stocker temporairement des données, il substitue un système dynamique qu'il résume sous le nom de mémoire de travail, à laquelle il attribue les compétences suivantes : traitements des données, tri car capacité de stockage limitée, synthèse, compréhension et raisonnement.

Ce système est composé :
- d'un **administrateur central**, espace de travail qui gère les ressources attentionnelles, choisit et coordonne les opérations de traitement. En complément des informations reçues des « **systèmes esclaves** » (ci-dessous), il envoie et récupère des informations détenues dans la base des connaissances (la mémoire à long terme) ;
- de deux **systèmes dits « esclaves »** qui assurent le maintien temporaire des informations : l'un appelé **boucle phonologique** (ou articulatoire parfois) responsable du maintien en mémoire des informations relatives au verbe (langage oral ou écrit), l'autre, appelé **calepin visuo-spatial** traite les informations de nature visuelle, spatiale et tactile.

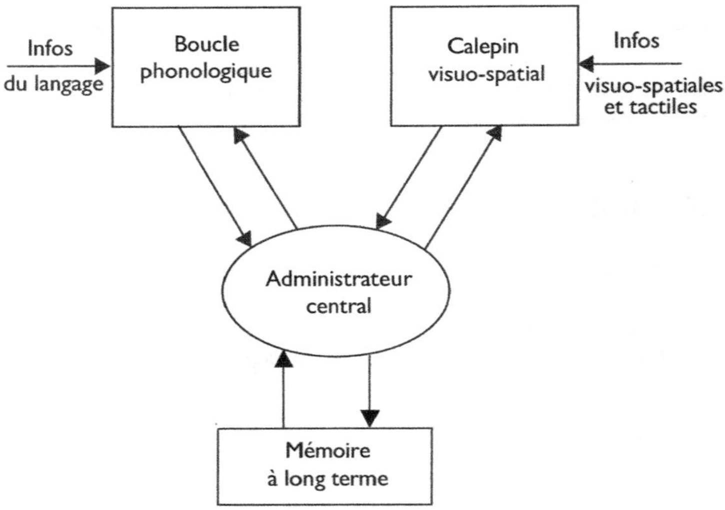

Dans les **systèmes esclaves**, l'information reste quelques secondes. Le rafraîchissement est limité à quelques informations, comme dans l'ancienne mémoire à court terme, mais on y ajoute des capacités de traitement.

Pour comprendre un texte, on doit pouvoir garder en mémoire ce que l'on vient de lire en même temps qu'on lit la suite et qu'on le met en relation avec des informations déjà présentes en mémoire à long terme (le sens des mots par exemple). La mémoire de travail est donc occupée par des informations stockées et traitées.

Faits expérimentaux étayant le modèle de Baddeley

Certains faits expérimentaux, tels que l'autorépétition, étayent ce modèle :
- effet de **similarité phonologique** : les lettres P G T V C D énoncées oralement sont moins bien retenues que celles qui se ressemblent moins, R H X K W Y ;
- **effet d'écoute inattentive** : on présente visuellement les chiffres 1, 2, 3, 4 et 5 en même temps que l'on fait écouter les mots pain, feu, toit, patte et cintre. On constate que la perturbation par l'écoute est d'autant plus forte que les sons des mots sont proches de ceux des chiffres, l'autorépétition est perturbée. L'activation du cache phonologique est efficace même sans écoute attentive.

Épreuves de mesure de la mémoire de travail

Le premier test est celui des **empans verbaux** de chiffres, un empan est un nombre d'éléments que l'on peut restituer. On présente au sujet une série de chiffres qu'il doit répéter ; on commence par deux chiffres, puis on augmente et on mesure à quel stade il y a échec.

Le deuxième test est celui de l'**empan spatial**. Neuf cubes sont posés aléatoirement devant un sujet, l'expérimentateur en touche un certain nombre suivant une séquence que le sujet doit reproduire.

Les mesures de différences quantitatives, les aptitudes verbales, spatiales sont mesurées par classe d'âge. Ces mesures sont utilisées chez les enfants et les adolescents. L'empan augmente avec l'âge, jusqu'à un palier vers 16-17 ans, et régresse à partir d'un certain niveau de vieillesse, mais de manière très hétérogène selon les individus. Par ailleurs, les écarts entre individus persistent dans le temps.

Il existe aussi **des calculs de corrélation** (fiche 93) entre la mémoire de travail verbale et la compréhension d'un texte, la mémoire de travail visuo-spatiale et cette compréhension, la mémoire de travail verbale et la visuo-spatiale.

Ces expériences sont pratiquées en TD.

Expérience TD 1

• Épreuve d'**empan** de lecture (**Daneman et Carpenter**, 1980), mémoire des informations verbales.
On fait lire à voix haute des phrases d'une quinzaine de mots et le sujet doit répéter le dernier mot de la phrase que l'on note. On commence par une série de deux phrases, il y a trois essais à deux phrases (au total 6 phrases différentes). On continue par 3, puis par 4 et ce jusqu'à 6 phrases et toujours trois essais ; on arrête quand le sujet a échoué au rappel des derniers mots d'une série aux trois essais. On mesure son pourcentage de réussite.

• Épreuve de mémoire de travail visuo-spatiale (**Shah et Myake**, 1996). On fait apparaître, sur un écran, dans un losange, successivement une lettre majuscule (R, F, B, J, P) orientée dans n'importe quelle direction et de telle façon que le sommet de la lettre soit, au hasard, dirigé vers n'importe quel coin du losange ; chaque coin du losange correspond à un bouton réponse qui doit être appuyé par le sujet pour indiquer ce sommet.
Ensuite, on complique en présentant la lettre soit de manière normale, soit de manière inversée (comme dans un miroir). Le sujet doit donc à la fois dire à haute voix si la lettre est normale ou inversée et appuyer sur le bouton qui correspond à son sommet. L'ordre des lettres est toujours le même (R / F/ etc.), mais on commence avec deux lettres identiques dans des positions différentes, puis on en lance trois, puis 4, etc. On mesure les pourcentages de réponses exactes au fur et à mesure de la complexité.

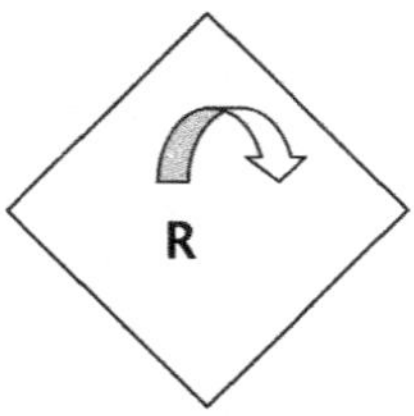

• Évaluation de la compréhension (BV16, **Bonnardel**, 1962).
Préalablement à ces deux expériences, on a fait lire un texte sur lequel on a ensuite posé des questions de compréhension. Il s'agit d'une liste de

11 pensées, chacune étant accompagnée de 6 phrases parmi lesquelles il faut choisir les 2 qui s'en approchent le plus. Chaque individu est ensuite noté selon ses bonnes réponses. Une bonne réponse a 3 caractéristiques : ne pas contenir des éléments juste copiés-collés de la pensée, ne pas exprimer un contenu banal connu auparavant (exemple, proverbe), ne pas faire intervenir des notions d'obligation morale.
On constate que les meilleures notes de la compréhension sont mieux corrélées avec l'épreuve verbale qu'avec l'épreuve spatiale ; les performances des sujets en mémoire de travail verbale sont un meilleur prédicteur de la compréhension qu'une performance en mémoire de travail spatiale. À ces différences individuelles quantitatives, s'ajoutent des différences qualitatives, certains pouvant avoir un empan élevé en mémoire de travail verbale et faible en spatiale ou inversement. Ces phénomènes, qui font baisser la corrélation entre les deux types d'épreuves, prouvent la séparabilité des ressources.

On peut aussi **comparer des performances en mémoire de travail et des tests de raisonnement** : en mémoire de travail, plus on stocke d'informations, plus on peut effectuer des tâches complexes ; en lecture, on comprend d'autant mieux un texte que l'on a mémorisé d'informations sur les phrases lues. Le niveau de performance en mémoire de travail influence celui du raisonnement. Enfin, on peut analyser **qualitativement les différentes stratégies** (manifestation de la vicariance) utilisées par les sujets pour mémoriser des séries de mots variables selon la longueur, la similarité phonologique, la présentation en visuel ou auditif : auto-répétition, regroupement, amorce par la première lettre, sémantique (sens), visualisation (forme du mot), mélange de plusieurs stratégies.

Expérience TD 2

Ce qui suit est l'exemple type du processus d'enseignement couramment utilisé : beaucoup de temps pour détailler une expérience qui finalement invalidera une théorie, et peu pour expliquer la bonne réponse.
Dans le texte anglais de **Shah et Miyake** fourni aux étudiants : « *The separability of working memory resources for spatial thinking and language processing : an individual differences approch* », il s'agit de montrer que le modèle de mémoire de travail de Baddeley est erroné, à savoir :
• Qu'il y a séparation des ressources dans le traitement des informations spatiales et des informations verbales, alors que, chez Baddeley, cette séparation n'est supposée que dans les informations intermédiaires stockées avant traitement. Il s'agit également de savoir si cette séparation ne se situe qu'au niveau de l'**administrateur central** ou si, dans

les **systèmes esclaves** (boucle phonologique et **calepin visuo-spatial**), il y a déjà des fonctions plus élaborées que le stockage passif.
• Que les expériences ayant conclu auparavant au caractère unitaire des ressources étaient défaillantes pour deux raisons :
– Quand on réalise des tests d'**empan** numérique et d'autres d'**empan** verbal, le numérique étant raccordé au verbal par les mots qui expriment les nombres, le traitement est confondu.
– En faisant réaliser des tâches élémentaires et d'autres de **haut niveau** en mémoire de travail, il existe bien un traitement commun, mais il ne prouve pas l'unicité totale.

Pour démontrer leur nouvelle théorie, les auteurs ont au préalable mesuré par tests les aptitudes spatiales (mesures d'**empan** spatial) ou verbales (mesures d'**empan** verbal) des individus. Pour juger de l'aptitude spatiale significative d'un individu, les auteurs doivent avoir recours à plusieurs tests spatiaux.

Des tâches sont proposées ensuite à ces individus afin d'établir des corrélations (voir statistiques, fiches 93-94) :
• *Simple arrow task* (SAT) : détecter le sommet de lettres présentées dans des orientations différentes (cf. TD précédent).
• *Spatial span task* (SST) : même exercice mais en présentant les lettres inversées, comme dans un miroir.
• *Reading span task* (RST) : retenir le dernier mot de 2 phrases, puis 3 phrases, puis 4, etc.
• *Diget span task* (DST) : on envoie des chiffres dans un ordre qu'il faut mémoriser, d'abord 2 chiffres, puis 3, puis 4, 5, etc. (5, 2, 4, 6, 1).

S'il y avait unicité et non séparation des ressources dans le traitement, les individus devraient être en difficulté dans des tâches qui sont en inadéquation avec leurs tests d'**empan**. Ainsi, un bon **empan** verbal devrait avoir des mauvais tests spatiaux et inversement.

Les corrélations devraient être faibles. Or, les résultats sont incertains.

FICHE 34 | Les mémoires (2)

Mémoire à long terme

Il en existe plusieurs types différenciés par les caractéristiques suivantes :

• les informations stockées (souvenirs personnels ou connaissances scolaires) ;
• la durée (de quelques mois à toute une vie) ;
• l'organisation des informations (par période, par type d'événement, etc.) ;
• la localisation cérébrale (différentes parties de l'**hippocampe**).

Schéma synthétique des différents types de mémoire à long terme.

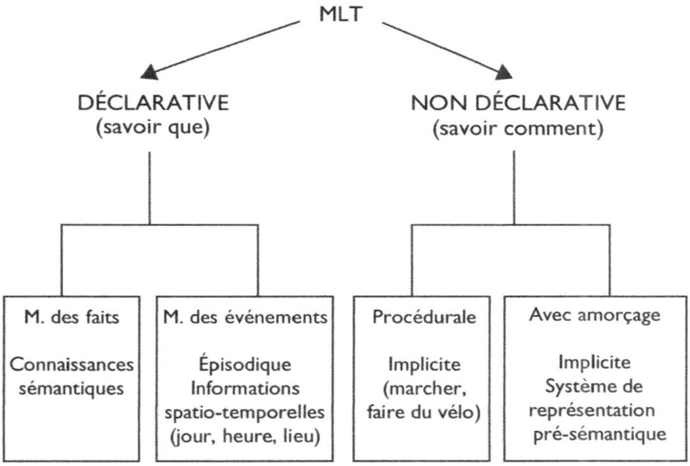

Sémantique

La mémoire sémantique regroupe les connaissances générales et encyclopédiques du monde, notamment le langage. Les informations s'y trouvent hiérarchisées, organisées (ex : le peuplier fait partie de la famille des arbres). Des troubles à ce niveau entraînent des difficultés dans la reconnaissance des objets, des personnes.

Épisodique

La mémoire épisodique est un rappel conscient et explicite des informations. Souvenirs personnels et autobiographiques. Ils dépendent du contexte et du lieu.

La difficulté pour les praticiens est de savoir si la manière de poser la question influence la réponse, c'est l'effet de la question inductive.

L'exercice suivant est révélateur : on fait visualiser un film montrant un accident de voiture en train de se produire. Peu de temps après, on demande aux sujets testés d'estimer la vitesse des voitures. La question est posée différemment à cinq groupes de sujets :

À quelle vitesse roulaient les voitures quand :
1. elles se sont écrasées ?
2. elles sont entrées en collision ?
3. elles se sont rentrées dedans ?
4. elles se sont heurtées ?
5. elles sont entrées en contact ?

Vitesse estimée :

Question 1	75 km/h
Question 2	60 km/h
Question 3	57 km/h
Question 4	50 km/h
Question 5	40 km/h

Les sujets ont été influencés par la terminologie employée et surtout la question a eu une influence sur l'événement dans la mémoire. On en conclut qu'une information entrée en mémoire peut-être modifiée en fonction d'une nouvelle information (ici la qualification du choc induite dans la question). On parle **d'interférence rétroactive**.

Le **syndrome amnésique** se manifeste par un déficit permanent de cette mémoire.

Procédurale

La mémoire procédurale concerne des automatismes exprimés par des actions physiques. Quand on a atteint un certain niveau dans ce domaine, il n'y a pas de régression causée par l'âge, sauf incapacités de nature purement physiques (par exemple, faire du vélo).

Explicite-implicite

On teste des rappels explicites-implicites chez un patient avec l'expérience suivante.

On lui demande de mémoriser ce qu'il va manger : mais 10 minutes après le repas, il est incapable de le dire ; en revanche, si on lui demande de compléter les noms d'animaux suivants, en lui donnant les premières lettres **(effet d'amorçage)**, il réussit :

C H... = chat ; C H... = chien ; V A C... = vache.

Quand on lui demande, en cachant les mots, de les rappeler ensuite, il en est incapable.

L'amorçage est un système de représentation perceptive qui opère à un niveau présémantique ; une sorte d'effet d'amorce est utilisée dans l'identification des mots et des objets ; il fait appel à des connaissances implicites. Les amnésiques conservent cette faculté.

La mémoire explicite consiste à rechercher de manière consciente et volontaire une information stockée peu avant. La mémoire explicite se développe en puissance entre 3 et 20 ans (les enfants plus âgés répètent mieux, après coup, les listes de mots que les plus jeunes). C'est la mémoire de l'apprentissage.

La mémoire implicite utilise des informations stockées inconsciemment, l'apprentissage a eu lieu insidieusement et reste stable. Elle ne se développe pas en intensité et elle est présente dès le très jeune âge. Avec le vieillissement, c'est principalement la mémoire explicite qui régresse alors que la mémoire implicite est vivace (voir les performances des personnes âgées au Scrabble). Cf. cerveau et mémoire, fiche 19.

Des expériences démontrent que des patients amnésiques ont les performances suivantes :

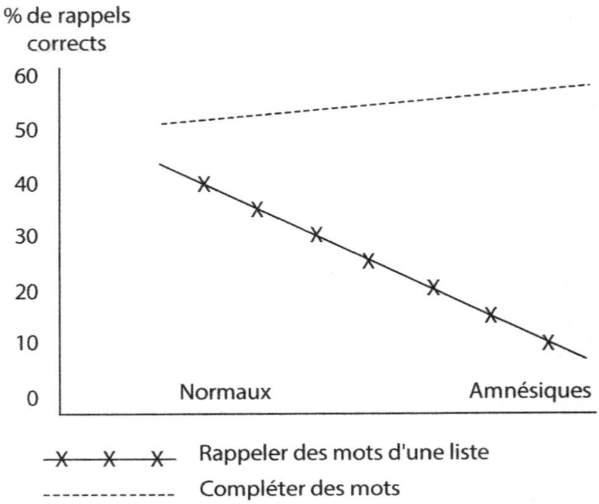

Selon d'autres études, la mémoire implicite mettrait en œuvre des processus intégratifs de perception des différents aspects d'un stimulus sous forme d'un tout ; alors que la mémoire explicite serait plus élaborative, demandant un travail cognitif plus complexe de lien entre différents items, aspects de la situation et connaissances préalables.

Influences favorisant la mémoire à long terme

Les principales influences favorisant la mémoire à long terme sont les suivantes :
• l'autorépétition qui sert à la fois à maintenir l'information active en mémoire de travail et à permettre le passage en mémoire à long terme. Mais la répétition simple ne suffit pas, cette donnée étant très importante dans le cadre scolaire : une certaine répétition ne sert qu'à maintenir les données actives en mémoire de travail ; une répétition plus élaborée, dans laquelle le sujet a recherché une signification, une logique aux données, a essayé de comprendre ce qu'il apprenait est plus coûteuse sur le plan cognitif, mais plus efficace sur la mémorisation à long terme ;
• le niveau d'élaboration des données : un traitement superficiel des données (par exemple reposant uniquement sur les sons) est beaucoup

moins efficace en mémoire qu'un traitement profond reposant sur la sémantique ;

- l'effet de l'image mentale (fiche 35) ;
- l'effet de contexte qui prouve que nous ne fonctionnons pas comme des ordinateurs. On peut mieux se souvenir du nom de quelqu'un dans un contexte que dans un autre. Le contexte fait partie de ce que nous avons stocké en même temps que l'information, il est une clé d'accès ;
- effacement et inférence : les informations non utilisées ont de grandes chances d'être oubliées. Toutefois, on a pu retrouver des traces d'informations en apparence oubliées. Enfin, plus il y a d'informations d'une même nature à mémoriser, plus une information d'une autre nature, perdue parmi celles-ci, sera oubliée.

FICHE 35 | Les représentations (1)

Les représentations imagées

Il s'agit de l'étude du rapport entre une perception et sa représentation mentale, du mode de codage d'une information physiquement absente.

Les travaux de Galton au XIXe siècle, poursuivis par Watson jusque dans les années 1960, ont connu un renouveau à partir des années 1970 grâce à **A. Paivio** (1971, 1975, 1986).

Lien entre les images mentales et la mémoire

Sur le lien entre les images mentales et la mémoire à travers la mémorisation de listes de mots, ses conclusions sont les suivantes :
- l'effet de concrétude : les mots concrets produisent plus d'imagerie que les mots abstraits et sont mieux mémorisés ;
- l'apprentissage des mots en couple : si l'on suggère de construire des images associant deux mots, ils sont mieux mémorisés ;
- **théorie du double codage** : le codage verbal est lié à la pratique du langage donc il fonctionne en permanence, y compris avec des informations abstraites. Avec des informations concrètes, les objets deviennent des images et, comme le traitement verbal existe aussi, les mots concrets sont doublement mieux mémorisés que les mots abstraits. Lorsqu'une information est présentée de manière visuelle (lire) et verbale (entendre), la mémorisation de certaines données est meilleure.

Les données abstraites (les concepts ou les idées) sont difficiles à mémoriser parce que non représentées. Dans la lecture d'un texte descriptif ou narratif, certains sujets se représentent des informations sémantiques (description des personnages, des lieux) sous forme d'images mentales, d'autres sujets non. Il y a ainsi des « bons imageants » et des « mauvais imageants » : les premiers mémorisent plus d'images, les conservent plus longtemps, elles sont plus riches en détail, mais cela leur prend plus de temps.

La plupart des mesures des différences entre les individus portent sur des aspects quantitatifs (capacité à effectuer des rotations mentales ou à former des images mentales) et qualitatifs (stratégies utilisées). Les tests d'intelligence utilisent beaucoup les différences quantitatives.

La rotation mentale

La rotation mentale s'apparente à la rotation qu'un objet réel effectue physiquement.

La plupart des expériences (**Schepard et Metzler**, en 1971) porte sur la rotation de formes composées de cubes que l'on fait tourner sur un axe dans un espace en trois dimensions.

Les formes sont variables. Elles sont présentées par paire mais situées dans l'espace dans des positions différentes. Le sujet doit donc effectuer mentalement une rotation pour indiquer si elles sont identiques ou différentes.

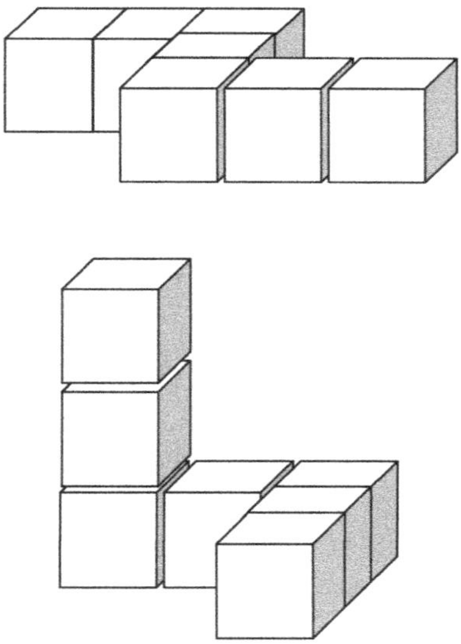

Les temps de réponse évoluent de façon linéaire en fonction de la disparité angulaire, plus l'angle de rotation est élevé pour comparer les deux figures, plus cela prend du temps. L'image mentale d'un objet tridimensionnel donne lieu à une rotation mentale qui suit les mêmes lois que celle de l'objet physique.

Le balayage des images mentales

Le balayage des images mentales est testé dans l'expérience de l'île de **Kosslyn** (1970-1980), auteur des représentations imagées. C'est une expérience très utilisée en imagerie cérébrale.

X est la plage de départ ; O est une oasis ; H une hutte ; A des arbres ; L un lac.

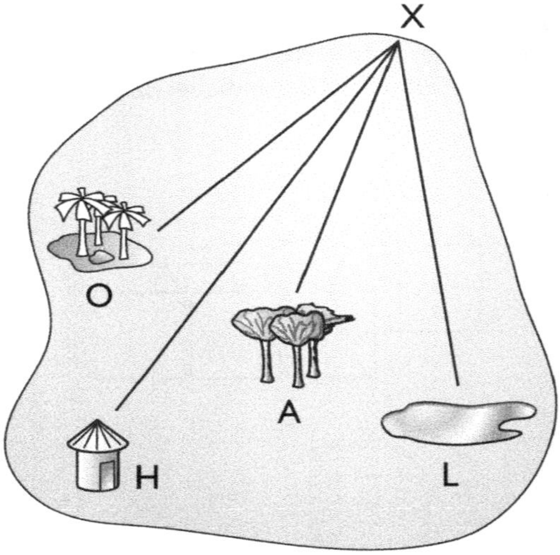

Cette carte représentant une île fictive est présentée au sujet autant de fois qu'il faut pour qu'il soit capable de placer les éléments au bon endroit, puis on lui enlève la carte. Ensuite, toutes les 5 secondes, il doit se focaliser sur la représentation visuelle d'un lieu de la carte et appuyer sur un bouton une fois la représentation atteinte. Le temps requis pour se déplacer d'une représentation à l'autre est proportionnel à la distance réelle entre les lieux. Donc les images mentales sont des représentations analogiques au monde visuel. Il y a des structures cérébrales similaires entre la perception visuelle réelle et l'imagerie mentale. Les structures neuronales utilisées lors d'une perception visuelle réelle sont les mêmes que pour des représentations imagées.

La rétinotopie des images mentales

La rétinotopie des images mentales est réalisée grâce à l'imagerie par émission de positrons.

On injecte du glucose radioactif à un sujet et on lui demande de fermer les yeux et de se représenter visuellement alternativement des grandes lettres et des petites (A et a, B et b, etc.). On enregistre, grâce au glucose, les variations des zones cérébrales activées entre les grandes et les petites lettres. On constate que ce sont les mêmes qu'en visualisation réelle, l'organisation est la même.

VVIQ et IDQ

VVIQ et IDQ sont des tests très utilisés en orientation scolaire. Pour VVIQ, *Vividness of Visual Imagery Questionnaire*, on décrit des situations à des sujets. Puis, on leur demande de noter, sur une échelle de 4 à 0, leur aptitude à les visualiser mentalement et de dire si l'image est parfaitement nette, relativement nette, moyennement nette, vague et imprécise ou s'ils n'arrivent pas à concevoir une image. Ces tests présentent l'inconvénient de comporter plusieurs biais : l'auto-évaluation est-elle fiable et les comparaisons interindividuelles sont-elles significatives ? Les échelles de jugement de 4 à 0 sont-elles homogènes entre les individus ? Quel est le rôle du biais de **désirabilité sociale** (fiche 54) dans les réponses des sujets ? Quelle est l'influence de l'imprégnation d'une image dans les scores de vivacité ? Leur intérêt réside dans leur stabilité dans le temps à travers les diverses expériences de test et re-test.

Pour IDQ, *Individual Difference Questionnaire*, il s'agit de demander aux sujets de répondre par vrai ou faux à des séries de questions concernant leurs pratiques dans des situations cognitives de raisonnement et d'apprentissage. À l'issue des deux tests, on calcule leur score selon les deux échelles de traitement : l'échelle d'imagerie et l'échelle verbale.

Mesures qualitatives : différences individuelles de stratégie cognitive

On distingue en général deux types de traitement, de format de représentation :
• le format propositionnel analytique : le codage des informations n'est pas limité à des mots ou à des objets isolés, il effectue des relations entre objets ou entre concepts, les représentations mentales d'informations non perceptibles sont déduites des connaissances stockées en mémoire à long terme, la relation signifié-signifiant est indépendante du contexte, la nature du traitement est séquentielle et analytique ;
• le format analogique visio-spatial : la relation signifié-signifiant est dépendante du contexte, le traitement est simultané et global.

Dans une tâche de rotation spatiale, une figure composée de six ou neuf segments est présentée :

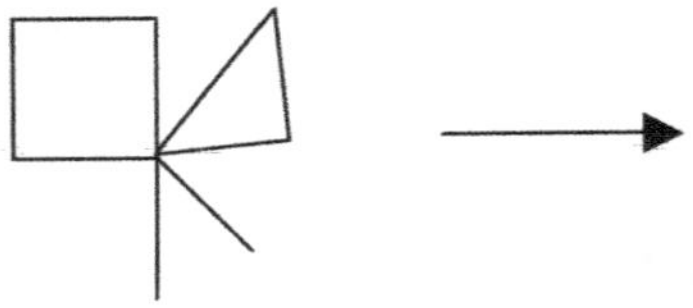

Dans un premier temps, on demande à des sujets de regarder la figure et la flèche qui indique le sens dans lequel elle va tourner. Ensuite, on envoie un deuxième visuel dans une position spatiale différente et ils doivent dire le plus vite possible s'il s'agit ou non de la même figure. On mesure les temps de traitement des deux opérations (rotation mentale et comparaison) pour chaque sujet et on les met en relation avec la stratégie qu'ils ont déclaré avoir utilisée.

• Dans la stratégie verbale, le sujet dit prendre deux détails l'un après l'autre, par exemple carré et triangle, et regarder si, dans la seconde figure, cela commence aussi par un rectangle puis un carré sans s'occuper de la flèche. Ce traitement est de nature propositionnelle.

• Dans la stratégie de rotation mentale visuo-spatiale, le premier temps est très marqué par le travail de rotation mentale et, plus l'angle est important, plus le temps est long. Le traitement est de type analogique, le sujet dit se concentrer sur le triangle ou le carré, puis l'imagine une fois tourné dans la direction indiquée.

Dans une tâche d'assemblage de figures géométriques décomposées A, B et C présentées successivement pour faire intervenir la mémoire, on demande si, rassemblées, elles correspondent exactement à une 4e figure flobale, D. Une stratégie analytique propositionnelle consistera à coder D par des attributs tels que le nombre de côtés, la taille, les angles, etc. Une stratégie visuo-spatiale-analogique consistera à redécomposer la figure D.

Dans une tâche de représentation et de raisonnement par syllogismes, on soumet le problème suivant : Jean est plus grand que Paul, Paul est plus grand que Pierre. Qui est le plus grand ? On mesure leurs temps de réponse mais également leur stratégie de résolution : soit propositionnelle-verbale (grand, Jean / Paul) et (grand, Paul / Pierre), soit analogique par image :

Jean Paul Pierre

En établissant des corrélations avec les IDQ, on constate que les meilleurs en capacités verbales ont des stratégies propositionnelles, et les meilleurs en rotation spatiale des stratégies analogiques.

Imagerie mentale, lecture et mémorisation

Expérience en TD. Adaptation de M. Denis, 1982.

Des sujets ont été soumis à une expérience de lecture de textes, l'un narratif et descriptif de scènes de vie issues d'un roman, et l'autre argumentatif sur un sujet de psychologie. On mesure individuellement leur temps de lecture.
Ensuite, on les interroge sur le contenu détaillé du texte narratif sous forme de questionnaire relatif aux éléments mémorisés par eux (couleurs, lieux, objets, etc.), et sur le contenu du texte argumentatif sous forme de phrases à compléter.
L'expérimentateur note sur une feuille les temps de lecture des textes mesurés avec un chronomètre et les réponses aux tests de rappel. Enfin, on leur fait passer un test sur leur capacité d'imagerie (test VVIQ) : pour une série de 16 items lus par l'expérimentateur, le sujet doit donner une estimation (de 0 à 4) de la vivacité et de la précision des images qu'on lui demande d'évoquer. On calcule ensuite une note d'imagerie en additionnant les estimations de 0 à 64 (de 16 × 0 à 16 × 4). La médiane observée par M. Denis était de 44, et séparait ainsi les bons imageants (I +) et les mauvais imageants (I -).

On a constaté que, durant la lecture du texte narratif, les (I +) avaient plus tendance que les (I -) à se représenter certaines informations sémantiques (description des personnages, décors, objets, etc.) sous forme d'image mentale et qu'évoquant plus d'images ils les maintenaient aussi plus longtemps en mémoire. Leurs images étaient également plus riches en détail, plus complexes, mais cela leur demandait plus de temps.
Toutefois cette différence en temps et contenu entre types d'individus était surtout sensible sur le texte narratif. En revanche, il n'y avait guère de différence entre les deux groupes ni en temps ni en performances de rappel sur le texte argumentatif dont le contenu était principalement abstrait.

La théorie du double codage de Pavio est ainsi vérifiée : quand on code avec des images, on met plus de temps mais on a plus de chances de mémoriser. Quand on lit, on peut coder à la fois de manière imagée et verbale.

FICHE 36 | Les représentations (2)

Les représentations conceptuelles et les catégorisations

Théories

Un **concept** est une représentation associée à un mot ou à une expression qui regroupe dans une même catégorie des objets (ou relations) ayant des propriétés communes.

Les concepts liés entre eux permettent d'établir des relations et de donner du sens à ce que l'on mémorise.

Une **catégorie** est l'ensemble d'éléments qui ont en commun une ou plusieurs caractéristiques.

Catégoriser c'est traiter les choses comme équivalentes. Les études portent sur les différentes manières de conceptualiser ou de catégoriser, sur les modes d'association utilisés, sur la manière de classer les choses en mémoire à long terme, pour les conserver.

Fourchette	Sel	Viande
Soupe	Couteau	Cuillère
Bol	Assiette	Moutarde

Cet exemple simple présente la difficulté du classement : faut-il mettre « soupe » avec « cuillère » ou avec « viande », « viande » avec « moutarde » ou avec « couteau » ? Faut-il les classer par famille, par proximité d'utilisation, selon les circonstances, ou la fréquence d'association ?

Différentes théories s'affrontent, aucune ne semblant à ce jour déterminante. Certaines distinguent les types de catégorisation comme suit :
• sémantique ou taxonomique : groupement de concepts aux propriétés communes, d'exemplaires ayant les attributs de la catégorie et du prototype de cette catégorie (fourchette, couteau, cuillère), ou (client, serveur, cuisinier, caissier) ; cette catégorisation permet l'existence de classes et de sous-classes (classe fleur ; sous-classes : tulipes, roses, etc.) ;
• schématique ou scénario : description d'événements qui se succèdent : « viande », « couteau », « moutarde » ou « restaurant », « tables », « menus », « repas », « addition », « paiement ».

Il semble *in fine* que chaque individu ait, selon les circonstances et son problème à résoudre, un choix de classification approprié.

Prototype et typicalité

• Expérience en TD

Elle a pour but de valider ou d'invalider la théorie de **Rosch** sur la typicalité à travers la production d'exemplaires (prototypes) dans une catégorie. Cette expérience se décompose en plusieurs mesures : comparer les productions intra-individuelles (plusieurs productions de la même personne) et interindividuelles (moyenne des productions d'un groupe et comparaison avec chaque individu), et analyser leur variation dans le temps pour estimer le degré de fidélité des mesures. En effet, le but est de mesurer la stabilité de certains processus. Car la psychologie différentielle classique s'intéresse surtout aux caractéristiques stables des individus et moins à celles qui varient d'une passation à l'autre. On procède à l'expérience suivante : on donne le nom d'une catégorie (fruits) et l'on demande à un groupe de sujets d'inscrire sur une feuille, en une minute trente, le plus de noms possible dans cette catégorie, dans l'ordre qui leur vient à l'esprit et en colonne, l'un dessous l'autre. Puis, on donne le nom d'une deuxième catégorie (vêtements) et l'on demande de faire de même. Les sujets mettent leur nom sur les feuilles que l'on ramasse en disant que l'on va étudier les catégorisations fournies. Quinze jours après, quand ils ont oublié l'exercice, on procède à la même expérience avec les mêmes personnes en commençant cette fois par les vêtements.

On procède ensuite aux calculs suivants, par exemple sur les listes fruits :

• **Productivité**

• Calcul de la productivité intra-individuelle : compter le nombre d'exemplaires de fruits cités lors de la première passation (P1) et lors de la deuxième (P2) pour chaque sujet. On constate que la « fluidité idéationnelle », c'est-à-dire la capacité à rechercher en mémoire sémantique des informations (mots), ne varie guère d'une passation à l'autre pour chaque sujet, est stable.

• Taux de recouvrement : on le calcule par la formule TR = C / P1 + P2 - C où C est le nombre d'exemplaires communs aux deux passations. Ce taux est une estimation de la stabilité des productions. Il varie de 0 quand aucun exemplaire n'est commun à 1 quand ils le sont tous.

• Calcul du coefficient de stabilité de la productivité interindividuelle : voir si en termes de productivité chaque individu garde son rang dans le groupe. Lister toutes les P1 et P2 du groupe et situer ainsi chaque sujet selon son rang P1 et P2 dans le groupe par rapport aux autres sujets. On peut calculer ici une corrélation entre les rangs des sujets selon un **Rho de Spearman** (voir ci-après) :

• **Stabilité du gradient de typicalité**

• Au niveau intra-individuel chaque sujet numérote les exemplaires produits par lui dans leur ordre d'inscription sur sa feuille (1, 2, 3, 4, 5, 6 par exemple) pour chaque passation P1 et P2. Ici, le coefficient **Rho de Spearman** calcule la corrélation entre les rangs des exemplaires de fruits cités pour évaluer la stabilité intra-individuelle du gradient de typicalité : $\rho = 1 - (6 \Sigma D^2 / N (N^2 - 1))$ où N est le nombre de sujets et D la différence entre les rangs observés entre deux passations. On fait la distribution de ces coefficients dans le groupe et on en établit la médiane qui estime la tendance centrale des coefficients de stabilité.

• Enfin, un coefficient de stabilité du gradient de typicalité moyen du groupe est établi selon la fréquence de production de chaque exemplaire dans le groupe (ex. : pomme, 20 fois) et l'ordonnancement des exemplaires en fonction de leur fréquence de citation pour chaque passation. La stabilité du gradient moyen de typicalité est obtenue par le calcul de la corrélation entre ces deux ordres.

• **Observation et conclusions**

L'étude de la variabilité intra-individuelle estimée par le taux de recouvrement et/ou le gradient de typicalité remet en question la théorie de Rosch basée sur le calcul de gradients de typicalité moyens, en effet :
Le coefficient de stabilité intra-individuelle de productivité est plutôt stable. La capacité à rechercher en mémoire sémantique des informations ne variant pas d'une expérience à l'autre. Le coefficient de stabilité intra-individuelle du gradient de typicalité est généralement faible car la mémoire est adaptative et le processus d'extraction des connaissances de la mémoire à long terme est très sensible au contexte dans lequel il a lieu.
En revanche, le coefficient de stabilité du gradient de typicalité moyen du groupe est en général fort, c'est une propriété du groupe indépendante du comportement individuel.

Plasticité des activités classificatoires

• **Théorie**

Les activités classificatoires sont très utilisées en psychologie, notamment chez l'enfant, pour mesurer son niveau intellectuel ou plus globalement sa personnalité. En général, on demande aux sujets de regrouper des objets réels ou symboliques (dessins, mots), et quand il s'agit de jouets, d'objets usuels ou de leurs images, on a généralement deux groupes de populations à part presque égales :
• ceux qui optent pour une classification dite « collective » (selon Carbonnel) où l'idée est que chaque élément fait partie d'un tout, est considéré dans sa globalité, est réuni à d'autres en fonction de ses relations réelles (spatiales, de convenance, etc.) ;
• ceux qui opèrent une classification « ensembliste » où chaque objet est analysé, où le sujet en isole une ou plusieurs propriétés communes aux autres (couleur par ex.).
La question de psychologie différentielle est de connaître les raisons de ces deux types de comportements.

Pour ce faire, on a mis en relation ces comportements avec un test cognitif car dans les activités cognitives, les individus mettent en jeu des procédures qui peuvent être révélatrices de comportements bien plus généraux et indicateurs de personnalité (mécanismes de défense du Moi, formes de psychopathologie, choix scolaires et professionnels).

Le test choisi est le **Rod and Frame Test** (RFT – fiche 33) qui permet de détecter le degré de dépendance/indépendance à l'égard du champ visuel **(DIC)**.
D'après les premières recherches d'**Ohlmann et Carbonnel** :
• les sujets dépendants du champ sont influencés par l'extérieur, ouverts aux informations reçues lors d'interactions sociales, plus tournés vers les personnes que vers les objets. Ils approchent les champs extéroceptifs de manière globale en en reprenant les structurations existantes et ont des difficultés intellectuelles quand on leur demande de restructurer des éléments dans des opérations spatiales. Ils produisent des classifications « collectives » ;
• les indépendants ont tendance à décorréler des informations liées, à destructurer pour restructurer selon leur loi, leurs données internes, à ne prêter qu'une attention sélective à l'extérieur, à être plus centrés sur les objets que les personnes. En n'utilisant pas les objets dans le cadre de leur signification habituelle, ils ont plus de plasticité cognitive. Ils produisent des classes « ensemblistes ».

Pourtant ce lien DIC (style cognitif) – activités classificatoires n'est apparu que dans certaines conditions révélées par les expériences suivantes :

• **Expériences**

• On a demandé à une population de 78 garçons et 82 filles de 10 à 11 ans de procéder à deux classifications successives et différentes (R1 et R2) à partir du matériel suivant : gare miniature, locomotive à vapeur noire, wagon voyageurs gris, wagon voyageur vert, wagon marchandise noir, 3 rails, camion vert, voiture verte, avion vert, bicyclette verte, chariot rouge, moto noire.

Or on n'a constaté aucune corrélation chez les garçons entre les deux classements (R1 et R2) et leur style cognitif, et chez les filles une lors du 2e classement seulement.

• Lors d'une deuxième expérience on a changé le matériel avec des images d'objets de la maison proches des habitudes de jeu des filles et des objets neutres : voiture rouge, bloc-cuisine, skis rouges, assiette, piano, bol, chaise rayée, chaîne hi-fi, table rouge, vélo rouge, femme, chaise bleue, homme, table de nuit rouge, patins à glace, chaise rouge, cheval, luge, etc.

À la classe « collective » de la maison s'oppose la classe « ensembliste » couleur, par exemple.

Et on leur a imposé un délai de quelques secondes entre R1 et R2 pour gommer chez eux les comportements trop impulsifs.

R1 a validé la théorie dépendants-collectives et indépendants-ensemblistes chez les deux sexes.

Mais dans R2 il n'y a corrélation DIC/rangement que chez les garçons. (cf. signification des corrélations fiche 93)

	Filles RFT	Garçons RFT
R1	. 30	. 34
R2	. 02	. 49

Si on rapproche les deux expériences on constate que quand le rangement n'est pas spontané mais plus réfléchi (R2), qu'avec des objets proches des jeux des garçons la corrélation entre DIC et style classificatoire n'est forte que chez les filles, et inversement elle est forte chez les garçons avec les objets des filles.

On conclut que la relation entre la plasticité des conduites de catégorisation et la capacité à décorréler des informations habituellement liées ne s'exprime qu'avec un matériel suffisamment éloigné des habitudes de jeu des sujets.

FICHE 37 | Le développement de l'intelligence (1)

Les aptitudes insoupçonnées du bébé

J. Piaget, qui fut longtemps le spécialiste du développement de l'enfant, procédait sur des bébés de 8 mois à l'expérience suivante : montrer un nounours puis le cacher derrière un coussin. Constatant que bébé était capable de le retrouver, il appela cette capacité la **permanence de l'objet**. Mais, en montrant deux coussins A et B, en cachant plusieurs fois le nounours derrière le A, puis derrière le B en final, il remarqua qu'il ne savait pas le chercher vers le B avant l'âge de un an.

Pour **Olivier Houdé**, professeur de psychologie du développement de l'université Paris V Descartes, il n'inhibe pas un geste qu'il a déjà fait faute d'une maturation suffisante du cortex préfrontal. Selon lui, l'intelligence n'est pas tant de se souvenir que le nounours est sous A mais de savoir inhiber une habitude, explication qu'il reprendra par la suite au niveau du calcul et du raisonnement. C'est par le jeu des expérimentations et de l'alternance essai/erreur, échec/réussite que le cerveau apprend.

Les capacités numériques du bébé de 4-5 mois ont été étudiées par le professeur de psychologie et sciences cognitives **Karen Wynn**, directeur du laboratoire de cognition infantile de l'université de Yale. Cette découverte des années 1990 rend obsolète nombre de théories de **J. Piaget** dont celle selon laquelle la capacité de compter viendrait après l'apprentissage du langage. Elle pose également la question sur les difficultés arithmétiques des enfants scolarisés alors qu'ils avaient des compétences précoces dans ce domaine.

Ces expériences ont été réalisées avec un nombre suffisant de bébés pour être validées. On place le bébé devant un petit théâtre en vidéo et on va mesurer les temps de réaction de ses expressions. Sur la première image, une main place un Mickey dans le théâtre. Puis, on fait descendre un écran devant le Mickey pour le cacher de sa vue ; une deuxième image apparaît sur laquelle une main place à nouveau un Mickey ; jusqu'ici, il n'a pas vu les deux Mickey ensemble, et l'on veut vérifier s'il a mémorisé l'existence du premier alors caché (théorie de la **permanence de l'objet** en mémoire).

Après un moment, on teste deux situations :
- on lève l'écran et il voit deux Mickey, ce qui est normal ;
- on lève l'écran, mais on ne fait apparaître qu'un seul Mickey.

On constate alors qu'il passe plus de temps devant la deuxième scène que devant la première, c'est donc qu'il a mémorisé avoir vu deux Mickey au début du scénario et perçu la différence entre un et deux. Pour que l'expérience ne soit pas due au fait qu'en présence d'un seul Mickey, il passe plus de temps à le détailler par exemple, on la reproduit dans l'autre sens : deux Mickey au départ, puis un écran, puis il voit une main qui en enlève un et, après un moment, si on lui présente deux Mickey, c'est là qu'il passe plus de temps. Le plus intéressant est que cette expérience réalisée auprès de singes en remplaçant les Mickey par des aubergines qu'ils consomment avec plaisir produit le même effet de surprise.

Cette expérience a donné lieu à quantité de controverses et d'interprétations mais a également montré une donnée fondamentale : la notion de la quantité, que ce soit pour l'humain ou l'animal, est indépendante du langage et des mots utilisés pour nommer les nombres. Il s'agit de données épistémologiques récentes (étude des mécanismes généraux de la construction des connaissances dans l'histoire des sciences ou du cerveau en développement).

Grâce aux outils de la neuropsychologie, on a pu voir que les aires concernées n'étaient pas celles du langage mais celles qui estiment spatialement les volumes, les systèmes visuels et spatiaux de la mémoire de travail, l'enchaînement des aires occipitales, pariétales et frontales dédiées à la perception et à l'attention. Ces constats sont renforcés par les expériences réalisées sur un calculateur prodige capable de calculer de tête les problèmes suivants :

Problèmes	Exemples	Réponses A	Réponses B
Racine de	8 547 799 037	96	96,91
Sinus	97	0,9925	0,9925
Division	31/61	0,508196721 réponse donnée avec 60 décimales !	0,508196721

Réponses A : réponses du calculateur.

Réponses B : réponses exactes.

Sa méthode relève d'un fonctionnement spécifique du cerveau. Dans un travail cognitif, certaines parties du cerveau sont plus actives que d'autres ; l'énergie émane des neurones qui consomment du glucose apporté par le sang. Grâce à la **tomographie par émission de positrons**, on détecte que, par rapport à l'humain moyen (zones gris foncé), il active d'autres zones (gris clair).

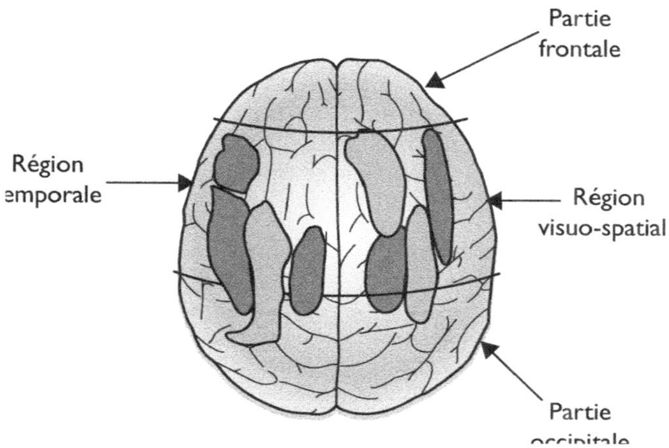

La région temporale est plutôt celle du langage, la visuo-spatiale plutôt celle des calculs. Toutefois, dans la partie basse, l'activité visuospatiale existe des deux côtés. La mémoire de travail ayant une capacité limitée, son utilisation visuo-spatiale chez l'humain moyen est réduite, lente et sujette aux erreurs.

Le calculateur prodige a une pratique différente dans l'utilisation des localisations cérébrales, notamment de la mémoire épisodique, partie de la mémoire à long terme. Il se libère des contraintes de la mémoire de travail, et n'utilise que la mémoire à long terme dans une pratique visuo-spatiale. Il se remémore les calculs comme nous mémorisons notre vie.

Cette expérience confirme un certain nombre de connaissances sur la plasticité du cerveau, qu'avec des années d'entraînement chaque jour (cas du calculateur prodige), on peut dépasser les limites de la mémoire de travail.

Le fœtus possède plus de neurones que le nouveau-né qui lui-même en possède plus que l'adulte. Beaucoup de ces neurones meurent (mort cellulaire programmée) car inutiles, non activés, au profit des plus efficaces. C'est le nombre de connexions qui s'accroît avec le développement de l'apprentissage, pas les neurones.

Les origines des erreurs

Si le bébé sait compter, d'où viennent les difficultés par la suite ? Selon une expérience de **J. Piaget**, si on aligne sur une table deux rangées de jetons en nombre identique, l'enfant de 4-5 ans est capable de reconnaître qu'il y en a autant dans chaque rangée. En revanche, si dans l'une des rangées, on espace les jetons davantage que dans l'autre, il dira qu'il y a plus de jetons dans cette rangée plus longue.

Une autre expérience a montré que si l'on demande à un enfant même plus jeune de compter avant de répondre, il ne se trompe pas. Mieux encore, si au lieu de jetons, on aligne deux rangées de bonbons comme suit, même des enfants de 2 ans ne se trompent pas.

Ceci est la preuve qu'une émotion associée à la gourmandise est capable de stimuler la cognition dans un sens positif comparativement à un exercice réalisé sans motivation.

Pour expliquer l'erreur sur les jetons, **O. Houdé** propose l'explication suivante : l'aptitude visuo-spatiale précoce conditionne chez l'enfant la notion que longueur = quantité. Tout ce qu'il voit, dans les linéaires des grandes surfaces ou dans les livres pour apprendre les chiffres reproduisant cette logique :

1	un	
2	deux	
3	trois	
4	quatre	
5	cinq	
6	six	

L'enfant a accès à deux stratégies numériques mais il utilise la plus rapide, celle qu'il connaît le mieux et qu'il rencontre le plus dans son environnement où quantité équivaut à écartement. On appelle **heuristique de covariation** ce rapport facile, longueur égale grand nombre. Inhiber son impulsion aurait permis de s'adapter. Une autre stratégie est de fonctionner avec un algorithme de quantification à savoir le comptage, c'est-à-dire passer par une série d'opérations à effectuer avant d'arriver à la solution. C'est une stratégie plus lente et plus coûteuse en mémoire de travail, mais elle donne plus souvent de bons résultats. L'intelligence consiste à activer ou inhiber des stratégies disponibles, à savoir inhiber les stratégies les plus faciles d'accès. Le monde qui nous entoure est rempli d'heuristiques, d'automatismes. Contrairement au bébé, l'enfant de 4-5 ans doit mobiliser des aires cérébrales dédiées à l'acquisition du langage où les erreurs sont potentiellement plus grandes que dans les aires visuo-spatiales plus simples et moins coûteuses en efforts cognitifs. Pour résoudre des opérations arithmétiques par exemple, il a à sa disposition différentes stratégies (compter sur ses deux mains, partir du plus grand chiffre et lui ajouter le plus petit, essayer de chercher directement le résultat en mémoire, etc.) qu'il va expérimenter en procédant par tâtonnement essai-variation.

Selon les travaux de **Rochel Gelman**, l'enfant commence, dès 3 ans, à apprendre à maîtriser 5 principes numériques pour être à l'aise avec le comptage et les nombres : la stabilité de l'ordre (l'ordre des mots correspond aux valeurs, un, deux, trois, etc.) ; la correspondance entre le mot du nombre et les objets à compter ; le dernier nombre d'une série correspond au total des objets de la série ; l'abstraction de la notion de comptage qui permet de compter des objets différents ; la possibilité de compter des objets dans un ordre variable pour arriver au même résultat.

De nombreuses expériences ont pu montrer que les grands singes comme les bébés étaient dotés de la faculté de procéder à des regroupements par similitude d'objets, et les jeunes enfants à progresser dans ce sens en effectuant des catégorisations, en comprenant les ressemblances entre les objets et en les classant par formes, couleurs, nature, etc.

Pourtant, une expérience maintes fois répétée dans le monde a posé une interrogation : on présente sur une table dix marguerites et deux roses, et on pose la question : « Y a-t-il plus de marguerites ou de fleurs ? ». Jusqu'à 7 ans, les enfants (sauf exception) répondent : « Plus de marguerites ». Plus encore, si aux enfants âgés de 12 ans qui ont répondu correctement : « Il y a plus de fleurs », on demande ensuite :

« Que peut-on faire alors pour qu'il y ait plus de marguerites que de fleurs ? », ils répondent : « Rajouter des marguerites ou enlever des fleurs. »

Dès le plus jeune âge, le bébé observe l'opération ajout/retrait ; puis, à l'école, l'enfant apprend que, pour avoir plus, on ajoute et moins on retire. Mais dans la question posée, il ne s'agit plus de retrouver un nounours caché, de compter un nombre de bonbons, de classer les marguerites parmi les fleurs, mais d'une opération qui demande des efforts cognitifs de contrôle venant du cortex préfrontal. Il s'agit d'inhiber une réaction impulsive de réponse par habitude de schémas cognitifs au profit d'un nouveau raisonnement adapté à une situation inconnue.

Les connexions synaptiques, dès le début de la vie, sont soumises à un apprentissage, à un mode de fonctionnement en réaction aux environnements extérieurs familiaux et sociaux. Le développement individuel est donc en grande partie le résultat des stimulations venant de l'extérieur. Le propre de la plasticité du cerveau et des neurones est de ne conserver que les connexions le plus souvent utilisées, stimulées, répétées. Cette plasticité est un atout dans l'apprentissage cognitif lors du développement de l'enfant, également lorsqu'il s'agit de la rééducation de certaines parties endommagées. Toutefois les habitudes comme dans le cas des nounours derrière les coussins ou de l'impression quantité = écartement, empêchent l'adaptation à des situations nouvelles.

FICHE 38 | Le développement de l'intelligence (2)

Le raisonnement hypothético-déductif et l'inhibition

C'est une stratégie plus coûteuse en mémoire de travail que la **permanence de l'objet**, le comptage ou la logique de catégorisation en classes et sous-classes. Le raisonnement hypothético-déductif ou conditionnel, « si..., alors... », n'est accessible chez l'humain moyen qu'à partir de l'adolescence, mais tous les adultes sont loin de le maîtriser parfaitement.

On présente le schéma suivant et l'on donne la règle : « S'il n'y a pas de carré rouge à gauche, alors il y a un cercle jaune à droite » et puis la consigne : « Associer les formes qui rendent la règle fausse ».

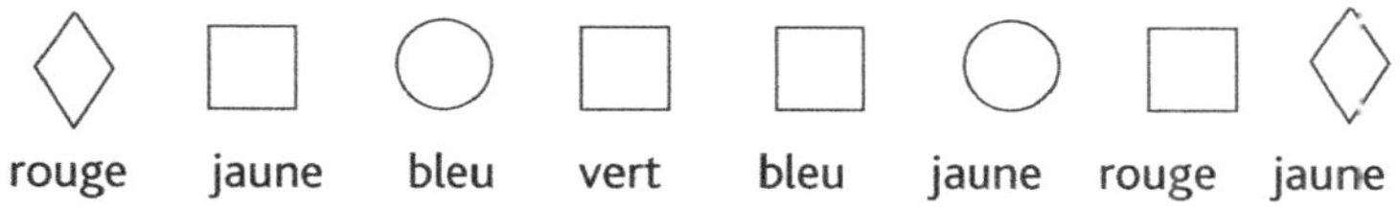

90 % des gens répondent rapidement : carré rouge, cercle jaune. Ils devraient choisir toutes les solutions où soit les deux parties de la règle sont fausses (il y a un carré rouge à gauche, mais il n'y a pas de cercle jaune à droite, donc carré rouge et losange jaune), soit une seule l'est (pas de carré rouge donc carré jaune et cercle bleu, ou carré vert et carré bleu). La forme rendant la règle vraie étant, pas de carré rouge et cercle jaune, donc carré bleu et cercle jaune.

L'erreur appelée **biais d'appariement** résulte du fait que lorsqu'il y a une négation dans une phrase, l'attention est focalisée sur ce qui est nié. L'appareillage perceptif est utilisé sous forme de recopiage de ce qui a été entendu au lieu d'une utilisation de la capacité d'**inhibition**, de contrôle et d'abstraction.

Il est intéressant de noter que ces fonctionnements ne se déroulent pas dans les mêmes parties du cerveau. Au lieu de réfléchir dans la partie avant du cerveau, c'est la partie postérieure qui reste sollicitée. L'incapacité à s'abstraire de la perception pour accéder à l'abstraction est le lot de beaucoup d'humains.

Le biais d'appariement fait partie des stratégies heuristiques utilisées par tout le monde pour aller au plus vite, et qui conduisent aux erreurs de logique dans les raisonnements sémantiques appliquées à toutes les informations reçues dans la vie quotidienne. La compétence déductive est plus rare. Savoir passer de la première à la deuxième n'est pas seulement le problème de l'apprentissage chez les enfants, il est l'enjeu de toute une vie.

Heureusement, il est possible de stimuler l'inhibition de la stratégie perceptive, de moduler les deux stratégies en compétition dans la mémoire de travail, la perceptive et la logique et, grâce aux émotions, de prendre conscience des erreurs de logique.

Des tests comparatifs ont montré que ce n'était pas d'aptitudes logiques dont manquaient les humains mais de capacité à inhiber la stratégie perceptive.

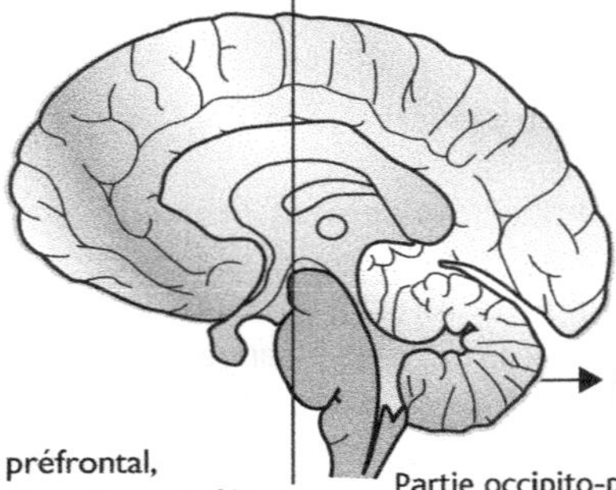

Dans les épreuves décrites précédemment, le pourcentage de réussite passe à 90 % sur des individus ayant été entraînés à l'inhibition et au contrôle. Grâce à l'imagerie cérébrale, on enregistre lors des entraînements à l'inhibition le passage de l'activité cérébrale de la partie postérieure à la partie antérieure avec les variations suivantes :

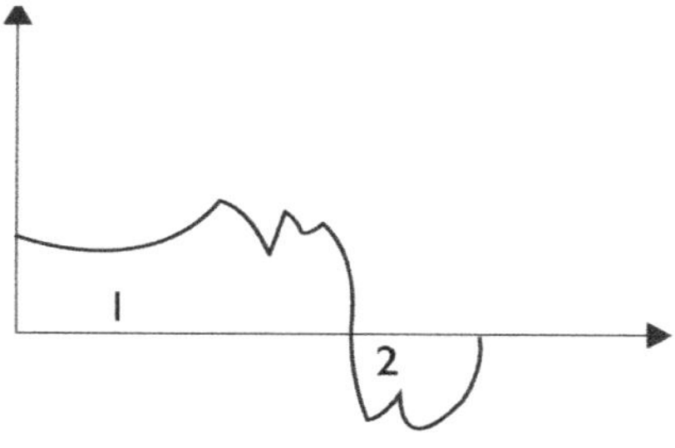

1 : débit sanguin de ceux qui inhibent et contrôlent (coût cognitif important en énergie)
2 : débit sanguin de ceux qui se laissent aller sans contrôle

Cognition et émotions

Les inconvénients des émotions sur la cognition

Concernant le lien entre cognition et émotions, les cognitivistes l'ont pendant longtemps exclu car, souhaitant rendre leur approche exclusivement scientifique, les émotions ne rentraient pas dans leurs préoccupations. En ayant négligé leur influence sur la cognition, ils ont abouti à des découvertes scientifiques valables uniquement dans certains contextes. Aujourd'hui, quelques-uns reconnaissent que les deux sont en interaction.

Les inconvénients des émotions sur la cognition sont les suivants :
• réduction de l'attention ou perturbation du discernement : étude de **MacLeod, Mathews et Tat**, en 1986. On constitue deux groupes d'individus, des anxieux avérés ayant une vie perturbée par ce fait et des gens normaux sur ce point. On expose les deux groupes à deux mots apparus sur un écran, l'un menaçant (« humilié ») et l'autre neutre (« coloré ») ; de manière aléatoire, un point lumineux apparaît à côté de l'un ou l'autre mot signalant au sujet de le lire et de le prononcer à voix haute. On mesure les temps de réaction entre le signal et l'action. Les sujets anxieux se focalisent tellement sur le mot menaçant qu'ils le lisent plus vite que le mot neutre ; pour les sujets normaux, il n'y a guère de différence. Ainsi, un sujet anxieux peut avoir une gestion disproportionnée de sa cognition, se polariser sur certains aspects et en occulter d'autres, réduire ses ressources attentionnelles sur une tâche à accomplir à cause d'une perturbation émotionnelle parasite ;
• émotion et mémoire : expérience réalisée par **Bower, Gilligan et Monteiro,** en 1981, sur des sujets hypnotisés répartis en deux groupes, l'un exposé à des suggestions de joie, l'autre de tristesse. Après la séance

d'hypnose, chaque groupe lit deux histoires, l'une triste, l'autre gaie et on leur demande de citer des éléments de ces histoires. Les sujets tristes rappellent moins de faits que les joyeux, ils rappellent plus de faits tristes, les joyeux plus de faits gais ;
• émotion et catégorisation : expérience de **Paula Niedenthal** où des sujets voient des extraits de films montrant des scènes tristes, gaies, angoissantes, etc. D'autres voient des documentaires plutôt « soft » en émotion (les éléphants en Afrique). Ensuite, maintenus dans leur état émotionnel supposé (triste, gai ou angoissé) par une musique correspondante, on les expose à une tâche de catégorisation de mots présentés trois par trois et ils doivent les associer par ressemblance (ex. associer deux mots entre : mariage, casque, trophée). Les sujets exposés aux films émotionnels associent de manière émotionnelle (mariage et trophée = événements heureux), les sujets non émus classent casque avec trophée reliés par le concept du sport (classification de type taxonomique ou collectiviste).

Les apports des émotions

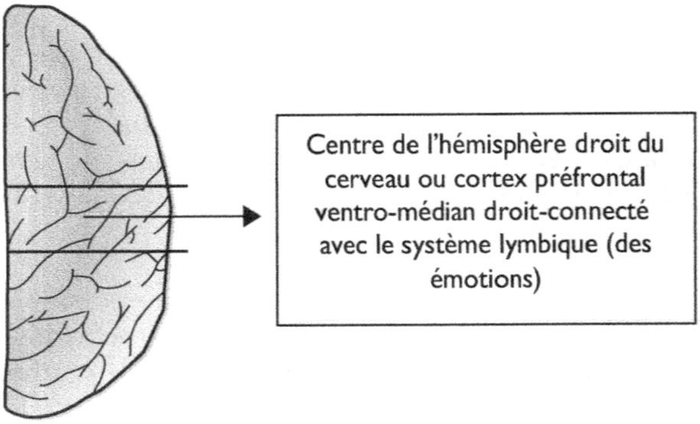

L'utilisation de cette région est requise pour corriger les erreurs de logique. L'émotion est ainsi nécessaire à l'intelligence et c'est pourquoi, aujourd'hui, l'intelligence seule n'est plus considérée comme l'unique garantie de réussite.

Les émotions aident l'individu à se tenir en alerte, à avoir conscience de ses erreurs pour pouvoir les corriger et à guider ses choix. **J. Piaget**, qui considérait que la logique était la forme optimale de l'adaptation biologique de l'homme, se trompait, sinon personne ne ferait d'erreur ; il lui manquait la prise en considération de l'inhibition et des émotions ; l'homme n'est pas logiquement adapté, la forme optimale c'est « *la capacité à ressentir les émotions nécessaires, à inhiber les comportements inadaptés y compris lorsqu'il s'agit de logique ou de mathématiques* » (**Olivier Houdé**, *La Psychologie de l'enfant*, Paris, PUF).

PARTIE IV

PSYCHOLOGIE DU DÉVELOPPEMENT

FICHE 39 | La psychologie du développement (1)

Pour la psychologie du développement, une des difficultés est de devoir étudier des bébés et des jeunes enfants sans pouvoir se mettre à leur place, avec une vision d'adulte déformante, de ne pas juger leurs comportements avec des connaissances *a posteriori*, mais en toute neutralité scientifique.

Autre difficulté : relativiser les études réalisées en laboratoire, hors du contexte familial, avec des jouets ou des livres racontant des histoires, donnant une large possibilité d'exploration mais ne correspondant pas forcément au vécu. Inversement, les mots utilisés dans un contexte usuel ne rendent pas obligatoirement compte de toutes les capacités mentales.

Trois théories se sont affrontées, faisant l'objet d'expériences, de contre-expériences et de publications multiples :
- **la position béhavioriste** attribue au bébé une simple capacité de réaction sensori-motrice aux stimulations qu'on lui envoie ; rien au départ ne l'attache à autrui, mais la mère entretenant ces réactions par la répétition de ce qui les provoque, il s'établit une communication par le **narcissisme** primaire du bébé qui prend plaisir à voir qu'il provoque des réactions par telle ou telle mimique. Il en retire le plaisir affectif d'attirer l'attention, ce qui l'incite à poursuivre. Ce qui tendrait à conclure que, sans réaction maternelle suffisamment attentive, il peut y avoir risque de blocage et de mauvais développement relationnel ;
- **la position innéiste** stipule que tout est préprogrammé, comme la marche, et que le bébé est prééquipé pour communiquer avec les autres, est déjà un être social en naissant, ce qui à l'inverse du cas précédent réduit de beaucoup les risques et les conséquences d'une mauvaise communication maternelle ;
- **la position constructiviste** est médiane : l'équipement du bébé existe mais il demande à être sollicité pour progresser et apprendre.

Distinction entre êtres et choses chez le nourrisson

Le bébé de quelques jours à six mois réagit-il de manière spécifique face aux personnes par rapport aux objets ?

La pratique étant de multiplier les expériences pour aboutir à des lois généralisables, de nombreux tests ont été effectués pour identifier les différences de réaction des bébés (fixer le regard, tirer la langue, sourire, tendre le bras, s'agiter, mettre son corps en retrait, etc.) de quelques jours à deux, trois, quatre mois etc., quand on agite devant eux un objet ou quand ils voient le visage de leur mère. Les résultats n'ont pas été concluants quant à des différences significatives de réactions généralisables. En revanche, ils ont confirmé l'intérêt des analyses différentielles entre les individus dès le plus jeune âge : certains bébés restent amorphes et endormis face à l'objet comme à la mère, alors que d'autres observent, s'intéressent, ouvrent grand les yeux dans les deux cas. Il n'a pu être possible de déterminer précisément ce qui relève de l'imitation intentionnelle ou du simple réflexe.
La communication émotionnelle, de deux à huit mois, où le bébé procède à des ajustements élémentaires comme sourire en réponse à autrui, est un début de socialisation. Il manifeste des émotions au niveau facial et vocal. Il peut percevoir les choses différemment mais ne leur attribue pas forcément du sens. Les expériences relationnelles acquises commencent à influer sur ses réactions (cinq mois).

Les échanges ne sont pas les mêmes avec des proches qu'avec des inconnus. À huit mois, il peut utiliser l'émotion d'autrui pour ajuster sa conduite, par exemple face à un objet inconnu porter un regard interrogateur vers sa mère.

Compréhension implicite des états mentaux d'autrui

Quels liens l'enfant établit-il entre les états mentaux des autres et le sien ?

La théorie de l'esprit de Wellman

À l'origine, **Wellman** observa les primates et les conduites de tromperie et de ruse qu'ils pratiquent. L'esprit est pris ici au sens large, c'est-à-dire qu'il s'agit des états mentaux cognitifs, mais également des émotions et des désirs.

« *Compréhension de l'existence d'états internes chez soi-même et chez les autres et adaptation de son comportement et de ses attitudes en conséquence.* »

La question fondamentale posée par tous les chercheurs : en l'absence de langage comment attribuer des états mentaux à autrui ? Comment les animaux procèdent-ils ?

Les interprétations ont toujours oscillé entre deux tendances :
- l'adaptation à la conduite des autres par imitations et réactions apprises au fil des expériences ;
- ou recherche de compréhension du mental des autres pour s'adapter, intention de communiquer précoce ?

Pour nourrir ce débat, différents modes d'expression ont été étudiés selon les âges.

Tentatives pour partager l'état psychologique d'autrui

- **L'attention visuelle conjointe** apparaît **de six à dix-huit mois.**

S'intéresser à ce que l'autre regarde est considéré comme la première compétence sociale, comme la base du langage ; d'où une difficulté spéciale pour les bébés aveugles.

À six mois, le bébé peut regarder globalement dans la même direction que sa mère mais la fixation d'une cible est vague, dépend beaucoup de son attrait et surtout de sa situation dans le champ visuel de l'enfant (il ne tourne pas la tête vers elle). À douze mois, il cerne plus précisément la cible regardée par la mère, suit les déplacements de son regard et de sa tête, mais cela reste limité à son champ visuel.

À dix-huit mois, il est capable de regarder ce qui n'est pas dans son champ visuel, de se retourner pour voir ce que regarde l'autre. Ultime étape, amener l'autre à regarder ce qu'il regarde lui en demandant un objet ou en partageant un intérêt pour quelque chose.

C'est la première preuve de l'attention portée aux états mentaux de l'autre et de l'intérêt pour la capacité de l'autre à capter son message.

- **Taquineries et plaisanteries** arrivent **entre neuf mois et trois ans.** Plusieurs hypothèses établissent l'origine de ces comportements : désir de provoquer des réactions chez autrui, d'agir sur ses émotions en créant un décalage entre ce qu'il attend et ce qu'on lui donne, tester son pouvoir sur lui (faire semblant de donner un objet et le garder, le reprendre) ; acte gratuit, stimulé par les réactions de l'autre, excitation pour capter l'attention.

On remarque une capacité d'évolution avec l'âge vers plus de sophistication dans la taquinerie, la plaisanterie étant le stade le plus évolué dans ce registre. Des nuances sont notables selon que les plaisanteries sont adressées aux frères et sœurs (« *toi, t'es du caca* ») ou aux parents (« *je ne t'aime pas* », suivi d'un « *c'est pour de faux* »).

• **Les conduites de réconfort ou d'aide (de dix mois à sept ans)** face à un malheur exprimé par autrui. Les réactions varient suivant l'âge : à dix mois, il ne s'agit que d'une attention fixe du regard, à un an d'un phénomène de contagion car la différence entre soi et autrui n'est pas encore bien perçue, d'où la recherche de réconfort auprès de sa propre mère.

De un à trois ans, la contagion provoque une imitation de l'expression de l'autre et des conduites de réconfort dans lesquelles l'enfant va chercher sa propre mère et son propre doudou pour soulager l'autre. Peu à peu, une prise en compte du malaise de l'autre, d'une manière plus intellectuelle qu'affective, se développe : recherche de la nature du mal et, cette fois, de la mère de l'autre. Ce n'est qu'à partir de six ans que s'ouvre la possibilité de rechercher et de détecter un mal qui ne se voit pas.

Tentatives d'obtention de buts concrets par manipulation de l'état mental d'autrui

Ces observations à partir de deux ans alimentent la théorie de l'esprit. Il s'agit d'obtenir un objet, une action ou même un état psychologique de la part de l'autre (approbation, autorisation, admiration), ou au contraire d'empêcher quelque chose.

Le mensonge représente tout ce qui est faux. Il ne s'agit pas encore d'influencer la représentation de l'autre. Il peut aller du déni simple, prolongement verbal souvent d'une dissimulation physique (cacher ce que l'on a pris de défendu, la croyance étant que l'autre n'ayant pas vu ne sait pas), à la tromperie de plus en plus complexe : éviter qu'une action soit détectée, éviter une punition, une critique, faire porter une accusation sur autrui, éviter un événement déplaisant (aller se coucher) ou obtenir un événement plaisant (avoir un dessert), chercher à impressionner, se vanter, attirer l'attention, se faire valoir. À ce stade, il y a lieu d'établir une différence importante entre l'usage de la tromperie comme ci-dessus et la compréhension de la tromperie ci-après.

FICHE 40 | La psychologie du développement (2)

Compréhension explicite des états mentaux d'autrui

Il s'agit ici d'évaluer la capacité d'attribuer des croyances aux autres. Avant quatre ans, ils se basent sur leur connaissance de la réalité, non sur une méta-représentation. Ils échouent à tromper un adversaire dans un contexte de jeu. Ils savent tromper par obstruction physique (cache, pointage) mais pas par manipulation des croyances. Ils nient, par exemple, avoir regardé dans une boîte mais très peu nient aussi leur connaissance de ce qu'il y a dedans. Les conduites ayant un effet trompeur sont mises en œuvre sans intention de tromper. Ils comprennent qu'une personne dupée cherche un objet au mauvais endroit mais ne comprennent pas la raison de son erreur.
Les chercheurs se sont donc appliqués à explorer la compréhension des causes (informations fausses) et des effets (fausse croyance) de la tromperie chez les enfants. Tester la compréhension du rôle de l'accès aux informations dans la formation de fausses croyances à savoir, si mis dans une situation avec accès à l'information sur la tromperie, ils ont plus d'aptitude à comprendre que l'autre a été trompé ?
De nombreuses expériences sur des enfants de trois à quatre ou cinq ans ont été menées pour distinguer les différents stades du développement de ces compétences. Voici l'une des plus significatives et récentes de **Saltmarsch et Mitchell**, en 1998 : 72 garçons et filles allemands, testés individuellement par deux expérimentateurs dans leur école maternelle, sont affectés au hasard dans trois conditions : standard, tromperie/pseudo-tromperie, pseudo-tromperie/ tromperie.

Dans le premier groupe d'enfants soumis à la condition dite « standard », trois essais sont effectués pour chaque enfant, avec trois matériels différents : Smarties/crayon, boîte de gâteaux/mouchoir, boîte de crayon/élastique.

Présentation du principe avec le premier matériel : on montre la boîte de Smarties et on demande à l'enfant ce qu'elle contient. Il répond logiquement en fonction de l'emballage de la boîte « *des Smarties* », mais on ouvre la boîte et il voit des crayons. Dans un premier temps, on referme la boîte et on demande ce qu'il y a dedans. Tous répondent correctement : des crayons.

Puis on cherche à mesurer la capacité de l'enfant à changer de représentation : on laisse passer un moment puis on pose une nouvelle question. On lui demande alors ce qu'il pensait qu'il y avait avant de regarder : 42 % donnent la bonne réponse (Smarties, changement de représentation), 58 % la mauvaise (crayons).
Enfin, une autre question pour mesurer la capacité à se représenter la croyance d'autrui est posée. On lui dit que l'on a joué à ce jeu avec son camarade et on lui demande ce que le camarade a dit qu'il y avait dans la boîte : 29 % seulement donnent la bonne réponse (fausse croyance : Smarties), les autres étant incapables de se mettre à la place de l'autre.
Le deuxième groupe d'enfants est soumis aux conditions standards puis tromperie/pseudo-tromperie.
On commence avec la condition standard en précisant cette fois que l'on va jouer des tours à quelqu'un, ce qui influence la capacité des enfants à changer leur représentation : 56 % donnent la bonne réponse au lieu de 42 % précédemment.

Pour mesurer l'attribution d'une croyance à autrui, on a conçu de séparer la suite de l'expérience en deux manipulations différentes sur deux sous-groupes d'enfants, chacun étant soumis aux tests dans un ordre différent : premier temps tromperie, deuxième temps pseudo-tromperie et inversement :
• les conditions de la tromperie : un des deux expérimentateurs quitte la pièce et le deuxième implique l'enfant dans la tromperie en lui faisant remplacer les gâteaux contenus dans une boîte par un mouchoir ;
• les conditions de la pseudo-tromperie : on procède au même remplacement mais en montrant bien à l'enfant que l'expérimentateur à qui est destinée la farce reste dans la pièce et voit le stratagème.

Au final, on leur pose la question sur ce que l'expérimentateur va penser qu'il y a dans la boîte (fausse croyance). Réponses correctes sur la croyance d'autrui : pour la condition tromperie : 52 % de bonnes réponses, et pour la condition pseudo-tromperie : 65 % de bonnes réponses.

Il semble donc bien y avoir une différence sur la croyance d'autrui entre les 29 % de la condition standard et les 52 % et 65 % des conditions tromperie et pseudo-tromperie.

Cependant les comparaisons intra-individuelles des résultats montrent que parmi les 52 % qui attribuaient une fausse croyance dans la condition tromperie, il y en avait 40 % qui avaient attribué aussi une fausse croyance dans la condition pseudo, donc ils n'avaient pas fait la différence entre ce que peut penser un expérimentateur non informé (trompé) et un expérimentateur informé. Il fallait donc retirer certaines bonnes réponses d'où un pourcentage de réponses correctes ramené à 31 % au lieu de 52 %, c'est-à-dire à peu près autant que dans la condition standard (29 %).

On a donc conclu que, jusqu'à cet âge, les enfants ont des difficultés à faire la différence entre la réalité et la fausse information. Les réponses apparemment correctes n'étaient pas fondées sur la compréhension de l'état mental d'autrui mais sur le leur.

Les situations de tromperie sont couramment utilisées par les enfants, notamment vis-à-vis des adultes. Mais il semble qu'elles nourrissent plus l'apprentissage des comportements de l'adulte à leur égard que la compréhension de l'état mental de l'autre. Entre ces deux tendances, s'adapter à la conduite des autres par réaction acquise avec les expériences, ou chercher à comprendre le mental des autres, il semble que la première soit majoritaire.

En expliquant leur propre mental au lieu de ne communiquer qu'à travers des comportements, les adultes pourraient faire évoluer un apprentissage exclusivement tourné vers soi par un autre plus tourné vers autrui. L'interaction sociale et les échanges constituent un élément essentiel de l'acquisition du concept de croyances chez autrui. Avant sept ans, les enfants répondent aux fausses croyances (loup, mère-grand et peur du petit chaperon rouge) par rapport à eux-mêmes, à ce qu'ils ressentent, sans se mettre à la place de l'autre.
La question reste ouverte : avec l'âge, les changements sont-ils dus à plus de sociabilité ou font-ils partie d'un processus purement cognitif d'accès et d'ouverture plus grands à la connaissance ?

Développement des connaissances

	À trois ans	À quatre ans
Nature du vocabulaire utilisé dans les commentaires d'histoires fictives (livres)	Vocabulaire émotionnel	Accès à un vocabulaire plus cognitif ; concept de pensées, de croyances, évocation du non-visible
Compréhension des perceptions	Accès aux différences de perception entre soi et autrui pour des objets simples	Compréhension de la vision différente de l'autre pour un même objet (ex. bougie qui ressemble à une pomme)
Compréhension des désirs	Distingue ses désirs de ceux de l'autre mais pas de décalage temporel désir-comportement	Fait la différence entre intention et action
Compréhension des croyances (cf. expérience précédente)	Distinction entre leur croyance et leur vision à eux. Réel contre imaginaire	Distinction entre croyance des autres et réalité ; notion de deux réalités possibles, réel contre réel

Au-delà de quatre ans, les évolutions portent sur :
- la détection d'un niveau d'information différent chez l'autre ;
- la reconstitution de cette différence d'information ;
- la méta-représentation : « L'autre ne sait pas que moi je sais qu'il sait » ;
- la notion de relativité de la réalité objective (pas avant l'adolescence).

FICHE 41 | Le développement du langage

Généralités

Le langage fait partie de l'ensemble plus vaste de la communication qui peut s'exprimer par des gestes, des regards, des mimiques, des postures, etc. et dont nous avons vu qu'elle était antérieure à la période linguistique. Au sens large également, le langage n'est pas qu'un échange avec autrui, il l'est également avec soi-même. Historiquement, deux aspects ont été pris en compte dans l'étude du langage :

Le langage et la cognition, théorie constructiviste de Piaget

De formation scientifique, biologiste, il s'appuie sur les travaux de Binet et les développe, d'où son intérêt pour l'apprentissage et le développement cognitif des enfants.

Selon sa théorie constructiviste, le langage s'appuie sur un processus cognitif d'acquisitions personnelles et individuelles liées à l'observation des objets. Les facteurs sociaux peuvent influencer le développement mais la construction reste individuelle. La maturation interne et la relation avec les objets sont les causes du développement. La différence est faite entre la pensée et le langage et il est démontré que, sans les mots et une structure linguistique, la compréhension est possible. Par exemple, un enfant sourd-muet peut exprimer la différence entre deux poids avec ses mains. De même que l'on peut exprimer une causalité sans les mots qui lui correspondent : « *Arrête, il va se casser* » (non exprimé : le « parce que »).

Selon sa théorie de la conservation, une chose évaluée quantitativement ne change pas quand l'apparence de la chose change, mais un **enfant non conservant** croit que si l'on change la forme de deux boules de pâte de même volume, on change aussi la quantité de pâte, alors qu'un **enfant conservant** (entre sept et onze ans) doit pouvoir maîtriser la non-variation de la quantité.

À cinq, six ans, ils sont encore non conservants. On montre deux bracelets identiques, on en déforme un devant l'enfant et il dit alors qu'ils sont différents.

Le langage et les théories socioconstructivistes

Dans les théories socioconstructivistes, le langage se développe et se nourrit des échanges avec autrui. La relation à l'autre est le moteur essentiel du développement cognitif. Même avec un répertoire limité, on peut demander, affirmer, commander, refuser, manifester son accord. Un même mot peut être utilisé dans des situations différentes, enrichi par le commentaire d'un adulte. Le langage libère du présent, permet la distance par rapport à une situation, l'évocation autre que visuelle c'est-à-dire l'accession à l'abstraction et à l'imaginaire, l'expression d'états internes non observables, l'explication de significations subjectives.

Composition du langage

Il existe dans le monde 120 langues parlées par au moins un million de personnes : le chinois par environ 1,2 billion, l'arabe par 420 millions, puis l'hindi, l'anglais et l'espagnol.
Le langage est un système symbolique utilisé par les humains pour la communication interpersonnelle.
Le langage comprend quatre composantes que les enfants acquièrent dans cet ordre :
- les phonèmes (/b/, /a/, /l/, etc. il en existe de 25 à 75 selon les langues) ;
- la sémantique : le sens des mots ;
- la syntaxe ou règles de combinaison des mots les uns avec les autres avec la grammaire ;
- l'utilisation pragmatique de la langue : quand faut-il parler ou se taire, de quoi parler, avec qui parler, etc.

Bases de l'acquisition du langage

Les cris et les besoins exprimés au début de la vie sont les débuts du langage ; ils évoquent un besoin d'attachement et d'affection. C'est dire le rapport d'origine qui existe entre ces deux éléments (vie affective et expression). À deux mois, les cris et les pleurs sont modulés en fonction des réactions de l'adulte : prise en compte du visage de l'autre et réaction aux expressions (sourire). L'adulte attribue des significations aux cris et aux pleurs, ce qui peut influencer l'enfant : c'est le début de la communication interpersonnelle.
Si la liaison affective (être regardé, être l'objet de soins, d'attentions, d'écoute, d'intérêt) a mal fonctionné avec l'entourage (principalement la mère), certains aspects du développement de l'individu peuvent être perturbés.

Les aspects cognitifs

Distinguer but et moyen (de six à neuf mois), c'est-à-dire utiliser des moyens symboliques (regards, gestes, vocalises) pour obtenir quelque chose, pour influencer autrui. Ils attendent et observent des attitudes et des actes agréables venant de l'autre.

La permanence objet-personne : être éloigné d'autrui sans sentiment d'insécurité et garder en mémoire les attitudes d'autrui vis-à-vis des objets, notamment ce qu'il est autorisé ou défendu de manger ou de toucher, ceci toujours associé à des mots entendus. Les échanges connus et répétés (donner et reprendre des objets connus), engendrent la sécurité qui elle-même facilite l'apprentissage.

La capacité de représentation (à partir de un an) à travers plusieurs formes. La mise en relation d'un signifiant, par exemple un bâton qui se substitue à un signifié, par exemple une cuillère, les jeux de faire semblant (dormir, manger) et de reproduire des choses qui ont eu lieu auparavant, ce qui les aide à se représenter les états internes de l'autre.

Les aspects sociocognitifs

La personne-autrui. Jusqu'à deux mois, le visage d'autrui est vu comme un objet et seuls les contours sont observés. Puis, les échanges se manifestent par des sourires rendus à un visage qui sourit, ce qui permet à l'enfant de faire sa première différence entre l'objet et l'humain, premier stade des évolutions du processus de communication sociale. Après deux mois, l'enfant manifeste nettement ses attentes d'actions de confort et d'attitudes agréables venant de l'autre.

L'attention conjointe. Après un an, l'évolution est marquée par l'attention conjointe. La notion « objet/autrui/soi » est perçue. L'autre est utilisé comme intermédiaire vis-à-vis d'un objet nouveau, par exemple : peut-on approcher ou doit-on reculer vis-à-vis de cet objet ? Les espèces voisines de l'humain comme les singes n'utilisent pas autrui dans ce cas.

L'attention conjointe permet une focalisation commune sur un objet, une segmentation du milieu environnant (l'interdit ou l'autorisé, par exemple), et un repérage du mot prononcé à ce moment et de son sens. Ceci constitue une base pour l'acquisition des mots. Lorsque l'attention des adultes est au contraire trop souvent détournée du regard de l'enfant et les mots souvent absents, le processus de l'apprentissage se déroule mal.

L'attention conjointe est donc d'un apport essentiel dans la phase prélinguistique.

Étapes de l'acquisition du langage

Continuité des sons aux mots

Il y a une continuité entre les productions sonores du début qui n'ont pas de forme langagière et les mots venants ensuite : des difficultés au niveau des sons entraînent des difficultés au niveau des mots. L'apprentissage commence donc par celui des sons : des tests effectués sur des enfants d'un an d'origines différentes permettent de détecter la langue qu'ils ont entendue (chinois, russe, anglais, etc.).

Développement du lexique et de la syntaxe

Le développement du lexique et de la syntaxe se fait principalement sur les points suivants :

- le babillage commence par une répétition de mêmes syllabes, puis de syllabes plus variées, puis vient l'intonation et le rythme de la langue parlée autour de l'enfant ;
- l'effet produit sur l'enfant par le sens donné par l'adulte. La répétition des échanges interactifs à propos d'objets connus (donner, reprendre un objet) produit un effet de sécurité et de non-surprise qui facilitent la connaissance des mots relatifs à ces échanges ;
- l'énoncé à un mot (vers 9-12 mois) : il produit un mot à la fois. La nature des mots produits concerne des objets ou des verbes, également des états attribués à soi ou à autrui ;
- les augmentations vocales s'effectuent par paliers parfois très rapidement en quelques semaines ; il comprend plus de mots (entre 150 et 250) qu'il n'en produit (entre 50 et 150) ;
- les combinaisons de mots sans pause (entre 16 et 26 mois) : la production peut atteindre 200-250 mots et une certaine structure s'établit déjà. Si à 30 mois l'enfant ne produit pas de combinaisons de mots, il y a un problème ;
- la morphosyntaxe (24-30 mois) : début de l'utilisation des règles avec les mots. Arrivée des articles et pronoms personnels, changement de conjugaison avec souvent des erreurs : « *Veux buver moi.* »

Les premiers mots d'aujourd'hui sont les mêmes qu'il y a 50 ans et sont relatifs à l'univers sécurisé (famille, objets de la maison, jouets, aliments, parties du corps, animaux, habits) et à quelques formules relationnelles : salutations, demande de répétition ou constat de disparition.

FICHE 42 | Les jeux de fiction ou de faire semblant

Les recherches de **J. Piaget** essayaient de déterminer la nature de la relation temporelle entre le développement du langage et les jeux de fiction ?

À quoi repère-t-on un jeu de fiction ?

Il s'agit en fait de :
• faire un acte hors de son contexte réel, faire preuve d'une capacité représentative : évoquer des objets absents, utiliser des objets en substitution d'autres (bâton pour cuillère), faire semblant. Dans le faire semblant de dormir, le geste avec la main sur la joue représente le signifiant et l'idée de dormir le signifié ;
• traiter des personnages inanimés comme des personnes ;
• détourner des objets de leur utilisation habituelle (sèche-cheveux devient pistolet) ;
• simuler des sensations physiques sans cause extérieure et réelle.
L'encouragement et la participation de l'adulte donnent lieu à des jeux plus élaborés peu à peu.

Étapes du développement

Les étapes du développement (de quinze mois à cinq, six ans) de ce jeu sont les suivantes :
• se mettre en situation soi-même uniquement ;
• grande utilisation de la gestuelle ;
• faire prendre des rôles à des objets, les mots s'ajoutent à la gestuelle ;
• combiner des activités, entreprendre plusieurs actions dans le jeu ;
• autonomie par rapport à l'implication des adultes dans le jeu ;
• le langage passe de peu informatif (six mois) à de plus en plus (spécifier, annoncer, raconter, justifier, faire référence au passé, etc.) ;
• distribution de rôles, élaboration de scénarios ;
• mise en scène, planification d'actions ;
• passage du réel au fictif, préparation du jeu séparée de l'action jeu, les mots à propos de la mise en scène sont distincts des mots utilisés pendant la scène. Les jeux sont plus longs.

Langage et jeux de fiction

L'apparition du jeu coïncide avec une augmentation du vocabulaire. Plus le jeu fait intervenir d'autres figurants que l'enfant lui-même (poupées, objets de substitution), plus le vocabulaire se développe. Aux premières combinaisons de mots correspondent les premières combinaisons de jeux. Le vocabulaire se développe lorsque les jeux apparaissent, l'un contribuant à l'autre.

Des intonations différentes sont utilisées pour des actions différentes. Ils sont liés à la capacité de représentation qui s'exprime sous des formes différentes (dessins ou mimiques). Les deux font appel à la conceptualisation, au passage de l'intelligence sensorielle à l'intelligence représentative, et à la création de liens de causalité (exemple « C'est chaud » = « Ça brûle »).

Contribution du langage au jeu

Le langage permet d'expliquer le jeu à autrui mieux que les gestes et construit le jeu de fiction, l'organise, le planifie. La verbalisation est accentuée dans les phases de jeu peu claires pour l'entourage. Le langage crée des possibilités d'imagination nouvelles qui vont au-delà de ce que permettent les gestes. Il permet de distribuer les rôles, de gérer le déroulement de l'histoire, de mettre en scène (dès trois ans), de donner des significations différentes à un même objet (exemple, un « sèche-cheveux » = « sécher », ou « pistolet » = « pan-pan »). Il y a d'abord verbalisation puis action. L'inverse existe aussi : l'action est faite puis verbalisée (mettre une poupée au lit et dire « *dodo* »).

Jeu de fiction et théorie de l'esprit

Les jeux de fiction et la théorie de l'esprit se basent sur le partage des représentations mentales d'autrui dans les jeux de faire semblant. Dans ce type de jeu, on découvre que les enfants sont capables d'imiter les comportements et les besoins exprimés par les personnes qu'ils imitent, donc de se mettre à leur place sous forme de copie. Ils sont aussi capables de se disputer sur la répartition des rôles. Ces jeux sont fondamentaux car ils permettent d'expliquer à l'adulte ce qui est fait et donc de prendre conscience que sa réalité à soi, dans son jeu, peut être différente de ce que l'adulte perçoit, prendre conscience de la différence entre la signification d'une action ou d'un objet en situation réelle et dans un autre contexte subjectif. Cependant, le mental d'autrui n'est pris en compte que sous forme de savoir-faire pratique, d'adaptation intuitive aux connaissances supposées d'autrui. Il n'y a pas de maîtrise de la fausse croyance d'autrui.

La notion de théorie de l'esprit évolue progressivement en termes de contenu et de niveau.

Pour prendre connaissance des derniers travaux sur les **neurosciences** appliquées aux bébés et très jeunes enfants, voir l'**Institut Max Planck** de Leipzig – Département of Developmental and Comparative Psychology – sur l'**ontogenèse** de la cognition sociale. Les thèmes abordés sont les suivants : collaboration, aide, communication pré-linguistique, normativité, imitation, théorie de l'esprit, prise de perspective.

FICHE 43 | Le langage en situation de demande

La situation de demande est une forme de communication fréquente qui commence très tôt et se poursuit tout au long de la vie. Elle nécessite des ajustements et des adaptations variables des messages en fonction des réactions de l'interlocuteur. Elle est donc intéressante à étudier dans le cadre du développement de la socialisation de l'enfant. Comment l'enfant adapte la forme de son message aux conditions d'une situation relationnelle sociale ?

La question posée ici concerne le passage de la période prélinguistique (18-30 mois) à la période linguistique (plus de 30 mois) dans une situation de demande. Quelles sont les similitudes et les différences en termes de communication de demande entre ces deux périodes ? Qu'apporte de nouveau ou pas le langage ?

Résumé de l'expérience : dans un contexte de jeu, on enregistre les réactions d'enfants n'ayant pas accès au langage construit (dix-huit mois) et d'enfants y ayant accès (30 mois) dans trois situations différentes :
• l'adulte participant au jeu donne immédiatement l'objet que l'enfant lui demande ;
• l'adulte demande des explications faisant semblant de ne pas comprendre ce que l'enfant demande ;
• l'adulte refuse de donner ce qui est demandé.

	Stade prélinguistique	Stade linguistique
Accès à la demande	Production gestuelle en grand nombre Comportement différent si l'objet est éloigné ou non visible L'expression varie si l'interlocuteur est connu ou non	Production gestuelle également forte
Explications	Production sonore de type vocalise : comprend qu'une question nécessite de l'oral	Moins de gestes également et plus de mots
Refus	Intensification des gestes et agitation ; changement de direction du regard ; Non-réaction, non-réponse, apprentissage de la résignation face au refus	Productions sonores variées : négociation, transaction, mais également non réponses

Les similitudes vont dans le sens d'une continuité des moyens de communication, les moyens linguistiques (les mots) s'appuyant sur un matériel de même nature (les vocalises). Les mots et les vocalises sont utilisés à la même place, dans la même stratégie de communication, c'est-à-dire en réponse à la demande de l'adulte. Le langage, bien que sous une forme différente, possède la même fonction, joue le même rôle.

Les différences s'expriment en situation de refus où le langage procure plus d'autonomie et de possibilités variées de communication. Les mots sont clairement codifiés entre l'enfant et l'interlocuteur, ce qui n'est pas le cas des vocalises.

Il n'y a pas de rupture entre ces deux périodes, simplement une évolution des moyens utilisés et, dans les deux cas, une adaptation aux réactions de l'adulte dès la période prélinguistique. Par ailleurs, l'accès au langage ne fait pas disparaître la gestuelle, ce que l'on peut d'ailleurs également constater chez l'adulte.

FICHE 44 | Expérience d'une communication efficace

Montage d'un objet composite

On constitue des couples d'enfants de huit ans et des couples d'enfants de dix ans, le but étant d'observer leur mode de communication oral. L'expérience consiste à ce que l'un donne à l'autre des indications pour construire un objet complexe. Ils sont séparés par un écran qui empêche tout échange visuel. L'émetteur, qui a été entraîné auparavant à la construction de cet objet par un expérimentateur adulte, doit transmettre au récepteur des instructions pour qu'il puisse y parvenir à son tour.

Il s'agit d'une espèce de petit « spoutnik » composé de multiples pièces à assembler et emboîter : deux demi-cubes au centre, quatre quarts de sphères à assembler autour avec des languettes fixées par des vis, quatre cônes à introduire dans des trous spéciaux percés dans les sphères et à ne pas confondre avec les trous destinés aux vis des languettes. Les étapes de la construction sont décomposées en 30 consignes, relatives soit à la manipulation soit au but à atteindre, que l'expérimentateur a fait lire au futur émetteur lors de son entraînement.
Les expérimentateurs ont observé les effets des paroles de l'émetteur sur les actes du récepteur dans les étapes de la construction. Ils ont noté : la performance de l'état du montage au bout de 20 minutes, la richesse du message émis par rapport aux 30 consignes données à l'émetteur, et l'adaptation des comportements du récepteur aux paroles de l'émetteur.

À huit ans, 38 % des consignes sont bien transmises, à dix ans 49 %. Les mieux transmises sont celles relatives à la manipulation, non celles relatives au but à atteindre. À huit ans, quatre récepteurs sur 23 parviennent à monter complètement l'objet, à dix ans, onze sur 23. Si les messages s'enrichissent entre huit et dix ans, aux deux âges en revanche, les interlocuteurs s'efforcent également d'ajuster réciproquement leurs conduites et de se comprendre : adaptation du flux des informations au rythme de réalisation de l'autre, demande de répétition ou d'éclaircissement d'une information, interrogation sur l'état d'avancement de l'objet.

La moindre réussite des plus jeunes dans la finition est due à une plus grande lenteur, résultat de plus de temps passé aux ajustements à cause d'émissions moins précises et moins faciles à comprendre. À dix ans, ces ajustements ne se sont manifestés que sur les passages les plus complexes du montage. Il faut surtout noter que la corrélation entre la réussite du montage et la richesse des messages est plus forte à huit ans qu'à dix ans. Cette observation a été expliquée grâce à un autre échantillon d'enfants de dix ans à qui on a présenté l'objet démonté en lui disant simplement d'essayer d'en faire quelque chose. Leur pourcentage de réussite n'étant pas très éloigné de celui du groupe test, on en conclut que la performance personnelle intervient chez eux autant que la communication.

Les enfants de huit ans peinent à faire passer par le langage ce qu'ils transmettent habituellement par des gestes. Le recours aux termes « machin » et « truc » montre un déficit de vocabulaire qui freine la compréhension du récepteur.

Conclusion : l'efficacité de la communication est bonne quand il s'agit d'éléments simples, quand les informations deviennent plus nombreuses et compliquées, des difficultés apparaissent ; les difficultés et les échanges laborieux sont souvent liés à l'imprécision du vocabulaire utilisé et à l'omission de certaines informations ; la responsabilité des difficultés provient principalement de l'émetteur, les informations étant prises en compte par le récepteur quand elles sont données. Conséquences sur l'adulte : communiquer sur des banalités et du matériel simple est plus facile que sur des éléments abstraits ; le choix des mots justes est une condition de la bonne communication (extrait de Janine Beaudichon, *La Communication sociale chez l'enfant*, Paris, PUF, 1982).

PARTIE V

PSYCHOLOGIE SOCIALE

FICHE 45 | La formation d'impressions (1)

La catégorisation (1)

Là aussi, les théories ont proliféré depuis des décennies. Nous n'avons retenu que les plus pertinentes et les plus actuelles, la plupart venant des États-Unis. Notez aussi que, pour réussir dans cette discipline, il est indispensable d'en comprendre la terminologie spécifique constituée de nombreux américanismes.
La catégorisation ne retient d'une personne qu'une caractéristique, et non pas toutes les informations disponibles qui pourraient donner une image globale. Submergé d'informations diverses, et pourvu de capacités d'ordonnancement limitées, l'être humain a besoin de la catégorisation pour interpréter ces données.

On catégorise non par sectarisme mal intentionné mais par souci de simplification du monde, par économie des ressources cognitives et des perceptions. Quand une information arrive, elle est automatiquement rattachée à quelque chose de connu (les jeunes, les vieux, les noirs, les blancs, etc.). On établit des similitudes plus ou moins justifiées, d'où la difficulté d'une perception juste puisque chacun est différent. On catégorise également pour ne pas remettre en question tout l'acquis du passé à chaque nouvelle perception. On catégorise pour pouvoir agir et faire des choix. Les catégories organisent la connaissance de la vie, facilitent la perception du monde.

La stratégie de nature probabiliste

On conçoit un schéma abstrait de quelque chose ou de quelqu'un dans lequel il existe un prototype auquel les perceptions reçues seront plus ou moins apparentées. Le prototype est l'exemple type qui définit une catégorie mais aucun élément réel ne lui ressemble exactement. Ils sont tous plus ou moins proches du prototype. Par exemple, peut-on choisir une personne comme prototype du célibataire ?

On utilise un jugement de ressemblance entre un stimulus et la représentation mentale que l'on a d'une catégorie. Or, la qualité de l'appartenance à la catégorie varie. Certains membres sont plus ou moins représentatifs de ladite catégorie (cf. prototype et gradient de typicalité, fiche 36) et toutes ses caractéristiques ne sont pas présentes chez tous ses membres (les oiseaux volent, mais les pingouins qui sont des oiseaux ne volent pas).

Dans les stratégies probabilistes, soit on représente la catégorie par un prototype général qui possède les caractéristiques les plus typiques de la catégorie (un chien aboie, a une truffe et quatre pattes), soit par un exemplaire réel symbole du meilleur exemple (dans la catégorie oiseau, un pigeon est meilleur que le pingouin).

Les processus de catégorisation sont régis par deux principes : principe fonctionnel, les catégories doivent permettre un fonctionnement efficace, l'acquisition de beaucoup d'informations avec peu d'efforts, ne doivent être ni trop générales ni trop spécifiques ; principe structurel, la réalité déjà structurée influence les catégorisations.

Ces structures sont :
• horizontales, du plus large au plus spécifique :

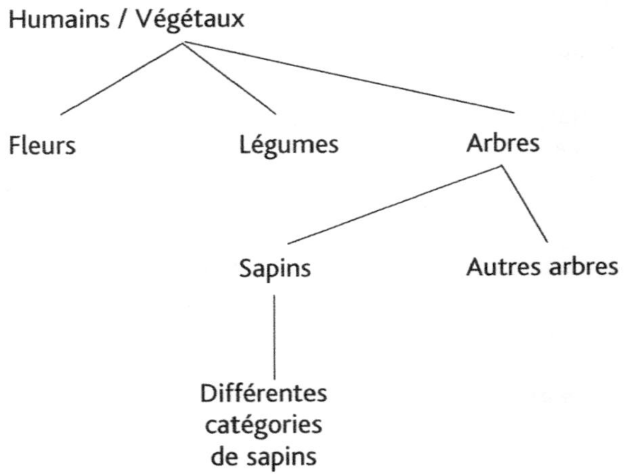

• verticales : dans chaque catégorie, c'est le prototype qui est le plus représentatif :

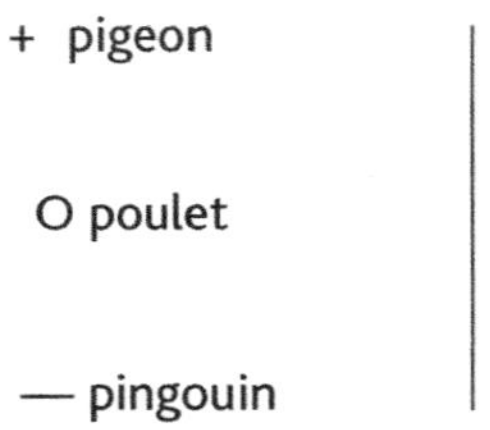

Un élément n'a pas besoin d'avoir tous les caractères pour être associé à une catégorie, un air de famille suffit. L'inconvénient de ce type de catégorisation est que l'objet est perçu en valeur absolue, alors que tout objet est fonction de l'utilisation qu'un sujet en fait (la sauce tomate doit-elle être rangée avec les sauces ou avec les pâtes ?).

Les schémas

À partir des catégories, on construit des schémas qui orientent la nouvelle information, choisissent celle qui semble pertinente et que l'on retient pour pouvoir interpréter ce que l'on observe. L'interprétation peut être fausse mais les schémas sont ancrés dans la mémoire et la nouvelle information s'y introduit.

La variété des schémas est grande. On connaît les schémas de personnes dont le plus courant est le classement selon des traits de personnalité que l'on va agréger pour définir un caractère. On trouve des schémas de groupes, ou stéréotypes (les Anglais, les Noirs, etc.), des schémas de soi (se résumer en un trait majeur qui expliquerait tout le reste), des schémas de rôles (professeurs, patrons, etc. dont on attend un comportement stéréotypé), des schémas d'événements (dans tel lieu on doit se comporter de telle façon).

• **Les critères de choix d'un schéma**

Priorité est donnée soit :
• aux indices visuels ;
• aux informations présentées en premier ;
• aux informations saillantes ;
• aux informations répétitives, chroniques ;
• aux informations récemment utilisées ;
• à un **amorçage** subliminal, facteur inconscient qui influence une attitude.

• **Rappel et schémas** : les gens essayent de confirmer leurs connaissances préalables au lieu d'être sensibles aux informations contraires. Les informations les mieux mémorisées sont :
• cohérentes avec le schéma (on se souvient qu'un Chinois a été distant car on lui prête un caractère introverti). On se souvient mieux du comportement de quelqu'un quand on l'a catégorisé : « *Il a dû mentir dans cette situation, normal c'est un menteur* » ;
• au contraire, en contradiction forte. On ne change pas le schéma, on considère que c'est l'exception qui confirme la règle, mais en l'occurrence on se souviendra de l'information comportement en moins bien ou plus tard (un Chinois non distant sera catégorisé comme bon vivant).

• **Erreurs de rappel :**
• omission : on oublie les informations non cohérentes avec le schéma soit par mauvaise mémorisation soit par mauvaise attention portée au stimulus ;
• erreur d'intrusion : dans l'étude de **Claudia E. Cohen** en 1981 (*Person categories and social perception*), on filme une femme qui dîne avec son mari. On a deux groupes de spectateurs. Au premier, on dit qu'elle est bibliothécaire, au deuxième qu'elle est serveuse. On leur demande de raconter ce qu'ils ont vu :

	Informations fausses perçues	**Informations vraies perçues**
Groupe « bibliothécaire »	Elle a des lunettes Musique classique dans le film	Ils mangent de la salade Pas de TV allumée
Groupe « serveuse »	Ils regardent la TV Ils boivent de la bière	Ils mangent un hamburger Elle est tendre avec lui

Par ailleurs, plus une personne perçoit une situation de manière incertaine, plus elle se réfugie dans un schéma.

Lorsqu'une information arrive qui contredit un schéma, on cherche une explication à la contradiction mais on ne change pas le schéma : si l'on a jugé quelqu'un comme introverti et qu'on le voit devenir extraverti tout d'un coup, on pense qu'il a pris des excitants ou reçu une nouvelle enthousiasmante. Face à un stimulus qui contredit un schéma, on cherche des exemples qui confirment ce schéma, le stimulus devenant l'exception qui confirme la règle.

Fonctionner avec des schémas revient à être conservateur de sa catégorisation, à changer rarement d'impression.

FICHE 46 | La formation d'impressions (2)

La catégorisation (2)

L'approche par l'exemplarité

À l'inverse du prototype qui est abstrait, l'exemplaire est réel. Tous les exemplaires d'une catégorie sont stockés en mémoire. Une nouvelle information leur est comparée.

Un inconvénient de cette approche est lié au sens de la comparaison : on n'obtient pas le même résultat quand on se compare à autrui que lorsque l'on compare autrui à soi.

Des expériences ont montré que les gens se jugent plus différents des autres qu'ils ne jugent les autres différents d'eux et, par conséquent, se jugent moins semblables aux autres que les autres leur paraissent semblables à eux.

Une autre limite vient du contexte. Le classement des pays dans une même catégorie (Autriche, Suisse, Allemagne, Italie, France, Espagne, Hollande, etc.) varie selon que le critère est la fréquentation touristique ou l'importance du domaine skiable.

Enfin, certaines catégories apparemment similaires n'ont pourtant aucun sens. « Avoir des poils » peut constituer un critère de catégorisation. Or, ce critère rassemble des brosses à cheveux, des animaux, des humains.

L'approche par exemplarité nécessite donc une adaptation permanente, de la souplesse dans le contenu de la catégorie, ce qui est coûteux en cognition, en mémoire. La similarité est insuffisante, l'association doit avoir du sens et ce sens peut varier d'une personne à l'autre

L'approche émotionnelle, résumé des expériences réalisées par Niedenthal

Dans **la première expérience**, trois groupes d'individus sont constitués. On présente un film différent à chaque groupe. L'un triste, l'autre gai, le troisième étant un documentaire neutre sur le plan émotionnel. Ensuite, on leur demande de regrouper des mots. Ils doivent associer chaque mot qu'on leur présente à un autre mais ils ont le choix entre trois associations possibles, l'une émotionnellement négative, l'autre positive, l'autre neutre. Par exemple, avec le mot « partir », ils ont le

choix entre « abandon », « évasion » et « voiture ». Pour les sensibiliser plus, on leur a diffusé de la musique soit triste, soit gaie, soit neutre selon les groupes.
Après leur classement des mots, on leur passe un questionnaire d'autoévaluation de leur état psychique avec 16 items de sentiments sur lesquels on leur demande de se positionner sur une échelle allant de « tout à fait » à « pas du tout ».

On vérifie avec ce questionnaire que le groupe mis dans des conditions gaies se juge plus joyeux, le groupe dans des conditions tristes, plus déprimé. L'état psychologique ayant été provoqué, reste à vérifier l'incidence sur le mode de catégorisation. Effectivement, les conditionnés « gais » font des associations positives, les « tristes » des négatives. Les « neutres » ont fait des choix non émotionnels.

Dans **la deuxième expérience**, deux groupes sont placés dans deux situations différentes selon leur choix. Soit ils racontent le décès d'un proche ou ami, soit ils dissertent sur la mort. Puis, ils sont soumis au test de regroupement des mots comme dans la première expérience. Les regroupements du groupe « décès » sont plus émotionnels que ce soit en positif ou en négatif, alors que le groupe « dissertation » a plus de regroupements non émotionnels.

Les conclusions de Niedenthal : la catégorisation n'est pas uniquement cognitive et rationnelle, les émotions jouent un rôle qui ne les rend pas toujours objectives.

Catégorisation par type de personnalité

Dans la culture occidentale, on a coutume d'utiliser des traits de personnalité pour décrire quelqu'un. Un comportement est plus facilement attribué à un trait de personnalité qu'au hasard ou à des circonstances extérieures. De quelqu'un qui ne participe pas à une conversation, on va déduire qu'il est timide ou inculte alors qu'il se peut au contraire que le sujet de la conversation lui semble intellectuellement sans intérêt.

Le culte de la personnalité et du Moi en Occident est vérifié par les expériences sur l'asymétrie de perception entre soi et autrui (voir approche par exemplarité). Les Indiens et les Japonais se jugent au contraire plus semblables aux autres qu'ils ne jugent les autres semblables à eux.

Les théories de la personnalité reposent sur des croyances partagées à propos de la fréquence d'un trait ou de sa variabilité (l'exception qui confirme la règle). Elles raffolent de l'association entre traits notamment entre traits physiques et de caractère (les petits sont agressifs, les gros joviaux). Les traits les plus couramment employés pour catégoriser sont l'extraversion/l'introversion, sympathique/antipathique, émotif/non émotif, consciencieux/négligent, ouvert ou curieux/fermé ou obtus, dynamique/paresseux.

Ces classifications résultent du manque de temps et des difficultés pour étudier une personnalité dans ses nuances et son étendue. Ce genre de raccourci est appelé **heuristique de représentativité** : en entendant attribuer quelques qualificatifs à quelqu'un, on le place dans la catégorie en rapport avec ces qualificatifs, alors qu'il peut en posséder d'autres et se trouver dans d'autres catégories.

FICHE 47 | La formation d'impressions (3)

Les stéréotypes ou schémas de groupe (1)

Ce sont des formes particulières de théories implicites de personnalité, des croyances partagées par un groupe sur les traits de personnalité d'un autre groupe. Il s'agit de croyances simplifiées, généralisées, partagées socialement, apprises très tôt et plutôt négatives envers les minorités.

L'exemple en est donné par le test de stéréotype et de jugement d'**Ugweghu** en 1979.

Les participants doivent lire le rapport établi sur un viol commis. Ils sont séparés en deux groupes : groupe A (on leur dit que le suspect est noir), groupe B (il est blanc).

Puis on sépare chaque groupe en trois sous-groupes :
• aux sous-groupes 1, on donne l'information que les charges d'accusation sont faibles car des témoignages certains ont vu l'accusé ailleurs à ce moment-là ;
• aux sous-groupes 2, on donne l'information que les charges sont incertaines car des témoignages non vérifiés l'auraient vu ailleurs ;
• aux sous-groupes 3, on dit que l'accusé a été vu avec certitude suivre sa victime.

On les interroge ensuite individuellement sur leur perception de la culpabilité. L'effet stéréotype joue encore plus sur le sous-groupe 2, dans les cas d'incertitude on s'y réfugie.

Degré de culpabilité

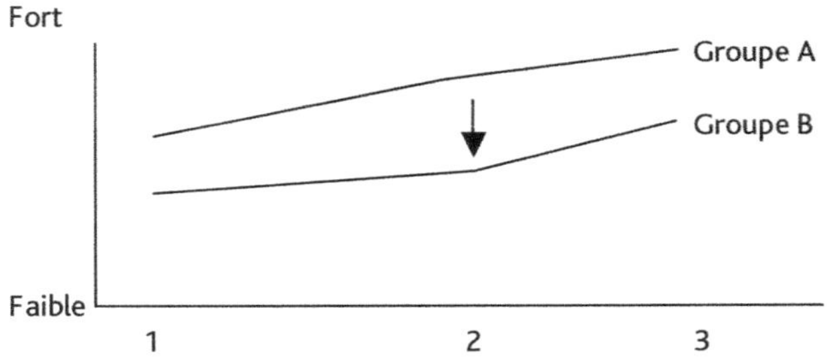

Origine des stéréotypes

Les catégorisations courantes et fonctionnelles destinées à situer les personnes les unes par rapport aux autres (catégorisations cognitives, perceptives) sont à distinguer des catégorisations motivationnelles et actives résultant de problèmes relationnels avec une catégorie. Les stéréotypes négatifs à l'égard des minorités résultent de **l'effet de saillance**, ce que l'on perçoit en premier. L'effet de saillance consiste, par exemple, à juger une femme qui exerce la même activité que des hommes plutôt selon son genre que selon ses qualités professionnelles. Un comportement anormal dans la société, comme l'agressivité par exemple, est d'autant plus remarqué qu'il est le fait d'une minorité. Selon les théoriciens américains, cette attention exacerbée influence la perception de fréquence sur les comportements de cette minorité. On confondrait ainsi facilité de perception (cognition) et fréquence (motivation).

Des essais de suppression des stéréotypes ont été réalisés, mais sans grand succès. Les différentes méthodes employées sont :
• décatégoriser : donner beaucoup d'informations variées sur le groupe en question pour le rendre moins homogène à la perception. Provoquer des rencontres intergroupes ;
• recatégoriser : sortir de la catégorisation américaine entre Noirs et Blancs, pour recatégoriser entre Anglo-Américains, Asiatiques, Européens, Mexicains, etc. Toutefois, cela revient à d'autres catégories ;
• accumuler les informations contraires au stéréotype, par l'introduction d'une information contradictoire forte, par création de sous-catégories incluant des membres qui infirment le stéréotype (montrer des Noirs américains aisés, vanter les mérites d'un B. Obama).

L'effet rebond

Il est illustré par l'expérience de **Crocker Weber**, en 1983.
On présente à deux populations des exercices différents :
• première tâche du premier groupe : on leur soumet soit un questionnaire d'attitudes par rapport aux skinheads, soit on leur montre une photo de skinhead et on leur demande de décrire une journée type de la vie de cette personne. Ce groupe est appelé groupe contrôle ;
• première tâche du deuxième groupe : on leur présente soit une échelle d'attitudes des skinheads sur laquelle ils doivent être plus ou moins d'accord, soit également une photo comme dans le groupe 1, mais dans les deux cas en leur disant d'éviter les stéréotypes ;
• la deuxième tâche : on donne aux deux groupes, sans consigne cette fois, soit un texte descriptif d'un individu avec ses différents comportements observés au cours d'une journée, et on leur demande de le juger

selon 12 items en rapport avec l'agressivité, soit on leur donne la photo d'un autre skinhead et on leur demande de décrire sa journée.

Dans la première tâche, le groupe 2 présente moins de stéréotypes que le groupe 1, ils ont suivi la consigne.

Mais dans la deuxième tâche, soit ils jugent l'individu beaucoup plus durement que ceux du groupe 1, soit ils le décrivent de manière beaucoup plus négative dans sa journée.

Ce phénomène est appelé l'effet rebond : on les a empêchés, dans la première tâche, d'avoir recours au stéréotype donc ils se défoulent dans la deuxième.

Explication théorique de l'effet rebond (deuxième modèle de **Wagner** 1992-1994) : il repose sur deux processus psychologiques :
• le processus de supervision : on sélectionne dans la conscience ce à quoi on s'interdit de penser, mais paradoxalement l'effet produit est de faire un focus sur cette idée à supprimer. Les pensées relatives à l'idée à supprimer rendent celle-ci plus accessible ;
• le processus de remplacement : tout processus de contrôle demande des efforts cognitifs, ce qui est le cas pour le groupe 2 dans la première tâche. Arrivés à la deuxième tâche, leur capacité cognitive s'est affaiblie, ce qui libère le processus automatique du stéréotype.

FICHE 48 | La formation d'impressions (4)

Les stéréotypes ou schémas de groupe (2)

L'amorçage

Selon le **modèle de McRae *et al.*** (1994), le processus précédent est concentré sur la notion d'amorçage. L'interdiction qui attire l'attention est considérée comme l'amorçage. Plus un concept est amorcé, plus il y a de chances que son potentiel d'action reste suffisamment haut pour lui permettre de rester présent à l'arrivée des informations suivantes. Il a laissé une empreinte. L'amorçage, très utilisé en psychologie cognitive pour la perception, fonctionne également avec les **processus de haut niveau** pour orienter le traitement d'une information. La rumeur, par exemple, est un phénomène d'amorçage.

Voici **une expérience sur la fréquence de l'amorçage de Bargh et Pietromonaca (1982)**. On dit à des sujets que l'on va étudier leur vigilance sur ordinateur. Ils doivent fixer un point et appuyer sur un bouton le plus vite possible dès qu'ils voient un flash sur ce point. Ces flashs sont en réalité des mots envoyés en technique subliminale de l'ordre du millième de seconde. Il y a trois groupes sur lesquels on pratique ces amorçages : un pour qui l'on envoie des mots non liés à l'agressivité, un deuxième où 20 % des mots y sont liés, un troisième où ce sont 80 % des mots.
Dans une deuxième étape, on leur lit la description d'une personne dont les comportements sont ambigus en matière d'agressivité, sur laquelle on peut hésiter quant au jugement à porter, certaines de ses réactions étant naturelles dans certaines circonstances (klaxonner quand des voitures n'avancent pas au vert). On leur demande si le personnage est agressif. L'effet d'amorçage pour trouver l'individu très agressif ne joue vraiment que dans le dernier groupe où il a été suffisant.

Évolution de la société envers les stéréotypes

Aujourd'hui, les chercheurs rencontrent plus de difficultés pour les faire apparaître dans leurs expériences. On est passé de réactions automatiques à des réactions plus contrôlées.

L'étude de Darley et Gross (1983), « le cas Hannah », présente deux expériences pour deux groupes qui visionnent une vidéo sur une fillette, Hannah.

Dans la première expérience, on montre au groupe 1 Hannah dans un environnement défavorisé, école et quartier délabrés. Au groupe 2, on la montre dans un environnement bourgeois.

On leur demande ensuite d'évaluer l'intelligence d'Hannah et d'estimer en quelle année de primaire elle se trouve. Aucune différence n'est notable entre les deux groupes.

Deux autres groupes sont soumis à ces vidéos différentes, mais elles sont suivies d'une autre dans laquelle on voit Hannah simplement effectuer un test d'intelligence sans information précise sur son degré de réussite.

À la demande de jugement du niveau scolaire qui s'ensuit, ceux ayant vu la riche Hannah la trouvent plus en avance que ceux ayant vu la pauvre, et pensent que le test d'intelligence était plus difficile, la performance supérieure pour la riche Hannah.
Dans la première expérience, il y a eu dilution du stéréotype, les normes culturelles actuelles faisant que les gens n'osent plus affirmer des jugements d'appartenance catégorielle. Dans la deuxième, une information individualisée et ambiguë au sujet de la réussite au test l'a fait réapparaître.

De même, les gens essayent de ne plus avoir l'air raciste. Les chercheurs américains n'utilisent plus les échelles bipolaires de classement d'agressif à gentil pour des individus noirs et blancs présentés ensemble. Les Noirs et les Blancs sont présentés individuellement et une échelle plus diluée allant de « pas du tout » à « tout à fait » permet d'endormir la méfiance des répondants. Toutefois, si les résultats donnent les Noirs non perçus comme plus agressifs, ils donnent les Blancs comme plus gentils.

FICHE 49 | Les modèles de formation d'impressions (1)

Les hypothèses sur la manière de percevoir autrui oscillent entre deux approches : un jugement catégoriel qui s'appuie sur un prototype ou un jugement plus individualisé :

• *theory driven* : la théorie vient *a priori* et les informations catégorielles perçues ne sont donc pas individualisantes ;

• *data driven* : les informations observées directement sont liées au sujet, individualisantes et spécifiques.

La controverse entre les théoriciens porte sur la progression du processus et l'enchaînement des étapes.

Le modèle de Asch ou modèle catégoriel

Psychologue gestaltiste reconnu encore comme un grand théoricien de la psychologie sociale, il considère, dès 1946, que l'information catégorielle intervient en premier. Les gens se forment rapidement une opinion sur autrui à partir de quelques indices. Ensuite, ils interprètent les faits et gestes de cette personne sous l'influence de leur première impression.

À partir de quelques éléments donnés à des individus sur une personne fictive (« intelligente, travailleuse, chaleureuse, pratique », etc.), il vérifie que les gens en brossent facilement un portrait favorable. Ils complètent ce portrait en imaginant des traits de générosité, d'honnêteté, de sociabilité, allant dans le sens de la voie tracée.

Dans une expérience plus complexe, il donne à deux groupes deux listes de traits de personnalité d'un individu fictif identiques mais pas dans le même ordre : « *intelligent, travailleur, impulsif, critique, têtu, envieux* » est la liste pour le premier groupe, et « *envieux, têtu, critique, impulsif, travailleur, intelligent* » celle du deuxième. Il demande ensuite d'écrire en quelques mots ce qu'ils pensent de l'individu et de répondre à un questionnaire contenant d'autres traits de personnalité supposés ou non de cet individu (« généreux, sage, heureux, fiable, humain », etc.). Pour le premier groupe, l'individu est jugé beaucoup plus sympathique que pour le deuxième. Il en conclut que **l'effet de primauté l'emporte sur l'effet de récence** : les traits cités en premier sont plus marquants que ceux cités en dernier, ils donnent le ton et orientent le sens des suivants.

Si un personnage est décrit d'abord avec beaucoup de qualités, puis avec ses défauts, on pense que nul n'est parfait. Au contraire, s'agissant d'un individu perçu d'abord avec des défauts, on regrettera qu'il soit pourtant intelligent.

L'impression générale sur autrui se crée rapidement et il est difficile de changer de direction ensuite. L'opinion est construite d'emblée, sans avoir l'ensemble des informations. Quelques traits centraux provoquent l'effet de **primauté** et, si la suite ne confirme pas l'impression, on en conclut à une exception, une anomalie.
Pire, l'impression initiale colore les informations suivantes : les qualificatifs de « têtu » et « d'impulsif » ne prenaient pas la même nuance pour le groupe 1 et le groupe 2 :

	Groupe 1	Groupe 2
Têtu	A de la suite dans les idées	Borné
Impulsif	Spontané	Incontrôlé

De la même manière, on a vérifié que le terme intelligent ne prenait pas la même connotation selon les cas : « criminel intelligent » = « rusé » alors que « enfant intelligent » = « malin » et que « grand-père intelligent » = « sage ».

Asch a mesuré également que les traits de caractère n'avaient pas le même poids, certains traits dits centraux (« chaleureux », « froid », etc.) changent l'impression générale.

Selon d'autres théoriciens l'humain peut fonctionner différemment.

Le modèle algébrique d'Anderson (1981)

Selon lui, les gens fondent leur impression sur des faits. Il a demandé à un large échantillon de sujets américains de noter le degré de « favorabilité » (terme employé par les enseignants), à savoir la valeur accordée à de nombreux traits de personnalité. Ensuite, il leur a demandé de juger le degré de sympathie de personnes fictives dont il avait construit le profil. Il voulait savoir si les gens ajoutaient les valeurs des traits les unes aux autres ou s'ils effectuaient une moyenne.

Exemples :

Sujet A	
Traits de personnalité	Valeur de ce trait
Drôle	+ 3
Spontané	+ 3
Beau	+ 3

Sujet B	
Généreux	+ 10
Laid	– 2

Si l'on additionne, A l'emporte sur B ; si l'on fait la moyenne c'est l'inverse. Anderson a démontré que les gens fonctionnaient avec des moyennes. Il a toutefois précisé que tout dépendait du contexte. S'il s'agit d'évaluer un ami potentiel ou de choisir un top-modèle, la valeur des traits sera pondérée par des coefficients différents. Dans le premier cas, les deux premiers traits (drôle, spontané) auront un coefficient élevé, et le dernier faible ; dans le deuxième cas, ce sera l'inverse.
L'intérêt du modèle d'Anderson est de montrer que les gens ne donnent pas une opinion en répertoriant tous les traits mais en sélectionnant les plus importants pour eux. La moyenne favorise la sélectivité au détriment de l'exhaustivité. La pondération permet de relativiser l'effet de **primauté** dans l'ordre des informations données et de rendre compte du contexte.

Il a ajouté la notion d'impression initiale. Si l'on a déjà rencontré quelqu'un et déjà une impression, ou si c'est la première fois, les éléments d'information nouveaux seront pris en compte différemment. Par rapport à l'effet de **primauté** d'Asch, Anderson introduit la pondération.
La question reste : les gens sont-ils limités au point de ne pouvoir accorder autant d'attention à la énième information qu'à la première. Entre Asch et Anderson, la querelle a duré des années : *theory driven* ou *data driven ?* Information catégorielle ou individualisante ? Ils ne prenaient pas en compte ce qui favorise l'une ou l'autre approche, c'est-à-dire l'idée de leur combinaison qui fut découverte ensuite.

FICHE 50 | Les modèles de formation d'impressions (2)

Le modèle du continuum (Fiske et Neuberg, 1990)

Principe

Ce principe peut être illustré, selon les enseignants, par deux comparses variables, l'histoire étant la même.

Lors d'une soirée, une jeune femme est présentée à un psychiatre mais n'y prête guère attention et, lorsqu'on lui demande ce qu'elle pense de lui, elle accède spontanément à des stéréotypes : « intellectuel, prétentieux, malade lui-même... ». C'est donc le jugement catégoriel qui arrive en premier.

Si la situation de la rencontre évolue si la jeune femme est placée à côté de lui à table ou obligée de l'écouter plus attentivement, si elle l'entend parler de ses recherches, de l'importance des études dans la vie, et si elle observe certains tics de langage ou d'attitude, elle confirme son stéréotype.

Si, au contraire, il aborde des sujets légers, voire l'invite à danser, elle va le catégoriser soit du côté des psychiatres séducteurs, soit l'apparenter à une personne *people*, soit à elle-même car elle se sent incapable d'être authentique dans une soirée et pense que tout le monde est ainsi en représentation.

Si, en plus il a de l'humour, s'intéresse à elle et à ses activités, fait preuve de tolérance et d'ouverture aux avis différents des siens, le stéréotype du psychiatre sera oublié.

Ce modèle du continuum part du jugement catégoriel de **primauté** pour arriver au jugement spécifique conditionné par des situations.

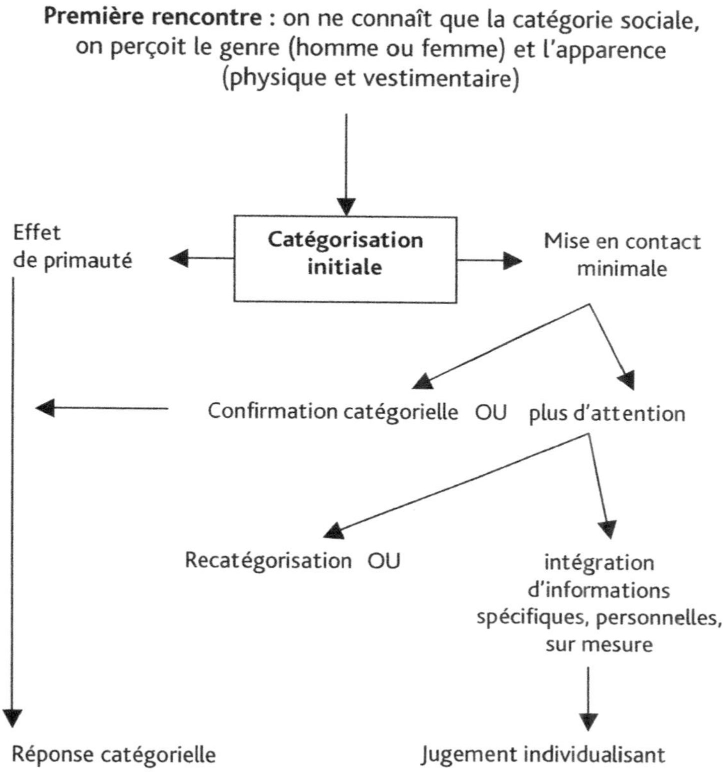

On aboutit au jugement spécifique et individualisant que s'il n'y a pas de possibilité de recatégorisation, et si l'attention et la motivation sont suffisantes.

Autre exemple

1re étape	Catégorisation initiale	Une femme
2e étape	Catégorisation + arrivée d'infos cohérentes	Caractéristiques « féminines »
3e étape	Catégorisation + données incohérentes (agressivité), recatégorisation en sous-catégorie	Une femme PDG
4e étape	Arrivée de données précises, *data driven,* sur celle avec qui on va travailler	Description individualisée

Le facteur motivationnel fait évoluer les impressions.

Détail des étapes

La catégorisation initiale n'est pas consciente, mais plutôt spontanée, automatique. Les préjugés sont-ils plus puissants que la raison et le savoir ? Les idées ancrées depuis longtemps sont-elles si influentes ? Pour que **la confirmation de la catégorie** ait lieu, il faut deux conditions : la motivation et la capacité cognitive. Les gens non motivés et non attentifs se limitent à la catégorisation initiale, sinon ils passent à la confirmation, ce qu'ils aiment d'ailleurs car confirmer ce que l'on pense est rassurant pour l'Ego. Les comportements ambigus favorisent la confirmation d'une impression initiale.

Les sous-catégories et la recatégorisation : comment réagir quand une information ne correspond pas à la catégorie ? Changer d'avis et s'adapter est possible en sous-catégorisant. Un jeune qui laisse sa place à une personne âgée n'est plus classé parmi tous les jeunes mais parmi les jeunes bien élevés. On forme également des sous-types qui ne rentrent dans la catégorie générale que sous forme d'exception : les « vieux beaux ». Quand cela n'est pas possible on recatégorise : un sexagénaire qui porte les cheveux longs et s'habille comme un jeune, ne sera plus classé dans la catégorie « sexagénaire » mais dans celle des artistes.

Pour la spécificité individuelle, on passe de la catégorie aux traits de personnalité lorsque l'on est motivé pour s'informer sur quelqu'un. Celui-là sera perçu dynamique ou nonchalant, spirituel ou matérialiste selon les cas. De la description pure d'un comportement, on a vite fait de porter un jugement de valeur et de conclure à un type de personnalité. Il s'agit d'une autre forme de catégorie, plus fine mais tout aussi généralisante. D'où une individualisation aussi inexacte qu'un jugement catégoriel, qui traite tout le monde à l'identique, mais considérée pourtant plus pertinente parce que l'on attribue plus de valeur dans la perception d'une personnalité aux différences qu'aux similitudes.

Exemple de catégorisation initiale, expérience de Patricia Devine, en 1989

Au préalable a été vérifié le fait que les étudiants blancs non racistes, n'adhérant pas aux stéréotypes usuels sur les noirs (par exemple agressifs), en connaissent toutefois l'existence autant que les individus racistes.

Ensuite, elle soumet des étudiants à une expérience. Parmi eux, se trouvent des racistes et des non-racistes. Ils sont exposés de manière subliminale à 100 mots-amorces présentés en 80 millisecondes et suivis d'un masque constitué par un mélange de lettres. À cette vitesse, ils n'ont pas conscience des mots qu'ils voient. Rappelons, concernant la catégorisation initiale, que les gens n'en ont pas conscience. Pour faire diversion, la tâche à effectuer leur est présentée comme une épreuve de vigilance dans laquelle ils doivent dire si l'amorce était à gauche ou à droite d'un point. Les mots sont envoyés à deux sous-groupes selon deux configurations :

- première configuration : 80 % des mots sont associés aux Noirs : « Harlem, ghetto, drogue, paresseux, crime, nègre, etc. » ; les autres mots sont anodins ;
- deuxième configuration : 20 % des mots seulement sont associés aux Noirs.

Enfin, ils lisent la description d'une douzaine de comportements concernant un individu nommé Donald, d'ethnie non spécifiée. Les comportements sont ambigus concernant son agressivité : par exemple, il réclame prestement son argent à une caissière suite à un achat, ou il refuse de payer le loyer de son appartement tant que le propriétaire ne l'a pas repeint.

Ils doivent juger Donald sur une échelle d'agressivité.

Les résultats sont les suivants :

Configuration	Individus racistes	Individus non racistes
1re	1- Donald jugé plus agressif que dans 2	3- Donald jugé plus agressif que dans 4
2e	2- Donald jugé moins agressif que dans 1	4- Donald jugé moins agressif que dans 3

La différence entre 1 et 2 est normale ; que les individus 3 et 4 réagissent comme 1 et 2 l'est moins. Patricia Devine conclut que lorsque les gens ne peuvent exercer un contrôle cognitif sur leur croyance parce qu'ils sont influencés inconsciemment par le caractère subliminal de l'information, ils se laissent prendre au piège de la catégorisation et de ce qu'ils ont entendu depuis toujours.

FICHE 51 | Les ingrédients de la formation d'impressions (1)

La saillance

Parmi les ingrédients de la formation d'impression, on trouve la saillance, concept déjà étudié (fiche 47), appelé également effet solo.

Buts d'exactitude et buts directionnels

Les buts d'exactitude font eux aussi partie de ces ingrédients, il s'agit de procéder à un bon diagnostic. La motivation est ici la validation, l'exactitude de la connaissance et la bonne évaluation. Il ne s'agit pas de se situer dans un préalable à l'action.

Au contraire, les buts directionnels se rencontrent dans des situations d'action, de réussite dans une compétition, d'évitement de conflit, de prise de décision. Ils sont stimulés quand il s'agit de soi. Si l'on nous affirme, au préalable, que, pour réussir, il faut être extraverti et qu'on nous soumet ensuite un questionnaire d'auto-évaluation extraverti / introverti, on va se juger plus extraverti. L'introverti ne se verra pas subitement extraverti mais moins introverti que si on lui avait affirmé le contraire.

Une expérience confirme ce constat avec deux groupes de sujets. On leur présente un homme, cadre, avec un descriptif de ses actions dans son ancienne entreprise, et on leur demande ses chances de réussite dans son nouvel emploi.

Au premier groupe, on fixe des objectifs d'exactitude, ils doivent justifier leur jugement auprès d'un expert et ont tout leur temps pour statuer. Le deuxième a des objectifs de conclusion et un temps limité. On sépare chaque groupe en deux : à la moitié, on donne sur cet homme des informations favorables et quelques déficiences en final et, à l'autre moitié, on fait l'inverse.

Les pressés du deuxième groupe sont victimes de l'effet de **primauté** (favorables ou défavorables selon le cas) alors que les autres tiennent compte de toutes les informations et jugent de manière plus mitigée que ce soit dans le cas favorable ou défavorable.

Les motivations

Les motivations sont testées dans l'expérience suivante : deux groupes d'intervieweurs à qui l'on donne une consigne différente :
• motivation : vérifier des impressions premières, découvrir la vraie personnalité, prendre en compte les dires et les actes de la personne à interviewer ;
• pas de motivation induite, juste bien s'entendre avec l'interviewé, vérifier l'impression première et faire en sorte que le courant passe.

Au préalable, on a donné une première impression aux intervieweurs en leur présentant une photo, d'une personne obèse pour les uns (connotations négatives induites), d'une personne de poids normal pour les autres.

	Motivation à connaître	Pas de motivation induite
Photo d'un obèse	Comportement désagréable de l'intervieweur et avis négatif sur l'interviewé	Comportement moins désagréable que dans le cas ci-contre
Photo d'un non-obèse	Comportement normal et avis nuancé	Comportement normal

La motivation à connaître ne va pas forcément dans le sens d'une meilleure objectivité et renforce la confirmation d'hypothèses et de préjugés sur les obèses ; la recherche de l'exactitude n'amène pas toujours une perception plus fine qu'un but directionnel, sauf à penser que la motivation à connaître soit ressentie comme un but directionnel pour certains.

Stratégie de suffisance ou de nécessité

Concept de **Lewicka** (1988)

Dans la vie, on utilise l'une ou l'autre de ces stratégies en fonction des situations, rarement les deux en même temps, cela étant trop compliqué, bien qu'enrichissant. Chacune de ces stratégies comporte avantages et inconvénients :
• **la stratégie de suffisance** : on l'emploie en toute confiance dans le sens des informations qui nous confirment l'idée que l'on avait.

On pense pouvoir faire confiance à quelqu'un, donc on en retient tous les indices qui nous inspirent confiance ;
• **la stratégie de nécessité** est utilisée en cas de doute, d'inquiétude ou de danger. Si l'on se trompe, on prend des risques, donc on accorde plus d'importance aux informations contradictoires.

L'attention

Si l'on dispose d'un stéréotype auquel on peut se fier, on économise de l'attention et des efforts, on a besoin de moins de ressources cognitives, c'est un raccourci. Le recours au stéréotype permet de faire attention à autre chose qu'à l'objet du stéréotype.
Une expérience a été menée sur l'attention : on présente, en trois secondes, sur un écran d'ordinateur, un prénom suivi de dix traits de personnalité. Puis, successivement trois autres prénoms dans les mêmes conditions. Simultanément, on fait écouter, aux personnes qui ont vu ces prénoms sur écran, un enregistrement relatif à la géographie d'un pays lointain.

La moitié des sujets n'a vu que des prénoms et des traits. L'autre moitié a vu sur l'écran, associée au prénom, une catégorie comme « skinhead » avec des traits de personnalité typiques (agressif, rebelle) et d'autres non significatifs pour cette catégorie (curieux, modeste, etc.).

Les sujets passent ensuite un test de rappel des différents traits des quatre personnes, ainsi qu'un QCM sur le pays en question. La moitié ayant reçu l'information sur une catégorie spécifique se souvient de plus de traits stéréotypés (mais pas des traits neutres) que les autres sujets et donne de meilleures réponses au QCM. Face à une grande quantité d'informations sur quelqu'un on a du mal à se faire une impression, alors qu'un indice de catégorisation facilite les choses et permet, de surcroît, de faire attention à autre chose. On ne peut en conclure cependant que la confirmation d'un stéréotype ne demande pas d'effort car chercher absolument à le confirmer dans le cas d'informations individualisantes contradictoires est aussi coûteux que de chercher à s'en écarter.

Une autre expérience montre des sujets recevant des informations sur un informaticien programmeur dont le stéréotype correspond à l'introversion. Ces informations le montrent autant introverti qu'extraverti, d'autres sont neutres comme le fait d'être marié.

On demande ensuite aux sujets ce qu'ils pensent des informaticiens programmeurs en général. On s'attend à ce que les informations nuancées données précédemment ébranlent le stéréotype. C'est le cas pour les sujets qui avaient été occupés à une autre tâche. Ceux qui n'avaient rien d'autre à faire passent plus de temps à étudier cet informaticien qui ne correspond pas à ce qu'ils attendaient sur les critères d'extraversion jusqu'à supposer qu'elle soit due à l'influence de sa femme. La prise en compte de l'information individualisante et neutre (il est marié) leur a demandé des efforts supplémentaires.

L'accessibilité aux concepts

L'accessibilité aux concepts peut être soit temporaire (exposés à des récits d'agression ou de cambriolage, les gens sont ensuite plus sensibles à ce qui se passe autour d'eux, aux personnes qu'ils croisent autour de chez eux, au moindre signe suspect), soit chronique (les gens filtrent les informations en fonction de ce qu'ils pensent intimement).

Le rôle des informations recueillies, sélection, traitement

Face à l'accumulation d'informations, comment se faire une impression ? Le jugement social combine des informations catégorielles faciles à repérer (genre, couleur, langue parlée, etc.) et des informations individualisantes d'autant mieux prises en compte qu'elles sont saillantes et diagnostiques.

D'après Asch, les traits centraux et les premières informations sont forcément saillantes et diagnostiques, dans la mesure où avant on ne savait rien.

Fiske et Taylor (en 1991) distinguent en plus :
- **l'information concrète**, imagée, plus frappante que l'information générale ou statistique. Parler de la faim dans le monde ou montrer un enfant mal nourri n'a pas le même impact ;
- **les caractéristiques minoritaires dans un contexte.** Pourquoi 3/10 a-t-il plus de poids que 300/1 000 ? **Fiedler** (1991) appelle cela l'**illusion de corrélation**. On remarque plus facilement un trait minoritaire dans un groupe minoritaire, qu'un trait minoritaire dans un groupe majoritaire, alors que le pourcentage est le même. Pour **Fiedler**, quand il y a moins d'informations, on procède à une régression vers la moyenne. Les informations très extrêmes sont jugées moins extrêmes, c'est-à-dire que 3 paraît plus proche de 10 que 300 de 1 000 ;
- **les caractéristiques rares** dans l'absolu sont privilégiées dans la masse des informations. Les traits extrêmes, positifs ou négatifs

sont très informatifs et diagnostiques. Les traits négatifs plutôt dans le domaine de la moralité (sadisme, escroquerie), les traits positifs dans les aptitudes (expertise, génie). Dans certains cas, l'information négative est plus pertinente que l'information positive : savoir qu'un comptable est honnête ne suffit pas forcément à l'engager alors que savoir qu'il a commis des escroqueries suffira à le rejeter ;

• **les informations catégorielles**. On ne perçoit pas autrui de manière neutre sans connaissances préalables des humains. Les types de personnalités à notre disposition sont multiples. Les catégories nous servent à regrouper ou à différencier. Elles impliquent des inférences et des attentes par rapport à des profils types, elles sont donc privilégiées dans la sélection des informations. Elles fonctionnent comme les traits centraux.

FICHE 52 | Les ingrédients de la formation d'impressions (2)

Les combinaisons catégorielles / individualisantes

L'impression correspond à un dosage d'informations catégorielles et individualisantes. Selon les premiers théoriciens, ces informations pourraient suivre un chemin séquentiel (**Fiske et Neuberg**, en 1990), catégorielles puis individuelles, ou parallèles (**Kunda, Thagard**, en 1996).
Néanmoins, d'autres facteurs sont à prendre en compte.

Les informations catégorielles et individualisantes consistantes avec la catégorie. Si l'on sait que Bill est américain et se nourrit de hamburgers, on dira qu'il est le prototype de l'Américain et, par extension, on lui attribue les autres traits du stéréotype. D'autres informations sur lui passeront facilement inaperçues.

Les informations catégorielles et individualisantes ambiguës. L'information catégorielle influence les informations ambiguës (voir le cas de Hannah).

L'information catégorielle et information pseudo-pertinente. C'est une information qui généralement est pertinente mais pas dans un cas donné.

On propose de porter un jugement sur un Portugais alors qu'aux États-Unis, les personnes d'origine portugaise ont la réputation de ne pas être ponctuelles. On le présente de deux façons à deux groupes séparés : Jorge, portugais, cultivé et intelligent (informations pseudo-pertinentes), et l'on pose la question de sa supposée ponctualité : la réponse est plutôt négative.

Pour l'autre groupe, on dissocie l'information pseudo-pertinente de l'information catégorielle (portugais) : on pose d'abord la question sur la ponctualité des Portugais en général et la réponse est négative. Puis, on parle de Jorge, portugais, intelligent et cultivé, la réponse sur sa ponctualité devient « je ne sais pas ».

L'information catégorielle et information individuelle inconsistante avec la catégorie. Exemple : madame X est ambitieuse et peu sensible aux autres, attributs non associés aux femmes. Un jugement catégoriel conduit à une sous-catégorie : femme chef d'entreprise. Si la sous-catégorie n'est pas plausible pour d'autres raisons, l'information individuelle va l'emporter car on renie difficilement les théories auxquelles on croit. Cette femme va devenir l'exception qui confirme la règle.

L'information catégorielle et l'information individuelle non pertinente où le stéréotype se trouve dilué par d'autres informations. Des sujets doivent dire comment peuvent se comporter un juriste et un professeur de mathématiques face à un dysfonctionnement d'ordinateur. Les solutions stéréotypées proposées sont soit taper dessus, soit consulter le manuel.

Dans un premier groupe, la solution choisie correspond aux stéréotypes. Dans un deuxième groupe, on a fourni des informations individuelles en plus sur eux : 40 ans, mariés, avec deux enfants. Dans un troisième groupe, l'information est donnée par une vidéo où un acteur joue le juriste ou le professeur. Les jugements du deuxième groupe sont moins stéréotypés que ceux du premier et ceux du troisième le sont encore moins. Le stéréotype a été dilué par l'arrivée d'informations non diagnostiques et non pertinentes.

Depuis les théories de catégorisation qui donnaient une vision pessimiste de l'humain (avare cognitif), on est donc revenu à une vision plus pragmatique, à savoir que, devant une information non pertinente, on est capable d'individualiser son jugement et d'avoir conscience que tous les membres d'un groupe ne sont pas les copies conformes d'un stéréotype ; le jugement catégoriel n'est confirmé que s'il est étayé d'informations individuelles, quitte à ce qu'elles soient traitées de manière biaisée pour confirmer la catégorie.

FICHE 53 | La jugeabilité sociale

Percevoir autrui n'est plus seulement un problème intellectuel à résoudre avec des motivations et des capacités cognitives. Il n'y a plus de vérité unique, juste des consensus plus ou moins partagés. Pas de validation objective, mais sociale.

La perception sociale s'appuie sur des informations et indices divers donnant aux gens le sentiment qu'ils sont en droit de juger ou non. La société actuelle ayant fait la chasse aux stéréotypes, les gens ne se sentent plus le droit de juger sur les apparences. Seule une information individuelle ambiguë donne libre cours au stéréotype.

Cette information est appelée méta-information. Elle apparaît aux gens comme une information diagnostique qui les libère. Toutefois cela peut n'être qu'une apparence.

L'expérience d'**Yzerbyt**, **Schadron**, **Leyens** et **Rocher**, menée en 1994 propose la situation suivante : on dit à des sujets qu'ils vont devoir juger quelqu'un. Ils entendent d'abord une interview de cette personne qui donne des renseignements inutilisables pour un jugement, sauf pour sa profession en rapport soit avec l'introversion, soit avec l'extraversion. Ensuite, on leur envoie dans chaque oreille des messages différents, ils doivent dire ce qu'ils entendent dans l'une des oreilles mais sont incapables de dire ce qu'ils entendent dans l'autre. Ces messages n'ont rien à voir avec la personne à juger.

Puis, on fait remplir à la moitié d'entre eux un questionnaire sur l'introversion et l'extraversion concernant la personne avec trois possibilités de réponses : « vrai », « faux », « ne sait pas ». La majorité des réponses est « ne sait pas ». À l'autre moitié, on fait croire qu'ils ont reçu dans les oreilles des informations sur la personne ce qui les incite à répondre plus souvent « vrai » ou « faux » aux items d'introversion ou d'extraversion. L'illusion d'être informé a libéré le jugement. Il fut très difficile ensuite de leur faire admettre qu'ils avaient jugé selon un stéréotype et qu'ils n'avaient reçu aucune information.

Les erreurs dans la cognition sociale

L'humain est un avare cognitif. Il sélectionne les informations, utilise des raccourcis mentaux et non des processus d'enchaînement logique.

De là des erreurs logiques et statistiques. Fréquentes en communication où l'immédiateté prime sur la fiabilité. Par exemple :
• l'**heuristique de représentativité**, ou raccourcis, est illustrée par l'expérience de **Tversky** et son équipe : on décrit Monsieur X (français, petit, introverti, aimant lire) et on demande s'il est agriculteur ou sinologue. L'information pertinente pourrait être de rechercher le pourcentage d'agriculteurs et de sinologues en France. Or, ils accèdent directement au stéréotype de sinologue, ce qui est juste dans ce cas, mais pourrait tout aussi bien être faux ;
• l'**erreur de relativité** : on est plus sensibilisé par un grand nombre qui frappe plus la mémoire. C'est le cas pour l'impression de dangerosité entre le nombre de morts sur la route chaque année et ceux d'un accident d'avion ;
• le **biais de prédiction**. On ne juge que d'après une seule observation à partir de laquelle on généralise. On ne respecte pas la loi des grands nombres selon laquelle plus un échantillon est grand, plus on peut avoir confiance dans ses résultats ;
• le **biais de confirmation d'hypothèse** où on nous décrit une facette de quelqu'un, par exemple introverti. Si cette personne présente un comportement extraverti, on ne cherche pas à comprendre, à approfondir finalement sa personnalité, on évacue la donnée ;
• le **jugement de covariation** erroné ou incomplet où l'on focalise sur la donnée mise en avant et oublie les autres informations disponibles. On donne des statistiques sur les situations suivantes : les gens prêtent attention et portent un jugement sur la situation n° 1 en oubliant de commenter les trois autres.

	Fumeurs	**Non-fumeurs**
Cancéreux du poumon	n° 1	n° 2
Personnes non malades	n° 3	n° 4

La cognition sociale et les relations de pouvoir

Percevoir et traiter l'information se fait dans un but : s'adapter et agir dans un contexte social donné.

Or, les sociétés sont organisées en dominants et dominés (chefs et subordonnés, professeurs et élèves, parents et enfants), qui vivent entre eux des rapports de force pour le contrôle de situations. La quête du pouvoir passe par la maîtrise du contrôle qui stimule la vigilance cognitive, la recherche et le traitement de l'information.

Le manque de contrôle provoque de l'anxiété, un sentiment d'impuissance qui peut conduire à la dépression. Le contrôle est un besoin, le sentiment de contrôle (même illusoire) un facteur de bien-être.
Lorsque l'on est dépendant de quelqu'un, dans la situation d'être dominé, on est plus attentif aux informations allant à l'encontre des stéréotypes. La rencontre avec quelqu'un éveille d'abord les stéréotypes stockés en mémoire. Toutefois, s'il s'agit de contrôler la relation qui peut s'établir, on les met de côté pour se concentrer sur les traits individuels, surtout ceux qui sont contradictoires. Le dominé est en général plus attentif au dominant que l'inverse car son sort en dépend. Dans les relations pervers-victimes, ces dernières passent leur temps à essayer de comprendre l'autre. Les chefs passent moins de temps à observer leurs subordonnés que l'inverse. En conséquence, les dominants apparaissent plus différenciés, les dominés plus semblables, interchangeables.

En résumé, d'après **Yzerbyt, Schadron, Leyens, *et al.***, il y a quatre formes de jugements sociaux :
• la réalité objective, la plus étudiée, limitée, peu informative sur quelqu'un mais utile pour juger des actes d'agression d'un individu sur l'autre, par exemple ;
• celui qui préserve une intégrité personnelle et sociale : le jugement ne doit porter atteinte ni à l'individu ni à son propre groupe, il y va de sa survie ;
• l'influence culturelle : chaque époque et chaque culture possèdent leurs propres jugements. Antonin Artaud, enfermé au début du XXe siècle, le serait-il aujourd'hui ? On ne s'autorise plus à porter des jugements en public sur les minorités comme autrefois. Les gens ne s'autorisent à juger que lorsqu'ils ont l'information diagnostique, l'indice utile, comme la position sociale par exemple ;
• la théorie sociologique : elle veut pouvoir expliquer le monde et donner un sens aux comportements par des environnements particuliers plus que par la personnalité individuelle.
Le jugement stéréotypé est plus généralisant que l'individuel mais peu différent. S'en prendre aux stéréotypes comme l'ont fait beaucoup « d'humanistes », c'est s'en prendre au fonctionnement normal d'une société. Les stéréotypes sont obligatoires et utiles, ce qui ne l'est pas, c'est l'exploitation qui souvent en est faite.

FICHE 54 | L'attribution causale (1)

Pour expliquer le comportement d'autrui, on ne se contente pas d'observer de manière descriptive, on procède à des inférences, c'est-à-dire à des conclusions, appelées ici attributions causales. On ajoute à une information de départ (observation d'un comportement) un supplément qui lui est lié par une causalité de nature inductive. On voit quelqu'un rire souvent ? C'est un joyeux drille !

Cette attribution concerne autant les autres que soi-même. L'humain cherche chez autrui la structure stable non visible qui sous-tend les comportements variables visibles.

Dans le chapitre précédent, il était question de se former une impression sur autrui à l'aide d'informations catégorielles et individuelles. Ici, il s'agit de trouver des explications aux comportements d'autrui, de nuancer entre des causes stables dites internes et des causes variables résultant d'influences externes.

Les théories d'attribution

Le principe des théories d'attribution est que l'humain est un scientifique naïf qui cherche à comprendre le monde social comme un scientifique, à observer les phénomènes, mais également à les contrôler et à les maîtriser en anticipant, en prévoyant. Ce principe fut développé dans plusieurs théories, comme celle de **Jones et Davis** par exemple.

L'inférence correspondante – Jones et Davis (1965-1967)

Lors de l'observation d'un comportement, comment faire la différence entre les causes internes et externes ? Dans le premier cas, la prédiction d'un comportement futur est possible, dans l'autre non. Comment les gens infèrent-ils une disposition personnelle chez quelqu'un indépendamment des circonstances ? Si quelqu'un a un comportement agressif, l'est-il ?

Les effets non-communs : pour attribuer un qualificatif à quelqu'un, on cherche une explication stable. La personnalité ne change pas, un comportement n'équivaut pas à un caractère, il peut varier.

D'après ce modèle, les gens cherchent les **effets non communs** pour juger quelqu'un d'après son comportement. Exemple avec un sujet X qui a le choix de sortir avec trois filles différentes : A qui est jolie, riche et BCBG, B qui est jolie, riche et maternelle, C qui est jolie, riche et intellectuelle.

Les effets communs sont « jolie » et « riche », les non communs « BCBG », « maternelle », « intellectuelle ».

On jugera X en tenant compte de son choix de l'effet non commun. Dans une autre situation, X doit s'inscrire dans une université américaine, il a le choix entre :

Université A	Université B
Prestigieuse	*Idem*
Coûts élevés de scolarité	*Idem*
Taux de réussite élevé	Présence de son meilleur ami
Réputée en psycho cognitive	Forte en psycho clinique

S'il choisit B, est-ce pour le copain ou les cours de psychologie ? On sera moins confiant dans notre jugement sur sa personnalité. Plus l'effet est spécifique (BCBG, maternelle ou intellectuelle), plus les gens sont sûrs de leur jugement.

La désirabilité sociale : quand un phénomène conforme aux normes sociales se produit (par exemple, pleurer à un enterrement), il est peu informatif sur quelqu'un. Inversement, plus un comportement est contraire aux normes, plus on se sent informé sur la spécificité du sujet (exemple : on dira d'un prêtre favorable à l'avortement qu'il est ouvert, non rigide, etc.).

Expérience de **Jones**.

Un consensus a été obtenu par des psychologues avec des sujets et des postulants à un emploi sur le fait que, pour être sous-marinier, il fallait être plutôt extraverti et grégaire et que, pour être astronaute, il fallait être plutôt introverti et indépendant.

Ensuite, on fait écouter aux sujets des interviews de postulants soit sous-mariniers, soit astronautes. Dans ces interviews, certains postulants se révèlent conformes aux attentes, mais d'autres s'en écartent (sous-mariniers introvertis et indépendants, astronautes extravertis et grégaires).

La tâche des sujets est de juger chaque candidat selon ses caractéristiques d'extraversion pour un poste de sous-marinier. Les astronautes extravertis l'emportent car, malgré la désirabilité sociale qui les souhaitait introvertis, ils n'ont pas caché leur extraversion jugée alors bien réelle, non simulée. À l'inverse, les sous-mariniers introvertis sont les plus mal placés pour le poste car, malgré la désirabilité qui les voyait extravertis, ils n'ont pu masquer leur introversion. Pour ces deux catégories non conformes à la désirabilité, les sujets n'ont pas hésité dans leur jugement. En revanche, envers les sous-mariniers extravertis, ils ont été plus mitigés, ne sachant si le caractère correspondait à leur personnalité ou à l'envie d'apparaître conforme pour avoir le poste. Les gens hésitent à juger quand le comportement est « communément désirable », pas quand il est inattendu.

Synthèse de la théorie de l'inférence correspondante, croyance des gens par rapport à leur jugement :

	Peu d'effets non communs	**Beaucoup d'effets non communs**
Forte désirabilité, conforme	Non fiable	Mitigée
Faible désirabilité, hors normes	Mitigée	Très fiable

La théorie de Kelley (1967)

Le jugement de covariation : quand deux événements sont présents ou absents ensemble on a tendance à en déduire (inférer) une relation causale entre eux. On compare ce qui est identique chez les autres, dans les circonstances, dans les habitudes d'une personne, et ce qui diffère.

Exemple : un sujet X a raté son examen de psychologie sociale en licence troisième année. Selon Kelley, les gens peuvent expliquer cette situation selon plusieurs critères :
- la personne ou « dimension consensus » : X est-il le seul à avoir raté son examen ou sont-ils nombreux ?
- le stimulus ou « dimension distinguable » : X a-t-il réussi dans d'autres matières ?
- les circonstances ou « dimension consistance » : l'avait-il déjà raté les fois précédentes en licence 1 ou 2 ?

La cause la plus probable du comportement sera ainsi déterminée.
La cause est la personne elle-même si :
- le consensus est faible (peu d'élèves ont raté leur examen) ;
- le facteur distinguable est faible (il a raté son examen dans d'autres matières également) ;
- la consistance est élevée (il a l'habitude de rater cet examen).

La cause est le stimulus (la matière) si :
- le consensus est élevé (beaucoup d'élèves ont raté leur examen) ;
- la dimension distinguable est élevée (les mauvaises notes sont spécifiques à cette matière) ;
- la consistance est élevée (c'est ainsi depuis des années dans cette matière).

La cause est la situation si la consistance est faible (c'est exceptionnel, c'est donc que le niveau de l'examen était trop élevé).

Un fort consensus donne lieu à une attribution au stimulus, une faible dimension distinguable donne lieu à une attribution à la personne.

L'inconvénient de ces jugements est qu'on ne cherche pas les contre-exemples, c'est-à-dire les situations où l'événement (rater l'examen de psychologie sociale) est absent. Par exemple, l'examen était réussi autrefois ; est-ce donc le même, est-il devenu trop difficile ? Souvent, l'absence d'information sur des contre-exemples ne gêne pas les gens : ils comblent l'information manquante par des croyances, même erronées. Ils établissent des corrélations injustifiées. Kelley admet que les gens attribuent une cause à un événement sur la base de peu d'informations.

FICHE 55 | L'attribution causale (2)

Évaluation et critique des théories d'attribution, biais ou erreurs d'attribution

Les expérimentations en laboratoire ne sont pas représentatives de la vie quotidienne.

De plus l'humain n'est pas toujours rationnel et ses ressources cognitives sont limitées. Il ne reconnaît pas forcément les informations pertinentes et se laisse influencer. Ce sont les biais ou erreurs d'attribution dans les comportements d'autrui.

Erreur fondamentale

Concept de **Ross** (1977), l'erreur fondamentale est appelée aussi **biais de sur-attribution ou biais de correspondance chez Jones et Harris.** Des étudiants américains, pendant les années 1960 où Fidel Castro était l'ennemi juré du pays, devaient juger l'obédience castriste d'une personne selon la dissertation qu'elle avait écrite sur le régime cubain.

- La moitié des sujets était avertie d'avoir à lire un texte pro-Castro, l'autre moitié un texte anti-Castro.
- Chaque moitié était également divisée en deux : les uns informés que l'auteur était libre de son choix de rédaction pro ou anti, les autres que le choix était imposé par l'expérimentateur.

Les résultats auraient dû être :

Attitude estimée de l'auteur	Dissertation pro-Castro	Dissertation anti-Castro
Auteur libre	Pro-Castro (1)	Anti-Castro (2)
Auteur au choix imposé	Incertitude (3)	Incertitude (4)

Or, le degré d'obédience castriste fut mesuré comme suit :

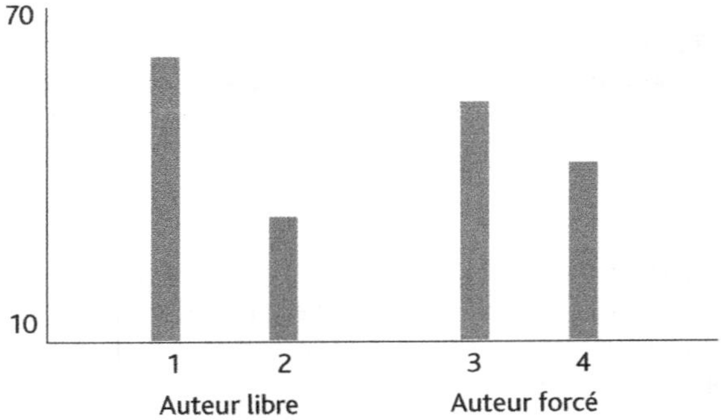

Il est normal que, face à un texte défavorable, peu de personnes aient pensé que l'auteur ait été favorable à Castro (cas 2 et 4). Et les États-Unis étant globalement anti-Castro, il était logique qu'ils jugent les dissertations anti-castristes issues des convictions réelles de l'auteur, que cela lui fut ou non imposé, d'où les faibles différences entre 2 et 4. Concernant les dissertations pro-Castro, il est logique de considérer l'auteur favorable s'il est libre (cas 1) en pensant que chacun est libre de ses idées, même si elles dérogent de la pensée générale. Le cas 3 est plus étonnant : ils ont estimé que l'attitude était favorable sachant pourtant que l'auteur avait été forcé dans ce sens. Ces gens ont donc inféré une disposition personnelle pro-Castro de l'auteur. L'hypothèse avancée par eux était que la dissertation pro-Castro avait été rédigée par un communiste américain !

D'autres expériences menées sur des thèmes très sensibles (droit à l'avortement, mariage homo, euthanasie, etc.) font apparaître des résultats identiques : lorsque l'on dit que l'ordre a été donné à quelqu'un d'écrire selon un point de vue, les gens croient néanmoins que l'auteur était convaincu de ce qu'il écrivait.
En fait, les gens surestiment le poids de la personnalité et sous-estiment celui de la situation. Dans le cas n° 3, les gens perçoivent un comportement (il a écrit favorablement pour Castro). Ensuite, ils catégorisent (il est donc pro-castriste, c'est sa personnalité). L'information sur l'obligation d'écrire arrive au second plan (il ne l'est peut-être pas autant que cela, pensent-ils alors, mais cela ne suffit pas à les faire changer radicalement).

Dans la vie quotidienne, les gens n'ont ainsi ni la motivation, ni le temps de réfléchir plus.

L'illusion de contrôle

Les gens sont soucieux de contrôler leur monde social, de prévoir les comportements d'autrui. Dans ce contexte, croire que les personnes et leur caractère sont stables facilite la tâche. Ils simplifient, se créent une illusion de contrôle en risquant de confondre rôle et personnalité. Pourquoi se focaliser plus sur la personne que sur les événements ? Le culte de la personnalité et l'individualisme font partie de notre culture. Les situations font varier les rôles et nous confondons rôle et personnalité.

Voici l'expérience de **Humphrey**, menée en 1985. Il divise un groupe de sujets en deux, les leaders et les exécutants. Les premiers doivent dicter des lettres et prendre des décisions, les seconds, faire du rangement. Après plusieurs heures, on leur fait remplir un même questionnaire de jugement de personnalité qui porte à la fois sur les leaders et les exécutants. Tous attribuent aux leaders des qualités de chef et leur prédisent un avenir brillant. Quant aux exécutants, même ceux qui tenaient ce rôle, se jugent sous un jour peu flatteur. L'illusion de contrôle fait croire que les gens agissent selon leur bon vouloir et font ce qu'ils font parce qu'ils aiment cela, elle privilégie une causalité interne à des raisons externes. L'illusion de contrôle est détectable dans les cas de maladies. Les gens aiment croire qu'ils peuvent changer le cours des choses, maîtriser leur destin.

L'expérience de **Davison** en 1973 en fait la démonstration : on prescrit des somnifères, des horaires de coucher et des techniques de relaxation à des insomniaques. Le résultat est positif, la qualité de leur sommeil est meilleure.

Puis on leur dit d'arrêter les médicaments et de continuer le reste. À certains, on fait croire que le somnifère était un placebo. À terme, ceux-là amélioreront mieux la qualité de leur sommeil que ceux qui croient toujours à l'effet du médicament. Les premiers pensent que l'amélioration vient d'eux, de leur maîtrise d'eux-mêmes, ce qui favorise leur sommeil. La sensation de perte de contrôle est à l'inverse anxiogène. Les grands malades se documentent sur leur maladie. Il n'en résulte pas de changement corporel mais un mieux-être psychique en procurant une illusion de contrôle. La maladie avait provoqué la débâcle du contrôle, la connaissance donne l'impression de l'avoir retrouvé (**Taylor**, en 1983).

Saillance et causalité

On a tendance à attribuer une causalité au facteur le plus saillant, or l'acteur d'une situation est plus saillant que la situation elle-même.

La différence entre acteur et observateur

Dans son modèle d'attribution, Kelley n'établit pas de différence entre les deux. Pourtant, on évoque plus de facteurs externes pour expliquer nos propres comportements et de facteurs internes pour ceux d'autrui. Acteur et observateur ne disposent pas des mêmes informations. L'acteur compare son action à ses actions antérieures dans d'autres circonstances, il est plus ou moins conscient de l'effet qu'il recherche, est attentif à l'environnement, à la situation. Il donnera donc des attributions situationnelles.

L'observateur ne connaît pas le passé de l'acteur, ses sentiments, ses perceptions, et il se concentre surtout sur son comportement visible. Il compare le comportement de l'acteur avec ce qu'il aurait fait, lui. Il privilégie donc les attributions dispositionnelles de caractère. Selon les terminologies de Kelley, on peut dire que l'acteur prend en compte la dimension distinguable et la dimension de consistance, l'observateur celle de consensus.

Explication motivationnelle : vis-à-vis d'autrui, il s'agit de le contrôler, de prévoir son comportement, vis-à-vis de soi-même, on ne veut pas être jugé et catégorisé une fois pour toutes.

Explication cognitive : on ne se voit pas comme on voit l'autre, il est plus saillant.

Voici l'expérience de **Storms** (1973).

A et B discutent et sont filmés. Dans un premier temps, ils doivent expliquer leur comportement et celui de l'autre. Pour expliquer leur propre comportement, ils donnent des explications externes (« *il m'a dit cela* »), sur l'autre des détails internes (« *il était comme cela* »). Dans un deuxième temps, on leur passe la vidéo de leur film afin qu'ils se voient eux-mêmes. Sur l'autre, ils donnent les mêmes commentaires, mais sur eux ils donnent plus de facteurs internes, ils deviennent observateurs d'eux-mêmes.

Quand on parle de soi, on fait plus référence à des situations qu'à des dispositions.

Watson, en 1982, observe, lui, qu'acteur et observateur utilisent en général plus d'attributions dispositionnelles que situationnelles d'où les erreurs fondamentales de jugement.

Biais d'autocomplaisance, biais d'attribution défensive

La réussite, c'est interne (soi), l'échec, c'est externe (autrui, les circonstances). Les hommes expliquent leur succès par leur intelligence (cause interne, stable), leur échec par des causes instables (manque d'effort, malchance). Ils expliquent le succès d'une femme par des causes instables (chance, efforts), et son échec par des causes internes et stables (incapacité). Pour des raisons culturelles, les femmes peuvent elles-mêmes souscrire à cette vision et s'autodénigrer. En se moulant dans une communauté, on accepte plus facilement les échecs et contre-performances. Le membre d'un groupe défavorisé se convainc plus facilement de ne pas être jugé sur sa valeur personnelle mais par rapport à l'image négative de son groupe : il aura plus facilement accès à la justification de ne pas trouver d'emploi à cause des préjugés d'autrui envers son appartenance qu'à la vision objective de ses réels points faibles personnels. L'attribution défensive et le biais d'autocomplaisance sont souvent liés. L'attribution défensive sert à protéger l'**estime de soi**.

Les humains utilisent, selon leur convenance, les causes internes ou externes, stables ou instables. Ils jugent que la cause stable et interne d'une réussite c'est l'intelligence. La cause stable et interne d'un échec, la bêtise. La sévérité et les exigences d'un professeur seront considérées comme causes stables et externes. La motivation d'un étudiant, cause instable et interne. La chance, cause instable et externe.

FICHE 56 | La perception de soi

Comment se décrit-on, se voit-on, pourquoi ?

On distingue :
• le concept de soi : perceptions cognitives sur soi-même résultant d'observations sensitives visuelles, auditives, etc. (blond, brun, grand, gros, voix forte, etc.) ;
• l'**estime de soi** : composantes affectives et émotionnelles (gentil, sensible, etc.) ;
• la présentation de soi (non développée en licence mais en Master), aspects comportementaux (battant, soumis, facilement en colère, impulsif).

Le soi en cognition sociale porte sur le point suivant : « Décrivez-vous. » Par quoi commencer ? Quels types d'informations viennent à l'esprit ? Comment ces connaissances ont-elles été acquises ? Dans une description spontanée, on trouve de tout : des traits de caractère, des souvenirs de comportements passés et d'émotions, des origines sociales, un rôle dans la société, des aspirations, des **projections**.

L'effet miroir d'autrui

Cooley en 1902, **Mead** en 1934 sont les premiers à évoquer la notion de **soi-miroir**. Il s'agit de l'influence du regard des autres sur la perception de soi, la première étant parentale.

L'étude de **Gersen**, 1965, montre des sujets devant se décrire à un expérimentateur. Selon les sujets la consigne est de se décrire avec des traits de personnalité positifs (intelligent) ou des traits négatifs (paresseux).

Une discussion s'établit ensuite avec l'expérimentateur. Soit il est d'accord avec la description, soit il ne l'est pas. On constate que l'**estime de soi** est meilleure, que ce soit dans le cas positif ou négatif, quand l'expérimentateur est d'accord.

	Expérimentateur d'accord	Expérimentateur pas d'accord
Traits positifs	Traits positifs renforcés = survalorisation	Traits positifs nuancés
Traits négatifs	Traits négatifs atténués	Traits négatifs renforcés = mauvaise perception accentuée par la divergence de vues.

Influence sociale, comparaison sociale, théorie de L. Festinger

Étude de **Morse et Gersen** (1975) : deux groupes de sujets sont convoqués en laboratoire avec comme motif de postuler à une fonction. L'un des groupes entre dans une salle où les recruteurs sont très présentables ; pour l'autre groupe, ils ne le sont pas du tout. On mesure ensuite l'**estime de soi** des candidats. Elle est meilleure chez ceux introduits auprès des recruteurs présentables.

Théorie d'intériorisation des rôles sociaux

On adopte les comportements correspondants à la position sociale que l'on s'est appropriée par mimétisme.

Dans une étude de **Gersen** et de **Taylor**, des sujets reçoivent la consigne de se présenter selon un profil prédéterminé. Pour la moitié d'entre eux, il s'agit d'apparaître aussi positivement que possible, pour l'autre moitié aussi négativement que possible. On mesure ensuite avec la même échelle leur **estime de soi**. Les premiers ont une meilleure estime d'eux-mêmes que les seconds.

Théorie de perception de soi

Rappel de la théorie d'attribution causale : dans la vie quotidienne, on s'arrête rarement au simple constat d'un comportement, on procède à des inférences, dites attributions causales, des déductions. D'un comportement observé, quelqu'un qui rit et mange beaucoup, on déduit que c'est un joyeux vivant. On ajoute un complément à une première information avec un lien de causalité inductif. C'est une approche simplificatrice qui cherche une structure stable derrière un comportement qui, lui, peut être variable. On procède de la même façon pour soi (autoattribution) : on s'attribue facilement des traits de caractère après avoir eu tel ou tel type de comportement, alors que ledit comportement pourrait avoir une cause externe : se mettre en colère à bon escient ne signifie pas que l'on soit agressif.

Perception de soi, estime de soi, influence des stéréotypes

Les études de **Phinney** illustrent ces différents concepts. Ces études réalisées sur différentes minorités américaines avec la même échelle de mesure montrent peu de différence dans la perception qu'ils ont d'eux-mêmes. Par ailleurs, plus un individu s'identifie à son groupe, plus il a une haute estime de lui. Les groupes minoritaires développent des stéréotypes sur eux-mêmes plus positifs que ceux que la majorité leur donne. Quand ils se comparent entre minorités, ils se sentent mieux lorsqu'ils peuvent se comparer à d'autres moins bien qu'eux.

Toutefois, les stéréotypes peuvent avoir des influences négatives. Des individus minoritaires à l'intelligence normale échouent lors de tests sur l'intelligence. Selon **Steele et Aronson**, ils ont peur de confirmer pour eux le stéréotype négatif lié à leur groupe. L'anxiété influence leurs performances.

L'expérience suivante met en place des sujets noirs et des sujets blancs en deux groupes : au premier groupe, on dit que l'on va procéder à un test d'intelligence (porteur d'inquiétude forte) ; au deuxième, on parle d'un test général non spécifique (faible inquiétude).

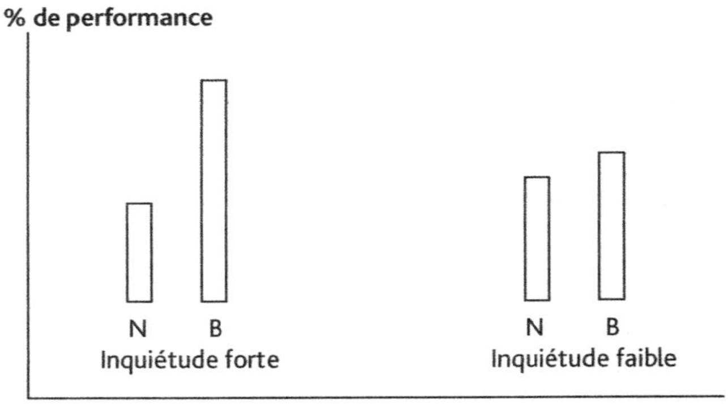

Dans la menace forte, les Blancs se sont sentis plus motivés et les Noirs plus anxieux.

Dans un deuxième temps, on vérifie la présence du stéréotype dans leur esprit par une tâche de complément de mots pouvant être en rapport avec les stéréotypes raciaux.

On installe trois situations : inquiétude forte, inquiétude faible, aucune inquiétude puisque ce troisième groupe n'a pas été exposé à la première phase (appelé groupe contrôle).

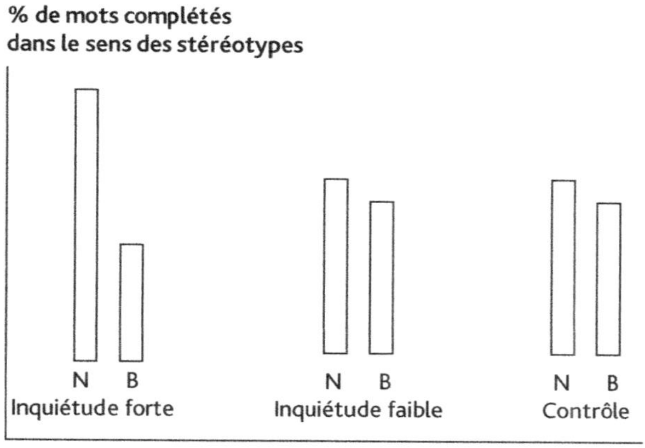

La situation de menace, d'inquiétude forte a ravivé les stéréotypes chez les sujets noirs.

FICHE 57 | Le soi stable ou malléable

Le soi stable

Le soi est stable, si l'on tient compte de la totalité des connaissances que l'on a sur soi et de leur faible variabilité sur le long terme (étude longitudinale de **Block** réalisée sous forme de questionnaires remis pendant des années aux mêmes sujets).

Un individu a **un schéma de soi** s'il se caractérise de manière extrême sur une dimension (très indépendant, très passionné, etc.), et si cette dimension est importante pour lui. Ce schéma lui permet :
- de traiter les informations liées à lui-même plus rapidement ;
- de prédire ses attitudes futures avec plus de confiance ;
- de se rappeler ses attitudes passées plus rapidement ;
- d'être plus résistant aux impressions ou aux avis contradictoires.

L'étude de **Markus**, en 1977, met en place trois groupes de sujets ayant un schéma de soi : indépendant, dépendant, sans avis sur cette dimension de personnalité. Leur tâche consiste à dire si des traits de caractère plus ou moins en rapport avec la dépendance leur correspondent (individualiste, conformiste, etc.). On mesure les temps de réponse. Les individus ayant un schéma de soi répondent plus vite, donnent rapidement plus de détails précis pour expliquer leur comportement (rappel du passé), et résistent plus aux éléments contraires au schéma.

Les recherches sur l'autovérification, de **Swann**, montrent que, dans l'interaction sociale, on préfère les gens qui nous voient comme on se voit afin de maintenir la stabilité du soi. Plusieurs stratégies sont alors possibles :
- l'attention sélective, la stratégie cognitive (**Swann et Read**, en 1981) : on présélectionne des sujets qui se perçoivent sympathiques et d'autres antipathiques. On leur envoie ensuite sur ordinateur des *feed-back* mélangés (sympathiques et antipathiques) sur eux-mêmes. On mesure leur temps de lecture :

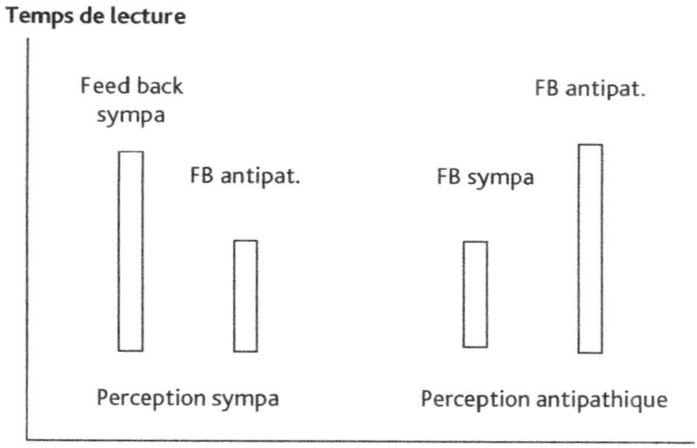

Ils passent plus de temps sur les avis qui confirment ce qu'ils pensent d'eux (stabilité du soi) ;

• la stratégie comportementale **(Swann, Pelham)** : il s'agit d'une étude sur des couples d'étudiants A (A1, A2, A3, etc.) et B (B1, B2, B3, etc.) qui partagent une chambre en cité universitaire. On mesure comment les A se perçoivent et comment les B les perçoivent. Au bout d'un an, on leur demande s'ils veulent continuer le partage. Plus les perceptions sont proches, plus les A souhaitent rester avec les B. On apprécie que quelqu'un nous perçoive comme on se perçoit ;

• autre stratégie : utiliser les symboles pour indiquer clairement aux autres qui nous sommes (choix vestimentaires, de voiture, etc.).

Le soi stable ou malléable selon les situations

Étude de **Fazio** et de **Collins** (1981).

On pose à deux groupes de sujets des questions soit uniquement sur l'extraversion, soit sur l'introversion. On leur demande ensuite de compléter un questionnaire leur permettant de se situer sur une échelle allant de « très introverti » à « très extraverti ». Ceux à qui on a posé des questions sur l'extraversion se jugent plus extravertis bien que leur personnalité n'ait pas changé, par rapport à une population de contrôle non influencée par des questions préalables. Ils se sont jugés avec une influence extérieure et non par leur connaissance d'eux-mêmes.

Les auteurs parlent d'autoréalisation de la prophétie, c'est-à-dire de la transformation d'une hypothèse en réalité. Selon eux, le concept de soi apparaît à la fois stable et malléable selon les situations parce

que l'on aurait beaucoup d'informations à gérer sur soi. On prend donc plus ou moins en compte tel ou tel aspect de soi selon le contexte. On a beaucoup d'éléments en mémoire de travail mais on ne peut tout utiliser en même temps, d'où la notion de soi de travail.
Parmi les actifs, les étudiants se perçoivent comme étudiants, alors que parmi des étudiants, ils se percevront comme les étudiants d'une discipline par exemple. Des éléments extérieurs rendent les informations saillantes. Notre mémoire autobiographique est énorme et contient des événements d'extraversion ou d'introversion que l'on réveille plus ou moins selon les circonstances. À un moment donné, seule une partie des informations sur soi est saillante selon les interlocuteurs avec lesquels on se trouve (amis, parents, patrons, collègues, enfants).

L'étude de **Mc Guire et de Singer**, 1976, montre des enfants qui doivent se décrire spontanément, rapidement en donnant la caractéristique qui les rend unique, d'après eux, dans un contexte donné : un garçon parmi des filles va citer son genre car c'est pour lui la plus pertinente dans ce contexte.

FICHE 58 | Changements motivés du concept de soi

Sont résumées ci-après les conclusions d'expériences longues et sophistiquées menées depuis des années par **Rasyid Bo Sanitioso (Université Paris-Descartes)** et ses associés et reprises dans les travaux dirigés. Nous n'entrerons pas dans les calculs statistiques plus ou moins développés selon les chargés de travaux dirigés.

Hypothèse de Sanitioso, 1990

Son hypothèse est que ce ne sont pas les conditions extérieures mais les motivations internes qui nous conduisent à nous percevoir extraverti ou introverti. Si l'on pense que l'extraversion est bien alors on se voit plus extraverti, *idem* pour l'introversion.

Étapes de l'expérience :
1) le texte d'influence : des sujets doivent lire un texte sur la réussite dans les études et la vie professionnelle. Pour la moitié d'entre eux, le texte dit qu'il faut être extraverti pour réussir, pour l'autre moitié, introverti. Deux textes différents remis à deux groupes séparés : on appelle cette donnée une **variable indépendante inter-sujets** ;
2) l'implication : on leur demande de justifier, d'expliquer par écrit pourquoi le fait d'être l'un ou l'autre conditionne la réussite ;
3) l'épreuve de mémorisation du vécu : on leur demande de se souvenir et de noter les circonstances d'une situation où ils ont été timides, **variable dépendante** (liée à une donnée préalable) **intra-sujet** (propre à chacun) ;
4) la perception de soi : on leur passe un test d'appréciation d'eux-mêmes sur des critères d'extraversion ou d'introversion, sur une échelle allant de « *tout à fait moi* » à « *pas du tout moi* ». Cette condition est appelée aussi **variable dépendante** intra-sujets ;
5) prédiction : **variable de contrôle** de la manipulation : au cours d'un break de plusieurs minutes, l'expérimentateur dit avoir oublié d'apporter l'exercice suivant (il s'agit d'une manipulation pour les distraire et mieux contrôler s'ils ont bien été influencés par le texte). Le contrôle a lieu ensuite sous forme d'une liste de traits de caractère mélangés liés à l'extraversion, à l'introversion et distrayants (honnête, gentil, etc.), c'est-à-dire sans rapport avec les traits précédents. Sur une échelle allant de « *peut beaucoup conduire à la réussite* » à « *ne peut pas du tout conduire à la réussite* », on leur demande de placer chaque trait.

Résultats présentés en étapes :

• la mise en relation entre la situation 1 et la réponse 5. On compare, dans un premier temps, les moyennes des réponses entre elles : M1, M2, M3, M4.

1. Situation initiale, texte remis / **5. Croyance**	Extraversion = succès	Introversion = succès
Extraversion = succès	M 1 >	M 2
Introversion = succès	M 3 <	M 4

On constate qu'il y a interaction entre la situation et la prédiction. Les gens mis dans la situation par le texte sont plus nombreux, dans les deux cas, à croire au succès tel que le texte l'indiquait ;

• la mesure des résultats en nombre d'avis :

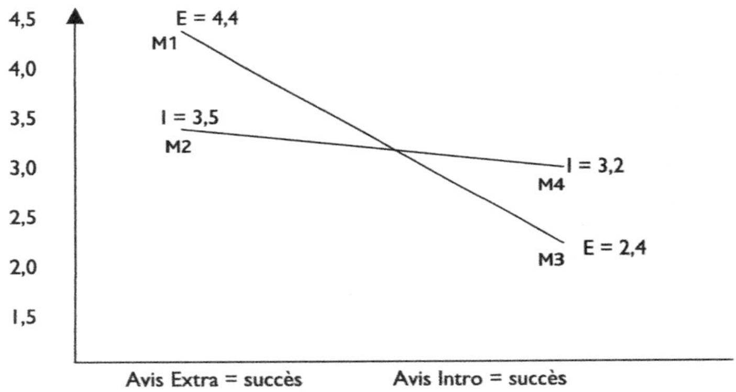

E : exposés au texte Extra = succès.

I : exposés au texte Intro = succès.

Les E pensent que Extra = succès (M1 = 4,4), moins que Intro = succès (M3 = 2,4). Mais le plus intéressant est que même les I sont plus nombreux à penser que Extra = succès (M2 = 3,5) que Intro = succès (M4 = 3,2). Ceci est dû au fait que la croyance générale est que Extra = succès et que l'on peut influencer les croyances (Intro = Succès > chez les I que chez les E), mais pas les changer complètement ;

• si on compare les étapes 4 et 5, hypothèse de Sanitioso : on ne se perçoit pas de la même façon selon le contexte extérieur. Si l'on se juge extraverti, on pensera que c'est un critère de réussite et inversement. Résultats sous forme de moyenne chez les individus étudiés :

Croyance / Perception de soi	E = S	I = S
Extraverti	M1 8,20	M2 6, 33
Introverti	M3 2,53	M4 3 ,33

Les valeurs des moyennes vérifient l'hypothèse. Mais selon Sanitioso la différence n'est significative que pour les traits liés à l'extraversion (l'**écart type** p est $< .05$), non pour ceux liés à l'introversion ($p < .20$). On a donc moins influencé la perception sur l'introversion ;

• les résultats liés à l'exercice 3 de mémorisation sont les suivants : le rappel d'événements liés à la timidité a donné M1 < M2. Le contenu des événements dont on se souvient semble donc influencé par la manipulation représentée par le texte à lire. C'est la théorie de la sélectivité du souvenir.

Enfin, l'exploitation des résultats de ce calcul donne des indications sur la notion soi-acteur et soi-observateur : soit il y a concordance, soit il n'y en a pas entre le soi d'aujourd'hui et le soi d'autrefois. Si l'on se sent extraverti (soi d'aujourd'hui) et qu'on nous demande de nous souvenir d'un événement où l'on a été timide (soi d'autrefois), le soi est un soi observateur. Au contraire, si le soi d'aujourd'hui correspond au soi d'autrefois, le soi est acteur.

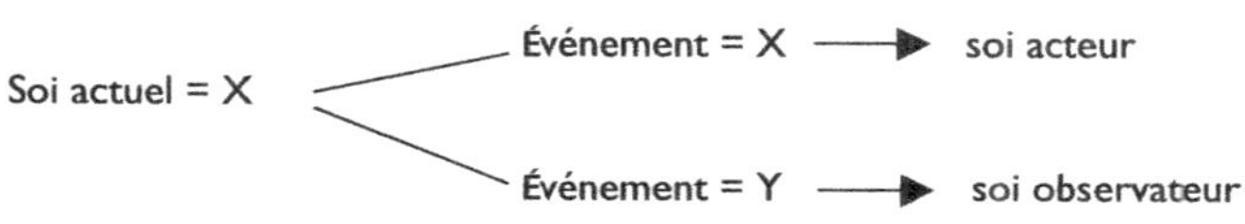

Deuxième étude de Sanitioso

Sanitioso s'est vu contraint de procéder à une deuxième étude, suite à l'hypothèse contradictoire d'un autre chercheur selon laquelle c'est le fait de devoir penser à l'extraversion ou à l'introversion qui influence la perception, et non l'implication personnelle du sujet : l'influence serait purement cognitive suite à la lecture d'un texte.

L'expérience a consisté à associer l'extraversion aussi bien au succès qu'à l'échec. Si c'est la motivation qui joue, il doit y avoir des différences, si c'est la cognition, non.

La tâche était de juger une personne cible ; pour la moitié des sujets, on disait qu'elle était extravertie, pour l'autre introvertie. Ensuite, les gens apprennent que leur cible fait partie soit des 10 % meilleurs étudiants, soit des 10 % moins bons. On termine par une tâche d'autocatégorisation des sujets (échelle d'évaluation de soi entre extraverti et introverti).

On enregistre leur avis sur le lien existant entre extraversion et succès ou échec.

X = Succès
O = Échec

Groupe de la personne extravertie

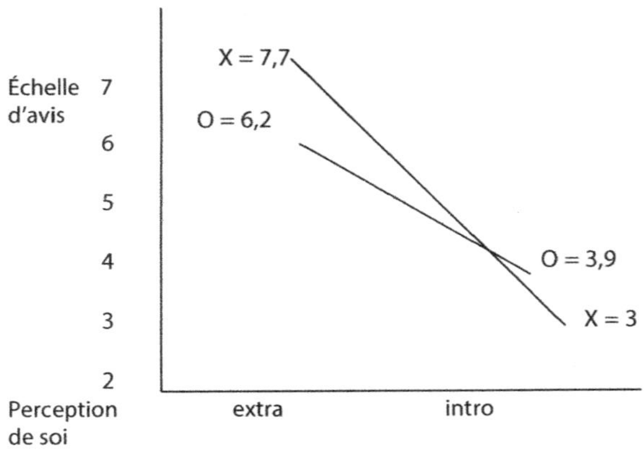

Groupe de la personne introvertie

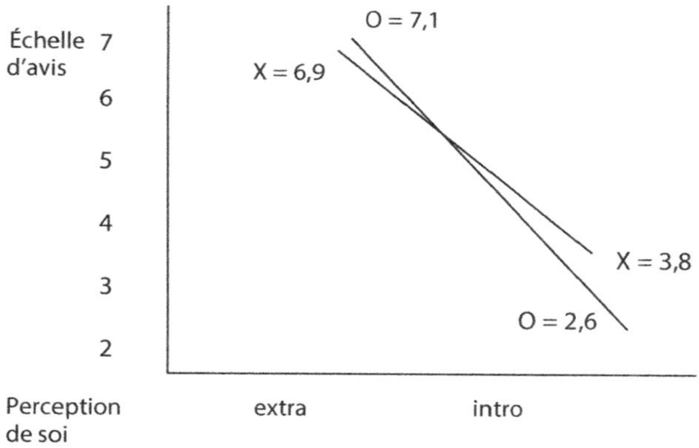

Si la motivation n'avait pas été importante, si le jugement n'avait été que cognitif, il n'y aurait pas dû avoir de différence entre les X et les O.

FICHE 59 | Extraversion, introversion (1)

Mesures des différences

Il s'agit de substrats biologiques réels traduits en archétypes culturels.

Leur principe de fonctionnement :
• l'extraversion : l'énergie psychique est extériorisée. Lorsque l'individu ressent quelque chose en interne, un stress par exemple, il l'extériorise et en fait une expression sociale ;
• l'introversion : l'énergie est retournée en soi. Face à un stress, l'individu se renferme à cause d'une affectivité et d'une sensibilité supérieure à celle de l'extraverti.

Pour les mesures des différences, trois techniques sont possibles :
• **par l'observation directe :** le test du serrement de main est un bon indicateur avec un indice de corrélation fort (.56) entre une poignée vigoureuse et une bonne extraversion ;
• **les questionnaires** : technique du Q.Sort. Au préalable, des experts ont établi un classement type d'items (une centaine) exprimant l'extraversion ou l'introversion (exemple : le fait d'aimer travailler seul). Ils les ont soumis à des sujets qui devaient répondre sur une échelle allant de « tout à fait moi » à « pas du tout moi ». On peut ainsi ordonner des traits de caractère de sujets les uns par rapport aux autres en valeur relative et non en valeur absolue ;
• **les tests objectifs** : on procède, par exemple, à des mesures cognitives, comme l'attention plus ou moins grande par rapport à des sons. Les mesures consistent en une autoévaluation, avec une évaluation par une personne qui partage la vie du sujet et une dernière par un analyste des comportements en vidéo.

Les théories (1)

Approche typologique de Jung en 1933

Il a défini l'introversion et l'extraversion selon sept comportements observés :

Introversion	Extraversion
Nature hésitante	Intérêt pour l'extérieur
Réfléchi	Aime stimulations bruyantes
Retenu	Aventureux
Solitaire	Grégaire
Ne se livre pas	Aime influer sur les autres
N'écoute pas les autres	Recherche la nouveauté
Se tient à l'écart	Attachement rapide

Chez chaque individu, l'un ou l'autre profil dominerait. Si la vie quotidienne est organisée sur le mode de l'introversion, cela veut dire que les tendances extraverties restent au niveau inconscient et réciproquement.

Approche lexicale de Raymond Bernard Cattell

Les personnalités sont décrites par 16 traits primaires (facteurs de premier ordre) illustrés par 150-200 adjectifs ou mots. Il existe également cinq facteurs de deuxième ordre : extraversion, anxiété, dureté, intransigeance, indépendance, contrôle de soi. Plusieurs facteurs primaires contribuent à un facteur de deuxième ordre. Ainsi, l'extraversion correspond aux mots : cordialité, vivacité, assurance en société, etc.

Comparaison de Jung et de Cattell : pour Jung, on se trouve dans une catégorie ou dans l'autre, on parle d'une théorie discontinue ; chez Cattell, il s'agit plutôt d'un dosage variable de traits d'extraversion et d'introversion, les extrêmes étant très rares. Cette théorie est plus proche de la réalité. Il s'agit d'une théorie dite continue.

Le modèle en cinq facteurs « Big Five »

Il s'agit d'une théorie continue, mise en place par **Costa et McCrae**. La notion de « facettes » remplace celle de facteur primaire. Ils classent les personnalités selon des grands critères : l'extraversion, le névrosisme et la stabilité émotionnelle, le caractère agréable, l'ouverture, la conscience.

À l'intérieur de chaque critère, il y a de multiples facettes dont on mesure l'intensité pour chacun. On obtient ainsi une note totale variable. L'extraverti est mesuré selon les facettes suivantes : grégarisme (sociabilité, aisance dans les grands groupes, assurance, loquacité), compétence d'assertion (dominance, capacité de leadership), activité (énergie, rapidité), recherche de sensations (besoin de stimuli forts), émotions positives (exubérance, joie, bonne humeur, optimisme). L'introversion est mesurée comme une absence d'extraversion.

FICHE 60 | Extraversion, introversion (2)

Les théories (2)

Approche biopsychologique d'Eysenck

Réalisées en 1967 à partir d'un grand nombre d'observations cliniques sur des personnes saines ou pathologiques, les mesures de l'extraversion se font de la manière suivante.

L'extraversion est d'abord exprimée selon des traits de caractère : sociabilité, activité, dominance, vivacité, recherche de sensations. Au-dessous de chaque trait, on a placé les réponses habituelles des individus, par exemple : « *aime participer à des fêtes* », « *exprime facilement ses émotions* ».

Au-dessous encore, viennent les réponses spécifiques aux individus interrogés (par exemple, « *sourit à ses voisins* »).

L'imbrication des facteurs psycho-physiologiques a été schématisée comme suit :

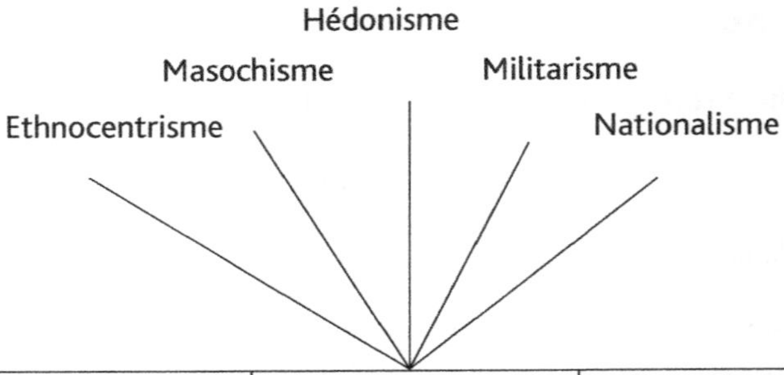

Phénomènes observables → **Habitudes de pensée**	rudesse d'esprit contre délicatesse d'esprit	
Phénomènes observables → **Habitudes comporte-mentales (traits)**	extraversion **A** → introversion	- sociabilité - activité - ascendance - etc.
C + Influences environnementales ↗		
Phénomènes observables par expérimentations →	- conditionnement - vigilance - réminiscence - durée des images consécutives - etc.	
Constructions Théoriques	Équilibre Excitation/Inhibition **B**	

A = B x C

Le niveau d'excitation/inhibition (B) dépend de la stimulation sensorielle.

Facilité d'excitation ou Inhibition	↔	Stimuli faible ou Stimuli fort

Ces différences sont liées au système réticulaire ascendant qui contrôle le niveau d'excitation corticale comprenant la boucle des neurones reliant le cortex et la **formation réticulée** du **tronc cérébral**. Un niveau émotionnel moins élevé chez les extravertis fait qu'ils sont obligés de rechercher des stimulations sensorielles plus fortes. C'est l'inverse chez les introvertis qui se protègent contre les excès de stimulation, par exemple les contacts sociaux. Étant plus sensibles et donc plus facilement excitables, le niveau d'excitation de base est suffisant pour leur système nerveux. On réalise des expérimentations sur des introvertis et des extravertis en termes de niveaux de stimulation, par exemple sonore.

Niveau sonore	Introvertis	Extravertis
Bas	État confortable	État inconfortable Rythme cardiaque trop bas
Élevé	État inconfortable Rythme cardiaque trop élevé	État confortable

On peut également mesurer l'activité électrique du cerveau (amplitude de l'onde **P300**, l'indice P300 se produit 300 millisecondes après le stimulus, fiche 22) par rapport à un axe introversion-extraversion. On constate que les introvertis ont une plus forte réactivité aux stimuli que les extravertis.

Autre expérience : si l'on met une goutte de citron sur la langue de sujets, on a une réaction où les introvertis produisent plus de salive que les extravertis. Il s'agit bien là d'une réactivité physiologique. Ces observations permettent d'extrapoler sur les effets des médicaments ou des drogues sur les sujets. Les drogués introvertis ont moins besoin de stimulants pour atteindre un niveau d'excitation élevé, ils ont besoin en revanche de plus de calmants.

Théorie de Gray (années 1980)

Les centres neuronaux qui gèrent les réponses aux récompenses (émotions positives) et ceux qui gèrent les réponses aux punitions (émotions négatives) réagissent différemment selon les individus et génèrent des niveaux d'anxiété et d'**impulsivité** différents, ce qui donne les tendances à l'introversion ou à l'extraversion selon les cas.

FICHE 61 | Extraversion, introversion (3)

Les différences intergroupes

Les différences intersexes

Dans 30 pays sur un échantillon de 37 pays testés les hommes apparaissaient plus extravertis que les femmes en moyenne. Cependant les chiffres varient selon les critères : les hommes sont surtout plus nombreux sur les critères d'assertion et de recherche de sensation. Une explication bio-hormonale et sociologique est donnée en référence à la nature des activités des premiers hommes concernant la survie (cf. Darwin). Les femmes en revanche seraient supérieures sur les critères de chaleur et d'activité.

Les différences interculturelles

Les différences entre pays donnent le Japon, la France et l'Allemagne inférieurs en extraversion par rapport aux États-Unis et Canada. Dans ces variations, sont à considérer les éléments anciens et culturels liés à l'émigration, à la prise de risque et à la rencontre de sensations fortes qui en découlent.

Les différences intra-individuelles

Pour une même personne, on fait la différence entre la stabilité d'un trait de caractère dans le temps et la variabilité d'un état selon les circonstances. Expériences réalisées sur des étudiants : on leur a demandé de décrire leur conduite 5 fois par jour pendant 13 jours (**Flesson** en 2001). On constate que certains sont plus ou moins variables que d'autres et qu'il existe des phénomènes interactionnels selon le contexte, par exemple la taille d'un groupe.

Sur les critères extraversion, caractère agréable, conscience, stabilité émotionnelle, intellect, affect positif, affect négatif, on a comparé : les variations inter-individus selon les réponses à un questionnaire et selon des comportements, les variations intra-individus, et la variation totale. On constate que la variation intra-individu n'est pas très éloignée de la variation totale. Également que les variations intra sont supérieures aux variations inter et qu'il n'y a pas lieu de parler de trait de caractère, ces variations venant de facteurs situationnistes. Plus précisément, il a été démontré que l'on pouvait tester le degré d'extraversion d'une personne et que celui-ci avait tendance à se stabiliser plus ou moins vers 25 ans, mais que l'interaction de facteurs événementiels dans la vie devait être prise en compte.

Influences et phénomènes sociaux

Il y a corrélation entre extraversion et interactions sociales sur les critères suivants : nombre d'amis proches, nombre de participations à des fêtes et soirées, compétences sociales, nombre de mots prononcés lors d'une réunion.

Il y a corrélation entre des métiers, des compétences professionnelles et l'extraversion : un conducteur de bus à qui l'on parle. S'il est extraverti, cela le soutient, s'il est introverti, cela le perturbe.

Il y a corrélation entre extraversion et comportement sexuel : l'extraversion est corrélée avec la fréquence, le nombre de partenaires, le changement plus fréquent, certaines attitudes, etc.

L'extraversion et la cognition sociale, étude d'**Olson** et d'**Evens** en 1999. Ils établissent un lien entre la comparaison sociale (ascendante ou descendante) et les différences liées à l'extraversion et à l'introversion.

Ascendante	SOI
↑	↓
SOI Se sentir inférieur État émotionnel négatif Introversion	Descendante Se sentir supérieur État émotionnel positif Extraversion

On a demandé à plus d'une centaine d'étudiants de noter pendant deux semaines les épisodes où ils se sont sentis dans l'un ou l'autre de ces cas. On a ensuite comparé avec des mesures des personnalités effectuées en parallèle sur eux, et l'hypothèse ci-dessus s'est vérifiée : les personnalités introverties se sont senties plus souvent en situation ascendante et inversement pour les extravertis qui se sont sentis plus souvent en situation descendante.

PARTIE VI

MÉTHODES ET PRATIQUES PROFESSIONNELLES DE LA PSYCHOLOGIE

FICHE 62 | Le bilan psychologique

Principe

Il n'est pas limité à des tests, prend en compte un individu dans sa totalité et peut évoluer dans le temps. Il s'agit d'une étude approfondie de cas individuels où il faut noter la façon d'être et de réagir d'un individu dans des situations, chercher à y donner un sens, une structure, une genèse, et à identifier les conflits qui l'animent et les solutions qu'il tente d'y apporter.

Il se compose de tests, d'observations, d'entretiens et d'intuition. Le clinicien doit se méfier des déductions rapides consécutives à une impression. La pratique est importante et les relations entre sujet et examinateur peuvent influencer les résultats.

Par rapport, à la pratique thérapeutique qui prend du temps pour comprendre et qui doit tenir compte des défenses du sujet, le bilan est une méthode courte (90 minutes), une observation pointue et intense qui établit une interaction directe entre praticien et sujet.

Le thérapeute et le clinicien n'exercent pas le même métier mais parfois c'est la même personne qui a les deux rôles. On peut commencer par un bilan et suivre par une thérapie, le résultat d'un bilan pouvant débloquer les défenses du sujet.

Dans la thérapie, la connaissance est acquise au fur et à mesure de la compréhension et de la volonté d'échange du patient. Pour le bilan, il y a bien échange avec le patient et restitution de résultats, mais le sujet ne peut être compris en une séance et au contact d'une seule personne. C'est la raison pour laquelle une association de spécialistes est parfois utile.

Étapes

L'entretien préalable, dont la durée est variable, est semi-directif. Le contexte de la demande (voir ci-après) doit être pris en compte.

Il ne s'agit pas d'un recueil sémiologique de symptômes comme en thérapie, ni d'un interrogatoire. Il ne faut pas en dire trop, il suffit de donner des réponses sur le principe du bilan, de mettre le sujet en confiance sans séduire ni faire peur, et de répondre le moins possible aux questions de jugement. Il faut inciter à la coopération et éviter la relation agresseur-agressé, voyeur-exhibitionniste, puissance-castration.

Pour la passation, il est nécessaire de bien maîtriser la lecture des manuels méthodologiques des tests. Le clinicien n'est pas un professeur et ne doit pas aider les réponses. Il doit également éviter la relation de séduction vis-à-vis du sujet, notamment des enfants, et savoir qu'ils perçoivent leurs parents, indépendamment des mauvaises relations qu'ils peuvent entretenir avec eux, toujours supérieurs au clinicien.

La restitution ne doit pas être donnée *stricto sensu* et il y a lieu de bien faire la différence entre celle destinée au sujet et celle donnée aux demandeurs du bilan.

Le bilan et la psychanalyse

Il n'est pas nécessaire d'être psychanalyste pour mener un bilan. La relation transfert *vs* contre-transfert (fiches 71 et 75) entre le clinicien et le sujet existe comme dans une analyse mais elle est limitée dans le temps. Dans l'analyse, le transfert a besoin de temps pour se développer.
Selon **Lagache**, le transfert est « *l'interférence des réactions personnelles et émotionnelles du praticien* ». Même en ayant fait une analyse, un praticien court toujours le risque de l'interférence du contre-transfert (attirance ou rejet irrationnel vis-à-vis du sujet), il doit donc en tenir compte dans son interprétation, voir éventuellement transmettre le sujet à un confrère si pour lui le sujet présente ce risque. Le bilan peut avoir un effet thérapeutique pour le patient, celui de mieux se connaître, mais tel n'est pas son but.

Contexte

Il est important de tenir compte de l'origine de la demande (médecin, psychologue, école, justice ?). L'utilisation des bilans peut s'avérer douteuse comme dans les cas des procédures de divorce et d'accusation d'inceste. Le clinicien doit refuser quand le motif lui semble suspect.

Le bilan n'est pas là pour faire dire ce que certaines personnes ont envie d'entendre. Il faut se méfier des excès des parents d'enfants « pseudo-surdoués » qui s'ennuient à l'école, car la raison de l'ennui peut être autre. D'où l'intérêt du travail en équipe pour les praticiens et le risque de l'appât du gain pour celui qui travaille en libéral. Un bilan ne doit pas être envisagé sans un entretien préalable avec les demandeurs.

FICHE 63 | Épreuves de niveau, tests d'intelligence et psychologie différentielle (1)

Historique, finalités, principe

Le mot « test » est un terme attribué à **McKeen Cattell** (fiche 7) pour mesurer une fonction intellectuelle donnée et non pour comprendre un individu dans son ensemble.

Alfred Binet (fiche 11) fut le premier à lancer l'idée d'un test pour « *estimer l'intelligence des imbéciles* » et mesurer le degré de leur arriération intellectuelle. Il fut le précurseur de l'approche clinique de l'examen psychologique actuel en mettant en avant l'individualisation de chacun et les comparaisons entre individus et intra-individuelle dans le temps. Il s'intéresse au contexte de la passation (temps, lieu) mais néglige alors l'influence de l'examinateur, ce qui lui sera reproché par les psychanalystes en 1968 (voir ci-après, l'apport de la psychanalyse aux bilans).

Wechsler (1896-1981), psychologue en pathologie et clinique, s'inspire de Binet pour mettre au point, dès 1938, des tests pour mesurer l'intelligence des adultes dans une perspective clinique, déceler les troubles et comprendre les personnalités. Toutefois, il est bien conscient que l'intelligence est un tout abstrait non quantifiable qui ne se limite pas aux résultats chiffrés, et que l'émotivité et la motivation limitent la portée de son test.

Dans la suite de ses premiers essais, il met au point, en 1949, le *Wechsler Intelligence Scale for Children* (**WISC**) et, en 1955, le *Wechsler Adult Intelligence Scale* (**WAIS**).

Depuis, les deux tests sont revus et complétés régulièrement tous les 10 ans environ par des psychologues pour les adapter à l'évolution de la scolarisation des enfants, des sociétés ou des groupes de sujets étudiés : présentation modifiée par ajout de couleurs, suppression de questions jugées inadéquates avec les critères actuels de l'intelligence et remplacement par d'autres plus en rapport avec les évolutions technologiques, la télévision et les jeux vidéo sollicitant les aptitudes visuelles et spatiales des enfants d'une manière nouvelle.
Le contenu varie également entre la France et les États-Unis.

Depuis 2015, on utilise le WAIS IV et le WISC IV dont les épreuves ont profondément été modifiées par rapport à ceux du début des années 2000 ; la vigilance est requise et la mise à jour de beaucoup des documents trouvés sur Internet, nécessaire.

Wechsler a conçu l'intelligence comme une somme d'aptitudes et son principe de mesure pour un individu donné s'effectue par rapport à une valeur moyenne (fixée arbitrairement à 100) enregistrée sur des échantillons de population testés. Il s'appuie sur la notion d'étalonnage.

L'étalonnage est la définition statistique de la moyenne des réponses et des écarts par rapport à la moyenne. Si on classe les individus selon une caractéristique, quelle qu'elle soit (taille, poids ou quotient intellectuel), on obtient une majorité d'individus qui se situent dans les moyennes et deux minorités situées en dessous et au-dessus des moyennes. C'est le principe de la courbe de Gauss.

Les questions des tests ont donc été conçues et revues jusqu'à obtenir des résultats qui produisent la courbe : la grande majorité répond aux 3/4 des questions, une petite minorité à 1/4 seulement (les plus faciles auxquelles peuvent répondre les personnes intellectuellement en retard) et une autre petite minorité à la presque totalité (dont les très difficiles auxquelles seuls les surdoués répondent).

L'étalonnage pour construire les échantillons est effectué en s'appuyant sur les recensements de population notamment en termes de tranches d'âge. Il est essentiel de se référer à la tranche d'âge quand on étudie les scores d'un individu, de le comparer avec les résultats de l'échantillon correspondant répertoriés dans les manuels du **WISC** pour des tranches très étroites (6 ans, 7 ans, etc.) allant de 6 à 16 ans et 9 mois ou du **WAIS** pour des tranches plus larges (55-64, 70-74, etc.) des 17 à 90 ans. Les étalonnages sont revus tous les 10 ans, ce qui fait qu'un QI de 100 en 1950 n'est pas comparable à celui d'aujourd'hui.

FICHE 64 | Épreuves de niveau, tests d'intelligence et psychologie différentielle (2)

Contenu des épreuves

Le score final qui ne s'appelle plus QI mais QIT (quotient intellectuel total) est le cumul de plusieurs épreuves appelées subtests. Selon le **WISC** ou le **WAIS** et selon les époques, les subtests ont varié en nombre et en nature.

On distinguait auparavant les épreuves de QI verbal et celles de QI de performance illustrant les capacités perceptives et motrices des individus. S'y ajoutaient des subtests optionnels qui n'intervenaient pas dans le calcul des scores, mais servaient au praticien pour détecter des troubles de la latéralisation, de la coordination visuelle et motrice, et de l'organisation spatiale chez un patient (par exemple, le subtest : « Assemblage d'objets » dans le WAIS aujourd'hui remplacé par le subtest puzzle).

Depuis 2015, ces termes ont changé : « QI verbal » devenant « indice de compréhension verbale » (ICV), « QI de performance » devenant « indice de raisonnement perceptif » (IRP). On y a ajouté deux autres indices : « indice de mémoire de travail » (IMT) et « indice de vitesse de traitement » (IVT). Les 4 indices sont calculés à partir de 10 subtests principaux (SP) auxquels s'ajoutent 5 subtests complémentaires (SC) destinés à mesurer spécifiquement des aptitudes particulières chez un sujet en dehors du simple calcul du QIT.

Liste des subtests du WISC et du WAIS

WISC IV			
Indice de compréhension verbale (ICV)		Indice de raisonnement perceptif (IRP)	
• Similitude	SP	• Cubes	SP
• Vocabulaire	SP	• Identification de concepts	SP
• Compréhension	SP	• Matrice	SP
• Information	SC	• Complétement d'images	SC
• Raisonnement verbal	SC		
Indice de mémoire de travail (IMT)		Indice de vitesse de traitement (IVT)	
• Mémoire des chiffres	SP	• Codes	SP
• Séquences chiffres-lettres	SP	• Symboles	SP
• Arithmétique	SC	• Barrage	SC

WAIS IV			
Indice de compréhension verbale (ICV)		Indice de raisonnement perceptif (IRP)	
• Similitude	SP	• Cubes	SP
• Vocabulaire	SP	• Matrice	SP
• Information	SP	• Puzzle visuel	SP
• Compréhension	SC	• Complétement d'images	SC
		• Balances	SC
Indice de mémoire de travail (IMT)		Indice de vitesse de traitement (IVT)	
• Mémoire des chiffres	SP	• Symboles	SP
• Arithmétique	SP	• Codes	SP
• Séquences chiffres-lettres	SC	• Barrage	SC

• « Similitudes » mesure la capacité d'abstraction, de conceptualisation verbale et de concentration sur l'essentiel, et permet de se détacher de la **projection** de soi-même et d'organiser le monde physique et social ;
• « Vocabulaire » est une bonne mesure de l'intelligence générale et d'adaptation scolaire. La définition que le sujet donne pour chaque mot permet de diagnostiquer la clarté de pensée, l'esprit synthétique, les difficultés de syntaxe. Les caractéristiques de la pensée psychotique se révèlent à ce subtest. Ces résultats sont néanmoins à relativiser pour les personnes peu scolarisées et sans maîtrise de la langue ;
• « Compréhension » évalue l'intelligence sociale, les comportements sociaux ou civiques, l'acquisition des règles de l'éducation ;

• « Information », ce sont des questions de culture générale permettant d'évaluer l'adaptation scolaire et plus globalement l'étendue des connaissances acquises par un individu dans son univers de vie ;
• « Raisonnement verbal » capacités d'abstraction verbale, de raisonnement analogique, de synthèse d'informations ;
• « Cubes » teste les capacités d'analyse visuelles et spatiales de synthèse, la conceptualisation. Source d'information concernant la stratégie d'adaptation et détection des problèmes d'image du corps, si le toucher perturbe le sujet ;
• « Identification de concepts » évalue la capacité non verbale de catégorisation en classant des images relatives à un même concept ;
• « Matrice » teste le raisonnement logique visuo-perceptif, la fluidité de l'intelligence visuo-spatiale et est sensible au vieillissement en complétant une matrice visuelle ;
• « Complément d'image » teste le sens de l'observation, la capacité de concentration, la capacité de discrimination de l'essentiel, de l'accessoire, l'adaptation à la réalité ;
• « Mémoire des chiffres » permet de mesurer la qualité de l'attention, de l'apprentissage et de la mémoire de travail verbale ;
• « Séquence chiffres-lettres » teste aussi la mémoire de travail verbale avec des chiffres et lettres mélangés et qui doivent être remis dans le bon ordre ;
• « Arithmétique » teste les connaissances scolaires de niveau primaire, renseigne sur le niveau scolaire et l'intérêt pour la scolarisation, et révèle les problèmes d'attention, de concentration, d'émotivité et d'anxiété ;
• « Codes » mesure la capacité, la facilité, la rapidité et la qualité d'apprentissage ainsi que l'efficacité de la mémoire de travail visuelle ;
• « Symboles » évalue la vitesse de traitement, les capacités d'analyse et d'attention visuelles sensibles au vieillissement et en déclin à partir de 30 ans ;
• « Barrage » évalue la capacité de vigilance et d'attention visuelle sélective, de structuration d'un espace ;
• « Puzzle », considéré comme plus fiable que l'ex-« assemblage d'objets », mesure la mémoire de travail visuelle, détecte des troubles de la latéralisation, de la coordination visuelle et motrice, de l'organisation spatiale, de tous les troubles relatifs au corps ;
• « Balance » mesure le raisonnement quantitatif, logique et analogique en cherchant des poids manquants pour retrouver un équilibre ;
• Supprimé, « arrangement d'images » expérimentait l'aptitude à comprendre les situations réelles et parfois conflictuelles, observait les réactions comportementales, l'intelligence des situations sociales où les anxieux se révélaient en changeant beaucoup les images de place.

FICHE 65 | Épreuves de niveau, tests d'intelligence et psychologie différentielle (3)

Principes de calcul des tests

Chaque subtest ayant un nombre de questions et une configuration différente, le score maximum (dans le cas où tout est bon) peut varier d'un subtest à l'autre. Il n'est donc pas possible d'ajouter les points obtenus dans chacun pour en faire une moyenne. Ces points constituent la note brute (valeur absolue) que l'on transforme en note standard (valeur relative de 1 à 20), pour être ajoutée à celles des autres subtests et obtenir une note standard totale.

Exemple de conversion de notes brutes en notes standard :

Subtests	Notes brutes	Notes standard ICV	Notes standard IRP	Notes standard IMT	Notes standard IVT
Similitude Vocabulaire Compréhension	17 21 8	6 3 1			
Cubes Identification de concepts Matrice	36 18 26		8 8 12		
Mémoire chiffres Séquence chiffres-lettres	15 16			10 6	
Code Symbole	47 16				9 14
Sous-total des subtests		10	28	16	13
Total notes standard	67				

Pour passer de la note brute à la note standard, on utilise les tableaux des manuels de **WISC** ou de **WAIS**. Il est important de connaître la manipulation, les informations et les déductions que l'on peut tirer de ces tableaux, mais pas de savoir comment ils sont construits (pas demandé à l'examen). Toutefois, il est demandé de connaître les formules de ces calculs effectués à l'aide de modèles statistiques utilisant les notions suivantes relatives à la distribution d'un échantillon dans une population :

- Xi : note brute observée ;
- Ni : effectif, ou nombre de sujets ayant obtenu la note brute ;
- Ni cumulés : effectifs cumulés d'une population donnée ;
- L'**écart-type** mesure l'étalement des valeurs autour de la moyenne. Plus il est faible, plus la population est homogène ;
- Z : note centrée réduite indiquant le nombre d'écart-type par rapport à la moyenne, varie de -3 à + 3 par rapport à cette moyenne ;
- T : note de Hull, note standard obtenue par calcul ;
- P % cumulés : pourcentages lus sur la table de la loi normale (courbe de Gauss) allant de 0 % à 100 %, représentant les effectifs cumulés en pourcentage.

On utilise les formules :

$$Z = \frac{Xi - M \text{ (moyenne fixée à 10 pour chaque subtest)}}{\text{Écart type } (= 3)}$$

Et T = Z × écart type + M

À chaque note brute observée correspond donc un écart par rapport à la moyenne. Il n'est pas demandé de calculer les Z, ils sont donnés dans les tableaux, en revanche, on peut demander de calculer la note standard à partir d'un Z donné : par exemple, si la note brute (29) correspond à un Z indiqué dans le tableau de + 1,67, on fera le calcul suivant :

T = + 1,67 × 3 + 10 = 15.

(Voir extrait d'un tableau de distribution ci-après.)

Xi	Ni	Ni cumulés	T	Z	P %
28	7	91	14	+ 1,33	90,88
29	4	95	15	+ 1,67	95,22
30	3	98	16	+ 2	97,73

Ce qui signifie que la note brute de 29 a été obtenue par quatre personnes et que 95,22 % de l'effectif de la population concernée (par exemple, dans une tranche d'âge donnée) a eu une note inférieure, que le reste de l'effectif, pour aller à 100 %, a une note supérieure et que cette note correspond à 15 en note standard.

Pour le calcul des QIT, on procède de même à une transformation de la note totale obtenue en indice de QIT donné dans des tableaux.

Ici, l'écart type est fixé à 15 et la moyenne à 100 et le tableau de distribution est construit par rapport à la population totale, non par tranche d'âge.

Pour Z de 1,33, on aura : T = 1,33 × 15 + 100 = 120 de QIT.
Le QIT maximum est celui où Z est maximum par rapport à la moyenne, soit 3, ce qui donne : T = 3 × 15 + 100 = 145 de QIT.
À l'autre extrême, on a Z de - 3 : T = -3 × 15 + 100 = 55 de QIT.

Parmi les tableaux dont la manipulation est à connaître, on doit retenir :
• le tableau des correspondances entre QIT, indice, écarts à la moyenne et rangs percentiles. Dans l'extrait suivant, toutes les lignes intermédiaires ne sont pas retranscrites. On lit qu'un QIT de 130 représente un écart à la moyenne de + 2 et un % dans l'échantillon de 100 – 98 = 2 % Un indice 100 correspond à la moyenne (écart 0) et représente la moitié de l'échantillon (50 %) (voir aussi tableau de la fiche 66) ;
• la conversion de sommes des notes standard en notes composites par tranche d'âge et leur signification sur l'échantillon : (inspiré des tables A2, A3, A4, A5, A6 des pages 237 à 239).

QIT indice	Nombre d'écarts types à la moyenne	Rang percentile de l'échantillon
145	+ 3	99,9
130	+ 2	98
100	0	50

• le tableau de conversion des sommes des notes standard en QIT par tranche d'âge (toutes les lignes intermédiaires ne sont pas retranscrites) :

Indices	Somme des notes standard	Notes composites	Rang percentile	Intervalle de confiance à 95 %
Compréhension verbale	10	ICV 59	0,3	55-72
Raisonnement perceptif	28	IRP 94	34	86-104
Mémoire de travail	16	IMT 88	21	81-98
Vitesse de traitement	13	IVT 81	10	74-94
QIT Total	67	74	4	69-92

On lit qu'une note standard de 28 donne un IRP de 94 pour lequel 66 % (100 % - 34 %) de l'échantillon de la tranche d'âge a un score supérieur, et que ce 94 peut varier de 86 à 104 avec un intervalle de confiance à 95 % ; ou que 96 % de l'échantillon (100 % - 4 %) a un QIT supérieur à 74 qui correspond à 69-82 dans un intervalle de confiance à 95 % :

- l'**intervalle de confiance** est une mesure spécifique qui permet de relativiser le résultat obtenu sur un échantillon de population par rapport à ce qu'il serait sur une population totale. Les échantillons pris en compte ici sont d'un millier de personnes ce qui donne une bonne fiabilité. Plus l'échantillon est grand, plus la marge d'erreur est faible ;
- le tableau de coefficient de fidélité des subtests et indices par âge et le tableau des erreurs types de mesure des notes standard des subtests et indices, fonctionnent ensemble et permettent de déterminer si un écart de note standard par rapport à un autre est significatif en fonction d'une marge d'erreur statistique. Plus le coefficient de fidélité est grand, plus l'erreur de mesure est petite ;
- le tableau des différences significatives entre la note standard à un subtest et la moyenne des notes des subtests.

Seuils de signification de la différence entre une note et la moyenne de 10 notes :

	Seuil à . 05 (5 %)	Notes standard	Écarts
ICV			
Similitude	- / + 3,7	9	- 1
Vocabulaire	- / + 3,7	11	+ 1
Compréhension	- / + 4,2	10	0
IRP			
Cubes	- /+ 3,5	8	- 2
Identification de concepts	- / + 4,1	10	0
Matrice	- / + 3,2	10	0
IMT			
Mémoire chiffres	- / + 3,2	14	+ 4
Séquence chiffres-lettres	- / + 3,6	11	+ 1
IVT			
Code	- / + 4,3	11	+ 1
Symbole	- /+ 3,4	6	- 4
Moyenne		10	

On lit que, pour la note en vocabulaire, l'écart par rapport à la moyenne est de + 1 ce qui est significatif entre - et + 3,7.

En revanche pour les subtests « mémoire des chiffres » et « symboles », les écarts de + 4 et - 4 sont en dehors des marges de signification à - /+ 3,2 et - /+ 3,4.

Cette notion de seuil de signification est importante car, s'il y a des différences significatives entre les différents indices, on ne peut faire le total et on doit analyser les résultats séparément.

FICHE 66 | Épreuves de niveau, tests d'intelligence et psychologie différentielle (4)

Compréhension des indices

Après avoir opéré pendant des années des ajouts d'épreuves sur les mesures en deux échelles d'origine et calculé des indices complémentaires pour mesurer plus précisément certaines fonctions cognitives, les concepteurs se sont aperçus finalement que mieux valait les changer en totalité et créer 4 indices de base. Pour l'analyse intersubtest, on a donc abandonné la comparaison des deux anciennes échelles de QI verbal (QIV) et QI de performance (QIP) au profit des 4 nouveaux indices, ce qui a beaucoup perturbé les praticiens qui exerçaient sur ces bases depuis des décennies. Pourtant, le fait qu'ils aient des structures hétérogènes les rendait difficiles à interpréter : par exemple, pourquoi une épreuve d'arithmétique figurait-elle dans l'échelle verbale ?

• L'indice de compréhension verbale (ICV)

C'est l'ancien QIV moins l'épreuve d'arithmétique qui ne convenait pas dans cette mesure très significative de cette facette de l'intelligence relative à l'éducation et à la scolarité à travers l'acquisition du langage et de la lecture. Il est très indicatif des possibilités d'apprentissage et des milieux sociaux, les enfants de cadres ayant des niveaux significativement supérieurs à la moyenne.

• L'indice de raisonnement perceptif (IRP)

La grande différence avec l'ancien QIP est la réduction de l'incidence de la vitesse sur la note aux épreuves (excepté pour cubes). C'est l'indice où l'écart des résultats entre les différentes épreuves peut être le plus grand, d'où l'intérêt d'une étude spécifique de chaque subtest dont les mesures indiquent des aptitudes variées : reconnaissance des formes, des images, catégorisation, flexibilité, etc.

• L'indice de mémoire de travail (IMT)

Il ne teste que la mémorisation des informations auditives verbales et non pas visuelles. Il est donc très représentatif de la connaissance de l'alphabet et de l'attention prêtée aux informations verbales, la capacité d'écoute, ce qui peut fausser l'appréciation de la mémoire de travail réelle.

• **L'indice de vitesse de traitement (IVT)**

À l'inverse du précédent, ce sont des données visuelles et non auditives qui sont traitées dans ces épreuves. Il ne représente donc pas totalement la vitesse de tous les traitements mentaux et peut être influencé par la plus ou moins bonne maîtrise manuelle et graphique.

Analyse interindices

Dans la mesure où l'intérêt, comme avec les anciens indices, porte sur les écarts entre eux, l'analyse avec 4 s'avère plus compliquée qu'avec 2. Le plus simple consiste à calculer la moyenne des 4 indices, puis les écarts de chacun par rapport à cette moyenne. Toutefois, au préalable, on doit tenir compte des seuils au-delà desquels un écart observé est vraiment significatif et n'est pas dû à une erreur de mesure de l'épreuve. Le seuil à .05, soit 5 % de risque d'erreur fait consensus. Exemple d'analyse de la dispersion des indices d'une personne :

Indices	Seuils à 5%	Score	Écarts
ICV	11, 07	119	+ 9
IRP	11, 44	97	- 13
IMT	11, 34	114	+ 4
IVT	12,52	110	0
Moyenne		110	

Dans cet exemple, seul l'écart de 13 points en IRP par rapport à la moyenne est significatif.

L'indice IRP est le seul hétérogène par rapport aux 3 autres homogènes et peut être signe de faiblesse. Toutefois, chez les sujets sans problème cognitif, la dispersion d'un indice est le cas chez plus de la moitié de l'échantillon d'étalonnage.

Hétérogénéité ou homogénéité n'ont rien à voir avec pathologie ou normalité.

L'analyse de la dispersion doit également être prise en compte au niveau des subtests de chaque indice : un indice composé d'une note standard de 6 (très faible) à un subtest et de 14 (très forte) à l'autre peut donner une moyenne de 10 qui n'a aucun sens car trop éloignée des deux notes de l'épreuve.

Un mauvais résultat dans un subtest peut venir autant d'une déficience cognitive que d'un manque d'investissement et de motivation pour le test. L'explication de la cause est aussi importante, sinon plus, que le résultat lui-même.

De même qu'une hétérogénéité de résultat dans le déroulement d'un subtest (plus d'erreurs à un moment donné). Pourquoi ? Est-ce un problème de connaissance pur ou un problème de rupture de la pensée, d'affect par rapport à un thème ? Certains sujets ratent des questions faciles et réussissent les difficiles, d'autres ont un QIT moyen normal et des subtests très hétérogènes.

Le praticien expérimenté est seul capable d'exploiter judicieusement ces informations, de les compléter par un entretien ou par des subtests complémentaires.

Compréhension des résultats du QIT

Les chiffres seuls sont insuffisants, on doit les resituer dans l'étude d'un fonctionnement psychique global. De même pour le nombre d'aptitudes, c'est la qualité et la manière dont elles sont combinées et interdépendantes qui compte. Enfin, les analyses cliniques et différentielles se complètent.

En outre, on doit mettre en relation les analyses cliniques et différentielles.
Le QIT est un critère d'évaluation et de comparaison par rapport à la moyenne d'une tranche d'âge.

On peut apprécier un résultat de QIT en le comparant au reste d'une population comme dans le tableau suivant construit à partir des valeurs théoriques d'une distribution normale.

QIT / Indice	Nombre d'écarts-types à la moyenne	Rang percentile = % dans l'échantillon	Centiles
145	+ 3	99,9	0,1 %
140	+ 2 2/3	99,6	0,4 %
135	+ 2 1/3	99	1 %
130	+ 2	98	2 %
125	+ 1 2/3	95	5 %
120	+ 1 1/3	91	9 %
115	+ 1	84	16 %
110	+ 2/3	75	25 %
105	+ 1/3	63	37 %
100	0 (moyenne)	50	50 %
95	- 1/3	37	63 %
90	- 2/3	25	75 %
85	- 1	16	84 %
80	- 1 1/3	9	91 %
75	- 1 2/3	5	95 %
70	- 2	2	98 %
65	- 2 1/3	1	99 %
60	- 2 2/3	0,4	99,6 %
55	- 3	0,1	99,9 %

On lit que 68 % des sujets (84 %-16 %) ont des QIT compris entre 85 et 115 à 1 écart-type de la moyenne, qu'un QIT de 125 correspond au centile 5, c'est-à-dire que 5 % de la population a un QIT supérieur ou égal à 125, et que 0,1 % de la population a un QIT supérieur ou égal à 145.

Un résultat donné a une fiabilité statistique relative (fiabilité à 90 %, 95 % ou 99 %) avec des scores à relativiser avec + ou – l'écart-type. Les QIT étant aléatoires à cause de la marge d'erreur, mieux vaut les considérer en valeur relative qu'en valeur absolue.

Le tableau suivant est, pour les psychologues, une synthèse qualitative d'appréciation des résultats.

QIT	Classification	% théorique	% de l'échantillon
130 et +	Très supérieur	2,2	2,5
120-129	Supérieur	6,7	7,7
110-119	Normal fort	16,1	16,0
90-109	Moyen	50,0	49,0
80-89	Normal faible	16,1	15,4
70-79	Limite	6,7	7,4
69 et –	Retard mental	2,2	2,0

Dans les interprétations qualitatives, on préférera également comparer un QIT élevé avec un niveau socioculturel bas ou l'inverse, ou constater que plus un sujet avance en âge, plus son niveau d'origine perd de son influence par rapport à l'acquis. Le QIT peut augmenter jusqu'à 25 ans et baisser chez les personnes âgées mais cela n'a rien à voir avec la capacité d'apprentissage. Il semble que la valeur relative d'un QIT varie peu dans le temps, on reste avec le même indice dans sa tranche d'âge.

FICHE 67 | Épreuves de niveau, tests d'intelligence et psychologie différentielle (5)

Conseils aux cliniciens

Pour **l'analyse qualitative** : on peut détecter une éventuelle psychopathologie ou un problème de fonction cognitive selon la réussite ou l'échec à un subtest mais on ne se permet pas de diagnostic à ce niveau d'investigation. On peut déceler également de l'anxiété (sur les épreuves chronométrées par exemple), la variabilité de l'attention ou de l'intérêt. C'est la raison pour laquelle il est recommandé de tout noter pendant le déroulement des tests :
• la qualité du contact avec le sujet, avant, pendant et après le test ;
• la nature de la relation qu'il entretient avec le clinicien ;
• ses comportements ;
• les interventions faites par le clinicien (sur demande du sujet, aide, explication) ;
• selon l'épreuve, le plaisir intellectuel, le plaisir du jeu, la résistance ;
• les particularités verbales (expressions, répétitions, précisions, bizarreries) en tenant compte cependant du niveau socioculturel et de l'âge ;
• les dérapages dans le ton, le style, les attitudes, les signes cliniques, les comportements.

Dans **les modalités de passation**, il est important de :
• parler de manière compréhensible ;
• ne répondre qu'aux questions concernant le test ;
• ne jamais dire si une réponse est bonne ou fausse ;
• interrompre le test en cas de signe de fatigue ;
• avec les enfants, éviter la comparaison avec l'école ;
• en cas de tentative de rapport de force d'un enfant (ex. : saisir un objet), accepter pour éviter un blocage. Les enfants ayant des problèmes **narcissiques** peuvent agresser le clinicien s'il relance et semble ne pas avoir compris : « *Tu n'avais qu'à bien noter* » ;
• pour les enfants, faire passer le test en dehors de la présence des parents ;
• ne pas pousser un enfant en difficulté, cela lui fait sentir qu'il est sous-évalué ;
• après la passation, restituer sur le fonctionnement du test (preuves à l'appui), sur la méthode, jamais sur l'**inconscient** du sujet. Aider à la prise en compte seulement de son fonctionnement ;
• ne jamais donner de chiffres mais une analyse plus large.

Pour **le compte rendu** : les résultats chiffrés doivent être donnés en dernier. Il est nécessaire de noter la durée et les modalités de passation et de mentionner le degré d'adaptation et le comportement de l'individu. Il faut aussi transcrire les résultats chiffrés de manière qualitative (niveau, homogénéité, origines socioculturelles), et relever les différences significatives. Il faut également commenter les indices séparément en termes qualitatifs et comportementaux dans la passation. Enfin, le relationnel avec le clinicien doit être mentionné.

FICHE 68 | Méthodes projectives et épreuves de personnalité (1)

Généralités

Le domaine des tests de personnalité est vaste et a toujours fait l'objet de nombreuses controverses.

D'où le conseil qui est donné de ne les faire pratiquer que par des professionnels longuement expérimentés et de les associer à d'autres méthodes d'investigation. Parmi les plus connues et pratiquées, on distingue :
• les tests objectifs comme le MMPI *(Minnesota Multiphasic Personality Inventory)* ;
• les tests projectifs comme le Rorschach, le TAT, le CAT, etc.

La base de toutes les méthodes projectives est un support matériel précis mais ambigu dans l'analyse qui va permettre de faire émerger des associations verbales, et d'établir un relationnel particulier entre le sujet et le clinicien.

L'observation et l'analyse des opérations mentales du sujet au cours de la passation sont censées traduire son fonctionnement psychique. Elles ont pour but de repérer les organisations psychiques, les problématiques qui leur sont liées avec leurs angoisses spécifiques, les mécanismes de défense utilisés par le sujet (fiche 75) et les possibilités d'évolution.

Elles ont été conçues à partir de deux théories fondamentales :
• la **Gestalt** : l'ambiguïté des supports présentés au sujet permet de détecter ses modes externes de perception ;
• les théories psychanalytiques qui explicitent les fonctionnements internes de cette perception.
La psychanalyse est utilisée ici comme une base de référence mais l'on n'est pas en situation de cure, la méthode utilisée par le clinicien et les buts poursuivis étant différents. Il est cependant possible d'en faire le départ d'un projet thérapeutique. À noter également, d'autres utilisations possibles, professionnelles par exemple.

Le concept de projection

Au **plan étymologique**, le concept de projection renvoie à différentes notions :
• l'action physique de jeter, traduite en psychologie par l'expulsion, la décharge de **pulsions** représentatives d'affects intérieurs ;
• la projection géométrique de points sur une droite ou une surface. Le matériel du test est comme une surface que le sujet remplit avec ses réponses. Il y a correspondance entre la structure d'un protocole produit par un sujet et la structure de sa personnalité ;
• la projection lumineuse ou révélation d'une matière et de son noyau par le passage aux rayons X. Les tests scrutent la profondeur d'un sujet néanmoins sans en cerner la totalité. Ce qui est latent se manifeste, ce qui est caché en profondeur remonte à la surface, ce qui est clair et ce qui est noué. Mais ce n'est qu'une révélation, pas une résolution thérapeutique.

Chez Freud, la projection est, dans un premier temps, envisagée uniquement dans les cas pathologiques tels que la paranoïa. Dans l'exemple du patient **Schreber**, ce sentiment purement interne est vécu comme s'il résultait d'une cause externe. Il expulse vers l'extérieur, sur quelqu'un d'autre ce qui est, pour lui, intolérable à reconnaître comme faisant partie de lui. Plus tard, Freud découvrira qu'elle est le fait d'un grand nombre de personnes et, plus fondamental, que la graduation et le lien entre le normal et le pathologique existent sans frontière infranchissable. Les sujets ne sont pas conscients d'être porteurs de désirs ou d'émotions qu'ils attribuent à l'extérieur (cf. les croyances superstitieuses). Pour Freud, le hasard est à l'extérieur, pas à l'intérieur de l'humain.
Dans les tests, le matériel proposé fonctionne comme un stimulant, un aimant qui attirerait vers l'extérieur sous forme de verbalisation tout l'interne inconscient propre à chacun.

Les notions de perception et de projection sont abordées par **Donald Winnicott**. Pour lui, l'individu se construit en développant ses échanges avec l'environnement mais également ses échanges avec lui-même et son monde interne. La perception est donc vécue de manière externe et interne.

Dans les tests, l'appel à la perception externe est constant mais ces perceptions sont fonction des préoccupations internes du sujet. La démarche est double, percevoir et projeter, comme voir et imaginer ou penser. C'est le concept de l'aire transitionnelle, la théorie de l'existence d'un espace entre le réel et l'imaginaire, le vrai et le faux.

Cette alternance est vécue de manière totalement différente et personnelle par chacun, elle est un bon révélateur du fonctionnement psychique.

En résumé

Projection : le sujet expulse de soi vers autrui (personne ou chose) des qualités, des sentiments, des désirs, des objets qu'il méconnaît ou refuse en lui.

Introjection : le sujet fait passer sur un mode fantasmatique du dehors au-dedans des objets et des qualités inhérentes à ces objets.

FICHE 69 | Méthodes projectives et épreuves de personnalité (2)

Le Rorschach

Description

Rorschach, peintre et médecin psychiatre de l'école **Bleuler** et **Jung**. En 1911, le test des taches d'encre est utilisé comme test de personnalité et en 1917, puis 1921 il établit sa théorie et son « *psycho diagnostik* ». Son test est le plus utilisé dans le monde avec des orientations très diverses selon les écoles suisse, française ou américaine en termes de passation, de méthodologies et d'exploitation, les Américains en faisant une utilisation non psychanalytique contrairement aux Français.

Descriptif des planches : une description détaillée existe dans tous les manuels. Nous en présentons une approche résumée centrée sur leur exploitation clinique. Elles comportent 10 unités distinguées selon leur forme (compacte ou bilatérale) et leur couleur (noire/gris/blanc ou rouge ou pastel).

Description générale/ signification	Planche I	Planche IV	Planche V	Planche VI
Le Moi et l'identité ; les taches compactes renvoient à une approche globale et unitaire de soi par rapport à l'extérieur et autrui ou au contraire morcelée, floue. Les gris/noirs/ blancs plus ou moins présents et compacts permettent aux affects anxieux de s'exprimer.	Soi en tant que corps et en rapport avec son premier contact objectal.	Puissance ou au contraire passivité.	Soi en tant qu'identité psychique.	Symbole sexuel dans sa double dimension masculine ou féminine ; équilibre et identité.

Description générale et signification	Planche VII	Planche IX
Évocation du féminin et du maternel ; tous les aspects du relationnel avec le maternel, du plus ancien au plus évolué ; le sujet se situe en positif ou en négatif par rapport au féminin.	Représentation ou affects ; image maternelle ou mode de relation avec cette image ; identification par rapport à la féminité pour filles ou garçons.	Celle qui pousse le plus à la régression et aux relations très précoces avec le maternel.

Description générale et signification	Planche II	Planche III	Planche VII
Représentations relationnelles avec autrui en positif ou négatif, sur un mode libidinal ou agressif, fusion ou destruction ; expression possible des angoisses de castration et problèmes narcissiques (soi perçu comme autrui) ; Les rouges présents dans ces planches renvoient à des affects violents et stimulent les mouvements pulsionnels.	Pulsions vis-à-vis d'autrui en négatif ou positif.	Identification sexuelle, bisexuelle, conflits et tiraillements.	Voir tableau précédent

Description générale et signification	Planche VIII	Planche IX	Planche X
Les planches pastel suscitent la régression, réactivent des représentations, des affects, des émotions concernant des expériences anciennes, voire primitives, de plaisir ou de déplaisir vécues avec l'environnement relationnel, des relations au monde extérieur quand celui-ci change ; ceux qui n'ont pas la capacité de se laisser aller à la régression se bloquent ici.	Première planche pastel présentée qui constitue un changement de stimulus notable par rapport à tout ce qui précède.	Voir tableau n° 2	Dernière planche donc liée avec tous les affects de la séparation, la perte, l'éclatement ; aptitude à se séparer et rester soi-même.

Les enfants débordés par leur imaginaire, par leurs **projections**, non structurés, non protégés par des mécanismes de défense, voient dans certaines planches des monstres sortir de l'image.

On peut résumer la méthode de passation : un entretien est nécessaire avant comme après ; il ne faut pas faire passer ce test à des sujets fragiles psychiquement, ni à des proches ; la durée peut varier de demi-heure à une heure et demie ; la consigne est « *Je vais vous montrer dix planches et vous me direz ce à quoi elles vous font penser, ce que vous pouvez imaginer à partir d'elles* » ; passer les planches toujours dans le même sens et le même ordre et noter si le sujet les retourne ; la passation se fait en deux temps :
• de manière spontanée : noter toutes les associations, les mots, les comportements, le sens de retournement des planches, le temps entre la présentation et la réponse, le temps par planche, le temps total ;
• sous forme d'enquête : reprendre les planches et les réponses et faire expliquer la cause de la réponse (forme ou couleur), ce qui a été vu, où ? Comment est venue la réponse ? Le sujet peut ne pas se souvenir ou ne pas le vouloir ou donner d'autres réponses plus consistantes (assouplissement des défenses). L'enquête doit être menée de manière non directive sauf dans un protocole d'adulte ou en cas d'insuffisance de réponses banales (le sujet est soit un anticonformiste notoire ou adapté, soit sans lien avec la réalité partagée par tous).

À la fin, il faut demander les deux planches préférées et les deux planches les moins appréciées.

Démarche d'analyse

Clinique de la passation (analyse qualitative) :
• qualité du contact (distance, écoute, ton, coopération, contre-transfert) ;
• comportement (lenteur, blocage, besoin d'être rassuré) ;
• attitude face au test (productivité, rythme, régularité, réactivité) ;
• verbalisation (souple, rigide, fluide, infantile, mature, précise, floue, bizarre, etc.) ;
• disponibilité affective, plaisir à imaginer, à faire fonctionner son intellect.

Cotation (analyse quantitative). C'est un travail très précis demandant une bonne pratique.

Principales codifications résumées :

Localisation « Où voyez-vous cela ? »	Déterminant « Qu'est-ce qui vous fait penser à cela ? »	Contenu « Quoi ? »	Banalités
Partie de la planche sur laquelle porte la réponse G = globale, toute la planche D = grand détail, une partie de la planche, souvent les mêmes Dd = petit détail qui peut être plus ou moins très personnel Dbl = détail blanc, isolation par les blancs uniquement Variations : Gbl = réponse globale prenant le blanc comme objet Ddbl = petit détail blanc Di = détail d'inhibition (d'anatomie sans évoquer le corps entier) D /G = détail au départ qui arrive à un global	Les plus fréquents : F = La forme : peut être logique (F+) ou pas réaliste (F-). Voir quelque chose que les autres ne voient pas n'est pas pathologique sauf si quantité. Forme vague ou ambiguë (F+ -). Qui ne voit que des bonnes formes peut avoir du mal à se laisser aller. K = Kinesthésie Il s'agit de formes vues en mouvement : humains (K), animal (Kan), objet (Kob) C = Couleur Dimension sensorielle. Soit couleur : rouge et pastel (C), noir/gris/blanc (C'). Soit estompage (E) ou clair obscur (Clob) dysphorique (déplaisant) Possibilité de déterminants mêlés : tâche de sang, animal qui saigne, etc.	Les plus fréquents : H = humains Hd = détail humain (H) = humain fictif (monstre) A = animal Ad = détail (A) = fictif (dragon) Nature et type sont indicateurs. Animaux à la place d'humain pour transposition, mise à distance. Obj = objet (dont peaux de bêtes) Autres : anatomie, botanique, nature, géographie, élément (eau, feu), art, abstraction, etc. Les réponses peuvent être composées (scènes) ou faites de mélanges hybrides.	Cf. liste des banalités préétablies. Si la qualité formelle est mauvaise on ne cote pas la banalité.

Le psychogramme et la confrontation aux normes : il s'agit d'une quantification des réponses selon les classifications ci-dessus et d'une comparaison par rapport à des normes habituelles.

On peut tirer des conclusions sur des caractères types sachant toutefois que chacun est différent. On ne trouve jamais deux psychogrammes identiques.

Le regroupement des facteurs permet d'aborder le processus de pensée d'un sujet. Ce travail n'est pas censé être maîtrisé en licence. Des exemples sont donnés en travaux dirigés à titre d'illustration des interprétations cliniques possibles.

Dans **le compte rendu**, on doit trouver :
- la clinique de la passation ;
- les processus de pensée ;
- les investissements **narcissiques** et objectaux (perception de soi, représentation de relations) ;
- les procédés psychopathologiques : névrotiques, **narcissiques** limites, psychotiques ;
- les *imagos* parentales ;
- la conclusion.

Autres méthodes projectives, CAT, TAT

Parmi les autres méthodes projectives, on trouve les CAT proposés aux enfants de 4 à 8 ans et le TAT pour les enfants de plus de 8 ans. Ces épreuves, créées par des psychanalystes, sont parfois récupérées à tort par des non-psychanalystes.

La consigne est de monter des planches (10) et de demander de raconter une histoire à partir de chacune. Ce matériel qui porte sur des scènes de la vie familiale, animale, révèle les images parentales. On note ce qui est structuré ou non, le contenu et la mise en mots de l'histoire, les traits de personnalité par rapport aux mécanismes de défense.

On ne s'attache pas aux thèmes évoqués dans le récit car ils sont souvent les mêmes, mais au mode de verbalisation et à la forme utilisée par chacun. Ces supports plus figuratifs doivent permettre de se dégager de la régression que suscite le Rorschach.

FICHE 70 | L'entretien clinique (1)

Généralités

Il diffère d'un entretien ordinaire par sa volonté d'action et sa pression.

Ici, le but est l'échange pour la connaissance. Il peut y avoir des demandes d'aide claires, d'autres plus floues. Les paroles s'accompagnent de mimiques, gestes, postures.

La forme peut être directive (questions précises), semi-directive (quelques questions incitatives) ou non directive (le sujet est libre, le clinicien reformule, observe les réactions, les hésitations et les peurs pour comprendre le conflit intérieur et le mode de défense.)
La psychologie clinique n'est pas une pratique ancienne en France, les traitements se limitant auparavant à une approche bio-médicale. L'instaurateur en est **Lagache**. Elle emprunte à la psychanalyse l'utilisation de la parole, mais avec la version évoluée de **Freud**. En effet, au début, Freud bombardait les patientes de questions pour faire ressortir le passé avec violence. Ensuite, il pratique la méthode des associations libres, teintée de « **neutralité bienveillante** », avec tact et ménagement. Le praticien ne doit ni juger, ni s'impliquer, ni apporter des solutions, ni donner la voie à suivre, ni livrer ses interprétations, par exemple dire à des parents que les problèmes avec leurs enfants viennent d'eux-mêmes, même si c'est vrai. L'explication causale bloque l'élaboration que le sujet doit faire en travaillant sur lui-même. Ces travers sont à l'origine du rejet des psychologues par les patients. L'entretien clinique est difficile car la relation sujet-clinicien doit tenir compte des attitudes du patient, de son discours et d'un contexte émotionnel variable.

Objectifs

Les objectifs principaux sont :
- le diagnostic et l'investigation sur la symptomatologie, les troubles du comportement, de la conscience, de la personnalité, ou encore de l'activité psychique ;
- l'**anamnèse** : le passé du sujet, sa famille, l'histoire du problème ;
- la thérapeutique : aider à supporter une souffrance, à vivre une période de crise ;
- ou encore de fournir des informations à un autre psychologue qui ne verra pas le sujet.

Code de déontologie de la société française de psychologie

Il inclut :
• le respect de la dignité humaine ;
• la référence à l'éthique de la profession, sans jugement, mais analyse et compréhension ;
• la confidentialité, en dehors des contraintes légales et des maltraitances d'enfants ;
• le fait de ne pas prendre parti dans les conflits entre personnes et de ne pas donner de rapports écrits ;
• le fait de ne pas restreindre ou forcer la volonté d'expression du sujet.

Modèles d'entretien différents du modèle psychanalytique

Les différentes méthodes thérapeutiques (**hypnose**, bioénergie, méthodes existentielles, *dasein*, thérapies systémiques familiales, analyse transactionnelle, thérapies cognitivo-comportementales, etc.) ne figurent pas dans cet ouvrage car elles ne font pas partie de l'enseignement général, mais peuvent être choisies en option. Ouvrage conseillé : Duruz et Gennart, *Traité de psychothérapie comparée*, Genève, Éd. Médecine et Hygiène, 2002.

Seuls les deux suivants sont présentés brièvement. Notons que chaque mode est plus ou moins adapté à certaines formes et degrés de pathologies et que, dans certains cas, l'association de **psychothérapies** complémentaires est souhaitable.

Carl Rogers (Chicago)

Son influence s'est poursuivie jusqu'à la fin des années 1960. Il s'appuie sur le concept de non-directivité. Il crée une situation dans laquelle le sujet peut se comprendre et s'accepter tel qu'il est, penser ses problèmes de manière claire et se conduire plus intelligemment. Il refuse l'interprétation, valorise l'écoute, la relation de confiance, l'empathie et reformule les conclusions du sujet. Le patient en retrouvant ainsi ses expériences vécues se libère de ses tendances névrotiques sans pour autant avoir une vision de leurs causes plus profondes. Il n'utilise pas les notions de conflit intrapsychique, ou de transfert propre à la psychanalyse. Il s'appuie sur le principe que l'homme est bon, que les perversions viennent de l'extérieur et qu'une attention positive envers lui peut le soulager.

Palo Alto (Californie)

C'est une forme de thérapie destinée plutôt aux groupes, comme la famille, mais qu'il ne faut pas confondre avec une thérapie familiale psychanalytique. La théorie stipule que le système du groupe influe sur la position de chaque individu du groupe. Elle s'appuie sur le fonctionnement entre le système du groupe et le patient, son mode de communication et ses interrelations. Le conflit n'est pas à rechercher au niveau intrapsychique mais au niveau des contradictions émises dans le groupe, notamment les fameuses « *injonctions paradoxales* », message comportant deux informations contradictoires comme : « *Sois spontané* ».

En encourageant l'apparition du symptôme, en allant dans le sens du paradoxe, on pense faciliter le repérage du problème par le sujet. Il s'agit de comportements provoqués par les messages contradictoires envoyés par autrui.

Exemple : « *Tu es un monstre, seule une maman comme moi peut t'aimer* », favorise chez l'enfant un comportement qui s'appuie sur la croyance suivante : « *Si je ne suis plus un monstre, je ne suis plus rien.* » C'est une forme de thérapie centrée sur le vécu et non le passé. On lui reproche de ne pas laisser assez de place pour le développement d'un processus élaboratif (compréhension et intégration plus en profondeur) et d'ignorer les questions sur qui perturbe qui.

FICHE 71 | L'entretien clinique (2)

Théorie psychanalytique pour l'entretien clinique

Introduction et définitions

Depuis les origines jusqu'à nos jours les théories freudiennes ont été nuancées, enrichies, affinées, améliorées, soit par **Freud** lui-même, soit par ses disciples. D'autre part, on ne peut aborder ce domaine sans en maîtriser la terminologie spécifique, dont voici les concepts principaux.

La topique, du grec *topikos*, de *topos*, le lieu, d'où topographie. Freud utilise ce terme pour décrire un système censé expliquer et schématiser comme sur une carte les étapes du fonctionnement psychique. Il en fera deux descriptions complémentaires entre 1900 et 1922, la première et la deuxième topique.

Le point de vue économique est en rapport avec l'énergie psychique dépensée en plus ou en moins. L'appareil psychique transforme des énergies librement (domaine des **pulsions**, l'**inconscient**) ou de manière contrôlée (domaine des actes de la conscience) et qui interagissent entre elles. Par exemple, un symptôme d'ordre inconscient (affectif) mobilisera de l'énergie qui fera défaut dans des activités cognitives (l'attention).

L'aspect dynamique du fonctionnement psychique fait référence aux phénomènes comme les angoisses ou les mécanismes de défense.

L'inconscient, à la base de la théorie psychanalytique, est étudié sous les aspects dynamique et topique. C'est la force organisatrice de la vie psychique qui fonctionne selon d'autres lois que celles de la conscience.

Les autres bases des théories psychanalytiques sont les suivantes :
- la libre association d'idées ;
- le **refoulement** et les mécanismes de défense ;
- le transfert et la résistance ;
- le sens des rêves et des symptômes interprétables ;
- la sexualité infantile ;
- l'infantilisme : persistance à l'âge adulte des vécus de l'enfance.

L'inconscient et la première topique, il existe trois pôles dans le fonctionnement psychique : l'inconscient, le **préconscient** et le conscient. L'inconscient est séparé par des mécanismes de censure du préconscient et du conscient. C'est le lieu du **refoulement** des idées, des mouvements, des émotions, des représentations. S'y trouvent les désirs pulsionnels inadmissibles, irrecevables aux yeux du sujet et qu'il renvoie dans une forme d'oubli car, selon **le principe de plaisir-déplaisir**, la personne essaye, tant bien que mal, de réguler sa vie psychique pour éviter le plus possible tout ce qui ramène à du déplaisir. À l'origine du refoulement se trouve un conflit que la méthode psychanalytique va chercher à retrouver.

Pour la deuxième topique, l'appareil psychique schématisé par **Freud** s'est enrichi de trois notions : **le Ça, le Moi et le Surmoi**, forces qui s'opposent, sont en conflit.
Le Ça, lieu des **pulsions** et le Surmoi, lieu des interdits et des défenses. Dans cette topique, la notion de **principe de plaisir-déplaisir** est remplacée par **un principe de réalité** : les pulsions sont limitées par le Surmoi. Par ailleurs, on découvre dans les forces en présence un aspect quantitatif, on parle d'**investissement** affectif, d'énergie psychique, de charge affective liée à des idées, des représentations, des objets (objet au sens de personne).

Transfert et contre-transfert

Dans l'entretien clinique, le type de relation entre le clinicien et le sujet, les modalités de son instauration donnent des indications sur le problème à résoudre, sur l'objet qui se cache derrière la plainte de base. À prendre en compte également, la volonté du sujet de s'investir dans la démarche.

L'entretien clinique est différent de la **cure psychanalytique** plus longue avec des entretiens plus fréquents (trois fois par semaine) et une position du patient allongée, mais il s'en inspire.

Le transfert

Tout individu insatisfait dans ses besoins d'amour par la réalité vécue se tourne avec espoir vers toute nouvelle personne qui entre dans sa vie, comme un psychanalyste.

Les désirs inconscients anciens reviennent à la surface et dans un certain cadre de relation établie prennent pour objet la personne avec laquelle la relation a été établie, en l'occurrence le praticien dans le cas d'une **cure psychanalytique**.

Pour le patient, une situation infantile vécue se répète avec un sentiment d'actualité comme une nouvelle édition, une copie des anciennes tendances et anciens **fantasmes**. C'est le remplacement d'une personne ancienne et connue par le médecin. Le contenu est identique au passé, seule la personne a changé, on parle de réédition stéréotypée.

Freud a constaté que les patients, au cours de la cure et dans la pratique des associations, ressentent des **inhibitions**, des difficultés antérieures qu'il appelle résistances. Mais, au fur et à mesure des séances, un sentiment irrationnel d'amour ou d'hostilité se manifeste alors à l'encontre du praticien, c'est le transfert.

Dans certains cas, le travail analytique s'arrête car le patient a peur de reporter sur le thérapeute des pensées pénibles revenues à la surface grâce à l'analyse.

Pour Freud, résistance et transfert sont liés et c'est un élément clé de sa méthode. Dora, l'hystérique, arrête la cure par peur d'attaquer Freud. Des sentiments de jugement et d'observation créent également de l'agacement envers le thérapeute. Certains transferts s'atténuent en termes de contenu et peuvent devenir conscients pour le patient en s'étayant sur un élément réel comme un aspect physique du médecin ou des circonstances.

D'obstacle, il peut devenir un auxiliaire pour le praticien à condition d'en saisir le sens « *ici et maintenant* » et de le traduire au patient. Le transfert n'est pas le propre des névrosés comme Dora, il existe également dans l'entretien clinique et doit être repéré tout de suite. Il existe de même chez tout un chacun vis-à-vis d'une personne qui en rappelle une autre et n'est donc pas limité aux cas pathologiques.

Transfert positif ou négatif

Positif, il est constitué de sentiments tendres, de plaisir dans l'échange. Il rend des services en reléguant en deuxième place le désir rationnel de ne plus souffrir. Du désir d'être soigné le patient passe à l'envie de plaire, d'obtenir des approbations, le transfert devenant l'énergie qui pousse le patient dans son travail analytique.

Souvent, les symptômes semblent disparus rien que par amour du thérapeute, notamment dans le cas de thérapies comportementales courtes. Ce n'est pourtant pas une assurance de guérison à long terme.

Le transfert est en réalité plus complexe car s'il reproduit l'attitude du patient à l'égard des personnes qui l'ont élevé, cette attitude est toujours chargée d'ambivalence.

En effet, les enfants peuvent à la fois aimer leurs parents et leur en vouloir. Le thérapeute se verra donc attribuer également des sentiments négatifs équivalents. L'analyse du transfert est le point clé de nombreuses formes de **psychothérapies**.

Le contre-transfert

Le contre-transfert concerne l'analyste lui-même qui, en regard du transfert du patient, peut réagir à son tour de manière inconsciente et irrationnelle. Il recouvre tous les sentiments que l'analyste éprouve envers le patient car la **neutralité bienveillante** n'est pas infaillible en regard de toute épreuve envoyée par le patient.
C'est pourquoi il est impératif que tout analyste fasse sa propre analyse avec l'aide d'un autre spécialiste afin de maîtriser au mieux (ce n'est jamais parfait) les mouvements du contre-transfert.
La réponse émotionnelle envers un patient est l'un des outils les plus importants du travail du thérapeute. Pour mener à bien un traitement, il faut que l'analyste ait sur ses propres complexes et résistances un regard résultant d'un travail effectué sur lui-même. La déontologie de cette profession stipule que le praticien ne doit pas nuire à autrui en risquant d'attribuer à ses propres particularités une valeur scientifique générale. **Freud** s'est ainsi auto-analysé avec l'aide d'un confrère. La différence entre la relation analytique et les autres relations humaines n'est pas dans l'existence des sentiments car c'est un fait de l'humain, mais dans leur force et dans l'utilisation qui en est faite. L'analyste n'est pas une froide machine d'enregistrement, il doit supporter et contenir les sentiments qu'il ressent pour les subordonner à son travail analytique. Il peut faire appel à un superviseur pour expliciter ce qu'il ressent vis-à-vis d'un patient.

Au bout de trois à quatre entretiens le thérapeute doit savoir s'il peut continuer l'analyse. Certains patients plaisent, d'autres énervent, et c'est variable dans le temps, il vaut donc mieux analyser son propre contre-transfert avant le transfert du patient. Si les problèmes du patient rentrent trop en résonance avec ceux du praticien, il lui est conseillé de l'envoyer chez un confrère.

La relation transfert, contre-transfert représente les deux faces dynamiques de la relation analytique. Les bonnes questions à se poser sont : « Pourquoi me dit-il cela à moi à cet instant précis ? Qu'est-ce que je représente pour lui maintenant ? Pourquoi me le dit-il ainsi ? »

FICHE 72 | L'entretien clinique (3)

L'entretien avec l'enfant (à partir de deux, trois ans) (1)

Spécificités

La situation de dépendance-indépendance de l'enfant vis-à-vis de son milieu et environnement varie suivant les cas et les âges, elle est duale et complexe, et il faut en tenir compte en premier lieu.

Les demandeurs de l'entretien sont soit les parents ou leurs substituts, soit une institution, soit un médecin. Le clinicien entend des choses variées, voire contradictoires et le discours de l'enfant peut être différent de celui que l'on tient sur lui.

Le clinicien doit s'adapter à la démarche de ses interlocuteurs, évoluer en souplesse selon la nature de l'entretien. Plus l'enfant est jeune, plus la présence des parents est évidente pendant l'entretien. Toutefois, il est important de pouvoir s'entretenir également seul avec l'enfant. En cas de refus de la part de l'enfant ou des parents, il ne faut pas essayer de briser les résistances mais comprendre pourquoi. De même concernant l'absence de l'un des deux parents à l'entretien. Ces éléments peuvent donner une première indication du motif de la consultation, permettre de repérer les souffrances des uns et des autres. L'entretien est basé sur l'écoute, l'observation directe des actions, comportements, interactions entre les personnes présentes et sur ce qui est dit du comportement de l'enfant.

La vérité ne vient pas d'une seule personne, chacun exprime sa propre réalité, en contradiction parfois avec les autres personnes présentes. Cette complexité des entretiens nécessite d'en multiplier le nombre à intervalles variables pour mesurer les évolutions : il peut y avoir des moments psychotiques sans évolution psychotique ultérieure.

Contexte

Le but est de dégager le fonctionnement psychique de l'enfant et de son groupe familial, de saisir, derrière les motifs conscients avancés, les problèmes latents et de faire surgir les demandes des uns et des autres.

Les parents attendent en général des réponses rapides et directes pour mettre en place des actions immédiates, par exemple vis-à-vis de la scolarité. Certains sont dans le déni des troubles qu'ils attribuent à la mauvaise qualité de l'école ou à l'incompétence d'autres psychologues déjà consultés. Certains parents en souffrance demandent qu'on leur confirme des diagnostics qu'ils ont trouvés sur Internet (hyperactivité, TOC). Certains sont même pathogènes et dangereux pour le psychisme de l'enfant, ils en sont cependant les parents. Dans toutes ces situations, le clinicien ne doit pas répondre directement mais s'orienter vers la recherche de la compréhension des situations.

De même, il ne faut pas se mettre dans une perspective de prise en charge thérapeutique dès le premier entretien contrairement au cas d'un adulte qui vient consulter seul. Car l'enfant est lié à ses parents et ils vont devoir partager ces liens avec un étranger qui peut les frustrer de leur rôle et de l'affection que l'enfant pourra reporter sur le thérapeute.

Au cours des premiers entretiens, le clinicien doit identifier, selon la qualité des échanges obtenus, s'il doit passer le cas à un confrère (ne pas se croire seul capable d'élucider un problème), prévoir une intervention thérapeutique ultérieure, ou l'entamer, uniquement si l'alliance thérapeutique en profondeur a été établie avec les parents et l'enfant.

Dans certains cas, les premiers entretiens peuvent avoir déjà une dimension thérapeutique : les parents acceptent que l'enfant s'exprime sans eux, ou l'entretien fait suite à une consultation médicale ou psychologique antérieure faite par un confrère suite à des troubles somatiques (manque de sommeil ou d'appétit). Chez les plus grands, il faut être attentif aux pathologies éventuelles que masque un trouble et ne pas établir de diagnostic immédiat à partir de symptômes.

FICHE 73 | L'entretien clinique (4)

L'entretien avec l'enfant (à partir de deux, trois ans) (2)

Méthodologie

Le jeu, outil de médiation de la relation chez les plus jeunes où l'utilisation du langage est réduite, facilite le contact avec l'enfant puisque c'est son activité préférée. Pour le clinicien, le jeu est également un outil d'interaction et de compréhension du fonctionnement psychique. L'enfant sait qu'il joue et, en jouant (sauf cas pathologiques), il communique quelque chose de sa vie interne (désirs, **pulsions**, **fantasmes**). Le jeu indique la frontière qu'il établit ou non entre la réalité et l'imaginaire, le dehors et le dedans.
L'espace du jeu n'est pas sa réalité psychique interne, il est en dehors. Il considère les objets qui existent en externe et les investit dans son monde interne.

Pour **Winnicott**, il y a deux types de jeux, le *playing* (jeu sans règle établie où se manifeste la transitionnalité interne-externe) et le *game* (jeu organisé, Sept familles, etc.). Le matériel de jeu ne doit ni être trop riche ni pas assez, les objets pas trop figuratifs pour permettre la création d'un univers. Les différents types de jeu choisis par l'enfant dépendent plus de ses constructions psychiques du moment que de la nature des jouets.

Certains n'arrivent pas à jouer, il n'y a pas d'espace entre leur jeu et l'extérieur et leur monde intérieur transparaît peu. Certains ne veulent pas des jeux proposés, d'autres ne peuvent pas faire semblant, le jeu étant pour eux trop réel, trop excitant, sans aire transitionnelle, avec une frontière faible entre le réel et l'imaginaire, signe d'une difficulté dans la mise à distance.

Winnicott insiste sur le caractère corporel du jeu, la manipulation des objets et l'excitation corporelle qu'il procure à condition que la **pulsion** qu'il suscite puisse être contenue. L'excitation non contenue qui déborde l'enfant n'est alors plus du jeu (cf. certaines pratiques des *Gameboy*).

Le clinicien ne comprend pas toujours ce que l'enfant met dans le jeu, il peut alors demander à l'enfant quel en est le scénario. L'enfant peut inviter le clinicien à participer au jeu. Il est aussi nécessaire de noter ce qui semble ne pas avoir de sens.

C'est une situation fictive sur un mode symbolique pouvant être imprégnée d'agressivité et de sexualité. Mais il faut faire attention aux interprétations : la réalité ne se traduit pas toujours dans le jeu, le fantasme peut être plus présent dans le jeu que dans la réalité, et quand la réalité a été trop présente (cas d'incestes), ils ne peuvent justement pas la rejouer.

Le dessin est un autre système de médiation quand le langage n'est pas totalement investi. Il ne faut pas les y obliger, mais les laisser libres de dessiner ce qu'ils veulent dans un premier temps puis passer à une suggestion plus directive.

Les caractères graphiques (couleurs, noir, feutres, taille du dessin, etc.) varient selon l'âge, le sexe, ou le milieu familial.

Le dessin représente une forme de fonctionnement plus ou moins inhibé ou riche. Le fait qu'il l'utilise ou non, qu'il formule qu'il ne sait pas ou mal dessiner est indicatif (les enfants très obsessionnels et avec un **idéal du Moi** élevé, voulant être parfait tirent des lignes, dessinent avec des règles).

Le dessin n'est interprétable que dans la situation où il est produit, se substituant à une parole. Le meilleur interprète est l'enfant lui-même : dans la dynamique de la relation établie avec lui, il dira ou ne dira pas ce qu'il a voulu exprimer. Il ne faut pas parler à sa place, procéder à une interprétation superficielle à partir d'un élément isolé (dérive actuelle où l'on recherche une confirmation ou infirmation d'un fait ayant eu lieu à un autre moment), ou prêter à l'enfant la verbalisation d'un affect qui ne serait pas le sien. On peut ne parler que du dessin, voir à qui il le destine, s'il souhaite laisser une trace, etc.

Les interactions verbales ne sont pas toujours nécessaires ni possibles, la relation pouvant s'établir hors du langage : les très petits expriment des sons parfois plus expressifs que des mots, certains enfants répètent des mots pour imiter mais sans maîtriser le sens du mot, sans rien exprimer, les enfants d'immigrés ont d'autres problèmes. Le langage n'est pas utilisé de manière continue, ni de la même façon selon les moments de l'entretien, certains pouvant parler plus ou moins « bébé » devant les parents.

L'utilisation du langage, n'est pas en corrélation avec son degré de structuration : celui qui a envie de communiquer s'exprimera de toute façon, comme il peut, le clinicien ne devant pas corriger les erreurs.

Un orthophoniste détecte les difficultés cognitives ou instrumentales ce qui inquiète moins les parents qu'un psychologue qui recherchera les problèmes relationnels ou d'accès à la symbolisation. Les autistes ont un accès difficile au langage, les psychotiques au symbolisme avec des distorsions de mots et de sens.

Le contenu de leurs discours varie selon l'âge, les conflits liés à cette période et la situation familiale :

- entre trois et cinq ou six ans, ils ont plaisir à parler de leurs préoccupations du moment, les interdits n'étant pas intériorisés (**période œdipienne**, agression-amour vis-à-vis des parents et de la fratrie). Un enfant en bonne santé psychique est capable de symboliser, de mettre en mots ses **fantasmes** et désirs. L'excitation psychique qui leur est liée est récupérée par la pensée et les mots, ce que l'on appelle la « secondarisation » ;
- la **période de latence** (à partir de six ans et jusqu'à onze ou douze). Les émotions pulsionnelles étant calmées, ils parlent moins. Les exigences du **Surmoi** ont été intériorisées et ils contrôlent ce qu'ils disent, d'où l'intérêt du dessin. Quand le **refoulement** est bien en place, normalement, ils ne racontent pas leurs rêves, leurs cauchemars, leurs sentiments, ils ont mis en place des défenses pour ne pas que l'excitation pulsionnelle ressorte. Si on les force, si l'on appuie là où cela fait mal (parents, fratrie), on renforce leurs défenses. Pour les ouvrir, on peut les faire parler de leurs activités ou des copains, là où ils ressentent les choses et réagissent par rapport à leurs affects. Inversement, quand la latence n'est pas en place, ils parlent trop sans arriver à mettre de côté leurs fantasmes, à se poser pour penser. Certains emploient des mots crus. Quand on n'est pas dans la symbolisation, le mot correspond à un fait et l'on peut garder ce système de pensée une fois adulte, les mots devenant dangereux car associés au fait réel : par exemple, dire du mal des parents représente pour eux une trahison risquant d'entraîner la perte d'amour de l'**Objet**.

Voir également les contradictions entre les gestes et les mots : dire que l'on part et rester.

Dimension corporelle

La gestuelle est primordiale, même si elle s'atténue au fur et à mesure du développement du langage. Le corps et l'esprit ne font qu'un dans leur interaction avec autrui, en l'occurrence le clinicien qui doit en tenir compte selon l'âge et observer les contacts agréables ou violents de l'enfant à son égard (en retour, être particulièrement réservé soi-même envers l'enfant).

Il faut faire des observations sur les mimiques, regards, transpiration, clignement des yeux, correspondance entre propos et gestes, évolution de l'état durant l'entretien et au fil des entretiens :

- le corps comme élément d'**identification** culturelle : voir les cohérences ou incohérences, les habits qui sont là pour déranger ou respecter les codes ;
- le corps comme élément d'**identification** à l'agresseur (ceux qui sont prêts au combat en arrivant chez le psychologue) ;
- la dimension physiologique : harmonie, handicap, caractéristiques plus ou moins normales pour l'âge (taille, poids) : les très grands ont des attentes démesurées pour eux-mêmes ;
- les aspects psychomoteurs : degré d'habileté pour le déplacement dans l'espace (les psychotiques se déplacent comme des pantins dans un corps non habité), l'hypertonie ou l'hypotonie, les gauchers, les maladresses, les balancements, les gestes répétitifs, stéréotypés ;
- le corps comme témoin du mode d'**investissement** de la famille : soigné ou abandonné, l'apparence supérieure à l'écoute. L'enfant est l'expression de ses parents.

FICHE 74 | L'entretien clinique (5)

L'entretien avec l'adolescent

Les techniques varient selon les options théoriques du clinicien. Le concept d'adolescence est aujourd'hui complexe, allant de l'autonomie progressive à la notion d'indépendance plus ou moins totale. Le clinicien doit prendre en compte les influences parentales, sociétales et culturelles dans son analyse et son jugement d'aptitude au changement. L'intégration ou non des parents ou tuteurs est à discuter avec lui.

L'adolescent vit sa dépendance et son passage progressif à l'autonomie de manière conflictuelle. Son problème se situe dans son conflit face à l'autorité et sa place au sein de la famille. L'adolescent peut être envisagé dans sa dimension socioculturelle, son relationnel plus ou moins bon avec la société, ou dans son monde interne selon les théories freudiennes.

Dans ce dernier aspect, l'adolescence n'est pas pensée comme un état mais comme un processus en cours. La poussée génitale entraîne un changement des représentations psychiques qui deviennent sexuées. Les images parentales infantiles sont abandonnées mais les conflits infantiles (dont l'œdipien) sont réactualisés sous une forme sexualisée avec cette fois possibilité de réalisation du désir et donc réapparition des mécanismes de défense. Ce contexte de fragilité psychique peut donner lieu à des pathologies inquiétantes.

Difficultés pour le clinicien

L'adolescent peut tenter de rallier à sa cause le clinicien contre ses parents, mettre à l'épreuve leur position et tester **la neutralité** du clinicien.

La tentative de ralliement est par ailleurs créatrice d'angoisse car, ayant manipulé l'Objet (au sens d'**Objet d'amour**), il l'a également rabaissé dans son image de fiabilité et de force et, finalement, il conserve l'idée que ses parents sont les meilleurs. Le clinicien doit donc faire preuve ni de complicité ni d'autoritarisme.

Les attaques, en face desquelles le clinicien doit rester solide. La **neutralité** sous-entend de la disponibilité et de la tolérance face aux informations recueillies, il ne s'agit ni de silence, ni de froideur distante, mais d'un grand contrôle de ses propos.

Les écueils contre-transférentiels et l'**identification** à l'adolescent ou aux parents peuvent être une des difficultés du clinicien. Il faut savoir **garder la bonne distance** entre amour et détestation, séduction ou persécution, et établir un lien ni trop peu ni trop chargé en **pulsions**.

Il faut développer des échanges authentiques, se mettre d'accord avec lui sur l'emploi du « tu » ou « vous ». Il est également nécessaire de bien maîtriser le transfert/contre-transfert, enfin, lui apparaître neutre et professionnel.

Techniques

Le modèle analytique n'est pas praticable avec tous, seulement avec ceux capables d'associations. La plupart du temps, on utilise la conversation. Elle suppose un contrôle constant pour le clinicien de ses questions et relances.

Il s'agit de faire émerger le plus d'éléments possible à propos du problème à résoudre, de la raison de sa présence, il faut alors écouter tout ce qui vient. Le problème doit se transformer en objet de discussion, les sources du conflit devenir **préconscientes**, les liens avec l'histoire infantile apparaître.

Le questionnement ne doit pas être trop pressant, les arrêts dans les propos respectés. Aucune interprétation du matériel apporté ne doit être faite devant lui, mais l'on peut reformuler ce qui a été dit dans le désordre ou de manière illogique. Le clinicien se doit de démystifier l'image du psychologue tout puissant qui sait tout, mais dire que l'échange permettra de l'apaisement dans les relations sans pour autant parler de solutions.

Fonction du clinicien

Parmi les différentes fonctions du clinicien, on trouve :
• aider l'adolescent et ses parents à abandonner la résistance ;
• faire émerger l'expression du conflit actuel mais également les éléments fantasmatiques qui le sous-tendent ;
• reconstituer l'histoire qui entoure l'événement traumatique ;
• relativiser l'effet dramatique que présentent souvent les actes des adolescents ;
• contenir ce qui est déposé ;
• faire des liens, identifier les conflits qui se répètent, faire apparaître le déplacement d'un conflit sur autrui, mettre en évidence les systèmes défensifs, faire s'approprier les idées et ne surtout pas présenter des certitudes mais des suggestions. Il est parfois également utile de

procéder à un apport d'informations de nature pédagogique quand l'adolescent le demande, la connaissance étant propice au soulagement de certaines angoisses.

Le travail de et avec l'adolescent

Le problème de l'adolescent est un problème d'**identification**, d'intégration d'un corps devenu sexué. Cette individuation est vécue comme une seconde séparation. Il est confronté à un travail physique et psychique.

L'approche analytique remplace l'idée de processus normal par celle de crise, ne laisse plus faire le temps en étant passif. Dans le travail avec l'adolescent, on parle de dynamique subjectale de l'adolescent, de son implication dans la résolution du bouleversement engendré par la puberté, dans une meilleure connaissance de soi et de ses conflits internes. L'adolescent doit être conscient qu'il devient partie prenante dans les difficultés qu'il traverse et que la cause n'en est pas les parents, l'école, la société. Il est plus facile d'accuser l'extérieur que de voir ses ambivalences, ses contradictions.

Le clinicien doit étayer un **Moi** qui peut être submergé et incapable de gérer seul ses angoisses. Il doit rechercher et évaluer :
• les assises **narcissiques**, bases d'un sentiment de sécurité interne, souvent fragiles à cet âge ;
• les représentations internes des objets préœdipiens ;
• la sexualité génitale et ses rapports avec les objets œdipiens (aspects incestueux, parricide). Concernant la sexualité, sa conduite, les **fantasmes** qui lui sont liés, le clinicien doit garder une extrême prudence, ne pas poser de questions, ne pas accentuer la fragilité **narcissique** ;
• les signes cliniques : angoisse, dépression dont l'intensité peut être mise en relation avec la vie imaginaire. La révolte et le non-respect des règles comme conséquences d'une réactivation des **fantasmes** d'abandon, la perte des limites de soi.

NB : certains chargés de TD disposent d'enregistrements d'entretiens, notamment de **Philippe Jeammet**, psychiatre, psychanalyste, pendant vingt ans directeur du service psychiatrie de l'adolescent et jeune adulte de l'institut Montsouris.

FICHE 75 | Investigation du fonctionnement psychique

Analyse du transfert, contre-transfert

En théorie, il y a deux grandes catégories, névrotique et psychotique, mais la réalité clinique n'est pas si nette. Dans les périodes de deuil par exemple, les réactions peuvent être différentes des périodes habituelles.

On repère le fonctionnement psychique de quelqu'un non par ce qu'il dit, mais à la façon dont les messages verbaux et non verbaux s'expriment et sont reçus, à partir de la qualité de la relation et la façon dont le discours est construit et véhiculé. Le contenu varie peu, c'est sa forme plus ou moins symbolique qui renseigne. Chez certains l'affect est mis en avant (« *terrible, épouvantable* »), chez d'autres, c'est la pensée, chez d'autres, il n'y a ni affect, ni pensée, que des faits, chez d'autres, c'est incohérent, confus (psychotique). Les conduites inconscientes et conscientes du patient liées aux phénomènes de transfert, et de contre-transfert peuvent évoluer pendant l'entretien et d'un entretien à l'autre. Pour les évaluer, il faut les rapprocher du contexte initial et de ses modulations durant l'entretien, voir comment la séparation avec le clinicien est négociée. L'évaluation clinique dépend en grande partie de la qualité et de la diversité de ce que le clinicien a mobilisé en lui : contenir angoisse et pleurs du patient, étayer la réflexion, limiter l'excitation, stimuler. Certains types de souffrances psychiques n'ont qu'une sorte de manifestation répétitive, d'autres sont plus chaotiques, sans logique ni cohérence, d'apparence psychotique dans un moment donné sans l'être pour autant. C'est pourquoi il est nécessaire d'observer les évolutions et d'éviter le jugement rapide.

Les affects et représentations qui leur font écho mettent en jeu la capacité du clinicien à se représenter la souffrance de l'autre, à se raccorder à ses propres réseaux associatifs.
Chez les névrotiques, comme dans la normalité, les messages ont l'air de circuler de manière plus ou moins fluide.
En général, les hystériques dramatisent et mettent en avant leurs affects, les obsessionnels rationalisent, intellectualisent, mettent les affects à distance, et les psychotiques tiennent des propos hermétiques, parfois sans vie ni affect apparent, mais le clinicien peut les ressentir fortement en lui par un **phénomène de projection**. Le but est de relier ce qui vient du patient et de soi-même.

Processus de pensée

La pensée névrotique

Dans **la pensée névrotique**, il y a prévalence du processus de secondarisation et de symbolisation. Le discours n'est ni cru, ni direct (sexe, agressivité), il faut comprendre le non-dit.

Parfois, émergent des processus primaires **(lapsus, actes manqués)**, les sous-entendus sont accessibles, mais le patient s'en rend compte et pratique un mouvement de reprise **(dénégation)**.

(Dans les fonctionnements en **faux self** (fiche 87) en revanche, tout est lisse, contrôlé, plaqué.) Les jeunes névrosés ont conscience de parler à un médecin, pas à leurs parents et des limites de l'entretien. Il ne faut pas les prendre pour des naïfs, ils ne confondent pas le monde externe et leur monde interne. La réalité externe est bien perçue, même si parfois le sujet la reconstruit pour la rendre plus conforme à son désir, sans pour autant perdre ses repères.

Chez l'hystérique une expression revient : « *Je ne sais pas, je ne m'en souviens pas.* » La pensée prise dans le **refoulement** est floue. La défense est en place pour ne pas laisser émerger les représentations indésirables.

L'obsessionnel surinvestit la pensée et essaye de rendre tout objectif, d'expliquer clairement et logiquement au détriment du ressenti. Il lutte contre les émergences pulsionnelles qu'il ne veut pas reconnaître siennes, se raccroche à ce qui est objectif, extérieur, perceptif. Son discours prend un caractère de conférence, de maîtrise, de plaisir intellectuel et verbal.

Hystérique et obsessionnel ne peuvent mettre de côté ce contre quoi ils essayent de lutter, l'objet de leur préoccupation (rejet de la personne aimée). Les **lapsus** et non-dits désignent ce qui est refoulé.

Les psychoses

Dans les psychoses, la pensée plus ou moins troublée infiltre le discours et crée un malaise chez le clinicien. La construction des phrases n'est pas claire, sans repère de temps, sans logique. Un débordement des processus primaires, des éléments crus peuvent perturber la logique du clinicien qui doit mettre alors fin à l'entretien.

Parfois, c'est un discours pauvre, factuel, fait de détails du quotidien. Les associations sont difficiles à comprendre, on passe du coq à l'âne, sans chaînon.

La confusion est parfois possible avec les chaînons manquants des discours des génies qui sautent une idée, s'évadent dans des sphères complexes, abstraites, loin de la réalité, où le clinicien peut avoir envie de les suivre, mais arrive le délire, l'abstraction renforcée par la confusion, les visions et hallucinations. Et tous les psychotiques ne sont pas aussi intéressants.

Dans l'abstraction, on sent que la pensée est surinvestie au détriment du réel. Le sujet ne différencie pas mots et choses, il n'y a pas de secondarisation, il a le sentiment que ce qu'il dit existe vraiment. La réalité n'a pas de valeur affective, le clinicien éprouve ce qu'il semble ne pas éprouver, ressent à sa place.

Principaux mécanismes de défense

Ils permettent le repérage du fonctionnement psychique. En psychanalyse, la défense est un ensemble d'opérations dont la finalité est de réduire, de supprimer tout ce qui est susceptible de mettre en danger l'intégrité et la constance de l'individu. Elle porte sur une excitation interne issue des **pulsions** (ce qui émerge du **Ça** dérange le **Moi**), ou s'applique à des affects déplaisants, à une représentation (souvenir, fantasme) à laquelle ils sont liés, ou sur une situation externe capable de déclencher cette excitation et incompatible avec l'équilibre.

L'examen de licence ne porte pas sur les définitions des différents mécanismes, il est toutefois utile de les repérer dans l'épreuve du cas clinique à analyser. À ce sujet, c'est la présence en nombre des mécanismes chez un sujet qui désigne le caractère pathologique d'un fonctionnement, il n'y a pas de classification type, selon les tendances et théories cela varie, un psychotique peut avoir des modalités de défense névrotiques, le mécanisme n'est qu'un indice parmi d'autres.

Pour **les névrotiques**, les principaux mécanismes de défense sont :
• **le refoulement** qui prévaut chez le névrosé (qui dit avoir oublié), pour maintenir dans **l'inconscient** des représentations liées à une **pulsion**. C'est un processus psychique universel à l'origine de la constitution de **l'inconscient** comme domaine séparé du reste du psychisme. (Chez les psychotiques, au contraire, l'inconscient n'est pas séparé.) Mécanisme de l'hystérie, c'est la levée du refoulement en position allongée qui débloque la situation ;

• **l'annulation rétroactive** est un processus d'allure magique : le sujet fait en sorte que des pensées, paroles, gestes, actes ne soient pas advenus. Il livre une pensée et juste après dit ou fait le contraire, il annule rétroactivement ce qu'il vient de dire car il y voit du danger. Propre à l'obsessionnel mais peut se rencontrer chez tout le monde ;
• **la dénégation**. Tout en formulant un désir, une pensée ou un affect jusqu'ici refoulés, le sujet continue à s'en défendre en niant qu'ils lui appartiennent. « *Cela ne me fait pas penser à cela* », si, au contraire ;
• **la formation réactionnelle** est une attitude, une habitude qui a un sens opposé à un désir refoulé et s'est constituée en réaction contre ce désir. Exemple : un maniaque de la propreté contre un désir d'être sale et de se laisser aller ; une extrême gentillesse contre des désirs agressifs ;
• **l'intellectualisation** ou **la rationalisation** sont un moyen de maîtriser des affects par la pensée. Fréquent chez l'obsessionnel.

Pour **les psychotiques,** les principaux mécanismes de défense sont :
• **le déni de la réalité.** Propre aux psychoses et aux pervers, c'est un refus inconscient de reconnaître la réalité d'une perception traumatisante ;
• **le clivage du Moi**. Coexistence au sein du moi de deux attitudes psychiques opposées envers la réalité extérieure, l'une en tient compte (attitude psychique, pas comportementale), l'autre la dénie. Dire une chose et son contraire sans que cela lui paraisse incohérent ;
• **la projection** qui est un mécanisme normal et très répandu. Seules son origine archaïque et sa persistance désignent la paranoïa.

Pour **les fonctionnements dits limites ou borderline** ou **faux self,** il y a coexistence des modes névrotiques et psychotiques. Les pervers, classés dans ce fonctionnement, se caractérisent surtout par un clivage du **Moi**.

L'anamnèse

L'objectivité pure du clinicien étant impossible, la recherche de la dimension historique d'un individu (ou anamnèse) est en recrudescence, d'autant que tout le monde a tendance à se sentir inconsciemment coupable de quelque chose même dans des faits dégageant toute responsabilité.

On essaye de faire reconstruire le vécu d'événements passés, on repère dans le discours ce qui est volontairement mis en avant et les contradictions, les zones d'ombre, les faits occultés. Le passé se révèle peu à peu avec des aménagements défensifs par rapport aux conflits les plus marquants.

Le clinicien travaille à faire prendre conscience des correspondances entre les souffrances actuelles et des faits passés. Parfois, des parents venus pour leur enfant retrouvent chez lui des affects qu'ils ont étouffés en eux.

Pour un résumé plus complet : **Catherine Chabert**, *Psychanalyse et méthodes projectives*, Paris, Dunod, 2004.

PARTIE VII

PSYCHOLOGIE CLINIQUE ET PATHOLOGIQUE

FICHE 76 | Introduction

Le fonctionnement psychique occupe un large territoire allant de la normalité à la pathologie.

La norme

La norme est une notion complexe pouvant être d'ordre statistique par rapport à une moyenne, ou sociale et variable selon les époques. Pour **Jean Bergeret** (*La Personnalité normale et pathologique*, 1996, Dunod, Paris), le bien-portant est celui qui garde en lui « *autant de fixations conflictuelles que bien des gens et qui n'aurait pas rencontré sur sa route des difficultés internes ou externes supérieures à son équipement affectif héréditaire ou acquis, à ses facultés personnelles défensives ou adaptatives et qui se permettrait un jeu assez souple de ses besoins pulsionnels, de ses processus primaires et secondaires sur des plans tout aussi personnels que sociaux en tenant un juste compte de la réalité et en se réservant le droit de se comporter de façon apparemment aberrante dans des circonstances exceptionnellement anormales* ».

Pour lui, chacun a une **structure de personnalité** de base qu'il répartit en trois grandes catégories : psychotique, états limites-narcissique, névrotique. Chacune se décomposant en sous-catégories, ou étapes intermédiaires.

La première et la dernière sont des structures, appelées aussi organisations, alors que la deuxième se distingue au contraire par son caractère non organisé (également appelé état **borderline** ou **faux self**). Elles représentent les étapes du développement psychosexuel que l'individu doit pouvoir franchir depuis sa naissance jusqu'à l'âge adulte. Un individu sain est passé par toutes les étapes sans dégâts qui auraient provoqué des **fixations**, il a atteint le stade ultime dit « normalo-névrotique ».

Ces structures non visibles constituent un aménagement stable dans la normalité qui s'exprime par un **caractère** et des traits de personnalités (qui peuvent être dérangeants pour l'entourage sans présenter un caractère pathologique pour autant) qui en sont les parties visibles. Le caractère se repère dans les aspects relationnels, il est le signe inconscient du mode de relation d'objet. La normalité est reconnue comme une adéquation heureuse de l'individu avec sa structure, dotée de ses mécanismes de défense variés et adaptatifs selon les circonstances, permettant un fonctionnement social sans déviation majeure, sans sentiment de souffrance interne insupportable.

La pathologie

Il est donc essentiel de distinguer l'organisation psychique de la maladie mentale. Chaque individu possède une organisation psychique plus ou moins étayée, « compensée » par son environnement affectif et social du moment.

Mais les épreuves de la vie (séparations, conflits, chômage, décès, vieillissement, maladies, etc.) peuvent plus ou moins la déstabiliser, rompre l'équilibre selon son degré de solidité acquis auparavant. Le sujet fait alors appel à des comportements inhabituels, son fonctionnement psychique mis en place auparavant ne lui permet plus de faire face à ses conflits internes réactivés par des influences externes ou internes. L'angoisse prend le dessus avec des mécanismes de défense inhabituels ou devenus rigides.

Pour Bergeret, il y a une différence entre l'organisation de la personnalité et sa **décompensation**, entre la structure avec ses aménagements habituels et la situation où les mécanismes de défense habituels ne sont plus assez efficaces pour préserver le sujet d'une souffrance intense qui l'entraîne dans la pathologie.
Dans la normalité, les symptômes, qui ne sont pas pathologiques en soi, restent efficaces et le sujet fait avec. À l'inverse, en cas de rupture de l'équilibre au sein d'une structure (**décompensation**), les symptômes sont invalidants et empêchent la vie professionnelle, sociale, affective du sujet de fonctionner.
Freud évoque déjà la notion de continuum entre le normal et le pathologique. Dans la vie, il peut y avoir des périodes pathologiques. Il faut faire la distinction entre des épisodes dépressifs et un état dépressif établi. Chez quelqu'un de normal, il peut y avoir des manifestations pathologiques dans des rêves, des **actes manqués**, de façon ponctuelle ou continue. Il en existe des formes bénignes, beaucoup plus nombreuses que les maladies prises en charge et, en général, ces formes ne sont pas traitées car les sujets ne vont pas consulter, ils souffrent sans l'exprimer mais font souffrir autrui par des comportements difficiles à comprendre et à supporter.

La maladie mentale renvoie à la **fixation** à un stade du développement psychique. Cette fixation est due à un défaut de « soin parental », souvent plus qualitatif que quantitatif, plus exactement à une inadéquation entre la demande de l'enfant et la réponse de l'« *environnement maternel primaire* » (**Winnicott**).

En théorie, les fixations les plus précoces, dites archaïques, conduisant aux psychoses, sont les plus graves. Toutefois, Bergeret remet en cause cette systématisation constatant que certaines névroses graves occasionnent plus de souffrances et de dégâts chez un sujet alors que des psychotiques peuvent avoir un travail et une vie de famille normale.

Enfin, aujourd'hui les recherches en génétique, biologie et **neurosciences** apportent un éclairage supplémentaire à ces explications de nature purement psychanalytique, comme **Freud** l'avait d'ailleurs prévu dès 1920 : « *La nécessité de faire des emprunts à la science biologique a considérablement accru le degré d'incertitude de notre spéculation. La biologie est vraiment un domaine aux possibilités illimitées : nous devons nous attendre à recevoir d'elle les lumières les plus surprenantes et nous ne pouvons pas deviner quelles réponses elle donnerait dans quelques décennies aux questions que nous lui posons. Il s'agira peut-être de réponses telles qu'elles feront s'écrouler tout l'édifice artificiel de nos hypothèses* » (*Essais de psychanalyse*).

Faire la part de toutes les influences (y compris socio-environnementales et familiales) sur l'état psychique des individus et dans l'analyse des cas cliniques, notamment dans les psychoses, est le souci de bien des praticiens aujourd'hui. Beaucoup reconnaissent à la psychanalyse un rôle explicatif séduisant mais pas forcément une aptitude à changer les mécanismes de fonctionnement du cerveau. Les circuits synaptiques qui provoquent des troubles psychiques seront mieux pris en charge par des thérapies comportementales.

C'est pourquoi les étudiants devront vérifier, au fur et à mesure du développement des découvertes scientifiques, le niveau d'adaptation du corps enseignant à ces données nouvelles dans leur présentation des pathologies.

La variété de ces prises en compte des pathologies psychiques s'illustre parfaitement dans les classifications qui leurs sont dédiées.

Les classifications en psychiatrie

Elles sont depuis longtemps l'objet de nombreuses controverses, surtout entre le monde anglo-saxon et la psychiatrie française.
Celle-ci dénonce l'influence des constructions sociales, des modes intellectuelles et de langage chez les praticiens anglo-saxons. De plus, faute de frontières claires, scientifiques, biologiques entre normalité et pathologie, aucune classification ne peut se prévaloir d'être scientifique, d'où la revendication d'une approche majoritairement clinique.
Les Anglo-Saxons s'en réfèrent aujourd'hui au **DSM 5** (Diagnostic and Statistical Manuel), les Français plus à la **CIM 10** (classification internationale des maladies) issue de l'OMS et à la Classification française des troubles mentaux (**CFTM**).

Cette divergence s'illustre particulièrement au sujet des névroses (fiche 86).

Le DSM

Sa création a comme origine la faiblesse scientifique de la psychiatrie américaine face à une médecine de plus en plus technique et appuyée sur la recherche fondamentale dès les années 1970.
Le remède proposé a été d'unir les psychiatres sur des diagnostics et des descriptions de troubles et d'abandonner les approches appuyées sur des théories étiologiques (façon française).
Pour les Américains, le gain obtenu par le langage commun dépasse toutes les critiques pourtant justifiées envers le DSM, à savoir :
• bonne fiabilité mais mauvaise validité :
- fiabilité : tout résultat ne doit pas être une découverte unique mais reproductible par d'autres chercheurs dans les mêmes conditions et significatifs statistiquement,
- validité : plus large que la fiabilité, elle prend en compte l'ensemble des étapes et des méthodes de la recherche scientifique, ainsi que l'examen des résultats et des possibilités d'autres relations causales ;
• plus généralement, les critiques pensent que la seule prise en compte des troubles ne permet pas de cerner précisément une pathologie pour les raisons suivantes : le trouble n'est que la résultante d'une interaction entre différents éléments liés au sujet, à son histoire et à son environnement ; les critères mesurés au DSM ne le sont qu'en nombre de semaines alors que la durée sérieuse de l'étude d'une pathologie se fait en années ;
• l'adoption de la méthode DSM risque de mettre de côté les recherches sur l'étiologie des troubles mentaux ;
• le recueil des symptômes, réalisé pourtant sur de larges échantillons de personnes pour plus de validité, n'a pas permis de mettre clairement en évidence des regroupements homogènes et constants et la validité des contenus des syndromes ;
• enfin, des études cliniques ont montré que plusieurs diagnostics différents pouvaient être portés au même moment sur une même personne, et que les diagnostics pouvaient changer en peu de temps.

La CIM

Jusqu'en 1990, elle se démarquait du DSM. Elle s'en est rapprochée depuis.
La même division et sous-division très spécifique des pathologies fait émerger un nombre d'exception anormal, signe que les médecins n'ont pas pu classer leurs observations cliniques.

Nette pour les pathologies graves, la frontière entre normal et pathologie l'est beaucoup moins pour les dépressions par exemple.
Un enquête de l'OMS en 2010 sur 5 000 psychiatres dans 44 pays montre que les deux tiers (même aux USA) préfèrent la version clinique de la CIM aux listes de critères indigestes du DSM.
La révision en cours (CIM 11) tiendra-t-elle compte des défauts précédents ?

La Classification française des troubles mentaux (CFTM)

Cette classification créée en 1968 et éditée par l'Inserm concernait tous les âges. Puis elle s'est concentrée sur l'enfant et l'adolescent pendant des années avant d'être reprise en 2015.
D'inspiration psychanalytique, elle s'attache à prendre en compte la diversité et la spécificité des troubles de chaque sujet, cherchant en cela à enrichir le cadre rigoureux du DSM.
Sans se détourner des progrès scientifiques internationaux et de la recherche en neurobiologie, les psychiatres français peuvent continuer à s'appuyer sur une classification plus proche du terrain pathologique. Un tableau de correspondances des catégories avec la CIM a d'ailleurs été établi.

Le manuel diagnostic psychodynamique

Bien que s'appuyant sur les neurosciences et l'étude des traitements chimiques, il intègre l'approche psychanalytique traditionnelle. Sans vouloir négliger le DSM ou la CIM, il le complète pour mieux cerner l'ensemble du fonctionnement psychique d'un patient.

En France, où l'approche mécaniste du DSM au détriment de la clinique et de l'humanisme fait débat, l'enseignement en principe s'appuie sur la clinique. C'est le chemin que nous avons adopté. Il ne s'agit pas d'apprendre par cœur les catégories du DSM pour être un bon praticien. À l'enseignant de préciser son point de vue.

Les pathologies de l'addiction (toxicomanie, alcoolisme, troubles du comportement alimentaire – anorexie, boulimie – jeu, comportements à risque, etc.) ne sont pas traitées dans cet ouvrage car elles ne font pas partie de l'enseignement général mais peuvent être choisies en option. Ouvrage de référence : *Psychopathologie des addictions*, Paris, PUF.

FICHE 77 | Psychoses (1) : les schizophrénies (1)

Aujourd'hui, les travaux de recherche portent surtout sur la part à attribuer aux facteurs génétiques (Inserm – Hôpital Sainte-Anne – Paris). Toutefois, selon l'**étiologie** traditionnelle enseignée, l'angoisse psychotique est archaïque, préœdipienne, ce stade n'étant pas atteint à cause de difficultés au premier stade de la relation avec la mère (cas des autistes : phobie de la mère). Tout le monde passe par un stade psychotique mais, normalement, il évolue vers six mois (fiche 91). Le contexte, d'après les théories de **Melanie Klein**, se situerait dans la relation avec le sein de la mère. Selon elle, l'enfant l'agresse par besoin mais ressent cette violence involontaire et craint la répression ou la punition qui peut s'ensuivre ; le sevrage peut être vécu comme une punition.

Une version actualisée à l'époque où donner le sein est moins fréquent pourrait fournir l'interprétation suivante : le nourrisson peut avoir une relation ambivalente avec le monde dans laquelle l'élément nourricier (sein ou biberon) est vécu tantôt comme un bienfait, tantôt comme générateur d'une angoisse de perte ou une peur de représailles causée par son avidité à téter ou son refus. La cause du dysfonctionnement psychique est à rechercher dans l'excès, soit en déficit ou au contraire en surinvestissement de la personne incarnant une image maternelle.

Trois grandes catégories de psychotiques peuvent émerger de cette situation :
• les schizophrènes (du grec *skhizein*, fendre, diviser), en rupture avec le monde, en position d'attaque pour arrêter l'angoisse mais en attente de la rétorsion ;
• les paranoïaques chez qui la peur de la répression provoque les angoisses de persécutions ;
• les mélancoliques, maniaco-dépressifs dont la peur est la perte de l'objet d'amour.

Principaux syndromes

Un **syndrome** est l'ensemble des signes cliniques et des symptômes qu'un patient peut présenter.

La dissociation psychique

La dissociation psychique est un défaut d'unité et de cohésion de la vie mentale. Elle varie en profondeur et en étendue.

Tour à tour nommée dislocation, détachement, **clivage** (selon **Freud**), ou encore **forclusion** (selon **Jacques Lacan**).

Ses manifestations les plus évidentes sont : l'impénétrabilité, la bizarrerie, le retrait affectif, l'ambivalence entre amour excessif et haine brutale pouvant aller jusqu'au crime.

Les troubles intellectuels sont :
• le cours de la pensée est chaotique, embrouillé, associations bizarres d'idées, pensée logique perturbée ;
• on note des mélanges de mots aux effets bizarres, des associations incohérentes pouvant avoir une allure poétique, une juxtaposition de mots n'exprimant aucune pensée ;
• des troubles du langage avec anomalie de débit ;
• un mutisme ou des monologues inarticulés, ou verbigération, des réponses à côté, des vitupérations excessives, une évolution vers l'autisme comme pour couper la communication avec autrui, vers l'abstractionnisme, le symbolisme, les métaphores donnant au langage un aspect précieux pouvant se retrouver dans leurs écrits ;
• une pensée irréelle et magique ;
• un désordre temporel et spatial.

Les troubles affectifs sont :
• (à cause d'une relation précoce à la mère perturbée, un corps à corps mal investi avec elle), une relation à autrui annihilée, du détachement, de l'indifférence, ou de l'hermétisme, une absence de désir, de l'inertie, mais aussi d'ambivalence entre haine et amour, des colères, des passions violentes subites, imprévisibles ;
• des réactions d'opposition violente par rapport aux sollicitations extérieures ;
• un négativisme, des manières hautaines, dédains (exclusion et triomphe inconscients sur autrui), un retrait, un évitement du regard, ou encore un refus de la main tendue ;
• la **clinophilie** (rester coucher), la claustration, le refus d'alimentation ou des fugues impulsives ;
• des **pulsions** agressives refoulées pouvant exploser face à des sollicitations extérieures en **fureur catatonique** avec attitudes rigides (**catalepsie**) ;
• des fous rires inadéquats ;

• des troubles de la sexualité : variables en nature et en intensité, les plus destructifs portant sur des **fixations** incestueuses, conduites étranges sadomasochistes graves (mutilation, crimes sexuels, viols), masturbation compulsive ;
• un certain maniérisme gestuel stéréotypé associé au maniérisme verbal.

Le délire paranoïde

« Paranoïde » est différent de « paranoïaque » celui qui construit de manière systématique, organisée son schéma d'agression des autres envers lui.
C'est une des expressions de la dissociation spécifique à la schizophrénie mais elle n'est pas toujours au premier plan du tableau clinique.
L'expérience délirante primaire est une bouffée délirante aiguë, peu communicable, brutale. Le patient a une conviction absolue de ce qu'il raconte (parfois dans des lettres élégantes truffées de menaces d'agression en réponse à des peurs d'agression) et aucune conscience de son état.

Sans médicaments, elles s'enrichissent et conduisent au délire.

Les différents délires sont classés selon :
• des thèmes : **hypocondriaques** ; métamorphose ou possession en réponse à la dislocation (être possédé par autrui, c'est perdre son corps) ou **syndrome d'influence** (idée de persécution, de complot, de fin du monde, d'apocalypse, le **Moi** s'effondre projeté sur l'extérieur) ; mégalos (toute puissance, prophéties, filiations délirantes, fils de Dieu) ; mystiques ; **érotomaniaque** par expulsion d'énergie après des périodes de clinophilie ;
• des mécanismes : hallucinatoire (psychosensoriel, goûts, voix, visions, ou psychiques) ; interprétatif (jugements faux à partir d'une perception exacte : soit du sujet vers l'extérieur, soit interne, impression que le cœur occupe tout le corps, soit de l'extérieur vers le sujet, sensation d'influence) ; intuitif, convictions sans appui réel ; imaginatif, fiction romanesque valorisante pour le sujet qui s'invente des histoires de destinée, d'ascendance, fréquent dans les paraphrénies ;
• l'organisation : en secteur, en réseau ou incohérente.

L'autisme

Selon **Bleuler et les théories psychanalytiques**, c'est un symptôme secondaire par lequel le sujet schizophrène comble le vide de la dissociation. Le vécu du schizophrène sans médicaments est toujours autistique. La bulle autistique est considérée comme une protection contre la mère, elle permet d'être soi-même sa propre mère.

Principaux symptômes autistiques :
• la prédominance de la vie intérieure d'où ils sortent avec des émergences pulsionnelles crues (sexe, meurtre) ;
• l'évasion de la réalité, organisation d'un monde hermétique au fonctionnement abstrait qui leur paraît plus réel que le monde extérieur ;
• le rationalisme morbide, abstrait, toute puissance magique des idées ;
• l'abolition des liens logiques, des relations de causalité, des coordonnées temporelles et spatiales.

Aujourd'hui, les parents d'enfants autistes accusent les médecins de n'avoir pas assez intégré la génétique et reprochent surtout à la psychanalyse d'avoir enfermé l'autisme dans les psychoses en pointant la seule responsabilité parentale et en bloquant en France l'introduction de thérapies comportementalistes qui faisaient leurs preuves dans d'autres pays.

Pourtant, le regard porté sur cette maladie a considérablement évolué depuis vingt ans à partir du moment où l'on a commencé à observer une grande variété de situations cliniques avec des degrés d'autisme différents en nature et en intensité.

Les dernières recherches en neurobiologie portent sur des connexions atypiques entre les neurones, non sur leur absence. Des tests en cours sur la diminution du niveau de chlore dans les neurones permettent d'atténuer la sévérité de certains cas.

Parallèlement, des travaux de remédiation cognitive permettent de remodeler l'architecture des neurones du fait de la plasticité cérébrale (cf. Service de pédopsychiatrie au CHU de Tours). Plus l'entraînement est précoce, plus il permet l'amélioration de la socialisation. Enfin, dans le **syndrome d'Asperger** (10 % des cas), le retard ne se situe pas au niveau du développement du langage, de l'autonomie ou de la curiosité intellectuelle. Au contraire, leurs capacités d'apprentissage étant excellentes, ils sont d'autant plus susceptibles de progresser avec un encadrement adapté.

Leurs principales manifestations négatives se remarquent dans :
• une pédanterie de langage, une répétition de phrases ou de thèmes qui leur plaisent à l'infini ;
• un souci exagéré du détail ;
• une fuite du regard d'autrui, une difficulté à décrypter ses expressions ;

• une passion obsédante pour certains sujets qui les rend pesants pour l'entourage ;
• des **rituels** incessants et routiniers qui les aident à lutter contre l'angoisse de la nouveauté.

Dans le positif, on trouve :
• une remarquable faculté de mémorisation de données qui leur confère un savoir encyclopédique surprenant ;
• une capacité d'association d'idées originale et créative qu'ils expriment spontanément sans se demander au préalable si elles ne risquent pas de surprendre, voire de choquer leur entourage. Deux autistes Asperger ont été médiatisés : Josef Schovanec, docteur en philosophie, héros du film *Le Cerveau de Hugo* et l'anglais Daniel Tammet dont les aptitudes hors norme pour les nombres et les langues ont fait l'objet de recherches neurocognitives.

FICHE 78 | Psychoses (1) : les schizophrénies (2)

Formes cliniques

L'hébéphrénie

L'hébéphrénie concerne 15 à 20 % des schizophrènes ; c'est une forme de **démence** précoce qui apparaît vers 15-20 ans. Phénomène plutôt masculin, il faut donc faire attention aux personnes qui se renferment à cet âge.

Son syndrome majeur est la dissociation, la **dépersonnalisation** en devant du tableau clinique (ne sait plus qui il est, à qui sont ses mains), en revanche peu d'idées délirantes. Il y a aussi modification de l'affectivité, bizarreries de comportement, tels que le maniérisme ou un triomphalisme méprisant. Les débuts précoces peuvent être insidieux et marqués par des replis.

Son évolution est la moins sensible aux **neuroleptiques** et aux **psychothérapies**. 20 % tombent dans la **démence**, les rémissions sont provisoires et l'hospitalisation à vie. Les moins atteints peuvent effectuer des tâches stéréotypées à l'hôpital, les plus graves n'ont plus aucun contact avec l'extérieur, négativisme complet et clinophilie.

L'hébéphrénie catatonique

Les troubles principaux de la catatonie sont la perte de l'initiative motrice, des troubles de la mobilité, une tension musculaire, avec le corps et des mimiques figées.

On note aussi des troubles divers tels que l'hypersalivation, ou encore des troubles massifs du sommeil.

Dans les troubles extrêmes, on cite : sujet mutique, momifié, refus d'alimentation.

Des accès **paroxystiques** impulsifs existent aussi, c'est la **fureur catatonique** : agitation soudaine, mouvements automatiques, stéréotypés ou actes de violence dangereux voire criminels.

La schizophrénie paranoïde

Au premier plan du tableau clinique, un état délirant de type paranoïde s'associe au syndrome dissociatif. Cela peut commencer par une bouffée délirante primaire, puis continuer avec plusieurs bouffées, jusqu'à devenir vraiment schizophrène. Contrairement au paranoïaque, stable dans son état, il y a désagrégation de la vie psychique. Il n'y a pas de systématisation délirante, les thèmes sont flous et incohérents. 10 % des cas résistent aux traitements chimiques et deviennent autistes, les autres n'en gardent qu'une forme résiduelle.

La schizophrénie simple

Il s'agit d'une dissociation simple avec indifférence ou ambivalence affective. On ne note pas de délires, les troubles du cours de la pensée sont mineurs, mais il y a isolement, et intérêt restreint pour l'extérieur malgré des possibilités de réactions émotionnelles vives. Pas d'hospitalisation, vie sans vrai travail, au sein de la famille ou de groupes marginaux comme des sectes, des groupes semi-religieux ou semi-philosophiques avec abstractionnisme ou idéalisme doctrinaire masquant une impossibilité d'agir (**apragmatisme**, formules vaseuses, délires communs). C'est une forme fréquente chez les toxicos, les alcooliques.

Évolution des schizophrènes

Les malades schizophrènes évoluent généralement vers l'un des trois états suivants :
• état grave, vers la **démence** : 20 % des cas ;
• épisodique, des poussées en alternance avec des améliorations variables : entre 50 et 60 % ;
• guérisons : entre 20 et 30 %.

À noter paradoxalement que, si l'**étiologie** fait la plupart du temps référence aux théories psychanalytiques, la **cure psychanalytique** en elle-même n'est pas du tout considérée comme un traitement adapté à ces pathologies en regard du risque d'accentuation de la dissociation psychique. On lui préfère principalement les approches chimiques et comportementales.

FICHE 79 | Psychoses (2) : délires chroniques non dissociatifs dont paranoïa

La paranoïa **(type Président Schreber)** est une psychose délirante chronique, d'origine sadique orale primaire, avec une peur de la répression entraînant un sentiment de persécution. Le mécanisme du délire est interprétatif, à développement progressif à partir de 40 ans, insidieux, d'apparence vraisemblable, et se transforme peu à peu en convictions inébranlables. Le délire paranoïaque est caractérisé par un sentiment de persécution constant.

Les éléments constitutifs pour conclure au délire

Ils sont les suivants :
• un raisonnement faux, dont la source est dans l'affectif du sujet, et qui s'applique à un fait réel. Une interprétation délirante systématique, masochique, trouvant un sens caché derrière des faits ou des paroles. Le sujet se sent la cible de l'agressivité des autres ;
• une systématisation exposée de façon pseudo-rationnelle et longtemps compatible avec une socialisation normale ;
• une personnalité prémorbide, pouvant s'amplifier avec l'âge avec des aspects querelleur, revendicatif, replié, insatisfait permanent.

Points communs des caractères paranoïaques

Les points communs entre les caractères paranoïaques sont :
• une surestimation pathologique d'eux-mêmes, un **narcissisme** en apparence très consolidé, ou une hypertrophie du **Moi** se traduisant par orgueil et suffisance ;
• une rigidité au changement ;
• un égocentrisme ;
• une fausseté du jugement sans autocritique.

Délires passionnels (type Schreber)

Pour les délires passionnels, en secteurs focalisés sur une idée, on peut citer les trois suivants :

• **le délire de jalousie.** Il s'agit souvent de jalousie amoureuse alimentée par des interprétations, des intuitions, des illusions, qui pousse à une observation des moindres détails, à des actes de surveillance étroite du rival supposé. Un fait réel pouvant être à l'origine, le diagnostic est difficile car l'exposé délirant est vraisemblable avec une conviction absolue, des preuves présentées comme irréfutables mais, en réalité, de plus en plus dérisoires, prouvant une perte de contact avec la réalité à rapprocher de la psychose. Vis-à-vis du thérapeute développement d'un grand amour suivi de haine ;
• **le délire érotomaniaque,** ou l'illusion délirante d'être aimé par un personnage socialement valorisé. Ici, il s'agit d'une interprétation, sous forme délirante, d'allusions, de signes, même l'indifférence est interprétée comme une volonté de ne pas attirer l'attention ou comme une mise à l'épreuve. Après des années d'espoir, s'installe le dépit avec menaces et passages à l'acte agressifs. C'est un appel d'amour énorme car l'objet primaire (la mère) en a mal donné, le **Moi** n'a pas été alimenté par une relation objectale rassurante et structurante ;
• **le délire de revendication,** enchaînement de procès pour obtenir réparation de quelque chose. Procédurier. Dangerosité réelle. C'est une forme fréquente chez les personnes âgées par peur de la mort et de l'abandon. On voit également des revendications concernant des filiations délirantes, des pseudo-inventions piratées, des préoccupations **hypocondriaques** délirantes (opérations mal faites, médecins incompétents, procès).

Délires d'interprétation

Les délires d'interprétation sont des délires en réseau sur une pluralité d'idées, de thèmes. À partir de sensations ou de faits réels, en passant par des associations issues de l'affectif, pour aboutir à des inductions ou des déductions fausses, le malade tire des conclusions qui se rapportent toutes à lui.

Le **Moi** est grandiose dans le masochisme. Sa vie est envahie de plaintes, de dénonciations, il peut aller jusqu'au meurtre. La persécution fait partie de son quotidien. Plus il est atteint, plus il recherche des causes extérieures.

L'autodépréciation envahissante est différente de celle de la mélancolie, les causes étant extérieures.

Dans le cas de personnes âgées, la **paranoïa d'involution** est un symptôme d'état démentiel débutant.

Là encore, on aurait tort de ne considérer que les causes psychanalytiques. Il faudra prendre en compte les phénomènes neurodégénératifs liés au vieillissement cérébral ainsi que le contexte environnemental du vieillard (solitude, précarité).

FICHE 80 | Psychoses (3) : dérèglement de l'humeur et psychoses maniaco-dépressives (1)

Appelé « structure mélancolique » chez **Bergeret**, il s'agit d'un mécanisme d'oscillation dans un même processus entre un pôle dépressif, douloureux et mélancolique et un pôle expansif, euphorique avec excitation. On trouve également aujourd'hui la terminologie de **troubles bipolaires**. Selon **Freud**, l'état maniaque est une libération d'affects agressifs et libidinaux (joie orgiaque) qui sont contrôlés et refoulés au moment de l'état mélancolique. Les alternances de l'humeur suite à des prises d'alcool provoquent un état proche. Les traitements par **neuroleptiques** calment les agitations mais peuvent entraîner une dépression thérapeutique et les antidépresseurs un état maniaque euphorique.

Données épidémiologiques

Nous présentons ici les données générales concernant les troubles de l'humeur, la dépression.

La probabilité de développer un tel trouble dans sa vie varie de 8 à 20 % et s'accentue suite à des événements vitaux graves. Ces troubles concernent deux fois plus de femmes que d'hommes, plutôt les personnes isolées ou en couple que les couples avec plusieurs enfants. Selon les Anglo-Saxons, 25 % des sujets atteints consultent.

Les facteurs génétiques sont aggravants. Ces troubles sont réversibles, le sujet reste en communication avec autrui.

Classification des troubles au DSM (Diagnostic and Statistical Manual)

En général, les praticiens français utilisent encore la classification du DSM 4, le DSM 5 étant vivement critiqué par la profession. À vérifier avec l'enseignant selon les cas.

Dans la classification des troubles au DSM 4 et leurs différentes formes, on note :
- forme alternante, tout l'un ou tout l'autre ;
- forme intermittente, séparée par des intervalles tranquilles ;
- forme rémittente, sans rémission, ni intervalle, avec épisodes dépressifs fréquents ;

• forme endogène : psychotique ;
• forme réactionnelle, suite à un choc (attentat par exemple).

La classification du DSM 5 parle essentiellement de troubles bipolaires :
• troubles bipolaires de type I, diagnostiqués quand 4 critères ont été respectés pour au moins un épisode maniaque ;
• troubles bipolaires de type II, diagnostiqués quand 5 critères ont été respectés pour au moins un épisode hypomaniaque et pour au moins un épisode dépressif majeur et qu'il n'y a pas eu d'épisode maniaque.
Dans les deux cas, il est ajouté que le diagnostic est posé quand une autre explication d'ordre schizophrénique, délirant ou autre psychotique, ne peut être donnée.
L'épisode dépressif majeur est diagnostiqué quand au moins 5 symptômes sont présents pendant une même période d'une durée de deux semaines et représente un changement par rapport au fonctionnement antérieur.

Épisode dépressif majeur

Un sujet qui est dans un épisode dépressif majeur a une humeur dysphorique, ressent de la tristesse, un certain désespoir. Pour diagnostiquer un tel état, il faut trouver, pendant au minimum deux semaines, au moins quatre des symptômes suivants : perte d'appétit et de poids, insomnie, agitation ou ralentissement, perte d'intérêt, de plaisir envers les activités habituelles dont sexuelles, perte d'énergie, impression de fatigue intense, sentiment de culpabilité jusqu'au délire, autoaccusation dirigée vers l'Objet incorporé, plainte ou réelle diminution de la capacité à penser et à se concentrer, idée ou tentative de suicide.

Épisode maniaque

Pendant un épisode maniaque, l'humeur est plutôt exaltée, avec un phénomène d'expansion pouvant virer à l'irritabilité agressive. Dans ce cas, il faut noter la présence de trois symptômes pendant au moins une semaine : augmentation des activités socioprofessionnelles avec agitation, augmentation du désir de communiquer, logorrhées, fuite des idées, surestimation de soi, idées de grandeur délirantes, réduction du besoin de sommeil (deux-trois heures), distraction de l'attention, augmentation d'initiatives et d'activités sans considération des conséquences dommageables.

Le syndrome dépressif

Dépression simple

Il existe de nombreux cas d'états dépressifs simples. L'état dépressif n'est pas ressenti par le sujet mais il se plaint de fatigue, d'insomnies, de malaise diffus, d'une sorte de honte, ou de sentiment de **dévalorisation**, d'une baisse de l'**estime de soi**, il peut aussi se faire des reproches sur son manque de volonté et d'énergie.

On rencontre plusieurs formes de dépression simple :
• la forme **asthénique**, où on ressent de la fatigue, le matin, sans raison ;
• la forme **aboulique** : réduction des activités, manque d'intérêt et d'appétit de vivre ;
• la forme insomniaque : crainte phobique de l'insomnie, mais peur du sommeil (vu comme la mort).

Dépression majeure

Le début de cette dépression peut être insidieux et mis sur le dos du surmenage, les causes invoquées par le malade étant toujours extérieures. Il peut aussi être brusque suite à un choc émotionnel, une agression, choc généralement suivi de dérèglements du sommeil, de troubles émotionnels durables qui installent peu à peu la dépression (de deux ou trois mois à six ou douze mois).

Il est important de faire le rapport entre le moment du déclenchement et les causes invoquées.

Au premier plan du tableau clinique, on trouve une certaine **inhibition**, un ralentissement psychomoteur et idéique. Puis, avec le développement du trouble, la **dévalorisation** empire en fort sentiment de culpabilité, d'indignité, d'incurabilité empêchant l'expression, entraînant une agitation et une instabilité occasionnées par l'anxiété. Le sujet peut se plaindre d'**anhédonie** et d'anesthésie affective (plus de plaisir ni de sentiments avec les proches) ; le temps paraît trop long ; l'idée de mort est présente ; des troubles des régulations physiologiques apparaissent.

Mélancolie

La symptomatologie possible de la mélancolie est :
• une immobilité, un repli sur soi, un visage tragique, des sourcils froncés **(Omega)** ou une agitation anxieuse ;
• des gémissements, une expression d'une douleur interne intense ou mutisme, la parole ralentie, des réponses inachevées ;

• une incurie, le sentiment de saleté physique et morale, d'indignité, pour expier ;
• une idée délirante de **dévalorisation** sociale incurable, une demande de châtiment ou de délivrance euthanasique. La communication avec autrui est maintenue, il s'agit d'une perte d'**Objet** alors que, chez les schizophrènes, il n'y a pas d'acquisition d'**Objet** ;
• une insomnie totale ;
• la bouche sèche, fermée, le refus d'aliments et de boissons, la peur d'être empoisonné par répression suite à une **régression** au stade oral (cf. culpabilité d'agression) ;
• une anxiété pouvant entraîner la paralysie ;
• une agitation forte pouvant entraîner une fugue avec amnésie ;
• un suicide, l'automutilation est fréquente. Meurtre de l'entourage avant suicide.

Il existe **des formes cliniques différentes** de la mélancolie :
• forme **stuporeuse**, le sujet est plus figé et confusionnel, ses idées sont mélangées et suivies d'amnésie, de brusques impulsions suicidaires ;
• forme délirante. Le délire reste non prédominant comme en psychose. Thèmes : ruine (dépossession, absence d'argent, **régression** au stade sadique anal de la possession des excréments, l'argent et les biens comme symbole des excréments) ; culpabilité avec prévision de châtiments de plus en plus sévères ; persécution passive, agressivité retournée vers soi, soulagement de payer ses fautes imaginaires, masochisme ;
• forme hallucinatoire où le sujet entend des voix injurieuses, obscènes, blasphématoires qui commandent « *Tue-toi* », perçues comme malfaisantes au début puis soumission à leur ordre ;
• forme **hypocondriaque**, c'est le cas où la souffrance corporelle est au premier plan des symptômes, et correspond à des idées d'attaques et à une souffrance interne : anorexie, problèmes intestinaux contrastés, idées de délabrement intérieur, fantasme de disparition d'organes abdominaux, cancérophobie. Possibilités de confusion diagnostique avec une dépression masquée d'ordre névrotique (pas de sensation de deuil, tristesse contrôlée, mais inertie, reste au lit, mal au dos au lever des adolescents).

FICHE 81 | Psychoses (3) : dérèglement de l'humeur et psychoses maniaco-dépressives (2)

Le syndrome maniaque

Grâce aux traitements, les formes de ce syndrome sont aujourd'hui plutôt hypomaniaques.

Tableau clinique de l'excitation

Au premier plan du tableau clinique, se trouve une humeur expansive, euphorique, joviale comparable à l'ébriété, pouvant se transformer en colère agressive à la moindre contrariété.

On note aussi une humeur syntone (influence de l'ambiance), une hyperémotivité, une facilité de larmes à l'évocation de souvenirs pénibles.

Le discours est accéléré, on remarque une fuite des idées, des logorrhées avec jeux de mots, des mises en avant excessives, des farces, ou pitreries mais aussi des possibilités de réflexions blessantes envers autrui, une libération des pulsions, des propos vulgaires envers les soignantes.

Un sentiment de puissance et de supériorité intellectuelle, de triomphe d'avoir dominé la dépression peut apparaître.

Selon **Mélanie Klein**, les sujets s'agitent pour éviter l'effondrement dépressif.

Exemple de défense maniaque : un enfant agité face à une mère dépressive pour la réactiver de peur qu'elle ne meure.

On remarque aussi la recherche d'alcool pour se désinhiber.

Tableau clinique de l'hyperactivité

• Besoin de sommeil presque absent. Endormissements de courte durée et réveils euphoriques et pleins d'entrain.
• Ébauche de projets multiples, plus ou moins grandioses, irréalisables, à l'origine de dépenses inconsidérées, chèques sans provision,

dons fastueux sans rapport avec les moyens, puissance imaginaire de richesse.
• Altercations publiques, dommages à autrui, irritabilité, atteinte à l'ordre public.
• Excès d'alcool, boulimie (incorporation, stade sadique oral).
• Familiarité sans retenue.

Prédominance du Ça

Les freins habituels du contrôle sont relâchés, les **pulsions** libérées, le langage grivois et ordurier. Sur le plan sexuel, on peut noter une certaine excitation, des propositions directes, des anecdotes érotiques, un désir de dénudation.

Psychose maniaco-dépressive

La psychose maniaco-dépressive est aussi appelée « **folie circulaire** », ou **trouble bipolaire**, modèle achevé des troubles cycliques de l'humeur. Caractérisé par une extrême dépression ou une extrême maniaquerie en phases cycliques séparées par des intervalles variables, cette psychose peut débuter vers 30 ans, et concerne 1 % de la population. Il y a des facteurs génétiques héréditaires, avec risque de transmission de 10 à 20 % au premier degré et de 4 à 10 % au deuxième. La concordance de l'arrivée des troubles est de 50 à 93 % chez les vrais jumeaux et de 8 à 39 % chez les faux jumeaux.

Les formes cliniques différentes sont :
• intermittente avec intervalles libres ;
• rémittente sans intervalle ;
• unipolaire au début.

Perspective psychodynamique

C'est-à-dire d'origine psychanalytique.

Freud part du **deuil** pour analyser la mélancolie. Le deuil est une mélancolie abrégée. La mélancolie est un deuil avec perte de l'**Objet d'amour**.

Autoaccusation et perte de l'Objet aimé

Le conflit d'ambivalence. La perte d'un objet d'amour peut concerner une personne, mais également des valeurs, un **Idéal du Moi**, une image de soi, un travail, un pays natal. Le sujet s'accuse de cette perte mais pour éviter une perte totale développe une stratégie inconsciente d'incorporation de l'Objet dans le **Moi**. Il y a à la fois un processus fusionnel et une **identification narcissique** avec l'Objet.

Mais cette injection constitue en même temps une intrusion, destruction du sujet et l'Objet est à la fois aimé et haï pour la frustration qu'il a provoquée : c'est l'ambivalence.

Les auto-reproches sont en réalité destinés à l'Objet, c'est lui qui est injurié, rabaissé, qui doit souffrir. Une satisfaction sadique ressort de cette souffrance qui conduit néanmoins en tuant l'Objet en soi au suicide, le **Moi** fini terrassé par l'objet.

Incorporer, c'est à la fois garder et détruire, le refus de nourriture étant par exemple la peur de **pulsions** cannibales, leur **refoulement** jusqu'à se tuer en ne mangeant plus.

La proximité entre névrose obsessionnelle et mélancolie. Il y a une forte ambivalence dans la névrose obsessionnelle également, une tendance sadique de haine pour l'objet. L'autopunition constitue une vengeance pour tourmenter les êtres chers, la maladie, les menaces de suicide sont destinées à faire souffrir l'autre, à le culpabiliser. Les reproches et l'hostilité ne sont pas directs mais sous forme d'autodégradation.

La manie comme libération du Moi

Indissociable de la phase dépressive, la manie est le triomphe sur l'Objet, l'envers de la mélancolie, l'expulsion de l'Objet par le Moi qui domine, qui a surmonté la perte.

Le début du **deuil** est comme une mélancolie et un deuil jamais fini installe la mélancolie. La sortie du deuil permet un **investissement** sur d'autres Objets. Le deuil normal surmonte la perte mais absorbe longtemps les énergies du Moi concentrées sur l'objet perdu maintenu existant par le **déni** de la perte. Le deuil normal s'arrête quand le verdict de la réalité est admis, quand le Moi ne veut plus partager le destin de l'Objet, le déclare mort, s'en dissocie en se laissant séduire par des satisfactions **narcissiques**. Le triomphe du narcissisme, c'est le Moi en vie et l'autre mort.

Il y a détachement progressif sur chaque détail de la vie commune de la **libido** qui se détourne de l'Objet pour se retourner vers le Moi souffrant, qui devient une libido narcissique, puis tournée vers un nouvel Objet. Le Moi triomphant jouit de se reconnaître légitime et supérieur à l'Objet.

Les ambivalences du Moi

Combat inconscient du Moi pour retrouver son autonomie, entre haine pour détacher sa **libido** de l'Objet et amour pour maintenir l'attachement. L'amour s'est soustrait à l'anéantissement en se réfugiant dans le Moi et le mélancolique en garde quelque chose en l'intégrant par **identification** à l'Objet. Le Moi déprécié s'en veut mais en veut aussi à l'Objet. Le Moi se sent coupable dans son triomphe sur l'Objet de l'avoir dévalorisé, de l'avoir décrété mauvais et à tuer pour justifier son triomphe.

FICHE 82 | Les névroses (1)

Approche historique

Partant d'une approche neurologique des troubles des fonctions nerveuses de nature chimico-physiologique qui séparait l'hystérie et de la **neurasthénie**, **Charcot** a identifié l'hystéro-neurasthénie, occasionnée par un traumatisme psychique, et, grâce à l'étude de nombreux cas cliniques, a abouti à l'utilisation expérimentale de l'**hypnose**. Mais les causes psychiques restent encore secondaires pour lui et les psychiatres qui délaissent la névrose, trop floue, au profit des cas graves de psychoses. C'est pourquoi le territoire des névroses sera occupé par des psychologues et psychanalystes.

P. Janet démontre l'existence de l'**inconscient** à partir de **l'hypnose** et s'en sert en thérapie pour essayer de liquider des traumatismes inconscients avec la **méthode cathartique**. L'importance de la relation patient-hypnotiseur prend de l'ampleur, l'humain est comparé à un enfant qui vénère son hypnotiseur.

Freud poursuit, démontrant que les maladies dites héréditaires et organiques sont d'origine psychogène ; avec la méthode cathartique, il met en évidence l'**étiologie** de l'hystérie et il ramène à la conscience l'événement oublié et l'émotion qui y est attachée pour en libérer le patient.

Mais cette méthode endort le **Moi** du sujet qui se révolte après la séance, annule les résultats obtenus et réinstalle les symptômes. La première théorie de Freud sur l'étiologie des névroses porte sur la séduction, mais il l'abandonne. Il sépare ensuite les névroses à étiologie psychogène des autres, montre les différentes bases des conflits intrapsychiques et la spécificité du conflit défensif selon les maladies.

Évolution de la classification des névroses depuis Freud :

Névroses actuelles

- d'angoisse
- neurasthénie

Psychonévroses

- hystérie de conversion – névrose hystérique
- hystérie d'angoisse – névrose phobique
- névrose d'obsession

Psychonévrose de transfert

Névroses
- hystérique
- (phobique)
- obsessionnelle

Psychonévrose narcissique

Psychoses

Psychonévroses narcissiques
- dépression
- mélancolie

Psychoses

- paranoïa
- schizophrénie

Névroses actuelles

Le concept de névroses actuelles est un concept abandonné en pathologie.

Il faisait référence à des événements actuels de la vie, sans cause traumatisante infantile et dont les symptômes venaient d'insatisfactions sexuelles sans significations inconscientes à élucider, sans langage et symboles à interpréter.

Aujourd'hui, on décrit les symptômes de ces névroses massives et chroniques sans objet d'angoisse majeur mais, malgré l'importance du facteur actuel, on y devine l'expression symbolique de conflits anciens. On établit un parallèle entre névroses actuelles et psychosomatisation dans certaines maladies (allergies, asthme) qui peuvent exprimer une souffrance sans renvoyer à une expression psychique inconsciente, la souffrance étant dans le corps sans être passée par le psychisme au contraire des symptômes de l'**hystérie de conversion**.

La névrose d'angoisse est un état d'excitabilité générale, d'attente anxieuse chronique, d'accès aigus d'angoisse ou son équivalent somatique. Son **étiologie** est l'accumulation de l'excitation sexuelle transformée en symptômes sans médiation psychique. **La neurasthénie** est une impression de fatigue physique, des céphalées, des constipations, un appauvrissement de la vie sexuelle. Son **étiologie** est la recherche de fonctions sexuelles mais qui n'arrivent pas à résoudre de façon adéquate la tension libidinale (ex. masturbation).

Psychonévroses

Elles témoignent de conflits sous-jacents, issus de l'histoire infantile, les symptômes étant l'expression symbolique de ces conflits. Au départ, **Freud** les décrit à travers le conflit défensif mais abandonne, car les défenses sont dans toutes les maladies. Ensuite, il les différencie des névroses **narcissiques** qui ne produisent pas de transfert et ne peuvent être traitées par la psychanalyse, la **libido** étant fixée sur le **Moi**. Arrive la distinction entre psychonévroses hystériques (place centrale dans l'histoire de la psychanalyse) appelées **hystéries de conversion**, psychonévroses phobiques appelées **hystéries d'angoisse** (ne pas confondre avec **névrose d'angoisse**), et psychonévroses obsessionnelles. **La première étiologie, abandonnée,** est la théorie de la séduction : événement, expérience de passivité sexuelle antérieure à la vie sexuelle normale de l'enfant, avant qu'il soit capable d'émotion, de compréhension et d'intégration psychique de l'événement. Ce **trauma** serait alors intégré plus tard (théorie de l'« après-coup ») et refoulé. À la puberté, un nouvel événement sans forcément de signification sexuelle pourrait réveiller le souvenir par association de pensée comme si l'événement était actuel et déclencher un afflux d'excitation interne refoulé, provoquant l'hystérie.

Le sens du terme **trauma** en psychanalyse est différent du sens social, c'est un événement de la vie du sujet défini par son intensité, par l'incapacité du sujet d'y répondre adéquatement, par un bouleversement et des effets pathogènes durables dans l'organisation psychique.

Du point de vue **économique** (fiche 71), il se caractérise par l'afflux d'excitation excessif par rapport à la tolérance du sujet et sa capacité de maîtrise. C'est une notion subjective, tout événement vécu comme un trauma n'en est pas forcément un.

La notion du fantasme inconscient remplace la théorie précédente. **Freud** découvre une réalité psychique différente de la réalité physique, le phénomène de la sexualité infantile invalidant l'idée de la passivité et de la non-compréhension, et permettant que des scènes de séduction racontées puissent n'être que des fantasmes.

Conception psychanalytique des névroses

Pour **Freud**, les trois types de névroses ont la même **étiologie** : un conflit psychique sous-jacent venant de la période œdipienne. Selon **Laplanche et Pontalis**, les symptômes sont l'expression symbolique d'un conflit psychique trouvant ses racines dans l'histoire infantile et constituant un compromis entre désirs et défenses. Les symptômes sont l'expression **du retour du refoulé**, manifestations de surface qui expriment un conflit entre un désir pulsionnel inconscient et son impossibilité de réalisation.

Un conflit psychique inconscient provoque une angoisse qui entraîne un usage inadapté des mécanismes de défense et les symptômes névrotiques qui s'ensuivent. Les névroses correspondent à la désorganisation des structures de la personnalité comme suit : **une fixation** pulsionnelle prépondérante à un stade de l'évolution libidinale attire **les régressions** en cas d'événements ultérieurs déclencheurs. Dans les moments difficiles, le sujet revient aux phases de son développement affectif auquel il est resté attaché, duquel il n'a pas pu évoluer.

Lors du développement libidinal qui passe par plusieurs stades, si le lien entre la **pulsion** et l'Objet est trop étroit, il y a entrave pour passer au stade suivant. C'est le cas quand des satisfactions excessives ont été éprouvées (trop de plaisir) ou, au contraire, quand des obstacles ont provoqué frustration et déplaisir. Il y a alors retour défensif au stade ultérieur plus facilement satisfait.

Du point de vue formel du fonctionnement psychique, la régression correspond à un retour des processus secondaires (raisonnement, logique) vers les processus primaires (**principe de plaisir**, décharge de la **pulsion**). D'un point de vue **topique**, il y a régression du **Surmoi** ou du **Moi** vers le **Ça**.

FICHE 83 | Les névroses (2)

Névrose hystérique

Le conflit fondamental de l'hystérie correspond à une impossibilité de liquidation du **complexe d'Œdipe** et de l'angoisse de castration correspondante. Ce conflit est universel, quelles que soient les cultures ou les époques, puisque fondé sur la prohibition de l'inceste. Ce complexe est le nœud originel de toute relation humaine, déterminant principal du choix d'**Objet d'amour**, chemin d'accès à la génitalité, à la constitution du **Surmoi** et à l'**Idéal du Moi** (fiche 89).

Refoulement et symptômes de conversion hystérique

Il s'agit d'un conflit entre les désirs, les **pulsions** (**Ça**) et les interdits (**Surmoi**), d'une lutte contre les représentations incestueuses coupables et les **fantasmes** de castration pouvant venir du parent du même sexe. Quand le conflit est trop fort, il génère de l'angoisse dont le sujet se défend par le mécanisme du refoulement.

C'est le principal mécanisme de l'hystérie, à l'origine de la construction de l'**inconscient** où le sujet cherche à repousser ou maintenir les représentations. Il agit quand une pulsion satisfaite est susceptible de procurer du plaisir mais aussi du déplaisir en retour. Il n'agit que sur un des deux composants de la pulsion :

- **les représentations** qui ne sont pas détruites pour autant, ont tendance à réapparaître à la conscience, ce refoulement étant ainsi gros consommateur d'énergie. **Les rejetons du refoulé** : on appelle ainsi une représentation qui a fini par être acceptée en étant déformée. On y voit le signe de la pression dynamique exercé par l'**inconscient** sur la conscience. Les symptômes névrotiques sont des indices révélateurs de ces rejetons ;
- **les affects** ne sont pas refoulés, ils se transforment, se détachent des représentations pour se convertir au niveau corporel en symptômes somatiques ou psychiques. **La conversion**, c'est le déplacement sur une partie du corps d'un **investissement** libidinal retiré aux représentations. Le symptôme est la réalisation déguisée du désir, un compromis entre désir et défense. La partie du corps qu'il affecte, partie qui aurait pu servir à la réalisation du désir est ainsi mise hors service, annihilée.

Le symptôme hystérique, compte tenu de sa valeur symbolique de représentation du désir, procure un plaisir inconscient. Le sujet se trouve, grâce à lui, libéré de ses angoisses, en sécurité, et adopte un comportement manipulateur envers son entourage et les médecins, appelé « **belle indifférence** ».

On parle de **succès du refoulement et d'efficacité du symptôme**. Dans toutes les structures de personnalité, il n'y a pas qu'un seul mécanisme de défense. Si le **Surmoi** est rigide, le refoulement suffit à protéger de l'**angoisse de castration**, sinon d'autres mécanismes se développent.

Sémiologie (étude des symptômes) de l'hystérie

L'hystérie est une affection à manifestation polymorphe (grande variation de troubles) où les conflits psychiques s'expriment symboliquement dans des symptômes corporels et (ou) psychiques.

Les **symptômes somatiques, sans origine organique** sont :
• **les crises aiguës** : manifestations **paroxystiques**, perte de conscience, convulsions, mouvements bizarres, attitudes passionnelles, théâtrales, agitation frénétique, transes, crises de nerfs, évanouissements. Aujourd'hui, ces cas sont devenus rares ; • **les troubles durables chroniques** au niveau des organes de la relation à autrui :
– les **atteintes motrices** : paralysie, contractures, **astasie**, **abasie** (position debout et marche impossibles), mouvements anormaux, tremblements ;
– les **atteintes sensitives** : anesthésie totale ou partielle, superficielle ou profonde, ou, à l'inverse, zones hypersensibles, algies ;
– les **atteintes sensorielles** : troubles visuels jusqu'à la cécité, auditifs, mais pouvant toucher tous les sens. Ces troubles sont différents des troubles psychosomatiques (eczémas, etc.) où il y a toujours un terrain organique ;
– les **atteintes de la phonation** : extinction, cris, bégaiement, mutisme ;
– les **atteintes du système neurovégétatif** : spasmes du larynx, des sphincters, toux nerveuses.

Les **symptômes d'expression psychique** sont :
• les **troubles de la mémoire** : amnésie infantile (aucun souvenir d'avant 12 ans), sélective (pas de souvenirs gênants), création de faux événements, fabulations qui comblent les oublis. Il est important de souligner que, dans les cas cliniques proposés à l'examen de licence, il ne faut pas les confondre avec les délires de nature psychotique s'il ne s'agit que de mensonges ponctuels (voir l'ensemble du tableau clinique) ;
• **l'inhibition intellectuelle** qui est fréquente, parfois seul symptôme sans déficit d'intelligence dans les tests, mais effort impossible, céphalées, fatigues oculaires ;

• **les troubles de la vigilance** : distraction, refus de voir ou d'entendre ce qui est désagréable, sommeil brusque de quelques minutes à état léthargique progressif pseudo-coma, sommeil de plusieurs semaines enregistré à l'électroencéphalogramme calme, sans rythme, états seconds, transe, production onirique, somnambulisme, demi-conscience, expérience de **dépersonnalisation** (non psychotique).

Structure et caractère hystériques

Il est très important de faire la différence entre la symptomatologie précédente et la personnalité, le **caractère**.

Selon **Bergeret**, c'est la plus élaborée des structures sur la voie de la maturité. Les autres structures et caractères (psychotiques, etc.) ne sont pas développés en cours mais dans son ouvrage recommandé (fiche 76).

L'étiologie consiste en une hypothèse d'excitation de la part du parent du sexe opposé et d'interdiction de l'autre, dans des conditions n'ayant pas permis la résolution de l'**Œdipe** à cause de l'attitude des parents (prise au tragique ou, au contraire, moquerie). Ceci fixerait l'enfant au stade œdipien, mais en phase ultime, près de la maturité affective. Les conséquences sont que le changement d'**Objet d'amour**, plus tard sera incomplet, insatisfaisant, incertain, avec une forte érotisation contrée par une réponse intense du **Surmoi** comme si les anciens fantasmes de réalisation étaient toujours présents. Le conflit de l'hystérie, c'est l'impossibilité de liquider le complexe d'**Œdipe** avec l'**angoisse de castration** qui lui est liée. Le **refoulement** chez l'hystérique est réussi, à tel point que l'angoisse disparaît et qu'en apparence il n'y a aucun problème.

Le caractère de la personnalité hystérique : **fixations** aux stades prégénitaux (fiche 91) faibles, juste légères au stade oral d'où une avidité, une gloutonnerie affective :
• **la vie fantasmatique** et onirique est riche en représentations érotisées, la composante érotique domine la vie relationnelle ;
• **un double mouvement** dans le mode de relation aux autres : séduction, manipulation, chaleur, démonstration, et si l'autre y répond : retrait, froideur, rupture, fuite, rétroaction, **inhibition** et non-reconnaissance de la séduction exercée ;
• **une certaine théâtralité**, expressivité, mouvements, paroles, voix, besoin d'attirer l'attention, égocentrisme, coquetterie, importance de l'apparence physique, comportementale, provocation. Les relations affectives banales prennent une forme dramatisée, excessive ;

• **un processus d'identification**, processus psychologique où un sujet assimile un aspect, un caractère de l'autre et se transforme plus ou moins en ce modèle. Ce processus variable chez tout le monde est excessif chez l'hystérique et se produit à deux grandes périodes constitutives de la personnalité : lors de la **période primaire**, il y a constitution du sujet sur le modèle d'un autre dans un registre **narcissique** qui vise à former son identité et son **estime de soi** ; et au cours de la **période secondaire**, pendant le processus œdipien (à partir de 3 ou 4 ans). Il se fait successivement par rapport aux deux parents et se trouve à la source de la différenciation sexuelle et de la constitution de l'identité sexuelle. C'est par ce **mécanisme d'identification** aux images parentales intériorisées que s'édifie le **Surmoi** ; il symbolise la réussite de l'identification, l'intériorisation des interdits passés et présents inclus dans le psychisme des parents ; il se constitue sur les images (idéalisées) attribuées aux parents et fidèles à leurs propres principes. D'où un Surmoi plus sévère que les parents eux-mêmes. Cette fonction sera déplacée ensuite sur tous les personnages d'autorité rencontrés. Chez l'hystérique, les identifications sont multiples, d'où une multiplicité des symptômes empruntés, imités.

FICHE 84 | Les névroses (3)

Névrose phobique

C'est une **angoisse** œdipienne d'abord confondue avec les idées obsédantes. **Westphal** propose en 1871 le concept d'agoraphobie. Fin XIXe, on en recense plus de deux cents types dont les plus fréquents concernent les animaux, le vertige, le trac.

Elles existent dans tous les types de personnalité, dans plusieurs types de psychopathologies, de façon chronique ou transitoire. Pour la névrose, il va y avoir stratégie d'évitement, pour la psychose isolement, pour les états limites, il peut y avoir des **aménagements** divers, c'est pourquoi Bergeret leur conteste le caractère de névrose.

Sémiologie

On peut définir la **phobie** comme une crainte déclenchée par un objet ou une situation n'ayant pas un caractère objectivement dangereux. Le sujet est conscient de l'absurdité de son angoisse qui n'apparaît qu'en présence de l'objet ou de la situation et disparaît ensuite. Au plan clinique, le sujet est submergé, incontrôlé, ressent une peur panique, une gêne respiratoire, des palpitations, des sueurs froides, des évanouissements. Il peut alors faire appel à **diverses stratégies de défense** :
- **une attitude passive d'évitement**, une position d'**inhibition**, où le sujet se coupe de beaucoup de choses et, en cas d'accentuation, de contacts avec autrui, peuvent être une de ces stratégies ;
- **le défi, l'affrontement** dans le but de triompher en est une autre, différente mais avec, en arrière-plan, la même raison : fuir la réalité et ce qui peut être anxiogène. Le phobique présente un **caractère** hautain avec un comportement de défi, il semble nier sa peur du réel, s'investit dans des occupations multiples avec frénésie afin de fuir son monde intérieur et la confrontation avec son conflit. Chez le phobique grave, le désir sexuel constitue un danger de destruction, il se met à l'écart de l'autre pour éviter l'angoisse ;
- **la conduite de réassurance**, ou recherche d'une présence pour ne pas être seul, appelée **Objet contra-phobique**.

Les différents types de phobie sont :
- **liés à des situations : l'agoraphobie**, fréquente avec stratégie d'évitement ou de réassurance contra-phobique en sortant accompagné ; **la claustrophobie** (voiture, ascenseur, train) : impression de suffocation, d'asphyxie, sueurs. Stratégie d'évitement avec vie à la campagne,

mais ne résout rien, la phobie prenant une autre forme ; l'**acrophobie** : peur des lieux élevés et du vide ;
• **de nature impulsive** (peur d'actes impulsifs envers soi-même) :
– **sociales** : toutes situations relationnelles, en groupe, parler en public, rougir (éreutophobie),
– **animales** (araignée, serpent, chat, pigeon).

Psychopathologie

L'étiologie de la phobie : les phobies comme symptômes peuvent exister dans tous les types de personnalités ou de pathologies. **Freud** ne retient qu'une situation où elles témoignent d'une organisation névrotique : **l'hystérie d'angoisse, appelée aujourd'hui névrose phobique**, où la phobie est le symptôme dominant. Pour lui, il y a similitude de structure et même étiologie que l'**hystérie de conversion** avec origine œdipienne, sexualité infantile et angoisse de castration (voir « *Le petit Hans* »). L'évitement phobique comme dans l'hystérie est sexuel, le sujet se protège de la relation mais l'objet phobique se substitue à l'Objet (parental) réel.

Les mécanismes de la phobie sont d'abord une action de **refoulement** séparant les affects et la représentation.

Dans l'**hystérie de conversion**, la **libido**, que le refoulement a détaché des représentations indésirables, est convertie en symptômes somatiques ; dans l'hystérie d'angoisse, elle est libérée sous forme d'angoisse associée à un objet phobique, déplacée sur lui, mais toujours existante.

Toute phobie se construit en deux temps :
• l'énergie psychique transpose la représentation désagréable dans une autre car le refoulement a été déficient et l'a laissé consciente. Quelque chose d'instinctuel du monde intérieur risque d'émerger, il faut donc le réprimer, mais cette répression exacerbe la **pulsion** ;
• pour échapper au danger interne, un subterfuge inconscient évacue alors le conflit au-dehors, rejette le monde de fantasme dont le sujet est prisonnier et les mécanismes d'évitement représentent une sécurité supplémentaire.

L'évolution de Freud sur l'**angoisse** :
• selon sa première approche : l'excitation sexuelle doit être rejetée de la conscience, la **libido** ne trouvant pas l'objet de sa satisfaction est refoulée, le **refoulement** étant imparfait, il occasionne de l'angoisse ;
• selon sa deuxième approche, il pense que l'angoisse est primaire, de nature fantasmatique, allant de la perte d'Objet à la perte de l'amour de l'Objet. Elle n'est plus un produit du refoulement, c'est elle qui le

suscite ainsi que d'autres mécanismes de défense. L'angoisse est un signal d'alarme qui pousse le **Moi** à utiliser différents mécanismes de défense.

La phobie de l'enfant, pour **Freud**, avec « Le petit Hans », est plus liée à une angoisse dépressive de perte d'Objet que de castration. Pour Hans, l'objet phobogène est le cheval, l'objet **contra-phobique** est sa mère, dont il veut tester la capacité protectrice. Les objets contra-phobiques permettent de comprendre les phobies d'adultes chez qui on trouve, dans l'enfance, de longues périodes de terreurs nocturnes. L'entourage ne se rend pas compte de ces phobies cachées, l'angoisse est dissimulée au prix d'une lutte continuelle qui peut s'effondrer brutalement et conduire à la dépression.

Une phobie archaïque, une angoisse précoce existe chez l'enfant de sept à dix mois, celle de la peur de l'étranger. Elle est liée à la phase de la reconnaissance de l'individualisation du visage de la mère et à la création d'angoisse en cas de manque.

La phobie œdipienne (de 2-3 ans à 6-7 ans) relève d'un mécanisme différent.

La phobie peut apporter un bénéfice secondaire, la preuve de la mise en place des instances du **Moi** et du **Surmoi** et de la capacité à lier l'angoisse à des représentations symboliques. Les actions du **refoulement** sont nécessaires toute la vie et il y a réactualisation à l'adolescence de ce qui s'est passé au moment de l'**Œdipe**.

Pour un approfondissement actuel sur les phobies, consulter l'ouvrage *Psychologie de la peur* de Christophe André, médecin psychiatre à l'hôpital Sainte-Anne à Paris.

FICHE 85 | Les névroses (4)

Névrose obsessionnelle

La névrose obsessionnelle est une apparition d'obsessions et de **compulsions** sur une organisation de personnalité obsessionnelle, en l'absence de toute autre affection psychiatrique permanente.

Sémiologie

Les obsessions sont une irruption, dans la pensée, d'un sentiment, d'une idée qui apparaît au sujet comme un phénomène morbide en désaccord avec la conscience. Ils persistent malgré ses efforts pour s'en débarrasser, assiègent l'esprit à n'importe quel moment, hors circonstances extérieures.

On peut distinguer :
• les obsessions idéatives, « **folie du doute** » conduisant à des ruminations sans fin du même contenu (idée, mot, chiffre, sujet métaphysique), relatives au comportement du sujet. Débats de conscience interminables sur le fait de dire quelque chose ou non, vérifications sans fin d'un oubli éventuel ;
• les obsessions phobiques, craintes apparaissant hors la présence d'un objet ou d'une situation, obsession des maladies, des microbes, de la saleté. Il suffit d'y penser pour que l'angoisse monte entraînant des **rituels** de lavage et vérifications invalidantes ;
• les obsessions impulsives. Idée, crainte assiégeante d'être amené à faire un acte absurde, immoral, voire criminel.

Les compulsions sont le fait de se sentir contraint à des actes en reconnaissant leur caractère absurde ou ridicule. C'est l'idée qui prime. Les actes correspondent au contenu de l'obsession et leur accomplissement fait baisser l'angoisse, la résistance, ou, au contraire, l'augmente. **Les rituels** sont des actes répétitifs, habillement, lavage, vérifications, retours en arrière pendant des heures, qui ont des valeurs conjuratoires, magiques et qui, s'ils ne sont pas réalisés, risque de provoquer un malheur. Ils existent chez tout le monde mais sans excès.

Psychopathologie

Pour **Freud**, c'est la conséquence d'un conflit œdipien qui bloque l'énergie psychique.

Les symptômes sont des doutes, des ruminations et des scrupules entraînant l'**inhibition** de la pensée et de l'action.

Le caractère obsessionnel est ce qui se voit de la structure de la personnalité sous-jacente :
• un besoin d'ordre excessif, de précision, de méticulosité, de perfectionnisme, un besoin extrême de rangement et de propreté ;
• un souci d'économie, une tendance à l'avarice, la manie des collections ;
• l'obstination, l'entêtement, l'autoritarisme, un besoin de diriger les autres ;
• au plan des **affects :** une grande difficulté à les exprimer, une rigidité, un manque de spontanéité, ou encore un aspect figé dans le but de maintenir l'autre à distance et qu'il ne le touche pas.

L'étiologie : on peut décrire les obsessions comme un conflit du **Ça** avec un **Surmoi** implacable, voire sadique. C'est la structure la plus régressive des trois névrotiques. La **fixation** s'est produite au moment de l'**Œdipe** mais elle utilise des éléments de défense contre l'Œdipe de nature prégénitale. Les affects subissent une **régression** vers les représentations anales qui sont antérieures au stade œdipien. On identifie deux facteurs de cause : un facteur constitutionnel (**inné**) et le **refoulement** interne de la haine à l'égard du parent du même sexe. La **psychogenèse parentale** renvoie à la restriction, l'interdiction, l'**inhibition** des deux **pulsions :** agressive et sexuelle. Cette valorisation du contrôle crée un rapprochement avec le parent du même sexe avec lequel il y a moins d'interdits qu'avec l'autre. Par ailleurs, les premières relations maternelles peuvent établir les bases de futures réactions obsessionnelles à travers un surinvestissement de soins corporels et anaux ce qui exacerbe la **fixation** anale, au détriment de l'évolution vers le stade génital.

Mécanismes de défense

Parmi les mécanismes de défense on trouve le **refoulement**, mécanisme principal qui se fait aider par l'**investissement**, le **désinvestissement**, le **contre-investissement**.

L'investissement, c'est quand une quantité d'énergie psychique est liée à une représentation mentale ou à un Objet extérieur.

Quand le **Surmoi** s'y oppose par culpabilité, il y a désinvestissement de la représentation, libération de l'énergie qui peut s'investir dans une nouvelle représentation qui contre l'ancienne refoulée : c'est le contre-investissement. Ce qui est contre-investi est opposé à la représentation refoulée sous forme de **formation réactionnelle**.

Un exemple **de formation réactionnelle** est celui de la pudeur mise en place pour lutter contre un désir exhibitionniste inconscient ; ou bien une extrême propreté contre un désir de manipulation de la saleté. Dans la structure obsessionnelle, ce mécanisme de réaction à un désir par opposition, de lutte contre une représentation pénible en la remplaçant par les traits d'une personne, en opposition, prend un caractère de généralité, devient un mode de fonctionnement habituel du sujet dans toutes ses relations comme si le danger de la pulsion était toujours présent, pas seulement lors d'occasions menaçantes. Il présente ainsi une apparence vertueuse poussée à l'extrême.

L'annulation rétroactive, où les représentations gênantes évoquées en acte ou en pensée doivent disparaître et où le sujet les efface magiquement avec un sentiment de toute-puissance, fait également partie des processus de défense.

L'isolation, le fait de couper une pensée ou un comportement de l'existence du sujet, de toute connexion associative avec les désirs interdits afin de lui permettre de rester dans la conscience sont aussi des mécanismes de défense.

Il s'agit d'arrêt du cours de la pensée, de formules, de **rituels**, de toutes mesures introduisant une rupture. C'est également une attitude magique qui, dans les relations avec autrui, se manifeste par la stérilisation de l'affectivité, la mise à distance, la froideur des gestes, l'absence d'émotivité, l'incapacité d'adaptation à l'ambiance. La pensée sert d'écran face aux autres, pouvant aller jusqu'à l'**inhibition** totale des affects.

La dénégation permet que les représentations gênantes ne soient pas refoulées, restent conscientes et évoquées mais avec un refus de se sentir touché : « *Je ne pense pas cela [...] mais [...] vous allez penser que [...] mais je ne le pense pas.* »

FICHE 86 | Les névroses (5)

Évolution du concept de névrose

Des phénomènes comportementaux pouvant s'apparenter à ce que l'on a appelé plus tard hystérie ont déjà été notés dans l'Antiquité.

Le mot « névrose », issu de *neurosis*, inventé par le médecin écossais W. Cullen en 1769, est dérivé du grec *neuron* (« nerf ») et du suffixe *ôsis* (« ose ») désignant des maladies non inflammatoires. Introduit en France en 1785, il désigne toutes les maladies du système nerveux sans cause organique prouvée.

Freud y a apporté ses théories métapsychologiques et son idée de conflit psychique refoulé.

La notion actuelle de « structure névrotique » en France est issue de la lignée freudienne.

Au fil du temps, selon les époques, les cultures et les praticiens, les définitions et les facteurs pathogènes retenus ont varié. D'où la difficulté pour s'y retrouver aujourd'hui, accentuée par la méthode de la classificatrice internationale (fiche 76).

La question qui fait débat au sein des communautés psychiatriques est de savoir si le fait de faire disparaître les termes « névrose » et « hystérie » des troubles mentaux dans les classifications, tant au DSM qu'au CIM, les fait pour autant disparaître des nosographies et des diagnostics des équipes cliniques.

En ne conservant que l'observation des troubles et des pathologies, avec la description des symptômes de conversion dont l'hyper-expressivité somatique par exemple, les Américains du DSM tendent à évacuer toutes les théories psychanalytiques, les explications psychodynamiques, les dimensions sexuelle et relationnelle, et surtout le rôle de l'inconscient. Or, comment comprendre ce genre de pathologie en éliminant la notion d'inconscient ?

DSM

DSM 1 (1952)

L'hystérie apparaît en tant que névrose.

DSM 2 (1968)

On distingue encore « névrose hystérique de type dissociatif », « névrose de conversion » et « névrose de dépersonnalisation ».

DSM 3 (1980)

Révisé en 1987, il a démembré le concept de névrose, fait disparaître le terme « hystérie » et les hypothèses étiologiques issues de la psychanalyse pour une démarche plus empirique et biomédicale, considérant ce concept trop ambigu, non consensuel dans l'exercice de la psychiatrie, trop péjoratif du point de vue des mouvements féministes. De plus, les hystériques ne consultant pas les psychiatres pour leurs troubles fonctionnels mais leur médecin traitant, la psychiatrie américaine a conclu à une disparition du phénomène.

DSM 4 (1994)

Le terme « névrose » est carrément abandonné pour promouvoir la description de grandes catégories de syndromes généraux auxquels pourront répondre de grandes familles de médicaments.

Le DSM 4 dispatche les troubles décrits autrefois dans les névroses en quatre catégories principales :

• troubles anxieux (dont phobies, troubles obsessionnels et compulsifs – TOC –, stress post-traumatique) ;

• somatoformes (somatisation, conversion, trouble douloureux, hypocondrie, peur d'une dysmorphie corporelle, somatoformes non spécifiés) ;

• dissociatifs (amnésie, fugue, de l'identité, de dépersonnalisation, non spécifié) :

– l'amnésie psychogène devient amnésie dissociative,

– la fugue psychogène devient dissociative,

– le trouble de la personnalité multiple devient le trouble dissociatif de l'identité,

– le trouble dissociatif atypique devient non spécifié ;

• troubles sexuels et de l'identité sexuelle.

DSM 5 (2013)

Les principales modifications en relation avec la problématique névrotique portent sur :

• Les troubles de symptômes somatique et troubles connexes qui remplacent les somatoformes précédents. Ils incluent :

– les troubles de symptômes somatiques ;

– le trouble d'anxiété lié à la maladie ;

– le trouble de symptôme neurologique fonctionnel (remplaçant le trouble de la conversion et pris en compte sous un angle neurologique, peut-être pour des raisons de traitement pharmacologique, il perd sa dimension psychologique) ;

– les facteurs psychologiques affectant d'autres conditions médicales ;

– d'autres symptômes somatiques et troubles connexes spécifiés ;

– d'autres symptômes somatiques et troubles connexes non spécifiés.

La question qui fait polémique concerne le fait que les symptômes somatiques soient ou non expliqués médicalement pour établir un diagnostic de pathologie psychique : s'il est jugé essentiel que les symptômes ne sont pas expliqués médicalement pour appliquer le diagnostic, on risque de l'appliquer quand la médecine n'est pas assez avancée, quand un médecin n'est pas qualifié ou quand des conflits d'intérêts empêchent la reconnaissance de certaines pathologies physiques marginales. Nombre d'explications purement médicales ont enrichi depuis des décennies la connaissance de troubles jusqu'alors jugés exclusivement mentaux (schizophrénie, autisme par exemple). D'où un risque d'augmentation à tort de diagnostics de pathologies psychiques.

Et dans les cas d'une explication médicale, l'idée a été défendue néanmoins d'une prise en compte de son incidence sur le psychisme du patient (pensées et comportements excessifs) afin de ne pas le priver d'un traitement.

De toute façon, en rejetant les approches jugées trop psychanalytiques et le fait qu'un trouble de la conversion caractéristique de l'hystérie soit l'expression physique de conflits inconscient, le DSM passe à côté d'une analyse plus fine de certains troubles.

• Les troubles dissociatifs qui retiennent désormais cinq syndromes :
- le trouble dissociatif de l'identité ;
- l'amnésie dissociative avec ou sans fugue dissociative (la fugue devient sous-catégorie de l'amnésie) ;
- le trouble de personnalisation/déréalisation ;
- l'autre trouble dissociatif spécifié (résultat de la division du « trouble dissociatif non spécifié » du DSM 4) ;
- l'autre trouble dissociatif non spécifié (résultat de la division du « trouble dissociatif non spécifié » du DSM 4).

CIM

Alors que la CIM 9 conservait encore la séparation névrose/psychose, la CIM 10 (en cours de révision depuis 2015) a suivi la tendance du DSM en supprimant le terme « névrose » de sa nomenclature et, dans son chapitre V, « Troubles mentaux et troubles du comportement », elle mélange les deux.

La complexité de sa classification se manifeste néanmoins dans le chapitre nommé « Troubles névrotiques, troubles liés à des facteurs de stress et troubles somatoformes », où la référence au concept de névrose et à une origine psychologique est évidente ; on y trouve ainsi : des troubles anxieux phobiques, d'autres troubles anxieux (dont panique et anxiété généralisée), les fameux TOC (troubles obsessionnels compulsifs), des troubles dissociatifs (de conversion, sans le mot « hystérie »), des troubles somatoformes, et d'autres troubles névrotiques (neurasthénie et syndrome de dépersonnalisation – déréalisation).

De même concernant l'hystérie : si elle a été morcelée (l'hystérie de conversion incluse dans les « troubles dissociatifs » et l'hystérie d'angoisse dans les « autres troubles anxieux »), on a néanmoins créé la catégorie « troubles moteurs dissociatifs » comprenant tous le qualificatif hystérique : astasie, contractures, paralysie, dyskinésie, hémiplégie, mutisme, spasmes, tremblements.
On voit bien que la dimension somatique de l'hystérique n'a pu être évacuée.

Classification française des troubles mentaux de l'adulte (CFTM)

Publiée en 2015, elle maintient les termes « névrose » et « hystérie », notamment dans la catégorie principale des « troubles névrotiques » incluant : troubles névrotiques à dominante anxieuse, hystérique, phobique, obsessionnelle, compulsive.
Les formes cliniques sont dépeintes à travers des symptômes de conversion moteurs, sensitifs, sensoriels ou psychiques, amnésie, fugue, ou états de transe, de possession.

En conclusion, ce n'est pas parce que l'hystérie de conversion est moins spectaculaire aujourd'hui qu'elle n'existe plus, elle s'est transformée.
Des plaintes, des angoisses, des phobies, des états anxio-dépressifs peuvent aujourd'hui conduire au suicide ou à des conduites de dépendance alcoolique.
De nouveaux troubles sont venus masquer la notion de conversion hystérique : spasmophilie, fibromyalgie, paralysie énigmatique.

FICHE 87 | États limites, « borderline » (1)

Historique

Dès 1884, le terme de « *borderline* » est utilisé par **Charles Hamilton Hugues** et signifie alors « *état frontière de la folie qui comprend de nombreuses personnes qui passent leur vie auprès de cette ligne, tantôt d'un côté, tantôt de l'autre* ».

Au début du XXe siècle, la psychiatrie maintenait ces troubles dans la schizophrénie, puis dans la psychopathie.

Aux États-Unis, un tableau associe les symptômes physiologiques et les symptômes psychologiques.

Le psychanalyste américain **Adolf Stern**, en 1938, décrit des sujets ni névrosés, ni psychotiques, marqués par un sentiment permanent d'insécurité, une anxiété intense face à toute désapprobation. La démarche psychanalytique ne leur convient pas car ils perçoivent les interprétations du psychanalyste comme des critiques, bloquent au niveau des associations ce qui accentue leur sentiment de persécution. Stern relève une défaillance de l'**estime de soi** provenant de blessures **narcissiques** sévères, issues de carences affectives maternelles.

Hélène Deutsch emploie le terme de « *As if* », **Winnicott** celui de « *faux self* ». Il décrit des sujets caractérisés par une attitude fausse, à l'allure extérieure normale avec une absence apparente de symptômes en dehors des périodes de **décompensation** qui ont lieu, accompagnées d'épisodes dépressifs. Ils miment les autres avec une grande capacité d'**identification**, ce sont des acteurs bien rodés qui s'épuisent dans la recherche de leur identité. Il note aussi une absence d'échanges affectifs authentiques.

Puis les recherches cliniques se développent, notent des défenses névrotiques différentes des psychoses, une forme intermédiaire à la rigidité propre.

Gressot M. (1960) souligne la tendance du **Moi** dissocié dans les relations avec autrui avec un sentiment de **dépersonnalisation** faisant penser aux psychoses.

Modell (1963) parle de relations « **porc-épic** » : avoir besoin de l'autre pour sa chaleur, tout en restant loin à cause des piquants, en le maintenant à distance par peur.

En 1968, aux États-Unis, on rencontre une première approche sémiologique : agressivité comme principal affect, trouble de la relation affective de type **anaclitique** (qui a besoin de s'appuyer sur quelqu'un), trouble de l'identité, tendance à la dépression non mélancolique mais à la solitude.

En 1975, toujours aux États-Unis, on propose des descriptions des traits majeurs : impulsivité, actes autoagressifs répétés, troubles de l'humeur chroniques, troubles cognitifs transitoires, relations interpersonnelles intenses et instables, peur chronique de l'abandon.
L'approche franco-germanique en fait une catégorie à part entière, avec un courant psychanalytique influent sur le concept actuel et le **DSM**. C'est le concept le plus travaillé par **Bergeret**.

Sémiologie

Selon le classement des troubles de la personnalité du **DSM** (le DSM 5 est semblable au 4) :
- l'instabilité et les excès dans la vie affective concernant les autres et le sujet. Relations aux autres discontinues et contradictoires, avec des représentations oscillant entre **idéalisation** et **dévalorisation**, de même pour soi, oscillant entre toute puissance mégalo et image très péjorative ;
- l'**impulsivité**, des colères inappropriées et des conduites auto-agressives ;
- un déficit **narcissique** avec le sentiment permanent de vide, d'ennui et des efforts effrénés pour éviter des abandons réels ou imaginaires ;
- des épisodes transitoires d'allure psychotique : idées de persécution ou symptômes dissociatifs.

Il existe diverses définitions cliniques utilisées soit par les Français, soit par les Américains et le **DSM** englobe de nombreux sous-types hétérogènes avec divers symptômes.

Tableau psychopathologique

Symptômes

En France, la personnalité limite est différenciée de l'état limite selon l'intensité et les degrés de gravité : les traits gênants n'entravant pas l'intégration sociale et la vie affective sont différenciés d'états plus graves, avec des troubles du comportement, une inadaptation sociale et une vie affective très perturbée.

N'importe quel symptôme de type névrotique ou psychotique peut se manifester mais ils n'ont pas la même fonction (nature du conflit, **type d'angoisse**, fiche 91) que pour les névroses et psychoses.

Les symptômes de type névrotique n'ont pas la richesse de la vie fantasmatique des névroses :
- les symptômes phobiques : du regard des autres, de la foule, de l'image de soi, de celle que l'on renvoie ;
- les symptômes obsessionnels : ils sont rationalisés, froidement justifiés et il n'y a pas de lutte contre.

Les symptômes psychotiques sont limités, transitoires, atypiques car dans un contexte affectif d'anxiété : idée de persécution, pensée magique, trouble des perceptions, illusions, hallucinations, dissociation, **dépersonnalisation**.

Caractéristiques psychopathologiques

Ce sont les critères essentiels à rechercher dans les diagnostics. **Une faille narcissique sévère** est un sentiment d'identité fragile, de l'immaturité, une persistance de la toute-puissance infantile, une fluctuation de l'**estime de soi**, une intolérance aux frustrations, une incapacité à supporter le moindre échec, un sentiment de blessure ou d'humiliation prenant des proportions énormes.
Cette **dévalorisation** exige, en contrepartie, un apport énorme en amour et en estime de la part des autres quels qu'ils soient ; peu importe autrui, c'est la gratification qu'il apporte qui compte (à ne pas confondre : la faille narcissique qui évoque bien un manque, et l'excès d'estime de soi qui n'est pas un narcissisme mais une difficulté avec la réalité résultant à l'inverse d'un surinvestissement parental sur le devenir d'un enfant).

Des angoisses ou des peurs de perdre l'**Objet d'amour**. L'anxiété se manifeste n'importe quand, sans rapport avec des circonstances. Elle peut être diffuse, sans lien avec l'objet, donc non maîtrisable. Il y a aussi possibilités de crises intenses entravant tous les secteurs de la vie psychique avec des manifestations somatiques.

Parmi les caractéristiques psychopathologiques, on trouve aussi **une pauvreté, une crudité de la vie imaginaire**, une défaillance de l'imaginaire et des **fantasmes**, une pensée pauvre, peu nuancée, une pauvreté des associations, une brièveté des réponses, une aptitude à la rêverie et à la métaphore faible.

Une vie pulsionnelle chaotique, exprimée brutalement par à-coups avec des mots ou des scènes venant à l'esprit de manière crue, faute de mécanismes de défense (déplacement, inversion) qui nuanceraient. La pensée oscille d'un affect ou d'une représentation à l'autre, en opposition.

Une mauvaise qualité relationnelle interpersonnelle est également un des critères à rechercher. Cette carence relationnelle peut se répartir entre trois pôles :
• une dépendance, une recherche d'étayage, une intolérance à la solitude ;
• une hypersensibilité affective (peur des piquants) ;
• un **déni** de l'angoisse de séparation, la recherche de la solitude pour éviter le risque de l'autre (« pas besoin des autres »).

L'impulsivité infiltre tous les comportements et affects, avec une agressivité libre et intense, source de passages à l'acte brusques, violents, sans justification, l'autoagression, la mutilation, ou encore les tentatives de suicides sont fréquentes.

On peut aussi faire face à des **conduites addictives,** des dépendances avec ou sans produits, pour combler le malaise, le vide, l'incomplétude interne mais aussi pour réapprovisionner le **narcissisme**, et combler le besoin de plénitude et d'omnipotence.

Les troubles dépressifs sont le syndrome central selon Bergeret, sans ralentissement psychomoteur, ni idées coupables, mais confronté au vide, à l'ennui, plein d'irritabilité, de fatigue psychique, de sentiment d'inutilité, de honte de ne rien valoir, ou de perte d'**estime de soi**.

FICHE 88 | États limites, « borderline » (2)

Explications psychopathologiques (1)

Spécificités par rapport aux deux autres lignées

C'est une organisation non achevée avec évolutions possibles. Dans **les premiers temps de la formation** de ces états limites, on rencontre un **trauma** affectif précoce, quand le **Moi** est en voie de construction, sans les défenses spécifiques du début de l'**Œdipe** (2 ou 3 ans). Il s'agit d'un **trauma** au sens freudien du terme, c'est-à-dire d'un excès pulsionnel, d'un afflux d'excitations psychiques subies et trop fortes quand le **Moi** ne peut y faire face, entraînant une première désorganisation.

Le plus souvent, il s'agit d'une tentative de séduction sexuelle de la part d'un adulte, généralement réelle et non fantasmatique comme dans l'**Œdipe** véritable (cas de « l'homme aux loups », **Freud**). L'enfant est rentré trop brutalement dans une situation œdipienne à laquelle il n'est pas préparé ce qui lui rendra difficile la négociation de la relation triangulaire œdipienne normale : difficultés à s'appuyer sur l'amour du père pour supporter des sentiments hostiles envers la mère et inversement de s'appuyer sur la mère pour asseoir sa haine du père.

La deuxième étape de la désorganisation : le sujet entre dans une période de **pseudo-latence précoce** (avant la fin de l'**Œdipe**) plus longue que la latence normale. Cette latence à la place de l'**Œdipe** normal empêche le **refoulement** des désirs, le vrai conflit du **Ça** et du **Surmoi** qui doit se développer normalement jusqu'à la maturité, et fait place à une **régression** de type narcissique sur des **fixations** plus anciennes. L'évolution libidinale psychosexuelle s'est bloquée et cela peut durer toute la vie. **Bergeret** parle de « *tronc commun aménagé de l'organisation limite* » qu'il n'envisage pas comme une structure fixe, solide et spécifique.

Les évolutions possibles : on peut trouver des cas où la situation demeure identique pendant toute la vie, le Moi fait un effort coûteux pour demeurer à distance des deux grandes structures, avec ses défenses propres, avec d'un côté l'angoisse de tomber dans le morcellement psychotique doté pourtant de défenses plus solides, de l'autre l'angoisse de la génitalité névrotique. Le tronc commun va se livrer à de multiples contorsions pour se plier sans craquer.

On trouve aussi des cas de **décompensations** :

- à la sénescence, subitement, avec ou sans **trauma** déclencheur, une période d'angoisse au début puis divers tableaux possibles : la **démence**, des névroses intenses, des psychosomatisations diverses ;
- suite à un deuxième **trauma** affectif, avec tentative de suicide. Le premier trauma a été réveillé. Soit le **Surmoi** est fort et l'entrée se fait dans une voie névrotique (phobique et obsessionnelle), soit la **pulsion** est trop forte et l'entrée est psychotique sous forme de dépression mélancolique ;
- voie psychosomatique : en cas de grand défaut de fantasmatisation, de désexualisation des représentations psychiques.

Les aménagements caractériels spontanés entre névrose et psychose, stables, font aussi partie des évolutions des états limites :

- les **névroses de caractère** imitent les **caractères** névrotiques mais sans valeur symbolique, sans conflit œdipien. Dès qu'un fantasme inquiétant s'amorce, il y a accrochage à la réalité, au factuel pour ne pas en être affecté. Il ne s'agit pas de **refoulement** mais de mise à l'écart (**forclusion**) ;
- les **psychoses de caractère** ne créent pas de difficultés de contact avec le réel mais des erreurs d'évaluation affective, d'où deux possibilités : recherche des aspects qui sont gratifiants pour le **narcissisme**, sinon les vécus et les représentations inquiétants sont projetés vers l'extérieur sur autrui (**clivage** des Objets) ;
- les **perversions de caractère** sont un mécanisme de **déni** du droit des autres de posséder un **narcissisme**, d'avoir des intérêts propres, des **investissements** affectifs ailleurs. Tout objet relationnel n'est utilisé que pour rassurer le narcissisme défaillant du sujet. On les appelle **psychopathes**, manipulateurs. Leurs aspects cliniques sont les suivants : agressivité, **impulsivité**, manque de moralité, perfidie, hypocrisie.

Forme de décompensation majeure : la dépression

Le risque est permanent. La **régression narcissique** provoque un sentiment d'impuissance, d'épuisement, d'identité et d'intégrité physiques et psychiques menacées. Le sujet se sent nul et bon à rien, ce qui n'a rien à voir avec le sentiment de **culpabilité** pour faute de type œdipien.

Mais derrière, les reproches sont adressés aux autres : pas d'écoute, de réconfort, d'estime, de compassion. C'est du masochisme moral : exposer ses malheurs pour être plaint.

Cela crée une situation de grande dépendance affective, d'angoisse d'effondrement si l'appui de l'objet se dérobe : on parle de relation **anaclitique**. Le sujet ressent un besoin qui se traduit autant par des attentes passives, des demandes affectives que par des manipulations agressives, des chantages affectifs. Tout vécu de perte d'objet, de frustration, de déception provoque une angoisse immense d'abandon et s'il y a **décompensation**, elle est dépressive.

FICHE 89 | États limites, « borderline » (3)

Explications psychopathologiques (2)

Étiologie et psychogenèse

Selon Bergeret, la **régression** préœdipienne provoquée par la peur des conditions œdipiennes trop précoces ramène des prémices de **Surmoi** vers les **fixations** d'un **Idéal du Moi** énorme et puéril de la toute-puissante période anale et qui n'avait pas besoin de cette inflation mégalo supplémentaire.

L'Idéal du Moi va occuper dans cette organisation une place qui aurait dû revenir au Surmoi. Cet Idéal est cruel et exigeant de perfection. Les sujets ont une vie relationnelle alimentée d'ambitions héroïques, de bien faire pour conserver l'Objet, et non de mode œdipien avec des **culpabilités névrotiques** d'avoir mal fait et d'être puni de castration. L'échec de leurs ambitions démesurées les amène vers le dégoût de soi **narcissique**, projeté éventuellement sur autrui.

Les parents ont encouragé la relation **anaclitique** tendant à faire croire que rien ne peut arriver au sujet s'il reste dans leur orbite, que l'inverse est dangereux, et que, s'il se montre à la hauteur de leur idéal, il en recevra l'amour qu'il attend, ce qui est rarement le cas. Les deux **Moi** idéaux parentaux se battent en lui au détriment de la constitution d'un **Surmoi** suffisamment solide. Il en résulte une carence affective, une déformation paranoïde des images parentales vécues comme potentiellement dangereuses et donc ne permettant pas une **identification** normale.

La colère éprouvée contre les autres est retournée vers soi car les autres sont nécessaires à la relation anaclitique. Une vision péjorative de soi se met en place en réaction défensive à des **pulsions** agressives envers autrui.

Le **trauma** primitif **narcissique** conduit à une dépression de type narcissique. La dépression exprime la faillite des exigences de cet idéal.

Au plan **topique**, on note :
- un conflit entre l'**Idéal du Moi** et le **Ça** : une **pulsion** sexuelle agressive qui détruit l'image voulue de pureté d'où **déni** de l'intérêt sexuel ;
- un conflit entre l'**Idéal du Moi** et la réalité : tout ce qui ternit l'image du sujet, la moindre remarque ou défaillance provoque l'effondrement.

Selon Kernberg, pour ce spécialiste américain des « *borderline* », il s'agit d'une organisation stable et spécifique avec des symptômes divers et des traits cliniques qui les rassemblent : des traits permanents (intolérance à l'angoisse, manque de contrôle des **pulsions**) ; des traits au cours des conflits intrapsychiques (clivage, tendances projectives, sentiment d'omnipotence). Pas d'évolution psychotique pour lui, modèle de construction névrotique. Il les classe en différents sous-groupes avec, en premier, la **personnalité narcissique**.

Mécanismes de défense typiques

Parmi les différents mécanismes de défense de ces états limites, on trouve l'**identification projective**. Fantasme où le sujet s'introduit dans l'objet pour lui nuire, le posséder, le contrôler de l'intérieur (différent des mécanismes de **projection** simples où l'on attribue à autrui des sentiments que l'on méconnaît en soi). Il s'agit d'extérioriser de soi des images mauvaises, de les développer dans l'autre et de s'en défendre. Il faut en plus contrôler l'objet pour qu'il n'attaque pas. Les **pulsions** agressives même projetées sont donc toujours ressenties par le sujet alors que dans les projections classiques elles ont disparu.
Un clivage des relations objectales peut aussi être un mécanisme de défense. À propos du même objet, le **Moi** distingue tantôt un visage positif et rassurant, tantôt négatif et terrifiant, les deux étant inconciliables (à l'inverse de l'ambivalence où il y a un peu des deux), d'où la défense suivante : **l'idéalisation puis la dévalorisation**. D'abord sa lumière rejaillit sur le sujet et le gratifie, puis il s'écroule de son piédestal et le sujet alors s'en protège.

FICHE 90 | Méthodologie du diagnostic

Principe

Il n'y a pas de symptômes *a priori* névrotiques ou psychotiques qui renvoient à une structure *a priori* névrotique ou psychotique. N'importe qui peut présenter à un moment un symptôme de type psychotique sans que cela soit sa structure. Il faut étudier ce qui est sous-jacent, l'ensemble du tableau clinique et non pas un symptôme pris de manière isolé.

Un symptôme de type psychotique peut servir de défense et masquer un conflit authentiquement névrotique. Il faut parler de symptôme de type ou de mode psychotique ou névrotique. Le symptôme n'est considéré que dans sa valeur relative, en association avec d'autres éléments du fonctionnement psychique pour faire un bon diagnostic. Symptômes n'impliquent pas structure, en revanche, à une structure donnée correspond un type de **décompensation** donné. Toutefois, ceci n'est pas partagé par tous les praticiens.

Un grand discernement est donc conseillé aux étudiants dans l'analyse des cas proposés, des professionnels comme **Bergeret** reconnaissant eux-mêmes pouvoir se tromper de diagnostic, avoir rencontré des « névroses pseudo-psychotiques » et des « psychoses pseudo-névrotiques », des cas de « prépsychose » et de « postpsychose », ou des « parapsychoses » avec délire circonscrit à un secteur délimité comme chez certains individus adaptés socialement mais convaincus d'être la réincarnation d'une personnalité historique.

Décomposition de l'analyse diagnostique

La qualité de l'analyse et la justification des hypothèses avancées sont aussi importantes, voire plus à l'examen de licence, que la justesse du diagnostic final sur la nature de la pathologie. Il est conseillé de lire d'abord le cas tout entier d'une traite et de s'en faire une idée générale, une impression, avec uniquement des hypothèses. L'analyse se fait en respectant les étapes suivantes.

Introduction avec résumé du cas présenté

On notera l'âge, le mode de vie, l'origine de la demande et les motifs, les épisodes pathologiques antérieurs éventuels.

Relevé des symptômes

Il différencie les épisodes passés et actuels, et se détaille comme suit :
- au niveau de l'humeur, ce qui colore les émotions ;
- au niveau somatique ;
- au niveau des grandes fonctions physiologiques, alimentaires, intestinales, sexuelles, du sommeil ;
- au niveau comportemental, dans la vie chez soi, les soins personnels, dans la vie extérieure, la socialisation ;
- au niveau psychique.

En cas de délire, il faut en noter les thèmes, les mécanismes, les formes et l'organisation, de même pour les troubles, leurs syndromes et leur nature.

Première synthèse, premières hypothèses

À ce stade, il peut être utile de faire un premier état des données et de poser les questions auxquelles on aura à répondre.

Analyse du fonctionnement psychique

Il faut donner une analyse du fonctionnement psychique (voir le détail dans la fiche 92) qui servira à identifier et expliciter :
- le type de conflit ;
- le type d'angoisse ;
- le type de relation d'objet ;
- les mécanismes de défenses.

Validation des hypothèses

C'est la dernière des étapes à respecter. On procède alors à :
- un diagnostic différentiel : justifier et argumenter sur la normalité ou la pathologie, et la nature de la pathologie par rapport à d'autres. On doit faire un diagnostic différentiel quand le cas n'est pas très net, ce qui est souvent la réalité ;
- un pronostic d'évolution du patient selon la prise en charge thérapeutique.

FICHE 91 | Genèse et évolution des structures

J. Bergeret, *La Personnalité normale et pathologique*, Paris, Dunod, 1996.

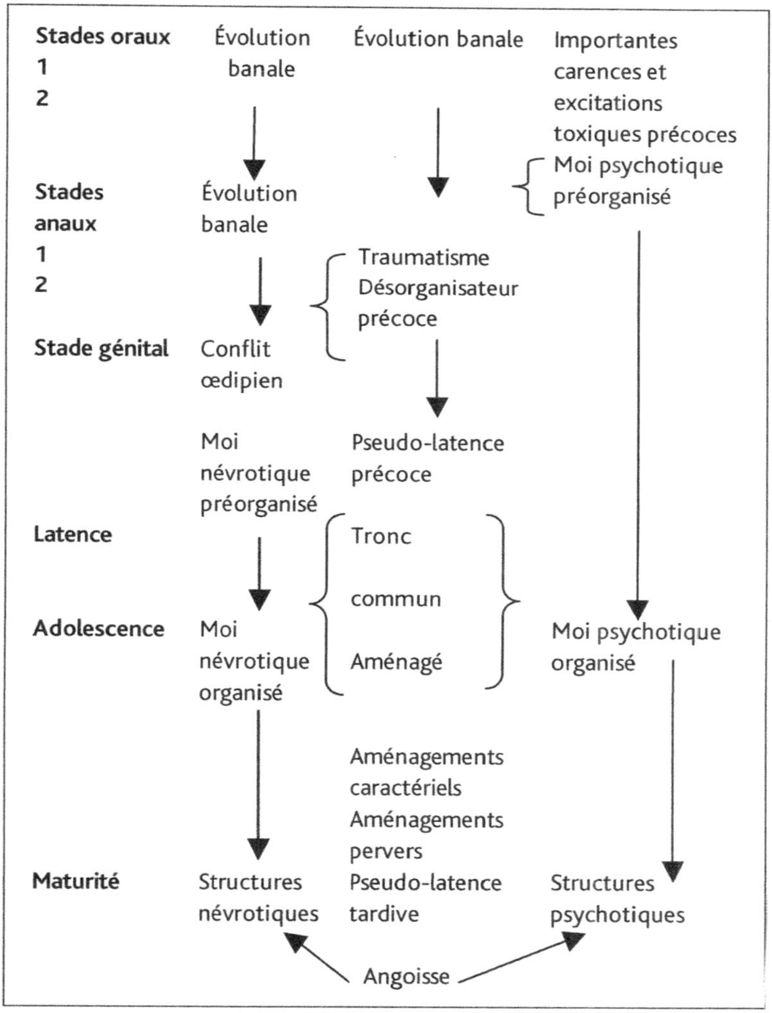

FICHE 92 | Comparaison entre les lignées structurelles

J. Bergeret, *La Personnalité normale et pathologique*, Paris, Dunod, 1996.

	Instance dominante dans l'organisation	Nature du conflit	Nature de l'angoisse	Défenses principales	Relation d'objet
Structures névrotiques	Surmoi	Surmoi avec le Ça	De castration	Refoulement	Génitale, amour de l'Objet
Structures psychotiques	Ça	Ça avec la réalité	De morcellement	Déni de la réalité Dédoublement du Moi	Fusionnelle
Organisations limite	Idéal du Moi	Idéal du Moi avec le Ça et la réalité	De perte d'Objet de dépression	Clivage des Objets, forclusion	Anaclitique

PARTIE VIII

ANALYSE STATISTIQUE DES DONNÉES

Fiche 93 | Concepts de base

Il est important de souligner qu'il n'est pas demandé aux étudiants de s'investir dans les calculs statistiques et les formules complexes qui servent à les établir, les tableaux de résultats étant fournis par des logiciels. Il est seulement demandé de savoir analyser et exploiter les résultats donnés.

On traite de données quantitatives et de données qualitatives.

Corrélation simple

Étude de la relation entre deux variables numériques

Pour vérifier s'il y a corrélation on prend par exemple un échantillon d'enfants et on met en relation pour chacun ses résultats en perception d'éléments visuels et en fonctionnement oculaire (ce sont les deux variables) : on obtient ainsi, pour chaque enfant, deux informations reportées sur un graphique en abscisse et ordonnée et se rejoignant en un point. Les résultats de tous les enfants forment un nuage de points. Plus le nuage est plat, les points proches d'une droite de part et d'autre, plus on dit la corrélation forte ; au contraire un nuage rond est signe de mauvaise corrélation.
Le coefficient de corrélation (r) peut varier sur l'échelle suivante : de - 1, - .40, - .20, 0,.20, .40, à + 1. On trouvera, selon les énoncés, la notation 0.40 ou simplement .40. La corrélation parfaite est notée - 1 ou + 1 (les corrélations peuvent être fortes soit en négatif soit en positif).
On dit qu'une corrélation est bonne quand : (r) > + ou - 0.40, et que l'on peut établir une relation linéaire, c'est-à-dire proche de la droite qui passe par les points entre les deux variables.
Les (r) sont dans les données et ne sont pas à calculer, juste à commenter.
On peut demander aussi de placer un point sur un graphique en ayant la valeur de deux variables ou d'y repérer un individu à partir de ses résultats donnés.

Généralisation d'un résultat – test d'inférence

La portée d'une étude sur quelques sujets doit inciter à la prudence sur la représentativité d'un échantillon. On regarde si l'on peut généraliser la corrélation (r) à une population parente (rho). Si rho = 0 dans la population parente, il n'y a pas de corrélation. La mesure qui est donnée à analyser est notée (p) et l'on dit que le test est significatif et généralisable si $p \leq .05$.

Régression linéaire simple

Par exemple, on veut mettre en relation le temps passé avec les enfants avec le temps passé au travail et prédire une relation entre les deux événements.

On dit qu'on fait la régression de « enfant » sur « travail ». « Travail » est **la variable indépendante (VI)** explicative, « **enfant » est la variable dépendante (VD) à prédire**.

On a aussi un graphique avec des points à l'intersection d'une abscisse et d'une ordonnée et une droite passant entre tous ces points de telle façon que les écarts entre elle et les points soient les plus petits possible pour un ajustement de qualité, car la qualité de l'ajustement correspond à la qualité de la prédiction.
L'ajustement est donné par l'indice R2 qui correspond au (r) précédent au carré.
Par exemple si (r) = (.55) on obtient R_2 =.30 et l'on dit que les deux variables ont en commun 30 % de leur **variance**, ce qui est considéré comme important pour des données humaines.
On juge R_2 dans une fourchette : quand (r) = .20, on a $R^2 = .04$ cela correspond à 4 % de leur variance, c'est faible. Quand (r) = .40, on a $R^2 = .16$, c'est important.
$R^2 < 0.04$ (faible) à $R^2 > .16$ (important) sachant que $0 \leq R^2 \leq 1$.
Si $R^2 = 0$, l'estimation est nulle, si $R^2 = 1$, elle est parfaite.

Coefficient de régression partiel

Il y a **deux variables prédictives**, par exemple il s'agit de prédire le temps passé avec les enfants compte tenu du temps passé au travail et en transport. La question posée est : est-ce que le temps passé au travail et dans les transports (VI) prédit le temps passé avec les enfants (VD, **variance** de « enfant ») ? Est-ce que globalement la prédiction est bonne ?

On demande de reconstituer l'équation du plan de régression à partir des données obtenues par des calculs d'ordinateur. L'équation théorique est la suivante : Y = bX + b0. Ce qui donne dans le cas ci-dessus : prédiction « enfant » (Y) = b1 × 1 + b2 × 2 + b0. b1, b2, etc. sont les coefficients de régression partiels, il en existe un pour chaque VI, b0 est l'ordonnée à l'origine.

Si on a les valeurs suivantes : prédiction « enfant » = - 0.12 trav. + 0.13 trans. + 85.98, on peut y appliquer la variation : pas de travail (trav. = 0) et pas de temps en transport (trans. = 0), alors la prédiction « enfant » devient = 0.01, c'est-à-dire (–.12 + 0.13) + 85.98 = 85.99, ce qui ramené en minutes donne : 85.99 × 60 = 52 minutes de plus passées avec enfants.

Autre hypothèse : « transport » est constant mais « travail » augmente de 50, cela donne :

$$\frac{50 \times 0.12}{100} = 6, \text{ ce qui ramené en minutes :}$$

$$\frac{50 \times 60}{100} = 30 \text{ minutes}$$

$$\frac{6 \times 60}{100} = 3{,}6 \text{ minutes}$$

On en conclut que 30 minutes de travail en plus correspondent à 3,6 minutes en moins pour les enfants.

Coefficient de détermination

Le coefficient de détermination permet de chiffrer la part de **variance** commune à X et Y.

R_2 estime la qualité de l'ajustement de la prédiction comme pour la régression simple.

Dans les données obtenues par des calculs d'ordinateur, si on donne $R^2 = 76$, cela signifie que 76 % de la variance de « enfant » est expliqué par les deux variables VI et que l'on peut dire pour répondre à la question posée au paragraphe précédent que la prédiction est bonne.

On évalue ici R^2 comme en régression simple, c'est-à-dire de $R^2 < .04$ (faible) à $R_2 > .16$ (important).

Coefficient de régression multiple

Le coefficient de régression multiple est l'indice qui calcule la liaison entre toutes les VI d'un côté et la VD de l'autre : il est noté R et est défini à partir de R_2. Il ne peut être négatif et se situe entre 0 et 1.

On se pose la question de savoir laquelle des deux VI « travail » ou « transport » prédit le mieux « enfant », on pourrait dire que c'est « transport » dont la valeur .13 est supérieure à .12 de « travail ». Or, on ne peut les comparer que si elles sont sur une même échelle. Si ce n'est pas le cas, on réduit le biais par un logiciel qui les transforme en **variables centrées réduites** (cela consiste à retirer la moyenne à toutes les valeurs et à diviser par l'écart type) qui s'écrivent alors Z : on a Z « enfant », Z « travail » et Z « transport ».
Les coefficients de régression ne s'appellent plus b1, b2, etc. mais ß1, ß2, etc., l'équation devient, par exemple : Z « enfant » = - 0.89 Z « travail » + 0.02 Z « transport » et l'on constate que la variable « travail » a un poids supérieur à « transport ».

Les questions sont posées à l'examen sur l'appréciation des indices R et ß.

Fiche 94 | Corrélation partielle et régression multiple (1)

Corrélation partielle

La **corrélation partielle** est l'étude de la liaison entre deux variables dans un **protocole multivarié** à trois variables. Ici, se pose la question de l'influence de l'une sur la liaison des deux autres, la corrélation simple entre deux pouvant conduire à des conclusions erronées.

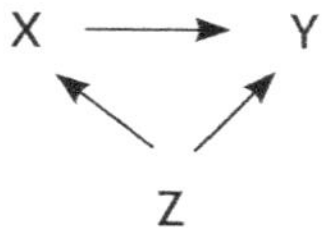

En quoi Z peut-il influencer la liaison entre X et Y ?
Le premier exemple que nous proposons est le plus « simpliste » : on constate une corrélation simple élevée entre le poids et l'intelligence chez les enfants avec un chiffre de + .60. Mais on a par ailleurs : « âge » et « poids » = + .88, et « âge » et « intelligence » = + .69.

Le facteur-clé est donc l'âge et il faut le maintenir constant pour évaluer la vraie corrélation entre « poids » et « intelligence » : quelle est la relation entre « poids » et « intelligence » à « âge » constant ? On utilise alors la corrélation partielle dont la formule de calcul est pour information (calcul non demandé à l'examen) :

$$r\ 1\ 2,\ 3 = \frac{r\ 1\ 2 - (r\ 1\ 3)\ (r\ 2\ 3)}{(\sqrt{1} - r(2)\ 2\ 3)\ (\sqrt{1} - r(2)\ 1\ 3)}$$

La notation r 1 2, 3 (ou r X Y, Z) indique la relation de corrélation partielle entre 1 et 2 quand la troisième variable est maintenue constante.

En réalité, en corrélation partielle, « poids » et « intelligence » ont - 0.02 ce qui est quasi nul.

Il est demandé à l'examen de représenter la corrélation partielle comme suit et de comprendre sa philosophie qui est de ne pas commenter des résultats qui n'ont pas de sens.

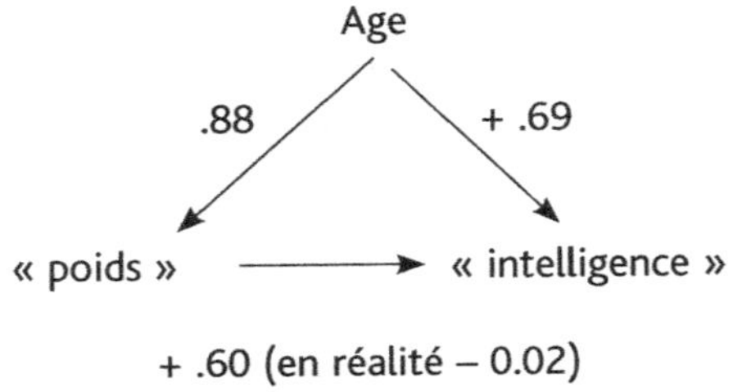

Exemple type pour l'examen

Il s'agit de l'épreuve des cubes de Kohs (voir la psychologie cognitive). On veut vérifier, chez des sujets, les corrélations entre la capacité à anticiper l'orientation des cubes après rotation, avec d'autres aptitudes testées et avec l'âge. La VD est la « capacité », les VI sont : « aptitude spatiale », « aptitude verbale », « dépendance-indépendance » à l'égard du champ (**DIC**, voir fiche 33) et « mémoire de travail » (MDT). On donne la matrice des corrélations suivantes :

	Cubes de Kohs	Aptitude spatiale	Aptitude verbale	DIC	MDT	AGE
Cubes	1					
Apt. sp.	+ 0.68	1				
Apt. Vb.	+ 0.08	– 0.01	1			
DIC	+ 0.66	+ 0.66	+ 0.18	1		
MDT	+ 0.41	+ 0.45	+ 0.10	+ 0.47	1	
AGE	– 0.49	– 0.54	+ 0.38	– 0.47	– 0.30	1

On demande de commenter cette matrice deux à deux, par exemple comme suit : l'âge agit négativement sur les performances (corrélation négative) et en particulier sur Kohs, DIC et Apt. Spatiale $(- 0.54)^2$ soit 29 % en moins, mais moins sur MDT $(- 0.30)^2$ soit – 9 %.

Dans la colonne 1, on constate que la performance aux cubes est liée avec Apt. Spatiale, DIC et MDT mais semble indépendante de Apt. Verbale.

Quelle est, quand tout est corrélé ainsi, l'influence des variables sur la corrélation des autres ?

On a, par exemple, le schéma :

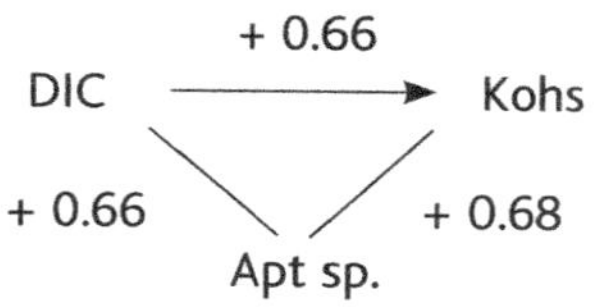

DIC est déterminant de la réussite aux cubes de Kohs mais Apt sp. est aussi liée à DIC et à Kohs. Or, si on tient compte de l'influence d'Apt. sp. sur DIC, la corrélation DIC et Kohs devient 0.38. Dans la relation DIC-Kohs, il faut donc neutraliser l'effet Apt. sp. avec DIC et Apt. sp. avec Kohs.

Cette réserve est demandée vis-à-vis des autres résultats comme MDT et Kohs.

Il faut alors dire qu'il y a danger à conclure que la corrélation est positivement forte entre eux (0.41) car il y a peut-être une part apportée par le facteur Apt. sp.

Si Apt. sp. n'était pas du tout corrélée, il ne serait pas utile de neutraliser son effet, or il l'est à + 0.45 avec MDT et + 0.68 avec Kohs.

D'ailleurs, en le neutralisant, on obtient + 0.16 au lieu de + 0.41 entre MDT et Kohs ce qui devient une corrélation beaucoup plus faible finalement (inférieur à 0.20).

La conclusion à donner est que, pour l'échantillon de sujets présenté, on a pu observer une corrélation positive importante entre Kohs et MDT.

Toutefois, on a aussi observé une influence conjointe d'Apt. sp. sur ces deux épreuves et le maintien constant de ce facteur conduit à trouver une corrélation plus faible entre Kohs et MDT de 0.16.

On ne peut donc conclure que la MDT soit un facteur-clé de résolution des cubes de Kohs.

Une autre question se pose, celle de la résolution de Kohs qui semble sans corrélation avec Apt. Vb (+ 0.08).

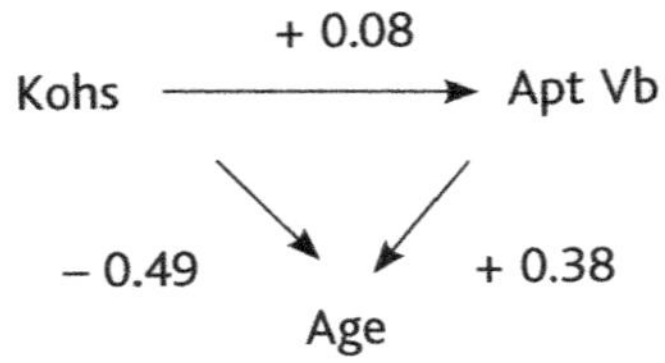

Or, si l'on maintient la variable « âge » constante, on observe que Kohs et Apt. Vb augmente à + 0.33, c'est-à-dire d'une importance intermédiaire qui suggère que l'Apt. Vb peut être un déterminant dans la résolution de Kohs notamment pour les personnes âgées (voir les différentes stratégies possibles en psychologie cognitive).

Fiche 95 | Corrélation partielle et régression multiple (2)

Régressions multiples

Pour les régressions multiples, il s'agit du cas de plusieurs variables numériques VI au service d'une VD.

En régression simple, on estime Y à partir de X : y = b X + b0 ; en régression multiple, on estime Y à partir de multiples variables : X1, X2, Xp et on ne parle plus de droite de régression mais de plan qui s'écrit : y = b1 × 1, b2 × 2, bp × p + b0.

Voici un exemple tiré d'une étude sur les stéréotypes liés au sexe : on a interrogé des pères (Fath), des mères (Moth) et leur fille (Girl) sur leur intérêt pour le sport, noté sur une échelle numérique, et les professeurs de sport (Prof) ont noté de 0 à 20 les performances sportives de ces filles. On cherche à expliquer l'intérêt de la fille pour le sport à partir des trois autres variables.

Matrice des corrélations

Un logiciel donne les tableaux suivants :

Fath	Moth	Prof	Girl	
Fath	1	0.77	0.42	0.60
Moth	0.77	1	0.38	0.46
Prof	0.42	0.38	1	0.79
Girl	0.60	0.46	0.79	1

Dans ce tableau, ou « matrice des corrélations », on peut lire que la variable Girl est la mieux corrélée avec Prof $(0.79)^2$ = 62 % de **variance** commune, mais que toutes sont fortement corrélées.
On pourrait dire que l'information clé est Prof, mais on a aussi l'influence forte de Fath et Moth, il est donc pertinent de faire une régression multiple pour vérifier.

Régression d'une variable sur trois autres

Ici, les chiffres sont arrondis et le tableau a été simplifié.
R = 0.85 et $R^2 = 0.72$

	Bêta	B	Niveau p
Ord origine		– 0.52	0.91
Fath	0.40	0.52	0.01
Moth	– 0.10	– 0.15	0.52
Prof	0.66	1.72	0.00

Les résultats de la régression de la variable Girl sur les trois autres sont présentés ci-dessous :

• **le plan de régression,** c'est-à-dire la relation qui estime les scores de Girl par rapport aux trois autres variables, peut s'écrire :

– soit avec les valeurs brutes (colonne B) :

Girl = 0.52 Fath – 0.15 Moth + 1.72 Prof - 0.52 ;

– soit avec les valeurs centrées réduites (colonne Bêta) :

Zgirl = 0.40 Fath – 0.10 Moth + 0.66 Prof ;

• il faut alors procéder à **l'explication du coefficient négatif de régression** partiel pour Moth (B = - 0.15). Y a-t-il contradiction avec la corrélation positive de la matrice des corrélations (+ 0.46) ?

La réponse est négative, c'est le signe de l'influence des autres variables et de la corrélation partielle ;

• **la question qui est posée en régression** est la suivante : les trois VI expliquent 72 % de la variance ($R^2 = .72$), mais quelle VI prédit le mieux l'intérêt de la fille pour le sport ? C'est toujours Prof (en B), mais, comme ce n'est pas la même échelle, il vaut mieux regarder la colonne Bêta (0.66). C'est encore Prof, avec en deuxième Fath, puis Moth ;

• **peut-on généraliser le pouvoir de prédiction de cette VI dans la population parente ?** on trouve une réponse avec le p de Prof qui est de 0.00 donc inférieur à .05, et donc significatif.

En revanche, pour Moth, le coefficient de régression est faible (- 0.15) et le p = 0.52, donc est supérieur à 0.50, et on ne peut généraliser sans risques ;

• **R^2 permet** d'apprécier globalement la qualité de l'ajustement, $R^2 = .72$, donc supérieur à .16.

Lecture du tableau des données

Voici l'exemple des deux premières lignes :

Individu	Fath	Moth	Prof	Girl	Valeur observée	Valeur prévue
Fille 1	23	25	8	24	24.00	21.52
Fille 2	32	30	13	30	30.00	34.00
Etc.						

On dit que la valeur 21.52 est celle de la fille 1, dont l'intérêt pour le sport est noté 21.52 avec 23 en Fath, 25 en Moth et 8 en Prof et dont l'équation est donc :
0.52 (23) - 0.15 (25) + 1.72 (8) - 0.52).

Fiche 96 | Analyse en composantes principales (ACP) normée (1)

Objectif et principe de fonctionnement

Quand il y a beaucoup de variables pour beaucoup d'individus, au lieu de considérer toutes les variables, on en extrait quelques-unes qui devront suffire à expliquer l'information. Le but est de produire un effort minimum pour traiter un maximum d'informations avec un minimum de variables.

Le concept clé est la **variance :** on a une variance dès que l'on a deux valeurs. L'indice de base de la variance, c'est la distance par rapport au **centre de gravité (G)** qui a pour coordonnées la ou les moyennes des variables ; c'est la **contribution à la variance**.

Dans un **protocole (M)** à plusieurs variables, la variance du protocole se décompose à la fois en contribution individuelle de chaque individu et en contribution de chaque variable. Chaque individu peut contribuer à la variance de chaque variable ou à celle du protocole.
L'objectif est de trouver une **variable principale (VP)** qui va représenter le meilleur ajustement possible de toutes les données, meilleur ajustement du nuage par une droite passant par (G).
La **première VP regroupe le plus d'informations**, la **deuxième ajuste au maximum** ce qui reste, passe aussi par G et est perpendiculaire à la première. La **troisième** fonctionne de même, perpendiculaire aux deux autres, mais dans un plan en profondeur en trois dimensions, la **quatrième** fonctionne à nouveau de la même façon et ainsi de suite pour les autres.

Voici un exemple de graphique sur neuf individus et un cas de bivariation avec deux VP, il s'agit d'un tracé approximatif sans données :

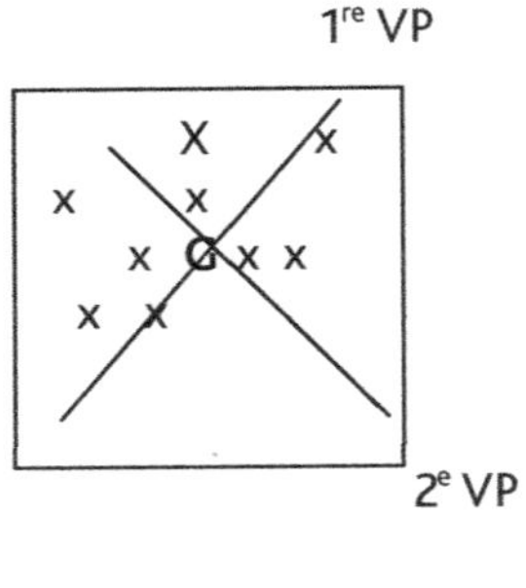

On projette les points sur chaque droite, perpendiculairement, et on calcule la **variance** de chaque droite, c'est-à-dire l'écart du point par rapport à la moyenne élevée au carré. On constate :
- la première VP donne la meilleure variance ;
- la première et la deuxième VP n'ont aucune variance en commun ;
- la variance de chaque droite est inférieure à la variance totale ;
- la valeur de la variance des VP est notée : λ.

Interprétation d'une analyse en composantes principales (ACP)

Le schéma des analyses sur lequel portent les questions d'examen est le suivant :

Analyse de la matrice des corrélations

Il s'agit d'une matrice comparable à celle de la régression multiple avec beaucoup plus de données et donc beaucoup plus de corrélations. On ne les analyse pas toutes, elles peuvent être positives, négatives ou faibles.

Ce tableau ne sert que de contrôle dans l'analyse du nuage des variables car les données n'y sont pas déformées.

Analyse des valeurs propres

Dans cette analyse, il s'agit de **variables centrées réduites** car les valeurs d'origine sont rarement sur une même échelle. Pour dix variables par exemple, la **variance** du protocole Var(M) = 1 × 10 = 10.

Mais, dix variables c'est trop, donc on ne prendra comme VP que celles qui seront supérieures à 100 % / 10, soit λ > 10 %.

Dans le **tableau des valeurs propres**, on lit que la **VP1 explique 45,88 %** de la **variance**, alors qu'il aurait fallu quatre à cinq variables initiales pour atteindre ce chiffre, c'est le gain apporté par la VP. On ne retiendra comme VP que les n° 1, 2, 3 et 4 (dont le pourcentage est supérieur à 10 %).

N° de la variable	Valeur propre	Pourcentage	Cumul des %	Variation
1	4.58	**45.88**	45.88	...
2	2.11	**21.19**	**67.08**	24.68
3	1.32	**13.21**	80.29	7.98
4	1.19	**11.95**	92.24	1.25
5	.46	4.68	96.93	7.26
6	.19	1.99	98.92	2.69
7	.04	. 46	99.39	1.52
8	.03	.37	99.76	.09
9	.02	.23	100	.13
10	.00	.00	100	.23

Analyse du nuage des variables

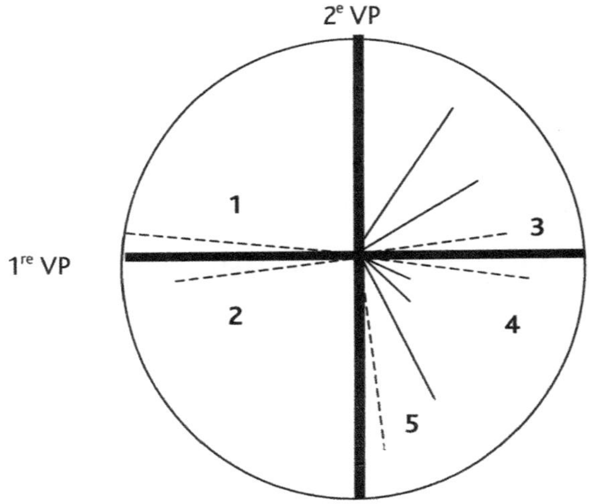

C'est la meilleure représentation d'une matrice des corrélations et des liaisons entre les VI.

La première VP et la deuxième expliquent **67,08 %** de la variance (voir le tableau au cumul).

On ne tient pas compte des variables mal représentées (et dont les lignes sont trop courtes) et on ne garde que celles qui sont proches de la première et la deuxième VP soit les variables n° 1, 2, 3, 4 et 5. Elles représentent ce qui est le plus discriminant dans les données, ce qui permet de distinguer les profils individuels. La longueur des segments 1, 2, 3, etc. indique le niveau de contribution des VI à la VP. La corrélation entre les variables est indiquée par l'angle des segments qui sont :

• soit superposés ou opposés, avec une corrélation parfaite + ou - ;
• soit perpendiculaires, avec une corrélation nulle et des variables indépendantes ;
• avec un angle aigu et une corrélation forte ;
• avec un angle obtus et une corrélation faible.

Fiche 97 | Analyse en composantes principales (ACP) normée (2)

Commentaire de la corrélation de la première VP

Voici le commentaire de la corrélation de la première VP avec les variables qui correspondent aux segments 1, 2, etc.

Tableau d'interprétation du nuage des variables

Pour ce tableau d'interprétation du nuage des variables, il s'agit d'un mode de lecture horizontale :

Var.	**1#F**	**COR**	**CTR**	**2#F**	COR	CTR	**3#F**	COR	CTR
1	**– 977**	**955**	**208**	121	15	7	Etc.	Etc.	Etc.
2	– 980	960	**209**	– 58	3	2			
3	900	810	**176**	– 23	1	0			
4	872	761	**166**	– 179	32	15			
5	564	318	69	– 761	579	273			
6	80	6	1	– 818	669	316			
7	588	346	75	669	448	211			
8	644	415	90	569	324	153			
9	99	10	2	– 193	37	18			
10	92	**8**	2	– 110	12	6			

Commentons maintenant les différentes colonnes de ce tableau :
- « **1#F** » correspond à la première VP, « **2#F** » à la deuxième, « **3#F** » à la troisième, etc., tous les résultats ne sont pas inscrits dans ce tableau, car il s'agit juste d'en comprendre le principe. La coordonnée factorielle sur un axe, c'est aussi la corrélation de cette variable et de cet axe, ainsi la **variable 1** et la première VP sont corrélées à .97 **(- 977)** ;
- **COR** : indique la qualité de la représentation d'une VI par la VP, par exemple on lit que la première VP rend compte de 95,5 % **(955)** de la **variance** de la variable 1 mais seulement 0,08 % **(8)** de la variable 10. Les COR s'additionnent en ligne (955 + 15 + etc. pour la variable 1) ;

• **CTR** : valeur clé. On prend les VI **supérieures à la moyenne** qui expliquent la première VP et l'on construit **le tableau des principales contributions à la première VP** (question type à l'examen) :
1#F négatif 1#F positif

1#F négatif	1#F positif
Var. 1 = 20,8 % **(208)**	Var. 3 = 17,6 % **(176)**
Var. 2 = 20,9 % **(209)**	Var. 4 = 16,6 % **(166)**

On dit qu'avec une seule VP qui explique 45,88 de la variance, on explique 4 VI ou qu'on explique 75,9 % (20,8 + 20,9 + 17,6 + 16,6) des 45,88 % du premier axe. On traduit ceci en termes d'analyse explicative selon les données du cas (exemple, ce qui différencie le plus des individus).

Nuage des individus

Les individus ont des notes qui varient selon les dix variables différentes prises en compte, par exemple dans un tableau général des données (protocole), et se positionnent donc les uns par rapport aux autres. On voit dans le nuage ci-dessous que l'individu 5 et le 6 ont des résultats proches, très différents de ceux du 1. On peut vérifier sur le protocole en quoi cela correspond en terme qualitatif et quantitatif (performances à des tests, temps passé dans différentes activités, etc.).

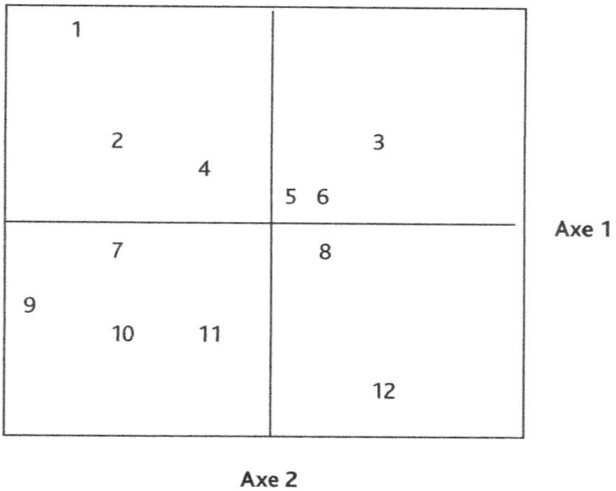

Les individus sont aussi analysés selon leur contribution aux différentes VP. L'exercice consiste à demander quels sont les individus les plus contributifs. Sur le nuage, ce sont ceux qui sont les plus proches des axes (ici 4, 5, 6, 7, 8, 11).

Dans le tableau ci-dessous, on analyse les **1#F**, les **COR** et les **CTR**. Sauf que pour le CTR, **on prend comme total 1 000 et non plus 100** comme pour les variables, ce qui donne par exemple pour un échantillon de 28 individus : 1 000 / 28 = 36.

On prendra donc les individus ayant les principales contributions avec des CTR supérieurs à 36 soit 3,6 % de contribution au moins.

Individus	**1#F**	**COR**	**CTR**	**2#F**	COR	CTR
1	– 1 773	364	24Etc.	Etc.	Etc.	
2	– 172	4	0			
3	4 053	658	128			
5	2 614	516	53			
8	– 1 176	166	11			
10	4 323	827	145			
12	– 3 131	660	76			
14	1 099	140	9			
16	– 1 005	122	8			
17	3 537	755	97			
18	– 2 221	890	38			
21	– 336	30	1			
24.	3 919	875	120			
26	490	40	2			
Etc.						

Pour simplifier la présentation, les nombres indiqués dans le tableau ci-dessus n'ont rien à voir avec les individus 1, 2, 3, etc. placés dans le nuage des individus plus haut, et ils ne portent que sur un échantillon de 14 personnes extraites de l'échantillon total de 28.

En réalité, les informations fournies dans les exercices correspondent exactement et l'on peut comparer les individus placés sur le nuage et les résultats du tableau.

• Les colonnes 1#F, 2#F, etc. indiquent la corrélation de chaque individu avec la première VP, la deuxième, etc. ;
• les COR se lisent : la première VP rend compte de 3,64 % de la variance de l'individu 1, de 8,90 % de la variance du 18 ;
• avec le CTR, on construit le tableau des principaux individus qui contribuent à la VP.

1#F négatif	1#F positif
12 = 7,6 %	3 = 12,8 %
18 = 3,8 %	5 = 5,3 %
	10 = 14,5 %
	17 = 9,7 %
	24 = 12,0 %

Mise en correspondance

On met en relation les caractéristiques des individus (par niveau de formation, origine sociale) et celles des variables (performances dans telle ou telle discipline) pour essayer d'en tirer des explications, un raisonnement logique.

Retour aux données

Soit dans le protocole d'origine, soit dans le centré réduit. On vérifie la pertinence de l'interprétation en regard du profil des individus et des variables retenues.

Commentaire de la corrélation de la deuxième VP

Cette fois, c'est en lecture verticale et avec la colonne 2#F et ses COR et CR dans le tableau du nuage des variables. On reprend également l'analyse des individus par rapport à la deuxième VP, la mise en correspondance et le retour aux données.

Fiche 98 | Analyse factorielle des correspondances (AFC) (1)

Théorie

La notion de contingence

Un tableau de contingence présente, par exemple, un protocole bivarié catégorisé avec deux variables qualitatives rangées en tris croisés appelés distribution d'effectif.

L'objectif est d'étudier le lien entre les deux variables.

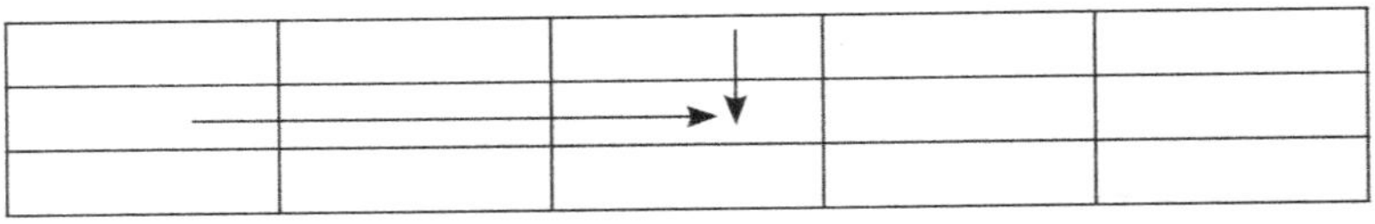

Indice global

Appelé Phi2 ou **variance** du tableau, c'est l'indice de liaison entre deux variables. Il est de 0 si les deux variables sont indépendantes. Il se décompose en autant de contributions qu'il y a de cases. Cette variance a une distance appelée distance du Phi2.

Indices locaux

Le taux de liaison est l'écart relatif avec l'indépendance, entre l'effectif observé et celui théorique que l'on aurait si les deux variables étaient indépendantes. Quand il est noté « + », on parle d'attraction, noté « – », on parle de répulsion, noté « = », c'est une indépendance totale.

La contribution du Phi2 est absolue ou relative. La somme des contributions absolue est égale à la variance, la contribution au Phi2, c'est comme la contribution à la variance en ACP. Plus l'écart entre observé et théorique est grand, plus il y a contribution à la variance. La distance du Phi2 mesure l'écart observé par rapport à une situation d'indépendance.

Exemple : dossier mariage. La question est : « Se marie-t-on indépendamment de son état civil ? »

Tableau de données brutes :

	Homme célibataire	Homme veuf	Homme divorcé
Femme célibataire	239 767	1 778	19 807
Femme veuve	1 954	1 435	1 597
Femme divorcée	16 837	2 212	15 126

Tableau des taux de liaison (donné et pas à calculer) :

	HC	HV	HD
FC	+ .07	– .62	– .38
FV	– .54	+ 14.94	+ 1.63
FD	– .43	+ 2.59	+ 2.64

Pour qu'il y ait lien, il suffit que la case n'ait pas un pourcentage nul.

Qualification des liaisons :
- l'attraction la plus grande : les veufs entre eux, de plus ils attirent les divorcés mais repoussent les célibataires ;
- les divorcés s'attirent entre eux ;
- les célibataires repoussent les autres états.

Tableau de contribution au Phi2, c'est-à-dire à la variance (qui est donnée, pas à calculer) :

%	HC	HV	HD	
FC	+ 1	– 3	– 7	11
FV	– 2	**+ 29**	+ 2	33
FD	– 8	+ 6	**+ 42**	56
	11	38	51	

42 % + 29 %, soit 71 % de la variance expliquent l'attraction.

(- 8) + (- 7) = 15 % de répulsion marquée entre les célibataires et les divorcés.

Application (1)

Sur un petit tableau comme ci-dessus, on peut faire des analyses locales par case, mais sur une grande quantité de données, c'est impossible. On utilise donc la méthode de l'AFC avec approche graphique pour identifier les attractions-répulsions.

Généralités de l'AFC

• L'AFC permet de visualiser les distances du Phi2 dans un nuage à plusieurs dimensions dont le nombre est égal au nombre de modalités - 1 de la variable ayant le plus petit nombre de modalités (cf. tableau des valeurs propres).

• Le Phi2 est la variance du nuage comme en ACP : il y a autant de variables factorielles que de dimensions et la variance se décompose en contributions.

Détails des analyses

L'étude sur la représentation sociale est adaptée de Maisonneuve, recherches diachroniques sur la représentation sociale en 1978, extrait du livre de H. Rouanet et B. Le Roux, *Analyse des données multidimensionnelles*, Paris, Dunod, 1993.

Dans cette étude, on a deux variables, CSP et qualité : huit (modalités) de CSP (catégories socioprofessionnelles : « paysan, ouvrier, vendeurs, commerçants, employés, techniciens, universitaires, professions libérales ») doivent choisir parmi neuf (modalités) qualités (« sérieux, généreux, gai, honnête, intelligent, serviable, courageux, compréhensif, discret ») les trois les plus significatives d'un homme sympathique.

Cela donne **le tableau des données**, le tableau bivarié suivant :

	Série.	Géné.	Gai	Honn.	Intel.	Serv.	Coura.	Comp.	Discr.	Total
Pays.	20	9	9	27	10	16	20	4	8	123
Ouv.	42	10	22	51	18	28	38	12	22	243
Vend.	11	2	5	14	8	7	5	8	6	66
Comm.	8	9	12	23	14	16	14	12	12	120
Empl.	19	10	16	52	32	25	22	25	30	231
Tech.	10	5	12	23	20	13	11	13	10	117
Univ.	2	8	7	6	15	6	6	9	4	63
Libé.	8	42	23	24	46	22	22	34	16	237
Total	120	95	106	220	163	133	138	117	108	1 200

Ce tableau ne permet pas de répondre à la question des CSP qui se ressemblent le plus ou le moins. Il faut passer au **tableau des profilsligne** (profil-ligne = 100 % en ligne / profil-colonne = 100 % en colonne) :

	Série.	Géné.	Gai	Honn.	Intel.	Serv.	Coura.	Comp.	Discr.	Total
Pays.	20	9	9	27	10	16	20	4	8	123
Ouv.	42	10	22	51	18	28	38	12	22	243
Vend.	11	2	5	14	8	7	5	8	6	66
Comm.	8	9	12	23	14	16	14	12	12	120
Empl.	19	10	16	52	32	25	22	25	30	231
Tech.	10	5	12	23	20	13	11	13	10	117
Univ.	2	8	7	6	15	6	6	9	4	63
Libé.	8	42	23	24	46	22	22	34	16	237
Total	120	95	106	220	163	133	138	117	108	1 200

En ligne, on lit que les « paysans » ont cité à 16 % « sérieux », à 7 % « généreux », etc. et que « sérieux » a été cité par 10 % des gens (120 / 1 200).

En colonne, on lit que parmi les gens ayant cité « sérieux » 16 % sont « paysans » (20 / 120).

La matrice des distances du Phi2 entre profil, pour savoir quelles sont les proximités entre les CSP. La plus grande proximité, c'est la distance la plus faible, c'est-à-dire entre « ouvrier / paysan » (0.18), la plus éloignée, entre « professions libérales » et « ouvriers » (0.86).

	Pays.	Ouv.	Vend.	Comm.	Empl.	Tech.	Univ.	Libé.
Pays.	0.00	**0.18**	0.44	0.44	0.50	0.51	0.82	0.81
Ouv.	0.18	0.00	0.36	0.43	0.45	0.47	0.84	0.86
Vend.	0.44	0.36	0.00	0.40	0.31	0.32	0.71	0.76
Comm.	0.44	0.43	0.40	0.00	0.24	0.23	0.51	0.53
Empl.	0.50	0.45	0.31	0.24	0.00	0.22	0.60	0.65
Tech.	0.51	0.47	0.32	0.23	0.22	0.00	0.48	0.57
Univ.	0.82	0.84	0.71	0.51	0.60	0.48	0.00	0.22
Libé.	0.81	**0.86**	0.76	0.53	0.65	0.57	0.22	0.00

Voici le **tableau des distances du Phi2 des profils-lignes au profil moyen :**

	Série.	Géné.	Gai	Honn.	Intel.	Serv.	Coura.	Comp.	Discr.	**DPhi2**
Pays.	0.04	0.00	0.00	0.01	Etc.					**0.38**
Ouv.	0.05									**0.38**
Vend.	0.04									**0.32**
Comm.	Etc.									**0.15**
Empl.										**0.24**
Tech.										**0.19**
Univ.										**0.48**
Libé.										**0.51**

Sur un graphique, on identifie les variables qui contribuent le moins à la variance car elles se trouvent le plus proches du centre de gravité (G), c'est-à-dire moyennes, donnant un profil moyen, le plus proche du centre, faible distance = faible contribution. Mais le graphique n'est pas sans risque d'approximation, donc on utilise le tableau ci-dessus. Ici, on a la plus faible distance réalisée par « Comm. » (0.15) et la plus éloignée par Libé. (0.51).

Fiche 99 | Analyse factorielle des correspondances (AFC) (2)

Application (2)

Analyse factorielle des correspondances sur l'exemple précédent

Examen des valeurs propres.

Rappel : visualiser les distances du Phi2 dans un nuage à plusieurs dimensions dont le nombre est égal au nombre de modalités - 1 de la variable ayant le plus petit nombre de modalités.
Soit ici deux variables, CSP (8 modalités) et qualités (9 modalités). On prend donc 8 - 1 = 7.
Comme pour l'ACP, on a :
• 7 dimensions = 7 variables factorielles = 7 valeurs propres ;
• on retient les variables factorielles dont le λ est supérieur à la moyenne, c'est-à-dire ici :
100 % de variance / 7 = valeurs supérieures à 14,3 %.

Extrait du tableau de valeurs propres : les deux premières variables sont seules retenues, on retient donc deux axes qui expliquent 92,3 % de la variance.

	Valeur propre	Pourcentage	Cumul
1	.098	**75.5**	75.5
2	.021	**16.8**	92.3
3	.004	3.7	96.0
4	.002	2.2	Etc.
5	.001	0.9	
6	.000	0.7	
7	.000	0.6	

La valeur de la somme des valeurs propres, c'est la **variance** totale, le Phi2 total que l'on trouve dans le tableau de contributions absolues au Phi2 (non donné ici car peu utilisé).

Voici l'**analyse du nuage des CSP, ou nuage point-ligne** :

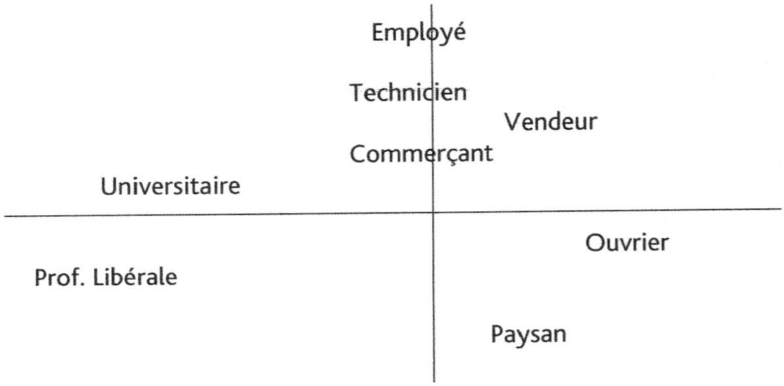

On lit les oppositions sur l'axe horizontal (« Libé. / Ouv. ») et vertical (« Empl. / Pays. ») et on se reporte au tableau d'interprétation fourni : NB : tous les tableaux de contingence en ACP ou AFC font appel à la même méthode : point variable et point individu, ou point ligne et point colonne.

Tableau point-ligne (principe) :

	QLT	POIDS	**INR**	**1#F**	COR	CTR	**2#F**	COR	CTR
Pays.	949	103	114	303	635	96	– 213	315	214
Ouv.	983	203	222	357	896	**263**	– 111	87	116
Vend.	501	55	43	191	359	21	120	141	36
Comm.	**109**	100	**17**	– 15	10	0	46	99	10
Empl.	899	193	82	60	66	7	215	833	408
Tech.	590	98	28	– 15	6	0	147	584	97
Univ.	904	53	95	– 461	904	114	1	0	0
Libé.	994	198	399	– 498	944	**499**	– 114	50	118
			1 000			1 000			

Les trois premières colonnes concernent les questions sur la variance totale.

Ensuite, comme en ACP, on a des questions sur le premier axe, première VP :

1#F	COR	CTR

ou sur le deuxième axe, deuxième VP :

1#F	COR	CTR

Rappel :
- les « # F » indiquent les coordonnées factorielles des points ;
- COR indique la qualité de représentation du point par l'axe ;
- CTR indique la contribution du point à la variance de l'axe ;
- QLT indique la somme des COR. Exprime la qualité de la représentation du point par les deux axes. Quand le QLT est faible, le point est mal représenté (exemple ici, « Comm. » = 109) ;
- Poids indique la traduction de l'effectif ;
- INR indique la contribution du point au Phi2, à la variance totale.

Tableau des contributions : on divise 1 000 par le nombre de modalités, ici 8 CSP, donc 125. On n'inscrit dans le tableau que les CSP dont le CTR est supérieur à 125 **soit en « 1#F négatif », soit « positif »** et l'on constate quels sont les CSP en opposition par rapport aux qualités citées :

1#F négatif	**1#F positif**
Libé. 499 (= 49,9 %)	Ouv. 263 (= 26,3 %)

Il est vérifié que l'axe 1 oppose les deux catégories de CSP « Libé. » et « Ouv. ».

On peut lire également sur ce tableau avec l'indice INR la contribution relative d'un point à la variance dans le nuage total, une contribution correspondant à une distance (loin de (G) forte contribution, près de (G) faible). On constate ici que la contribution de « Comm. » dans la colonne INR est la plus faible (17, soit 1,7 %) et c'est le point le plus proche du centre sur le nuage.

Nuage des qualités ou point-colonne :

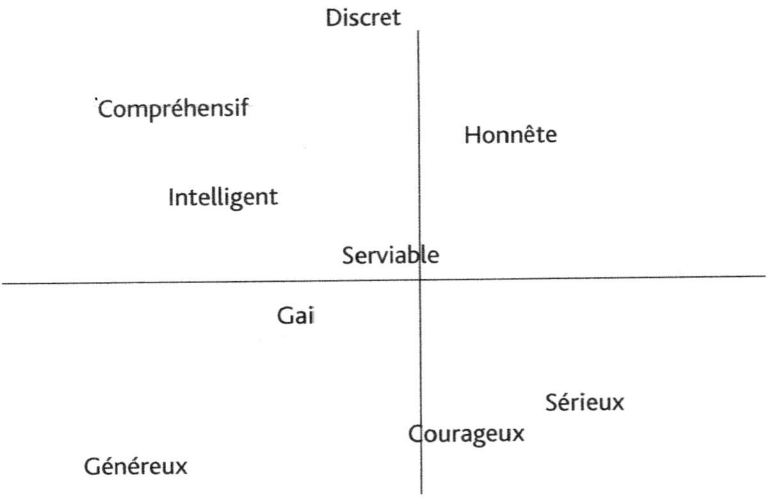

Tableau point-colonne : le tableau point-colonne, non reproduit ici mais qui a le même principe que le tableau point-ligne des CSP ci-dessus, permet d'établir le **tableau de contribution des qualités** ci-après, soit 9 qualités qui donnent 1 000 / 9 = 11,1 % au minimum :

1#F négatif	1#F positif
Généreux = 28,0 % Intelligent = 16,1 % Compréhensif = 12,4 %	Sérieux = 26,4 Honnête = 11,1

On peut opposer les qualités ci-dessus.

Analyse des deux nuages : avec l'AFC, on peut directement lire sur un même graphique les deux nuages :

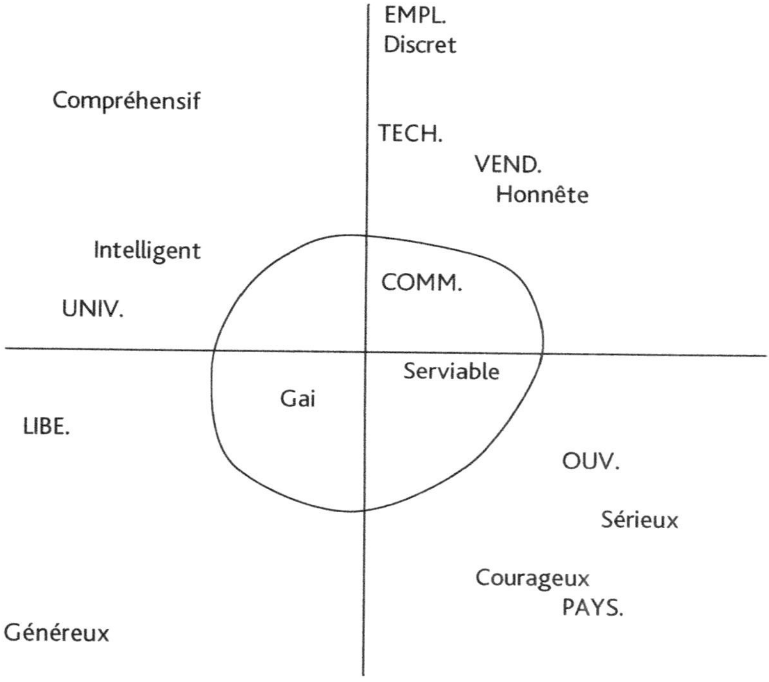

On considère que ce qui est au centre peut être déformé et ne contribue pas à la variance.

Si l'on relie des deux tableaux :

1#F négatif	1#F positif

CSP et qualités choisies, on constate les attractions-répulsions :
« Libé. » choisit plus souvent les qualités « intelligent / compréhensif / généreux » que ne le fait « Ouv. » qui choisit plus souvent « sérieux / honnête ». « Libé. » repousse « sérieux » et « honnête ».

Ensuite, on devra passer à l'analyse de l'axe 2 (2 # F) de la même façon.

Les tableaux des contributions donnent :

2#F négatif	2#F positif
Pays. = 21,4 %	Empl. = 40,8 %

2#F négatif	2#F positif
Géné. = 34,0 Coura. = 14,9 %	Compré. = 11,3 % Discret = 16,8 %

Fiche 100 | Classification ascendante hiérarchique (CAF)

C'est une méthode de classement telle que les classes d'objet (individus ou variables) soient les plus proches (intra) ou les plus différents (inter) possible. « Ascendante » signifie qu'il s'agit de partir des éléments pour aller vers des ensembles (l'inverse existe aussi). On utilise les variables centrées réduites suite à une ACP.

C'est une méthode exploratoire d'agrégation d'éléments deux par deux par le choix des données les plus pertinentes. On cherche un compromis entre un minimum de classes pour expliquer un maximum de **variance**.

Principe et exemple

On veut regrouper des enfants (15) selon leurs résultats à deux tests : le test « cubes de Kohs » (notés de 0 à 5) et un test de compréhension (notée de 0 à 4).

On donne la répartition graphique suivante du nuage des enfants :

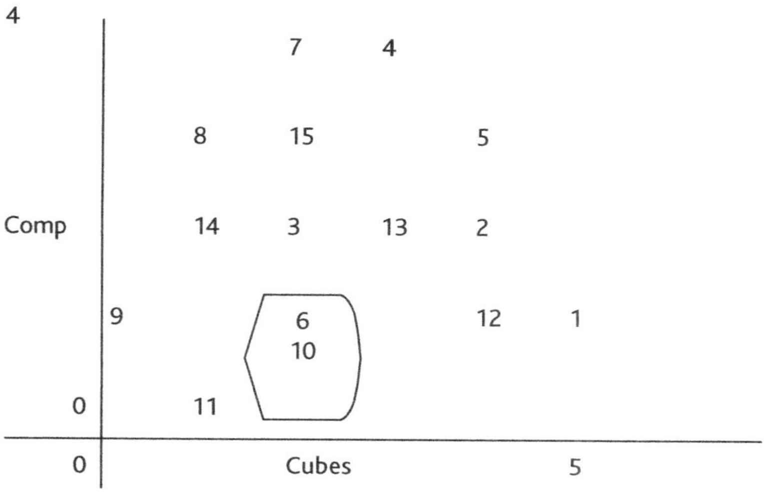

On commence donc par regrouper les enfants 6 et 10 que l'on note : J16.
Puis, 12 et 1 que l'on note : J 17.
Puis, 2 et 13 notés : J 18.
Puis, 3 et 14 notés : J 19.
Puis, 8 et 15 notés : J20.

Ensuite, on va regrouper des individus qui se ressemblent moins, par exemple, on intègre 5 dans le J18 et l'on obtient le J21 ; on associe 9 et 11 pour faire le J22 ; J20 + J19 donnent J23, etc., pour arriver au final à une partition en deux : J27 + J28 = J29.

À partir des chiffres des individus obtenus par des calculs d'ordinateur, chiffres donnés en colonne, on demande de construire un dendogramme (voir ci-après).

Lecture et interprétations des sorties de logiciel

Histogramme des indices de niveau

Prenons un autre exemple, il s'agit de faire le classement d'individus (15 également) selon leur score au WISC :

J	I	A	B	T	T cumul	Histogramme des indices de niveau
29	2 531	28	27	422	422	Partition en deux
28	840	25	24	**140**	562	Partition en trois
27	775	21	26	**129**	**691**	Partition en quatre = **69,1 %** de la variance expliquée
26	405	22	1	67	758	Etc.
25	348	20	11	58	817	
24	228	23	19	38	854	
23	183	8	18	30	885	
22	151	17	12	25	910	
21	137	7	4	23	933	
20	128	16	9	21	954	
19	107	14	15	18	972	
18	72	3	13	12	984	
17	68	5	2	11	995	
16	27	10	6	5	1 000	

Explication des abréviations utilisées ci-dessus :
- « T cumul » est la part de la **variance** expliquée. On gagne 14 % (140) + 12,9 % (129) en passant de la partition en deux (42,2 %) à celle en quatre (69,1 %) ;
- « J29 » est l'ensemble de l'échantillon ;
- « A » et « B » sont les individus que l'on regroupe en J.

La valeur I pour une classe donnée exprime :
- la **variance** des éléments de la classe ;
- transformée en T, c'est-à-dire I / **variance** totale, elle exprime la part de la variance totale expliquée par la différence entre les éléments de la classe : 2 531 / 6 = 42,2 %.

Description des classes de la hiérarchie

J	I	A	B	P	Description des classes de la hiérarchie
29	2 531	28	27	15	
28	840	25	24	9	10, 6, 9, 11, 8, 3, 13, 14, 15
27	775	21	26	6	7, 4, 5, 2, 12, 1
26	405	22	1	4	5, 2, 12, 1
25	348	20	11	4	10, 6, 9, 11
24	228	23	19	5	8, 3, 13, 14,15
23	183	8	18	3	8, 3, 13
22	151	17	12	3	5, 2, 12
21	137	7	4	2	7, 4
20	128	16	9	3	10, 6, 9
19	107	14	15	2	14,15
18	72	3	13	2	3,13
17	68	5	2	2	5, 2
16	**27**	**10**	**6**	2	10, 6

Quelques abréviations utilisées ci-dessus :
- I : indice de niveau, **variance** ;
- A : l'un des éléments de la classe ;
- B : l'autre élément de la classe ;
- P : poids de la classe.

La **variance** de deux éléments agrégés au départ comme 10 et 6 (variance 27) est quasi nulle car ils sont au même endroit, mais, plus on agrège d'éléments éloignés, plus la variance augmente.

Dendogramme

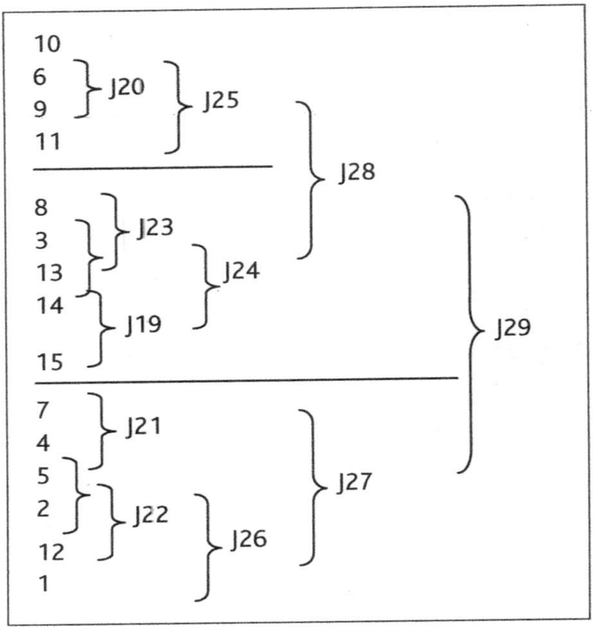

La partition en deux va de 10 à 15 et de 7 à 1.

La partition en trois va de : 10 à 11, de 8 à 15 et de 7 à 1.

On peut lire que la classe 28 comprend bien : 10, 6, 9, 11, 8, 3, 13, 14, 15.

Le but est de savoir combien de variance est expliquée avec 2, 4, 5, etc. individus sachant que, plus on agrège, plus ce sont des individus différents.

Dans l'ACP, on laisse des individus de côté, alors que dans la CAH, on prend tout le monde. Il s'agit de trouver un facteur (classe, groupe), variable qualitative qui explique les différences interindividuelles. On se pose deux questions :
- la partition est-elle efficace, quelle part de variance explique-t-elle ?
- qui est dans quel groupe et quels sont les profils moyens de ces groupes ?

À l'examen, il est demandé de savoir identifier une partition en 2, 4, etc., de donner la part de variance, de repérer les partitions sur le graphique et dans le tableau, de dire quels individus sont dans les groupes.

INDEX

Cet index fait référence à la page où le terme indiqué en gras apporte une information supplémentaire, d'où parfois un nombre important de renvois.

Certains noms propres ou termes techniques peuvent être absents de l'index parce qu'ils sont au sommaire. Pour une recherche, nous invitons le lecteur à consulter les deux.

P

34/38, rue Camille-Pelletan - 92309 Levallois-Perret cedex
Imprimerie Maury - 12100 Millau
Imprimé en France - 3e trimestre 2021 – N° d'imp. : K21/70187C

Service éditorial : Benjamin Dias Pereira, Deborah Lopez
Conception graphique : Catherine Aubin

Dépôt légal à parution – N° d'impression : G21/61172C
ISBN 978-2-7590-4752-9